全媒体时代新闻传播学系列教材

数字媒体传播概论

Shuzi Meiti Chuanbo Gailun

彭 兰 著

高等教育出版社·北京

内容简介

数字传播技术的发展，对传媒人提出了全新的挑战。数字时代的新闻工作者，除了应该具备良好的人文素养和扎实的新闻专业基础外，还应具备数字传播时代所要求的各种技能，以及全新的思维。基于此，本书全面梳理了数字传播技术的发展脉络与发展趋势，系统总结了网络、手机等数字传播平台以及各种传播形式的特点，对数字传播平台上的传播者与受众进行了分析，揭示了数字媒体传播的背景与环境特征，包括图片、音频、视频等形式的信息的加工，数字信息在网络、手机、Ipad等平台上的整合，以及数字平台的互动管理等。在这些技能的介绍中，贯穿着对数字时代新思维的阐释。最后，本书从公民新闻、网络舆情、舆论以及数字社会的公民素养等角度，对数字媒体传播的社会影响进行了分析，以期让读者从整体上对数字媒体传播进行认知与把握。

图书在版编目(CIP)数据

数字媒体传播概论/彭兰著. —北京:高等教育出版社,2011.7(2023.9重印)
全媒体时代新闻传播学系列教材
ISBN 978-7-04-031631-5

Ⅰ.①数… Ⅱ.①彭… Ⅲ.①数字技术-多媒体-高等学校-教材
Ⅳ.①TP37

中国版本图书馆CIP数据核字(2011)第112532号

策划编辑 武 黎 何 鹏　责任编辑 何 鹏　封面设计 杨立新 李 佳
版式设计 余 杨　责任校对 胡晓琪　责任印制 朱 琦

出版发行	高等教育出版社	**咨询电话**	400-810-0598
社　　址	北京市西城区德外大街4号	**网　　址**	http://www.hep.edu.cn
邮政编码	100120		http://www.hep.com.cn
印　　刷	涿州汇美亿浓印刷有限公司	**网上订购**	http://www.landraco.com
开　　本	787×960　1/16		http://www.landraco.com.cn
印　　张	23.75	**版　　次**	2011年7月第1版
字　　数	440 000	**印　　次**	2023年9月第6次印刷
购书热线	010-58581118	**定　　价**	43.50元

本书如有缺页、倒页、脱页等质量问题，请到所购图书销售部门联系调换

物 料 号　31631-00

目　　录

引　言

随着数字技术的发展，媒体进入了数字传播的时代。那么，对传媒人来说，数字技术与数字媒体意味着什么？

也许有些学子是抱着未来去传统媒体大显身手、实现自己“无冕之王”的理想而学习新闻传播专业的，也许他们会觉得数字媒体与自己无关，除了将原有的工具换成电脑外，其他一切都与从前一样。

但事实是，无论哪一种媒体，在今天都已经受到了数字技术的影响，在未来，这种影响会更为强烈、深刻。

美国报业协会网站上公布的关于美国报纸发行量的数据显示，1990 年，美国全国付费报纸日均发行量为 6 232.8 万份，自那时起开始逐年下降（没有一年例外），至 2009 年降至 4 565.3 万份。而在此之前的 20 世纪七八十年代，它一直在 6 200 万份左右徘徊。[①] 为什么自 1990 年后的 20 年间其发行量会出现这样不可遏止的下降趋势？除了电视媒体迅速发展的因素外，我们更多地应该看到，这个变化轨迹似乎与互联网的发展有着某种契合。因为，1989 年万维网（WWW）诞生，从那时起互联网逐渐成为一种大众媒体。

尽管美国报业市场的变化，并不能涵盖全世界所有媒体、所有国家的情况，但是，它在一定意义上昭示着未来的发展趋势。

在未来，新媒体、数字媒体这样的名词也许将被淡化，因为一切媒体都可能将会变成新媒体、数字媒体。事实上，传统媒体数字化的步伐越来越急促，这种数字化不仅仅是信息形式的数字化，也不仅仅意味着传播工具的转换，它更意味着全新的工作流程、业务模式，甚至是全新的传播格局。

尽管数字媒体以传统媒体的基本原则为基础，但是，新的技术手段与业务模式，意味着传媒人必须具备新的能力、培养新的思维方式，适应新的角色定位。对于这样的变化，新闻传播专业的学子们必须做好准备。这个准备不仅包括技能上的准备，也应包括观念上的准备。

本书主要涉及网络与手机两种数字媒体，但未来数字媒体的发展显然不会

---

① 数据来源：http://www.naa.org/TrendsandNumbers/Total - Paid - Circulation.aspx。

止步于此。数字化、网络化、移动化、融合化，是数字技术推动下媒体发展的四个重要方向，对任何媒体都是如此。也就是说，今天网络平台与手机平台上的技术与业务模式，未来也会在其他媒体平台上体现出来。当然，旧媒体与新媒体会相互借鉴、相互吸收，最终变成一种更新的媒体。

但无论未来变成什么样，它都是基于今天的观察与实践。本书试图对今天的实践做出梳理，进而从理论上为读者提供一些思考的线索与方向。

第一章 数字传播技术的发展

20世纪80年代,以计算机技术的发展为基础,数字技术逐渐进入传媒业;20世纪90年代,互联网从纯技术性网络转变为大众传播媒介,数字技术对传媒领域开始产生革命性影响;进入21世纪后,数字传播技术的发展不断加速,并对整个传媒业产生巨大影响。

第一节 数字传播技术的分类及特点

"数字技术"(Digital Technology)主要指计算机信息处理技术,即借助一定的设备将各种信息,如文字、图片、声音、视频等,转化为计算机能识别的形式(即由二进制代码"0"和"1"所表示的信息),并利用计算机对信息进行处理、加工、存储、传播等。

尽管数字技术的出现得益于计算机技术的发展,但正如美国学者尼葛洛庞帝在《数字化生存》一书中所指出:"计算不再只和计算机有关,它决定我们的生存。"①

数字技术对人类社会的影响是史无前例的,而其中,传媒业是最早受到数字技术冲击的领域之一。数字技术处理的对象是各种信息,因此,它与媒介的发展紧密相关。数字技术的出现,成为传媒业技术的一次重要变革。

一、数字传播技术的分类

数字技术可以从不同角度进行分类。从传媒的角度看,数字传播技术可以分为如下几个方面。

1. 数字信息采集技术

指将模拟信息转化为数字信息并输入计算机的技术,或者直接进行数字化

① [美]尼葛洛庞帝:《数字化生存》,胡泳、范海燕译,海南出版社1997年版,第15页。

信号采集的技术。数字信息采集技术是以一定的设备为基础的。例如,文字的输入需要键盘等设备,语音的输入需要录音笔或话筒、声卡等设备,数字图像的采集需要扫描仪或数码相机,数字视频的采集需要数码摄像机、摄像头等。有时还需要一些相关的软件,例如,语音识别输入技术还需要将语音信息识别转换为文字信息的软件。此外,各种形式的信息都有一定的编码方式(或称信息的格式),如图像有 JPEG、GIF、TIFF 等多种格式,信息采集也与信息的编码技术相关。

2. 数字信息加工技术

指利用计算机软件对数字化形式的信息进行加工处理以满足特定要求的技术。例如,用于写作、编辑文章的 Word 软件,用于对图片进行裁剪、对比度调整、亮度调整等加工的 Photoshop 软件,用于对音频进行编辑的 Cooledit 软件,用于对视频进行加工的 Premiere 软件等,都属于信息加工技术范围。

3. 数字信息传输技术

指利用计算机网络、手机网络等渠道在不同的设备之间进行信息传输的技术。信息传输技术,如互联网通信技术、手机通信技术等,是互联网、手机网出现的重要基础。

4. 数字信息发布技术

指利用数字化的渠道进行信息发布的技术。常见的数字信息发布渠道包括光盘、计算机网络、手机、数字电视等。在这些渠道中,信息以特定的方式发布,例如在网络上,信息以电子邮件、网页、电子杂志等形式发布与传播;在手机平台上,信息以短信、WAP 网页、"应用"等形式发布与传播。数字信息发布技术十分丰富,发展也很快,也正是由于这一点,互联网和手机平台的应用方式也越来越丰富。

5. 数字信息存储技术

从理论上说,数字信息可以永久保存,当然,这需要通过相关存储设备和方法来实现。数字信息存储技术包括两个方面,一是存储的介质技术,如硬盘、光盘、U 盘、磁带等;二是用来存储数据的软件技术,如信息的编码技术、数据库技术等。

6. 数字信息检索技术

数字信息不仅可以永久保存,还可以按需检索、调用,这需要相关检索技术,搜索引擎就是目前在数字媒体中最常见的信息检索技术。

7. 数字信息智能处理技术

信息是以计算机代码形式存在的,通常只有人才能理解这些信息的含义,如何让计算机自身能够像人一样"读懂"信息的含义,并根据人们的需求来提供后续的处理,这便是数字信息智能处理技术要实现的目标。例如,机器智能翻译就是其中的一种技术。语义网技术(后文将进一步介绍)也是一种力图使计算机能“看懂”网页的内容,并以此为基础提供更智能的信息服务的技术。

以上分类是从信息处理的环节来考虑的,但这些技术并非是绝对独立的,实际上,很多技术都是相互交织、相互依存的。它们的共同作用会带来不同的数字媒体应用方式,如互联网站、论坛、博客、SNS(社会网络服务)、微博客等。也就是说,数字媒体中的各种应用方式往往不是某一个层面的技术,而是多个层面技术的结合。

二、数字传播技术的特点

在数字技术出现之前,报刊的印刷技术基于铅字排版,广播电视采用的是模拟信号。这些传统技术不仅生产效率较低,信息的传播渠道也受到很大限制。

以计算机技术为基础的数字传播技术,大大突破了传统信息传播技术的种种障碍,克服了传统信息传播技术的一些弱点,同时也形成了很多新的传播特点,这主要表现在如下方面。

1. 技术获得的低门槛

数字技术的基础是计算机技术,它的发展十分迅速。依据著名的摩尔定律,每过 18 个月,计算机芯片的集成度就会翻一番。这就意味着计算机处理能力是急剧扩展的。而伴随着计算机技术的不断更新换代,技术的成本却在不断降低。因此,计算机以及数码相机、数码摄像机等相关设备越来越成为大众化的设备,越来越多的普通人拥有了这些设备。

另一方面,数字技术在操作、使用方面也越来越简单,过去只有专业人员才能掌握的信息处理、传播技术,现在已经变得越来越平民化。这也为普通人参与信息传播提供了条件。

2. 信息制作的低成本

数字技术的发展,也使信息采集、加工、传输等环节的成本不断降低,而效率则大大提高。这既使数字传播在时效性方面优于传统媒体,也使数字传播的大众化程度进一步提高。

3. 复制与传播的便捷性

数字信息的一个重要特性,是它可以方便地进行复制与再传播。这一方面有助于拓展信息传播的广度,另一方面又使得版权的保护变得困难。

4. 存储与循环利用的方便性

数字信息的存储,占用物理空间非常小,相较传统的报纸、磁带等,数字信息的存储介质如光盘、硬盘等,体积要小得多,而存储量却要大得多。

更重要的是,数字化存储的信息在循环利用方面具有明显优势。此外,利用数据库技术、搜索引擎技术,也可以方便地进行信息检索。

5. 信息传播的双向性

传统的大众传播以单向传播为主，尽管受众也可以用一定的方式提供反馈，但参与的广度与深度都有限。而数字传播平台，是真正的双向传播平台，它为受众的深度参与提供了多种可能。因此，对于数字时代的新闻传播工作者来说，需要深入认识受众参与的各种方式及其影响，需要掌握将受众的能量导入专业新闻传播过程中的有效方式。

6. 传播模式的多样化

由于数字技术的特点，数字信息的传播模式也多样化了，它既可以是点对面的传播，也可以是点对点的传播；既可以是同步传播，也可以是异步传播。一条信息，可以在大众传播、组织传播、群体传播和人际传播等不同渠道中进行自由的流动。传播模式的多样化，不仅意味着对信息传播效果产生影响的因素增加，也意味着传播者需要对信息传播流动过程、传播模式和控制效果的手段等有更全面、更深入的认识。

7. 信息传播渠道的交叉化、融合化

在信息的数字化进程中，数字传播渠道日益多元，各数字平台之间相互交叉、融合，这意味着过去存在于信息与其载体之间的一对一的关系逐渐被打破。

正如美国麻省理工学院媒体实验室教授浦尔在他 1983 年出版的著作《自由的技术》中指出，一个称为形态融合的过程正在使各种媒介之间的界限变得模糊，这既包括点对点的传播媒介，如通信、电话、电报，也包括大众传播媒介，如报纸、广播、电视。①

浦尔基于对数字技术发展趋势的认识，提出了媒介融合的概念。可以说，媒介融合是数字信息传播技术的终极结果。尽管文字、图片、声音、视频等各种信息形式都会继续保留，但是，它们将不再像过去那样在各自的平台上进行孤立的传播，而是将汇入共同的平台进行传播，甚至在很多时候，信息传播需要同时整合这些手段。这对于新闻传播工作者的观念、思维与能力都提出了新的挑战。

第二节 数字媒体的构成

数字媒体是指以数字信息传播技术为介质的媒体。数字媒体不是一个静止的事物。尽管数字媒体有其基本特征，数字媒体形态本身却可能在不断地发展。但无论哪一种数字媒体，其基本发展方向是一致的，除了数字化以外，还包括网络化、移动化和融合化。

在分析数字媒体的构成之前，有必要对两个相似也常常被混用的词进行区分，那就是“媒介”与“媒体”。尽管媒体与媒介这两个词有时可以通用，但是，它

① Henry Jenkins：*Convergence Culture*，P10，Newyork University Press，2006.

们的含义还是有所不同的。“媒介”一词在使用时更强调传播介质这一属性,而“媒体”一词通常有两种用法:一种用法强调的是传播主体,即传播机构;另一种用法则强调介质的大众传播属性。因此,在本书中所提到的数字媒体,强调的是它们的大众传播功能,也更多的是从专业的新闻传播的角度来认识的。

对于数字媒体进行分类不是一件容易的事,因为随着媒介融合进程的深化,过去相对独立的媒体之间的界限越来越模糊,很多数字媒体之间已经出现交叉。所以下面并不是基于对数字媒体的严格分类来进行总结,而是从两条不同的线索来梳理数字媒体的形成与演进规律,两者实际上是有交叉的。

一、原生的数字媒体

原生的数字媒体是指基于全新的传播技术和相应终端而形成的新媒体。网络和手机就是目前最典型的原生数字媒体。

(一) 网络媒体

今天人们谈到的网络媒体主要是以互联网为技术依托的。互联网技术的发展是网络媒体兴起的基础。

互联网是计算机网络中的一种。从技术上看,计算机网络是指若干台地理位置不同,且具有独立功能的计算机,通过通信设备和线路相互连接起来,以实现信息传输和资源共享的一种计算机系统。网络上的每台计算机称为一个节点。

互联网(Internet)是目前世界上最大的国际性互联网络。可以说,它是一个网上网,即由大大小小的成千上万个网络连接起来而形成的。虽然从技术的角度看,互联网与网络是两个概念,但在非计算机领域里,一般人们所指的网络,通常都是互联网。

互联网的雏形阿帕网(ARPAnet)于1969年诞生于美国,它是美国国防部的高级计划研究署(Advanced Research Projects Agency,ARPA)的一个实验性网络,最初阿帕网只有4台计算机互联。为了应付可能的战争,阿帕网的设计目标之一是即使它受到外来袭击时仍能正常工作,即计算机可以通过任一路由而不是固定路由发送信息。这种特性,使计算机网络在初起时即具有了较高的安全性。

1974年,美国人文顿·瑟夫和鲍勃·坎提出了TCP协议(Transmission Control Protocol)和IP协议(Internet Protocol)。在TCP/IP协议提出10年之后的1983年,TCP/IP协议才被指定为互联网的标准协议,被所有的网络采纳,这意味着互联网世界有了统一的“语言”。TCP/IP协议成为互联网的标准协议,是互联网技术史上的第一次飞跃。这也被认为是全球互联网正式诞生的标志。

1989年,欧洲粒子物理实验室的蒂姆·伯纳斯·李提出的万维网(World Wide Web,WWW)的技术构想,从根本上为互联网成为一种传播媒介奠定了基础。这也可以看做是互联网技术发展的第二次变革。

万维网是互联网中的一种应用方式,它的主要目的是利用互联网传送超文本信息,即包括文字、图像、声音、视频等在内的多媒体信息,同时利用超链接将网络中的信息相互连接起来。在蒂姆·伯纳斯·李的构想上开发出的网络浏览器,是一种图形化的网络操作界面,它打破了使用命令来执行网络操作的局限,使得网络的操作变得简单、方便和趣味盎然。

万维网技术普及后,网络在信息传播特别是大众传播方面的功能日益突出,作为一种媒体的影响也不断增强。此外,与万维网一起对第一代互联网发展产生了重要影响的还有电子邮件、BBS、即时通信、搜索引擎等技术。

2005 年以来,"新一代互联网"(New Generation Network,NGN),作为一种技术性的概念越来越普及,它涉及的主要基础技术有:IPv6、网格计算等。

另一方面,对于互联网应用技术的变革,人们越来越多地采用了 Web2.0 这一概念。关于 Web2.0,目前并没有一个统一的定义。其中一个有代表性的观点是,Web2.0 是互联网的一次理念和思想体系的升级换代,从原来的自上而下的由少数资源控制者集中控制主导的互联网体系转变为自下而上的由广大用户集体智慧和力量主导的互联网体系。Web2.0 内在的动力来源是将互联网的主导权交还个人,从而充分发掘了个人的积极性参与到体系中来,广大网民所贡献的影响和智慧及由个人联系形成的社群的影响就替代了原来少数人所控制和制造的影响,从而极大解放了个人的创作和贡献的潜能,使得互联网的创造力上升到了新的量级。①

与 Web2.0 概念相关的主要技术有 RSS、博客(Blog)、播客、维基(Wiki)、Widget、SNS、微博等。

RSS。RSS 是"Rich Site Summary"(丰富站点摘要)或"Really Simple Syndication"(真正简单的聚合)的英文首字母缩写,中文多称为"简单信息聚合"。RSS 的应用分为两端,一方面信息的供应方以 RSS 信息源的方式向用户提供用 RSS 技术整合的信息,另一方面用户利用 RSS 阅读界面来读取这些内容。与目前流行的网络浏览器不同,RSS 阅读界面可以集成多家信息来源,自动浏览和监视这些来源网站的内容,将最新内容及时传送给用户。用户利用 RSS 阅读器可以方便地读到送上门来的新闻,而无须到各家网站逐一浏览,同时又可以实现信息消费的个性化。

博客。"博客"来源于英文 Weblog,是在网络上的一种流水记录形式,也有人称其为"网络日志"。人们可以用"傻瓜式"的方式,在一个专属于自己的网络

---

① 中国互联网协会:《2005—2006 中国 Web 2.0 发展现状与趋势调查报告》,见 http://www.internet-digital.org/report/web20_report_intro.pdf。

空间中发布文章或图片等，这些内容都按照年份和日期倒序排列。

播客。播客可以视做博客的一种，只是人们在博客平台上发布信息的手段发生了变化。播客来源于 Podcasting(Personal Optional Digital casting)，中文译名尚未统一，但较为普遍采用的译法是“播客”。它是数字广播技术的一种。利用这一技术，网友可将网上的广播节目下载到自己的 MP3 播放器或其他便携式数字音频播放器中随身收听，同时也可以自己制作声音节目，并将其上传到网上与广大网友分享。支持这些信息上传的平台，也就是播客平台。

维基。维基是一种超文本系统。这种超文本系统支持面向社群的协作式写作，同时也包括一组支持这种写作的辅助工具。也就是说，这是多人协作的写作工具。而参与这种创作的人也被称为“维客”。

Widget。Widget 在中文中多译为“微巨”或“微件”，它是独立或嵌入式小程序的统称，包含了娱乐、工作、学习等多种实用功能。Widget 可以在电脑桌面上单独执行，网民无需通过浏览器便可连接到网络获得相关信息与服务。但 Widget 也可以植入某些网页中，利用它们，用户可以在某个特定的页面中实现各种内容与服务的自由组合。谷歌搜索的个性化门户(iGoogle)是运用 Widget 的一个代表。在这样一个门户的首页上，每个人的设置都可能是不同的。每个人都可以在几百个 Widget 来源中选择自己需要的内容或服务，对它们进行自由组合，甚至可以在首页自由改变它们的位置。

SNS。SNS 是 Social Networking Service 的缩写，中文译为“社会网络服务”。它是基于“六度分隔理论”的一种应用。“六度分隔”理论由美国社会心理学家斯坦利·米尔格伦于 20 世纪 60 年代最先提出，该理论指出，在人际网络中，要结识任何一位陌生的朋友，中间最多只要通过六个朋友就能达到目的。SNS 网站提供给每个用户建立自己的朋友圈的服务，用户也可以通过朋友去认识他们的朋友。用户们的朋友圈又相互交织，这样就会扩展成一个庞大的关系网络，网站也可以为用户间的互动提供各种服务。由于 SNS 建立的是熟人的网络，且多数 SNS 采用实名制，因此，其交流的信任度更高。目前，美国的脸谱网(Facebook)，中国的人人网、开心网等，都是提供 SNS 服务的网站。

微博。也称为微博客，它是基于人们的关系网络进行信息交流的平台，是博客等技术的进一步发展。用户可以利用手机、电脑等终端，在微博平台上发表简短的消息，这些消息可以即时地传送给关注自己的那些对象。尽管它常常被拿来与博客相比，但微博不是博客的一种简单延伸，它把即时通信、SNS 和博客等的特点结合起来，从而在人际交流与信息传播方面形成了综合优势。

以上这些技术虽各不相同，但它们也有共同的特点，那就是进一步突出网络信息生产中普通网民的作用，并且通过各种应用方式使网民之间产生更加密切牢固的关系。

目前,除了 Web2.0 之外,有学者又提出 Web3.0 这一概念,实际上其核心是语义网思想,简单来说,就是让网络"能思考"、"有智能"。

尽管网络媒体是以互联网为依托的,但是,互联网与网络媒体两者并不等同。目前人们所说的网络媒体有两个层面的含义,一是指利用网络这样一种媒介从事新闻与信息传播的机构(如有传统媒体背景的网站、商业新闻网站等),二是指作为大众传播媒体的网络。

在中国,网络成为一种媒体,来源于三种力量的共同作用:传统媒体背景的网站、有新闻业务资质的商业新闻网站和网民。网民虽然不是专业新闻机构,但是由于网络传播的双向性,网民对于网络新闻传播的影响是极为重要的。

从技术平台看,目前人们更多地把基于万维网技术的网站视为网络媒体的核心,当然,各种网络互动空间,例如论坛、博客、微博等,也是网络媒体的重要构成部分。

如果从终端角度看,网络媒体目前主要依赖于电脑。但是,从长远来看,手机、Ipad、电子阅读器等都是其终端,因此,它和其他数字媒体的融合是必然的趋势。

我们还应该认识到,网络并不仅仅只具有媒介或媒体的属性,事实上它同时具有技术平台、媒介、经营平台和社会等四种属性。这些属性并非彼此割裂,而是相互融合、相互渗透、交叉作用的,正因为如此,网络传播才显现出复杂的社会景观。

(二)手机媒体

手机最初是人际交流的工具,但是随着手机技术的发展,它在大众传播领域中扮演的角色也日益明显,因此,它被称为继网络之后的"第五媒体"。

手机媒体的发展,取决于手机技术、手机产业、手机应用等各方面因素。

1973 年 4 月 3 日,美国摩托罗拉公司工程师马丁·库珀首次实现了小型移动电话呼叫。1983 年 6 月 13 日,摩托罗拉生产的第一台便携式手机面世,这台名为 Dyna TAC 8000X 的手机重 794 克,长 33 厘米,标价 3 995 美元,最长通话时间为一个小时。[①] 20 世纪 80 年代后期,全球移动电话业务发展非常迅猛,全球使用无线电话终端的用户数年增长率为 40%,远远超过同期有线电话用户的年增长率。

从手机技术的发展来看,到目前为止,它共经历了三代技术:

1G 时代——模拟手机时代。模拟移动电话系统主要采用模拟和频分多址(FDMA)技术,属于第一代移动通信技术。它只能实现话音业务,无法提供增值业务。通信网络覆盖范围小且漫游功能差,此外模拟手机体积大且笨重。

---

① 《专访手机之父马丁·库珀:灵感来自〈星际迷航〉》,载《外滩画报》2009 年 2 月 3 日。

2G时代——GSM数字网络时代。GSM(Global System for Mobile communication)即全球移动通信系统,其数字网具有较强的保密性和抗干扰性,音质清晰,通话稳定,并具备容量大、频率资源利用率高、接口开放、功能强大等优点。GSM技术的出现也带来了更多样化的手机应用业务。

3G时代——宽带移动网络时代。3G是英文3rd Generation的缩写,指第三代移动通信技术。它是无线通信与国际互联网等多媒体通信相结合的新一代移动通信系统。它能够处理图像、音频、视频等多种信息形式,提供包括网页浏览、电话会议、电子商务等多种信息服务。

手机媒体的传播形式,从早期的语音通信,发展到短信、彩信、WAP网站,后来又出现了“应用”等方式。除了语音通信外,其他传播手段都能实现大众传播的效果。

同时,作为一种独立的媒体,手机对传统媒体具有延伸、拓展的作用,因此,我们经常会看到“手机报纸”、“手机广播”、“手机电视”这样的称呼。

在具体采用技术上,手机报纸主要采用短信、彩信、WAP和“应用”等方式进行信息传播;手机广播和手机电视主要采用WAP、“应用”等方式进行信息传播。相比之下手机广播和手机电视所采用的技术更为复杂,目前有两大方向,一是以电信运营商提供的手机网络(如GPRS、TD-SCDMA、WCDMA、CDMA2000等)为基础,一是以广播电视运营商提供的广电网络(如DAB、CMMB等)为基础。

除了作为传统媒体的延伸平台外,手机媒体还可以提供游戏、社区、交易、支付等功能。这些功能,对于手机媒体的发展也起着重要的促进作用。

网络与手机媒体并不是截然分开的,有些时候,手机也是网络的一个终端,而在媒介融合的趋势下,两者也会进一步交融。

除了电脑和手机外,目前还有很多新的个人移动终端出现,例如MP3、Ipad、电子书(也称为电子阅读器)等,但它们都是互联网或手机网的新终端,本身还不能称为一种独立的媒体。

二、数字化的传统媒体

传统媒体一方面寻求在网络、手机等平台上发展的新形式、新空间,另一方面也试图在传统的业务基础上进行改造与突破,因此,媒体的数字化改造和变革是数字媒体发展的另一个支脉,这个支脉与网络、手机媒体的发展并不是彼此隔绝的,但也并不完全等同。

(一)数字化报刊

报刊数字化的前提是报刊印刷中激光照排技术的普及。尽管在激光照排技术推广初期,报刊的形态没有发生变化,但是它带来了报刊信息存储的数字化,这为报纸各种形态的数字版(电子版)的出现打下了基础。

从形态上看,目前数字报刊包含以下几种:

报刊的光盘版。这是最原始形态的数字化报刊,也就是利用计算机光盘作为报刊的载体。早期较多采用的是 CD - ROM 光盘,目前发展到 DVD - ROM。光盘版的报刊多是将报纸、杂志的版面直接呈现出来,但加入了搜索等功能,信息查询较为方便。光盘版报刊克服了传统纸质媒体存储时占用空间大的不足,信息检索也变得更为便捷。但由于互联网的普及,光盘版的报刊在中国的发展受到较大的抑制。光盘版报刊也可以称为第一代电子报刊。

报刊的网络版。互联网的普及,为报刊的传播提供了一种新渠道,因此报刊的网络版也逐渐出现。报刊网络版目前有三种主要方式:一是直接将报刊的内容放到网上,但界面采用的是网站的页面形式;二是采用数字报纸或电子杂志技术,将报纸、杂志的版面全部继承下来,内容也是报刊内容的翻版。由于它们与光盘版报刊有类似的地方,即都有版面的继承,但它们的发行渠道与光盘版不同,很多方面也优于光盘版,所以也可以看做是第二代或新一代电子报刊(数字报刊);三是将报纸或杂志的版面部分继承下来,内容上不完全等同于母体内容,更新更为及时,这方面的代表为《纽约时报》近年开发的“Times reader”阅读器。除了网络版外,还有很多报纸杂志建立了专门的网站,除了报刊原有内容外,还提供其他内容与服务,这些网站已经不是简单的网络版了,它们是报刊与网络结合后的新产物,也是网络媒体的重要构成部分。

报刊的手机版。在手机终端传输报刊,时效性得到提高,但受容量、屏幕、带宽等因素的限制,手机版很难完全继承报刊的版面。目前手机版报刊主要采用短信、彩信、“应用”等方式传播。

报刊的 Ipad 版。Ipad 是苹果公司于 2010 年推出的一种平板电脑,它的性能和移动性介于手机与电脑之间,代表了新的数字终端的一种发展方向。目前有很多报纸、杂志针对 Ipad 终端开发出专门的“应用”,这些“应用”全部或部分地继续了报刊的版面,希望通过这一终端实现报纸、杂志形态的延续。

报刊的电子书版。具有类似 Ipad 屏幕大小和移动性的另一种电子终端是电子书,也有人称之为电子阅读器,其中较有代表性的是美国亚马逊公司推出的 Kindle 阅读器。有不少报刊也针对 Kindle 推出了相应的版本。

手机、Ipad、电子书在很多方面是相似的,因此,也有不少报刊在这几种平台上采用的是同样的技术。跨平台通用的报刊数字版是未来的发展趋势。

(二) 数字化广播

广播的数字化主要有三种方式:利用网络平台、手机平台以及数字音频广播(Digital Audio Broadcasting,DAB)技术。

利用网络平台,广播可以实现跨越时空的传播。在空间上,它不再受到广播信号覆盖范围的限制;在时间上,广播过去只能同步收听的问题得到根本解决。

网络技术也使得受众可以提供他们原创的音频内容,媒体与受众间的互动性也大大增强。

利用手机平台传播,也是广播数字化的方向之一,手机对广播的影响,与网络的影响相似。

除了利用网络和手机,广播自身的技术更新,也在向着数字化方向发展。DAB 就是目前主要的技术。与传统广播(FM、AM)相比,DAB 除了具有 CD 音质的信号质量外,还具有传输多媒体信息(包括文字、数据、图片、影像)的功能,也可以实现信息的实时更新。数字音频广播技术进一步发展便形成了数字多媒体广播技术(Digital Multimedia Broadcasting, DMB),它强化了多媒体信息服务功能,因此 DMB 意味着广播与电视的真正融合。同时 DMB 还可以实现互联网内容的下载,因而它也是广播、电视与网络融合的技术基础。

对于 DAB 或 DMB 的应用来说,接收设备是一个关键,这不仅意味着接收设备的数字化,也意味着接收设备的便携性与移动性,因为移动多媒体广播是未来重要的发展方向。虽然目前也有专门的 DAB 收音机等接收终端,但是因为其成本高而难于推广。在中国,手机成为最重要的 DAB 接收终端,因此,DAB 的发展最终或将与手机广播电视的发展合流。

(三)数字化电视

数字化电视意味着电视信号在信息的存储、加工、传播等各个环节的数字化。目前,数字化电视技术主要表现为以下几种形式:

IPTV。IPTV(Internet Protocol Television),也被称为网络电视,是指基于 IP 协议的电视广播服务。它通过互联网向用户提供数字广播电视节目、视频服务、信息服务、互动社区、互动休闲娱乐、电子商务等宽带业务。用户终端可以是 IP 机顶盒 + 电视机,也可以是个人电脑。与传统电视相比,它的交互能力有了很大提高。它可以提供如实时电视(Live - TV)、时移电视(Time - shiftedTV,也就是不必同步收看的电视)、电视点播(TVOD)、视频点播(VOD)、网络浏览、游戏、电子商务等多种服务。从运营商角度看,IPTV 是以电信运营商为主导的。

有线数字电视。有线数字电视即 DTV(Digital Television),它是利用数字化的有线电视网络来提供广播电视节目、视频内容和其他服务的方式。目前它的接收终端是数字机顶盒 + 电视机。从运营商角度看,DTV 是以广播电视运营商为主导的。

无线数字电视:基于 2G 或 3G 技术的手机电视、CMMB 电视、DMB 等,都属于无线数字电视范畴,它们都是在移动状态下进行电视信号传播的。其运营商既有电信运营商,也有广播电视运营商。

从理论上说,IPTV 所依赖的互联网、数字电视所依赖的宽带电视网以及电话网这三者是可以融合的，这也就是所谓的“三网融合”。从用户角度看，IPTV与有线数字电视的区别越来越小。只是由于各种体制与利益上的原因，三网融合在我国实现还有很多现实的障碍。

除了这几种主要形式外，与数字化电视相关的一个概念是网络视频，它是指在互联网上传播的视频内容，它通常通过万维网网站或点对点（P2P）方式进行传输。网络视频并不是一种独立的数字化电视的形式，人们使用网络视频这一概念时，更多只是强调视频这一信息形式。

综合以上内容，可以看出，今天传统媒体的数字化已经全面展开，非数字化的媒体会越来越少。同时，我们也可以看到，报纸、广播、电视等媒体的数字化最终也会体现在网络与手机等平台上，因此本书后面的相关章节，将把介绍重点放在网络与手机这两种主要的原生数字媒体上。

第三节 数字传播技术在中国的发展

20世纪80年代中期，我国各类传统媒体陆续开始了数字化技术的改造以及进军数字媒体的过程，这一过程也恰好与我国传媒业的体制改革、传媒业的市场化进程同步，二十多年来，我国媒体在各个方面都发生着深刻的变化。

一、我国传统媒体的数字化进程

在传统媒体数字化进程的初期，报刊、广播、电视的发展道路有所不同，但在不断的数字化变革过程中，它们之间的界限将越来越模糊。

（一）报刊的数字化进程

报刊的数字化是由激光照排技术推动的，激光照排技术使传统的铅字印刷转变为计算机排版、激光照排机出胶片制版印刷，这在大大提高报刊的出版效率的同时，也实现了报刊信息存储的数字化。

我国激光照排的研制起步于1974年8月立项的代号为“748”的汉字信息处理工程。这一工程由北京大学、山东潍坊电子计算机公司、长春光机所、四平电子所、杭州通信设备厂等单位具体承担研究任务。1979年7月27日，被称为“华光Ⅰ型”的原理性样机试制成功，第一张激光照排的中文报纸样张问世。1983年出现的华光Ⅱ型系统于1984年在新华社进行了试用。1985年，真正具有实用意义的华光Ⅲ型系统问世。经济日报印刷厂与科研单位配合，终于在1987年5月22日，推出了世界上第一张用计算机激光照排技术处理的整版输出的中文报纸。随后，《经济日报》在全国率先淘汰了铅字印刷。在此后的几年间，激光照排技术迅速普及到中国的各级报社。1994年4月，《西藏日报》也开始应用激光照排技术出报，这标志着大陆所有省级以上报纸的印刷全部进入了激光照排技术阶段。

在激光照排技术、计算机图像扫描、计算机数据库等技术的支持下，以光盘为载体的报刊数字化得以实现，报刊数据库便是其应用的主要方式，20 世纪 90 年代中期，《人民日报》、《解放军报》、《参考消息》、《经济日报》、《新闻出版报》、《北京日报》等全文光盘相继推出。此外还有《中国计算机报（1990—1994 年）》、《计算机世界报（1990—1994 年）》、《中国证券报（1993—1996 年）》等光盘数据库陆续发行。一些综合性报刊光盘数据库也陆续推出，例如，《中文科技期刊数据库》收录了中文期刊 6 000 多种，包括港台核心期刊 200 多种；《中国科学文献数据库光盘（1997 版）》收录了自 20 世纪 80 年代中期至 1997 年，中国科技人员在1 800余种期刊上发表的论文和其他类型文献数据共 54 万条；中国人民大学书报资料中心推出了复印报刊资料专题全文光盘，等等。①

尽管由于互联网发展的影响，报刊光盘数据库的发展并没有对传统报刊形成强大的冲击力，但是，它们作为传统报刊的一种存储、检索形式，还是具有独特的价值，虽然对于普通读者意义不大，但对于图书馆、资料室等，还是一种重要的资料手段。因此，在互联网十分发达的今天，光盘数据库仍然有一定市场。

报刊的第二种数字化载体是互联网。互联网使数字化的报刊呈现出更丰富的面貌。一个有意思的现象是，报刊上网后的头十年，主要是以网页的形式呈现，从 2006 年开始，中国互联网上出现了体现“原汁原味”报纸版面风格的数字报纸。这年的 2 月 20 日，浙江在线与浙报集团利用北大方正公司技术推出全国首家通过网络发布的新一代数字报纸。同年 4 月 14 日，解放日报报业集团试验性地推出了我国首张以电子纸为载体的数字报纸。

2001 年出现于德国、美国等国的新一代数字报纸目前已经在很多国家推广，在中国，北大方正、XPLUS 等技术支持的数字报纸已经进入实用阶段。

新一代数字报纸是对现有的网页形式的网络信息发布模式的一个补充。这种数字报纸既有印刷报纸的面孔，又有数字信息的可链接、可检索、多媒体等特点。数字报纸可以脱机阅读，这意味着数字报纸也越来越具备印刷报纸的一个重要优点，那就是可移动性与便携性。虽然现在数字报纸的阅读设备主要是台式电脑或笔记本电脑，但是，可以预见，与其相应的更轻便的阅读终端将开发出来，这将刺激数字报纸进一步发展。事实上，解放日报报业集团、浙江报业集团、烟台报业集团、宁波日报报业集团等已经开始试用电子纸为载体的数字报纸。而 2010 年兴起的 Ipad 等终端，也为新一代数字报纸提供了更具市场前景的载体。

在新一代数字报纸兴起的同时，多媒体电子杂志也开始在网络中兴起。这

---

① 包敢：《我国报刊数据库光盘面面观》，载《情报资料工作》1999 年第 5 期。

些多媒体电子杂志，既有电子化再包装的传统杂志，也有将网络内容加以整合的原生性网络电子杂志。这些电子杂志采用多媒体互动方式，形式活泼，受到年轻人的青睐。2005 年和 2006 年是我国多媒体电子杂志发展高峰年，统计显示，2006 年国内电子杂志超过 1 000 份①，其中不乏影响力很大的杂志。例如，台湾飞行网创办的《爱美丽 Me》是第一家发行量过 100 万份的数字化女性杂志②。该网站推出的《男人志 Wo》则通过 13 家主流的网络电子杂志平台，每周一期全国同步发行，周发行量达到数百万份。2005 年，瑞丽女性网推出了《瑞丽 Pretty》、《瑞丽 JM》和《瑞丽 Goo》等电子杂志，每份杂志每期的下载量达到 80 万份。"阳光文化"推出了以杨澜的名字命名的女性时尚电子杂志《澜》，在创刊后的短短 3 个月内，下载量已经突破百万份。③

一些主流传统媒体也开始进军电子杂志市场。2005 年 8 月 15 日，由南方报业集团旗下南方网开发的电子杂志《WOW！ZINE · 物志》正式创刊，成为中国第一家由主流媒体集团创办的电子杂志。在半年多的时间里，读者数量已经突破 200 万。④ 此外，《财经时报》创办的中国首家财经电子杂志——《财经文画》在短短的半年之中下载量就突破了 100 万。

包括 XPLUS、POCO、ZCOM、iebook、VIKA 等在内的网站成为主要的电子杂志发布平台，它们整合了多家传统媒体，同时也推出了一些原创性电子杂志。

制作与发布的专业化成为新一代电子杂志经营的重要特点，其基本动因在于技术的复杂性，这种专业化对于电子杂志质量的提升又是有益的。这种模式在数字报纸领域里也开始显现出来。例如，XPLUS 为几百家报纸提供了数字报纸的发行平台。

2006 年 5 月公布的《全国报纸出版业"十一五"发展纲要》明确提出了"数字报业"的发展战略。同年 8 月 7 日，在第三届中国报业竞争力年会上举行了"数字报业实验室计划"启动仪式，包括解放日报报业集团等在内的全国 15 家媒体，以及北大方正、诺基亚(中国)、中国网通等三家软件开发商、电子显示终端设备制造商、电信运营商，成为首批试点单位。

2007 年，由新闻出版总署信息中心传媒发展研究所和中国数字报业实验室联合主办的"数字报业新技术现状与应用前景研讨会"确定了中国数字报业的九大实验方向，分别为报业数字化平台、报纸网站、电子商务、电子阅读器、多媒体数字报刊、户外数字媒体、手机报、手机二维码、移动采编系统。2007 年 9 月，

---

① 《网络杂志风生水起 互联网市场影响几何》，载《新闻出版报》2006 年 7 月 5 日。

② 《网络杂志：好风凭借力 送我上青云》，http://www. stanchina. com/new683. htm。

③ 《电子杂志〈澜〉创刊三个月下载量突破百万》，载《财经时报》2006 年 4 月 2 日。

④ 《〈物志〉的运作状况透析》，http://media. xinhuaonline. com/detail_mcp. asp? id = 23。

中国数字报业实验室全面启动了“多媒体数字报刊”、“移动新媒体技术”和“电子阅读器”三个方向的专题实验。由此可以看出,数字报业新一轮实践的一个重要趋向,就是平台的多样化。

从 CD－ROM 到互联网,再到多元化平台,报刊的数字化发展的内在逻辑是,既要充分利用数字化传播的优势,又要更多地吸收和保留传统报纸的优点。而更重要的是,报刊数字化进程也与它的网络化、融合化等进程紧密结合在了一起。

(二)广播电视的数字化进程

广播电视数字化的含义是广播电视信号的数字化采集、存储、加工、传播与播放。广播电视数字化对于提高广播电视媒体竞争力意义十分重大。

广播电视数字化已经成为我国国家发展战略的一部分,国务院从 2004 年开始连续三年将广播电视数字化纳入工作要点。2004 年则被国家广电总局定为“数字发展年”。“十五”期间,全国省级以上的广播电台、电视台基本实现了数字化,为发展节目内容产业提供了重要技术支撑。[①]

我国的数字电视发展实施的是“三步走”战略,2003 年开始推进有线电视数字化,2006 年发展卫星直播电视广播,2008 年全面发展地面数字电视广播,并计划于 2015 年关闭模拟电视广播。

有线电视数字化的一个主要障碍在于用户端的电视接收终端的更新,用户的观念、经济能力、数字电视所能提供的内容与服务等,都对数字终端的采用形成制约。这已经不是仅靠媒体的力量可以实现的,它需要媒体、数字电视运营商、接收终端制造商以及政府等有关方面的共同配合,在推进有线电视数字化的过程中,不同城市进行了不同的探索,其中“青岛模式”和“佛山经验”最受关注。

所谓“青岛模式”是指以小区为单位为用户免费安装机顶盒,实施“整体转化”,在推行数字节目的同时全部停止输送模拟信号。通过政府财政和大型企业的共同投入,迅速建立起数字电视平台。

“佛山经验”可概括为免费送机顶盒、增加频道内容,一卡一费、以小区为单位整体平移用户,完成转换后即停播模拟电视,只传送数字电视信号。机顶盒的网络改造和前端建设等所需资金部分由政府投入,部分贷款,部分通过与社会投资方分享收视费等方式获得。[②]

尽管这两个模式都存在一定问题,但是,对于有线数字电视在我国的推广还是起到了重要作用。除了青岛和佛山,全国各个城市也都在用自己的方式推进

---

① 闵大洪:《中国广电科技发展三大趋势分析》,见 http://news.xinhuanet.com/newmedia/2007－05/18/content_6107524.htm。

② 谭晓雨:《数字电视四大障碍有待搬除》,载《中国证券报》2004 年 11 月 25 日。

有线数字电视的普及。根据国家广电总局的统计,到2007年年初,全国已有青岛、杭州、深圳、大连、佛山、太原、南京、南宁、银川等25个城市完成了市区有线电视数字化整体转换,全国有线数字电视用户已超过1 200万。①

在卫星直播电视的发展方面,"十五"期间,我国广播电视的卫星传输已完成模拟向数字的转换,中央和省级的卫星广播电视节目全部实现了数字化传输。2006年10月29日,我国第一代通信广播卫星"鑫诺2号"成功发射,成为"第一代直播系统主星"。②

在广播的数字化方面,1995年,DAB项目被列为国家"九五"重大科技产业项目,DAB实验室和无线发射先导网先后在北京和广东建立。1996年底广东佛山的DAB先导网(亚太区第一个DAB先导网)开通,覆盖了珠江三角洲的大部分地区。1998年中国与欧盟签署协议,共同开发DMB技术。

2003年,由国家广播电影电视总局广播科学研究院和广东省广播电视发展中心等6家单位共同出资6 000万元,在佛山成立广东粤广数字多媒体公司,开始DMB技术推广商业化运作。2006年年初,广东、北京、上海、天津等地已建立起DAB数字广播网。2006年9月6日,北京人民广播电台开通DMB,通过电视发射塔发射的信号覆盖了六环路以内的北京市区,从2007年1月1日起开始推出包括政务信息、生活信息、城市信息、交通信息等在内的公众信息服务。

2006年5月18日,中国国家广电总局正式出台了《30 MHz～3 000 MHz地面数字音频广播系统技术规范》,欧洲的DAB标准成为中国数字广播行业标准,并于2006年6月1日开始正式在中国执行。

2008年9月,广电总局又正式通过关于地方广电获准参与中国移动多媒体广播电视(China Mobile Multimedia Broadcasting,CMMB)网络建设和业务运营的方案。这意味着CMMB也将成为我国数字广播电视的一个主要技术标准。

广播电视的数字化,其关键在于广播电视传输网络的数字化。它牵涉到多方利益,对广电产业的现有格局也形成了较大冲击,因此,它的发展过程更为曲折,但无论怎样,广播电视的数字化进程在中国已经开始,而且正在不断加速。

二、我国网络数字媒体的发展

1998年5月,在联合国新闻委员会年会上,网络被正式作为"第四媒体"提出。网络化进而成为数字媒体发展的一个必然方向。

---

① 《广电总局通报有线电视数字化情况》,见 http://news.xinhuanet.com/newmedia/2007-02/28/content_5784282.htm。

② 闵大洪:《中国广电科技发展三大趋势分析》,见 http://news.xinhuanet.com/newmedia/2007-05/18/content_6107524.htm。

（一）我国网络媒体发展的基本线索

1994 年，我国全面接入互联网，迎来了互联网时代。1995 年 1 月，《神州学人》杂志进入互联网发行，这标志着中国媒体开始进入网络时代。1995 年 10 月，《中国贸易报》走上国际互联网，这是中国第一家上网的报纸。1995 年 12 月，《中国日报》网站开通，开全国性日报办网站之先河。

1997 年 1 月 1 日，《人民日报》网络版正式推出，同年 11 月 7 日，新华通讯社网站正式建立，这两个事件预示着中国媒体的中坚力量开始出击互联网。

1996 年底，中央电视台开始上网尝试，1999 年 1 月，中央电视台网站全面改版并正式对外发布。

1997 年，中国国际广播电台设立了简单的网页进行自我宣传。1998 年 12 月 26 日，其网站“国际在线”正式对外发布。

1997 年，中国媒体开始了第一轮“上网热”，但这时受到传统媒体思维惯性的影响，受到技术、人才、体制等各方面因素的限制，这些上网媒体的发展进程还是较为缓慢的。例如，在报刊上网的早期，报社、杂志社只是将报刊的内容照搬上网，用简单的网页形式加以呈现。这时报刊的网站只是报刊的翻版，而且，更新往往比报刊本身的发行要慢一步甚至几步。而对电台、电视台来说，互联网一开始扮演的更像是《广播电视报》的角色，网站成为电台、电视台节目的介绍、推广平台。

1999 年后，随着对互联网传播特性认识的不断深入，媒体网站的内容日益丰富，传播手段变得多元，功能也日益强大。

在中国媒体纷纷上网的同时，一批商业网站逐渐加入网络信息传播的行列，其中最有代表性的是三大门户网站新浪、搜狐和网易，它们给网络信息传播带来了新的气象，商业网站也在很大程度上影响着中国网络媒体的格局。

除了各媒体独立上网外，各种合作模式也逐渐出现，例如，媒体联合成立网站，商业网站与传统媒体合作进行新闻内容生产。2000 年 3 月 7 日，千龙新闻网正式启动。这家网站是由北京市委宣传部与《北京日报》、《北京晚报》、《北京青年报》、北京电视台等九家地方主要媒体共同创办的一个地方性重点新闻网站。同年 5 月 28 日，上海东方网开通。东方网与千龙网有着相似的模式，也有市委的支持，也是由上海本地的多家新闻媒体联合。“千龙模式”和“东方网模式”是传统媒体间合作开办网站的一个尝试，它们在实践中既积累了成功的经验，也留下了一些教训。

总体来看，中国网络媒体从 1994 年开始酝酿，发展到今天，经历了两个不同的历史时期。

1994 年到 2003 年这十年是中国网络媒体确立自己作为“第四媒体”地位的奠基时期，这个时期中国网络媒体发展又可划分为五个阶段。这五个阶段体现了网络媒体的每一次实质性进步：

第一个阶段(1994—1995)：中国网络媒体实现了从无到有的突破；

第二个阶段(1996—1998)：中国网络媒体实现了从少到多的发展；

第三个阶段(1999—2000)：中国网络媒体实现了从单一模式到多种道路的探索；

第四个阶段(2001—2002)：中国网络媒体实现了向规范化、规模化运营的转折；

第五个阶段(2003 年至今)：中国网络媒体开始跻身主流媒体的行列。

而 2004 年以来，中国网络媒体则在新一代互联网技术的引领下进入 Web2.0 时代，也可以说，中国网络媒体进入了一个多元发展的腾飞时期。

从整体来看，相对于传统媒体，中国媒体的网络化使媒体实现了以下几个方面的突破：信息传播突破地域限制；信息传播的时效性不断增强；信息的存储与检索方式发生本质变化；信息传播手段更加丰富多样；受众参与的广度与深度大大提高；传播者与受众的界限日益模糊。

在专业网络媒体不断提高传播水平的同时，论坛、博客、播客、微博等使公民新闻的实践不断深化，公众的参与也使网络媒体的传播格局变得更为多元化。

（二）我国网络媒体的基本格局及其推动力量

经过十余年的发展，我国网络媒体形成了多元化、多层次的格局。我国网络媒体的构成主力是由国务院新闻办认可的新闻网站，这类网站由四个层次的网站组成，分别是中央新闻单位网站，中央国家机关各部门新闻单位网站，各省、自治区、直辖市新闻单位网站，综合性非新闻单位网站。此外，各类报刊网络版和电台、电视台的网站，既是传统媒体在网络中的延伸，也是网络媒体中的一支生力军。

在这些网站中，又有两个层次的重点新闻网站：

国家重点新闻网站。国家重点新闻网站概念的提出始于 2000 年 5 月 9 日，在中宣部、中央外宣办下发的《国际互联网新闻宣传事业发展纲要(2000—2002年)》中，首次确定了国家重点新闻网站，第一批重点网站共有五家，包括中国互联网新闻中心(它后来成立了中国网)、人民网、新华网、国际在线和中国日报网，后来，中青网、央视网、中国经济网、中国台湾网等也先后成为国家级重点新闻网站。

地方重点新闻网站。即由各个省、自治区、直辖市等建立的地方性重点新闻网站。它们大致分为两种建设模式，一种是以某一个媒体为主建设，另一种则是多家媒体联合建设。

中国网络媒体的发展，是由传统媒体网站、商业新闻网站以及网民这三极力量的相互渗透、共同作用而推动的。

第一，由传统媒体兴办的多种类、多层级、多区域、多行业的网站集群成为中国网络新闻信息的直接提供者，他们控制着中国网络新闻特别是时政新闻的内容门类和数量规模，是基础性的生产力量。

第二，商业门户网站以极大的热情全面进入新闻传播领域，成为中国新闻信息的集散平台。这一平台对于传统媒体及其网站所生产的新闻起着能量聚合与扩张的作用。

第三，网民积极加入新闻传播的过程，成为中国网络媒体结构中影响能量转化的第三极信息力量。他们提供的新闻评论观点为新闻观察提供着多元视角，也在解读新闻之中酿造着舆论元素。在Web2.0技术的支持下，网民更是能深入到新闻信息的直接生产过程之中，从而对新闻传播的效果产生更大的影响与作用。

第四，传统媒体网站、商业网站、网民三者之间已经形成稳定的信息能量交换关系，商业网站和传统媒体网站分别受到这种信息能量交换过程的影响，从而演化出各自的运行结构和运行方式。在这个过程中，网民在网络环境中获取信息、合成信息、传播信息、利用信息的活动在加剧，能量在不断增长，对商业媒体网站和专业媒体网站的影响不断加大，从而推进了中国网络新闻传播结构形态的改变。可以说，中国网络媒体地位的迅速上升，离不开这三极力量的共同作用。

网络媒体不仅大大改进了信息传播的方式与渠道，也使自身在社会生活中的作用不断增强，如今，网络媒体已经逐渐发展为一种新的社会形态。

根据中国互联网络信息中心（CNNIC）发布的《第26次中国互联网络发展状况统计报告》，截至2010年6月30日，我国网民总数达到约4.2亿人，互联网普及率达31.8%。[①] 纵观互联网进入中国16年来的历史，中国网民数量始终保持着高速增长的势头。在这样的环境下，网络无论是作为媒体，还是作为社会形态，对中国社会发展的影响必将越来越深刻。

三、我国移动数字媒体的发展

移动性是数字媒体发展的另外一个方向，它可以更好地满足人们随时随地获取信息、参与交流的需要。

（一）手机推动的移动传播

尽管诸如报纸、广播这样的传统媒体本身是具有移动性的，但目前的有线互联网环境使这些媒体上网后受到电脑终端的影响，移动性降低了，然而，手机媒体的发展，使这些网络化的媒体重新获得移动性，用户在信息获得的时效性、便

---

① 数据来源：www.cnnic.net.cn。

利性方面得到更大的满足。网络媒体和手机媒体的融合发展也使无线互联网成为所有媒体共同的平台取向。

1987年,手机首次引入中国,从那时起,中国手机业与世界手机业一起同步发展,它也已经经历了三个发展阶段。

1987年11月18日,第一个模拟蜂窝移动电话系统在广东省建成并投入商用,[①]这是中国进入模拟手机时代的开始,也是中国进入手机时代的发端。直到2001年12月31日,中国移动通信集团公司完全关闭模拟移动电话网,停止经营模拟移动电话业务,这意味着模拟手机时代的彻底结束,数字移动通信时代的全面到来。

1994年10月,邮电部作出发展GSM移动电话的决定。1995年,中国移动GSM数字电话网正式开通。2001年底中国移动模拟网关闭,模拟和GSM两网并存的格局结束,中国全面进入GSM时代。直至今日,中国多数用户还处于GSM时代。

2009年1月7日,工业和信息化部为中国移动、中国电信和中国联通发放了第三代移动通信(3G)牌照,此举标志着我国正式进入3G时代。其中,批准中国移动增加基于TD-SCDMA(TD-SCDMA为我国拥有自主产权的3G技术标准)技术制式的3G牌照,中国电信增加基于CDMA2000技术制式的3G牌照,中国联通增加基于WCDMA技术制式的3G牌照。

中国工业和信息化部2010年10月21日发布的数据显示,中国手机用户已达到8.3亿。[②] 手机在中国的普及率一直持续上升,这意味着巨大的媒体市场。作为一种移动媒体,手机平台还具有其他传播优势,例如,信息传播启动迅速、信息落点明确、实现贴身传播、传播的再延续性强、信息传播双向性强、多种信息与服务的整合,等等。

手机的普及,也使用户在参与信息传播方面的可能性大大增强,现在的手机多数具有拍照、录音、摄像的功能,因此,用户可以方便地进行各种信息的采集,手机与网络中的论坛、博客、播客的结合,使公众在信息传播中的作用不断增强。

由于手机的高普及率以及强大的传播功能,近年来,它已被视做继互联网后的又一新兴媒体,被称为“第五媒体”。

2003年9月1日,《扬子晚报》手机版在江苏移动和联通两个平台上同时发布,这不仅是中国手机报的发端,也意味着大众传播媒体正式进入手机平台。2004年7月18日,《中国妇女报》推出了中国第一份图文并茂的彩信版手机报。

---

① 资料来源:www.10086.cn。

② 《中国电话用户数达11.3亿 手机用户8.3亿》,见 http://www.chinadaily.com.cn/hqcj/zxqxb/2010-10-22/content_1058597.html。

2004年底,重庆报业集团联合重庆移动、重庆联通推出了《重庆晨报》、《重庆晚报》和《热报》的手机WAP版。此后,手机报逐渐普及,手机广播、手机电视也开始兴起。2006年以来,随着3G国家技术标准的陆续颁布,奥运会前3G商用测试的开始,以及3G牌照的正式发布,中国手机逐步步入3G时代。3G时代将使各种传统媒体在移动互联网世界里呈现出全新的面貌,也将使媒体之间的融合更加深入。

(二)公交媒体推动的移动传播

手机是一种私人性移动媒体,而公交媒体则发挥着公共性移动媒体的作用。

各种公共移动媒体的出现,使传播的情境更具体,传播的强制性更大,受众的流动性也使信息传播的覆盖面更大。而从受众这一端看,这类媒体满足了他们在移动时空中的信息获取需求。因此,近年来,由于数字传播技术的广泛应用,公共移动媒体作为另一种新兴媒体而备受关注,相关应用也如火如荼地开展起来。

在我国,尽管公共交通工具早就成为了广告载体,但运用电视终端承载大规模的公共信息传播任务,是进入21世纪以后的事。目前的公交移动媒体除了播放音像磁带或光盘的车载电视外,更多的是应用数字传播技术,能够同步接收广播电视机构播放节目的电视。2002年10月,上海的部分公交汽车和游轮出现了移动电视。2004年以来,车载电视业务在全国普遍展开。北京、兰州、广州、重庆、武汉、长春、南京、合肥、成都、太原、大连、西安、郑州等许多城市都相继开通了车载移动电视。① 有关统计显示,至2008年,全国共有30个省市及计划单列市在公交车上安装了25.7万个车载视听系统终端,全国各地的地铁中共安装了12 888台移动电视播放终端。②

2008年10月,尼尔森公司发布了对我国11个经济最为活跃的城市所进行的中国公交移动电视收视调查的结果。结果显示,公交移动电视媒体的到达率直逼电视,其总体到达率在95%左右,大连、西安更接近100%。从收看公交移动电视的频率来看,基本上超过50%的公交人口已经养成了固定收看公交移动电视的习惯。③

除了手机、公交移动媒体等,各种形式的户外媒体也在迅速发展,虽然它们自身不是移动的,但它们使人们在各种移动状态中都可以接收信息,在广义上,也属于移动媒体的范畴。2007年,河南日报报业集团利用新兴技术,在全国首

---

① 陆地、尹坤:《移动媒体的发展现状、问题和趋势》,见 http://www.china.com.cn/city/zhuanti/07chuanmei/2007-12/19/content_9402356.htm。

② 《车载移动电视发展繁荣,华视独领风骚》,见 http://news.ccidnet.com/art/3157/20090306/1700717_1.html。

③ 《世通华纳公交移动电视步入主流媒体行列》,见 http://www.pcate.com/news/1204.shtml。

创街头多媒体信息港,成功地将报纸、网络、电视、户外广告发布等多种媒体整合在一个平台上,这是户外媒体技术应用上的一次成功尝试。

与此同时,新的移动终端也在不断涌现,例如 Ipad、电子书(电子阅读器)、眼镜式显示器等,随着技术的不断更新升级,更多的媒体产品和经营模式将被开发出来。

第四节 数字传播推动下的媒介融合

数字传播技术不仅推动了媒体的数字化、网络化、移动化,也推动了它们之间的融合,也就是媒介融合。

媒介融合是指各种媒介呈现出多功能一体化的发展趋势。这一概念最早由美国麻省理工学院媒体实验室的浦尔教授提出。它是各种媒体发展的共同趋向。媒体的数字化、网络化、移动化,带来的最终结果就是各种媒体之间界限的模糊、功能的交叉、产品的融合。

一、媒介融合的层次

媒介融合可以体现在几个层面上,即技术融合、业务融合、平台融合、市场融合以及机构融合。

(一) 技术融合

麻省理工学院的浦尔之所以提出媒介融合的概念,是因为他看到,从技术上看,过去界限分明的各种传统媒体的技术越来越相似、相通,他指出,在技术的推动下,“一种单一的媒介,无论它是电话线、电缆还是无线电波,将承载过去需要多种媒介才能承载的服务。另一方面,任何一种过去只能通过单一媒介提供的服务,例如广播、报纸、电话,现在都可以由多种媒介来提供。由此,过去在媒介与它所提供的服务之间存在的一对一的关系正在被侵蚀”①。

从前文的分析中也可以看到,各种媒体的数字化,其必然结果就是各种媒体的界限越来越模糊,每一种媒体都在向过去不属于自己的领域延伸,在这个延伸过程中,它们采用的技术越来越相似甚至会变得一致,其功能也越来越趋同。因此,技术融合是媒介融合的基础,也是其推动力量。

(二) 业务融合

业务融合可以表现为三个方面:一是媒体间合作、互动的加强;二是融合性产品的出现;三是融合性新闻的发展。

从媒体间合作来看,报网互动、台网互动等是目前较为常见的方式,但是,互

---

① Henry Jenkins: *Convergence Culture*, P10, Newyork University Press, 2006。

动只是融合的起步方式。

新一代数字报纸、多媒体互动杂志、网络电视、手机报纸、手机广播电视等，都是融合性的新媒体产品，它们从深层促进了媒介融合。其中，作为电视与网络融合产物的网络电视，以及作为广播电视与手机融合产物的手机广播电视，更是具有革命性的意义。

融合性新闻，是指将文字、图像、声音、视频等手段结合起来，在平面媒体、广电媒体、网络媒体、手机媒体等多种媒体平台上形成多形式、多落点、多角度的新闻报道体系的一种业务模式。融合性新闻应该满足以下两个方面的要求：其一是报道中的多种媒体手段的深层结合。也就是说，融合性新闻也是一种多媒体新闻，它是由不同手段的报道构成的一个有机的整体。一个多媒体报道应该是一个完整的报道方案：每一种手段发挥其特长，不同手段之间取长补短，真正产生“1 + 1 > 2”的效果。解放日报报业集团的尹明华将这样一种多媒体的整合称为“状态式的生成”，即要使多种传播渠道打破传统的单一模式，提供不同的表达方式。面对不同的状态，要选择性地发现相应的表达方式。[①] 反之，如果各种手段只是同一角度的重复，或者只是不同媒体手段的简单堆积，那么，就很难产生增值的效果。有时甚至因为传统媒体涉足它过去不擅长的领域，导致新闻报道的专业水准下降。其二是各种媒体平台的报道构成一个有机的体系。融合性新闻的理想境界，是针对不同平台的特点，将一次采集的素材，在多个平台上多次利用，并且形成一个合理的报道圈。在这方面，国内一些媒体已经做出了有益的探索。例如，《烟台日报》的多平台策略是，对重大新闻的报道，采取手机报多点发送、网站滚动播报、电子纸移动报同步传递、视频节目跟踪解读、纸质媒体纵深报道的方式。[②] 这种方式不但可以实现资源的多次利用，也可以通过多平台的共同作用，来提高传播效果。

融合新闻的一个基础性支持是全新的编辑部机制，许多媒体也正是通过对编辑部机制的改革宣告全媒体战略的开始。例如，2008 年 3 月，《烟台日报》集团组建了全媒体新闻中心。该中心相当于集团内部的通讯社，它由三部分组成：一是总编室，在中心内部起新闻指挥部的作用，在子媒体间起协调作用；二是采访部门，负责日常采访；三是数据信息部，负责稿件标引、背景资料搜集、针对大事件的前期资料整理以及音视频素材的编辑整理。此外，集团还创办了一个虚拟组织——YMG 特别工场，一旦有突发或重大新闻事件发生，由全媒体新闻中心牵头，其他各种形态媒体临时抽调人员组成，因事而设，事毕即散。

---

① 尹明华：《科学发展观指导下的媒介形态思考》，载《传媒》2008 年第 10 期。

② 郑强：《从传统报业到全媒体的探索之路》，见 http://news.xinhuanet.com/zgjx/2008-10/20/content_10221836.htm。

这样一种机制与传统媒体的编辑部相比,有两个本质性的变化:一是传统的编辑部门拓展成为数据信息部,它的职责不是针对单一的稿件进行单一的编辑,而是针对每一个报道对象进行全面的数据收集、梳理与整合。二是针对重大的多媒体报道任务,以团队运作模式来应对。《烟台日报》的做法是每一次都组成临时性团队,这种做法的好处是可以为每一个报道任务进行最优的人员配置。但是,它也存在一定问题。团队实际上需要磨合,团队成员需要通过多次的合作来达成默契,而"因事而设、事毕即散"的模式,不利于团队的稳定及效率。在这方面,另一种可以探索的思路是,将采访部根据不同采访任务编成若干固定小组,一般任务由对应的小组完成,特别重大的任务则可以进行招标。

尽管《烟台日报》对传统编辑部机制的改革还存在一些问题,但是,其大胆创新、勇于实践的精神是值得肯定的。归根结底,没有新的机制来支持新的业务模式,融合性新闻就很难真正实现。

(三)平台融合

平台融合指的是各种媒体内容的传输平台越来越趋向一致。虽然平台融合是媒介融合的一个重要层面,但这种融合是否就是各种媒介完全合流且成为一体?这是人们担忧最多,也是疑问最多的一个方面。事实上,从新一轮电子报纸、电子杂志的实践来看,它们体现了一种新的思路,那就是"借道"网络,而不是停留在网络上。由此带来的启发是,对于信息生产来说,融合也许不是终极目标,而只是一个环节或一个途径。网络不一定要作为各种媒介产品的直接载体,而是可以仅仅作为媒介产品的传播渠道。这种方式,有助于在更大程度上继承传统媒体产品固有形态的优点,适应受众既有的阅读或收听、收视习惯。而网络作为传播渠道,则可以减低传播成本,提高传播速度,拓展传播空间。

从目前来看,媒介融合将带来的是平台的"先合后分"的局面,即各种媒介产品都将汇流到网络(在未来可能还会有超过今天的互联网或移动互联网的更好的平台出现)中进行传输,而后又分散到各种不同的接收终端中,这样仍然可以保持媒介产品的多样化。这种"合"与"分"是生产过程的一种有机结合,"合"是为了更有效地进行"分"。

从这样一个角度看,未来传媒发展的景观可能是我们所习惯的各种传媒样式,例如纸质的报纸、电视机上呈现的电视节目等,都还可以存在,但是,它们所依赖的发行或传播渠道可能会发生根本变革,那就是数字网络将取代现有渠道。而在接收终端上,人们仍然可以有多样化的选择,偏好报纸阅读习惯的人,可以将网络中传输的内容打印出来,电子报纸的出现实际上为此做了一定的铺垫;而偏好电视的人,则可以用电视机来观看最终内容。同时,可以预见的是,未来一定还会有更多的信息接收终端出现,它们会将一些传统媒体的优点继承下来,同时又具有自身的一些独特优势。

（四）市场融合

数字化使各种媒体产品有了共同的平台基础，这为多种媒体的产品集中到一个共同渠道中提供了可能性。业务形态的整合，也将使各种不同媒体的内容产品最终汇流为一个大市场，原有媒体市场的界限可能不再那么分明。

同时，这也带来了产品组合的灵活性。各个媒体的内容可以更加方便地实现相互嵌入。这不仅可以出现在同类产品中，也可以出现在不同类产品之间，例如，在电子报纸中嵌入电视台的节目等。此外，跨地域的产品组合也将成为可能。

这意味着，从最终结果来看，市场中的产品将出现更为多样化的版本，以满足用户更为个性化的需求。各种产品汇入一个大的市场，再根据受众需求进行组合与分装。这种组合可以取决于传媒机构这样的传播者，但未来可能更多地取决于受众。可以说，市场融合的结果并不是产品的单一化，而是更加多元化、个性化。

（五）机构融合

媒介融合过程会逐渐带来相关机构的融合，这种融合的第一个层面是媒体集团内部机构之间的整合。

成立于 2000 年的美国“坦帕新闻中心”是媒介融合的先驱，它率先开展了机构融合的实践。它将集团所属的《坦帕论坛报》及其网站坦帕湾在线（Tampa Bay Online）、WFLA 电视台以及集团网站 TMO. COM 等几个原来独立的编辑部整合到一起，采用的是开放式的、圆桌式的办公空间（见图 1 - 1），所有媒体的工作人员在这个空间中完成统一的报道部署，并实现新闻资源与设备资源的共享。

英国广播公司（BBC）于 2008 年将其电台、电视台及网站的编辑部整合成一个统一的新闻编辑部，开始探索全平台的“360 度采编”。英国的《每日电讯报》也积极通过编辑部的整合探索媒介融合道路，并因此创造了一种独特的“中央辐射型办公室”（见图 1 - 2），即在开放式的办公室里，各部门核心领导的位置设在正中央，形成一个核心区，其他人员呈辐射状依次在四周排开。纵向排列的位置形成一条直线，每条“直线”上的工作人员负责一个新闻板块，比如国际新闻、经济新闻、体育新闻等，而横向相邻的位置则形成了一个弧线，在同一条弧线上的人分管内容、设计和生产。这个办公室是整个报业集团的内容生产部门，这里的工作人员不仅供应新闻，而且生产音频和视频内容。这种管理人员居中、其他工作人员在四周分布、纵横有序排列的布局，极大地提高了办公室人员的信息沟通速度和工作效率。①

---

① 王春枝：《整合与传播：欧美编辑部的媒介融合路径》，载《中国记者》2009 年第 8 期。

图 1－1 美国“坦帕新闻中心”的开放式办公空间①

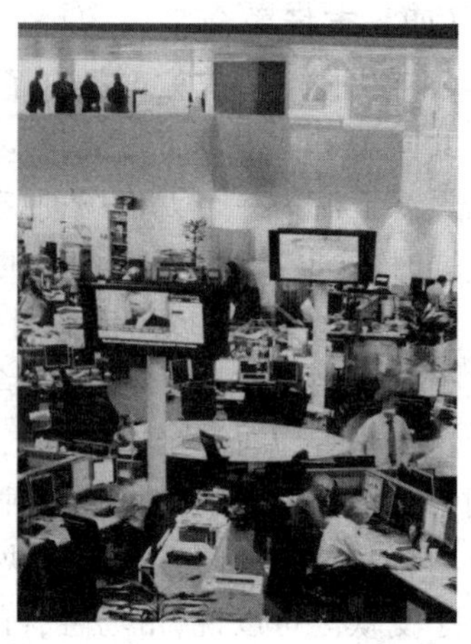

图 1－2 英国《每日电讯报》的“中央辐射型办公室”②

当然，传媒集团内部的机构融合，绝不是将若干小办公室合并为一个大平台那么简单。各个部分职能的调整，相关工作人员思维方式、工作方式的调整，整个工作机制的变革，都是机构融合成功的保障。

机构融合的第二个层面，是过去彼此独立的传媒企业之间的合作或融合。这种融合带来的挑战更大。

如果融合的各方永远不愿意打破自己所习惯的旧有模式与利益格局，如果都把保证自己的利益作为任何改革的前提去考虑，如果没有真正的利益共享与风险均担这样的精神，那么机构融合就会变得举步维艰。

现实中，这样的案例并不少见。例如，2000 年初，美国的互联网企业美国在线与老牌的传媒集团时代华纳宣告合并，这一新一旧媒体的合并，当时被公众认为是“天作之合”。但是，这个看上去很美的结合却很快显现出无数矛盾，最终不得不以解体的结局收场。这其中，貌合神离是最主要的问题。

但是媒介融合的大趋势又是不可阻挡的。如果要尽快抢占媒介融合这个新阵地上的制高点，机构融合的各方就应该互作让步，真正融为一个新的共同体，并且以这个新共同体的利益与发展目标为自己的追求，根据新的业务需要来进行业务流程再造。在这个过程中，任何一方都需要做出改变，甚至可能变得面目全非，但只有这样的锻造过程，才能带来凤凰涅槃的新生，才能真正实现媒介融合所要达到的新境界。

机构融合的第三个层面，会出现在传媒业与电信业、IT 业等其他相关产业

① 此图片由美国密苏里新闻学院章于炎博士提供。

② 此图片由作者翻拍于美国新闻博物馆。

之间。因为媒介融合带来的也是多种产业间的相互融合、重组。

二、媒介融合实践在我国的发展

数字信息技术、网络技术、移动通信技术，是媒体技术融合的基础。经过20世纪90年代以来的技术改造，如今，技术融合在我国的传媒业已经没有太多的障碍。而业务融合、机构融合是近几年来各类媒体进行改革与转型的关键。

近年来，报网互动、台网互动成为一种普遍的做法。例如，2004年10月，河南日报报业集团与河南报业网在全国率先推出报网互动栏目“焦点网谈”。此后，类似的报网互动、台网互动不断发展，形式上也不断创新。

报业媒体之间以及其与电信运营商等其他产业力量之间在新闻、经营等各个领域的合作，以及跨媒体经营，则成为传统媒体走向媒介融合的一个新起点。

例如，2006年11月28日，成都日报报业集团与成都广播电视台合并，成立了省会城市第一家综合传媒集团。

2007年9月，南方报业传媒集团旗下的21世纪报系与中央人民广播电台旗下的经济之声频道签署合作协议，宣布双方将在新闻资源共享、市场活动开发、广告经营等方面展开深度合作。

2008年10月27日，羊城晚报报业集团与南方广播影视传媒集团签署全面合作框架协议，“建立紧密的战略伙伴关系”，实行电子媒体与平面媒体的跨媒体深度合作，探索电视媒体与平面媒体合作发展的新路径。

2008年以来，作为媒介融合探索的一个阶段，全媒体实践在报业逐步开展起来。2008年3月，《烟台日报》集团组建了全媒体新闻中心。这是全国首家成立全媒体新闻中心的媒体。

2009年1月，宁波日报报业集团成立了全媒体新闻部，首批15名记者每人配备摄像机、数码相机、录音笔和笔记本电脑，实行24(小时)×7(天/周)的多平台、多媒体信息发布模式。5月初，它又设立了基于手机报、手机电视的3G事业部，实现多媒体、即时和互动的移动新闻播报。

2009年3月，三湘华声管委会成立，这是湖南日报集团走向全媒体时代的一个标志。三湘华声管委会是一个新型媒体集团的雏形，它计划用三年左右的时间，依托《三湘都市报》建立起一个互动平台，形成以报纸为基础，网站为骨架，手机和LED显示屏为终端，其他媒介为互补的传媒新格局。[①]

2009年，南方都市报系也开展了“南都全媒体集群”建设。南方都市报成立全媒体运营委员会，由总编辑牵头，下设多媒体、产品设计与技术、市场营销、公

---

① 《报网融合：让党报集团走向强大的契机》，见 http://hunan.voc.com.cn/article/200906/200906221052079161_2.html。

共政策、战略投资五大中心，全面运作全媒体相关项目及平台。2009年，浙江日报报业集团确定“全国化全媒体”之路，先后与阿里巴巴公司、中央电视台财经频道签署战略合作协议。此外它还组建了新公司，专门经营户外大屏幕LED，并使之与视频新闻结合起来。同年，《京华时报》创刊8周年之时，《京华播报》正式上线，这是由《京华时报》推出的国内首家基于3G无线网络的视频新闻平台。

2010年4月，人民网旗下的人民视讯文化有限公司，推出“人民视讯”手机电视，以人民日报社国内外70余个分社的采编力量和在新闻内容方面的优势为依托，24小时向手机用户提供丰富多彩的视频节目内容。

广播电视媒体也在媒介融合的大趋势下，进行它们的战略布局，例如，2005年，金鹰955广播频率正式开播，这是湖南经视在全国范围内首次试用电视台办电台的跨媒体经营方式。2005年8月22日，《法制周报》创刊，与金鹰955一起成为湖南经济电视台麾下的“兄弟媒体”。至此，湖南经济电视台已搭建了覆盖电视台、电台、报纸和网站的、横向一体化的跨媒介经营结构。

2005年4月底，上海文广新闻传媒集团下属上海电视台正式获国家广电总局批准开办以电视机、手持设备为接收终端的视听节目传播业务。2007年7月，上海文广推出通过中国移动、中国联通的网络，为手机用户度身定制的“手机电视台”。2005年5月17日，它还与原哈尔滨网通合作，正式建立了国内网络电视产业第一块“商用领地”。它所打造的“第一财经”品牌，不仅有报纸，而且有电视、广播、期刊、网站等多种媒体形式进行配套。

2007年4月，中国国际广播电台联手中国联通，正式推出了CRI手机广播电视业务。中国联通CDMA手机用户都可以在境内收听、收看国际广播电台手机广播电视节目。同年，中国国际广播电台在中国移动的流媒体平台上也正式开通了手机电视业务。

2009年12月27日，中央电视台创办的中国网络电视台正式上线，它通过“台网捆绑”的模式运营，实现了“电视”与“网络”的双重特性的融合。就在中国网络电视台上线3天后，新华社主办的中国新华新闻电视网（CNC）在北京举行开播仪式。2010年1月1日，CNC正式上星向亚太地区和欧洲部分地区播出。新华社进入电视领域，也是其跨媒体战略的一个体现。

可以看到，媒介融合正在中国传媒界全面展开，各种媒体机构在寻找和维持自己特色的同时，也都在朝着共同的方向发展。

三、“三网融合”与媒介融合

尽管技术上实现媒介融合已经不困难，业务的拓展也有了各种新思路，但媒介融合要全面实现，还依赖于平台的融合、市场的融合以及机构的融合。这几个方面都会指向“三网融合”，而各种因素都在影响着三网融合的进程。

三网融合是指电信网、广播电视网、互联网在向宽带通信网、数字电视网、下一代互联网演进的过程中，其技术功能趋于一致，业务范围趋于相同，网络互联互通、资源共享，能为用户提供话音、数据和广播电视等多种服务。[①] 简单来说，“三网融合”就是电信网、广播电视网和计算机网络的融合。但这种融合并非指三种网络变成一个，其要点在于互联互通、功能趋同、资源共享，因此，“三网融合”并非单纯的“三网合一”。

近年来，我国政府对于推动三网融合工作非常重视。2010 年 1 月 13 日，国务院总理温家宝主持召开国务院常务会议，决定加快推进电信网、广播电视网和互联网三网融合。会议提出了推进三网融合的阶段性目标：2010 年至 2012 年重点开展广电和电信业务双向进入试点，探索形成保障三网融合规范有序开展的政策体系和体制机制；2013 年至 2015 年总结推广试点经验，全面实现三网融合发展，普及应用融合业务，基本形成适度竞争的网络产业格局，基本建立适应三网融合的体制机制和职责清晰、协调顺畅、决策科学、管理高效的新型监管体系。

在理论上，目前三个网络进行融合在技术上完全可以实现，但是，由于它涉及广播电视行业、电信行业、IT 行业等多个方面，无论是管理部门还是运营部门的权力与利益，在三网融合的过程中都会受到很大冲击，因此，三网融合的过程成为多方博弈的过程，这个过程也就变得异常复杂而漫长。出于对保护自身利益的考虑，广电行业、电信行业、互联网行业都在争夺“三网融合”中的主导权，目前在 IPTV 和手机广播电视的经营方面，这种竞争表现得尤为突出。

IPTV 是融合电视与网络的一种重要传播形态，它对于电视的冲击是强大的。由于种种原因，我国网络电视牌照的发放政策一直没有出台。直到 2005 年 4 月，国家广电总局才向上海文广新闻传媒集团发出首张 IPTV 牌照，批准其开办以电视机、手持设备为接收终端的视听节目传播业务。2006 年，广电总局又陆续颁发了三张 IPTV 电视牌照，对象分别是中央电视台、中央人民广播电台和中国国际广播电台。2007 年北京电视台也获得了此牌照。南方广播影视传媒集团则取得省内开展 IPTV 等全业务的牌照。将 IPTV、手机广播电视的牌照发放给传统的广播电视机构，是为了从政策上巩固这些媒体在网络电视服务中的主流地位。

2010 年 7 月《三网融合试点工作方案》出台，最终的方案明确广电部门将负责 IPTV（网络电视）集成播控平台建设管理。尽管国家政策是向传统广电机构

---

① 《国务院关于印发推进三网融合总体方案的通知》，见 http://www.cctv.com/cctvsurvey/special/swrh/20100816/102806.shtml。

倾斜的,但一个不容回避的事实是,在传统广播电视时代具有垄断地位的广电媒体机构,今后势必受到来自各方力量的挑战。

不管哪方在三网融合中起主导作用,如果仅仅抓住了控制权,只是把自身利益而不是用户利益放在首位,而对新平台的传播特性缺乏了解,找不到恰当的业务模式,那么,它就有可能阻碍数字媒体的发展进程。

基于同样的原因,在三网融合进程中,机构的融合也是十分复杂的。除了媒体机构的整合外,管理机构的整合也是媒介融合趋势下的一个必然结果,因为媒介融合带来了法规滞后、多头管理、政策边缘地带增多等诸多问题,政出多门、职责不清、行业保护主义等问题,也已经成为新媒体发展的严重阻碍。要解决这些问题,需要在媒体管理的机制方面做出变革。

2006 年 2 月,为了加强互联网管理相关部门之间的协调,建立互联网站管理工作长效机制,中共中央宣传部、信息产业部等部门共同研究,联合制订了《互联网站管理协调工作方案》,成立了"全国互联网站管理工作协调小组",成员单位包括教育部、文化部、卫生部、公安部等 16 个部门。但这只是管理机制变革的开端,媒介融合的进一步发展,需要更有效率的整合性管理机构的出现。例如,在美国,对各种电子媒体进行统一管理的是联邦通信委员会(FCC)。英国则在 2002 年将原来的电信管理局(OFTEL)、无线电通信管理局、独立电视委员会、无线电管理局、播放标准委员会共五个监管机构整合为综合性的独立监管机构英国通信办公室(OFCOM)。这些经验可以为数字时代中国的媒体管理提供一定的参照。

三网融合虽然是以技术变革为先导的,但它更多的是观念的变革、机制的变革。三网融合的实现虽然有很多障碍,但是这一方向是不会改变的,在此基础上我国的媒介融合必将逐步实现。

四、媒介融合对传媒业的主要挑战

媒介融合对传统媒体模式下的传媒业形成了全方位的挑战,其中最主要的包括以下几方面。

(一) 对传媒人综合素质的挑战

媒介融合时代的业务变革,首先需要具备新技能、新思维的记者和编辑作为支持要素。从总体来看,媒介融合时代的传媒人需要具备全媒体意识和一定的跨媒体策划、采访与报道的能力。

《烟台日报》的做法也许具有一定代表性。集团为全媒体中心的记者配备了较为齐全的采访"武器":包括笔记本电脑、无线上网卡、照相机、摄像机、智能手机,这套装备可以同时满足手机报、网站、电子纸移动报、纸媒文字图片需求以及网站、户外视屏的视频需求。[①] 在国外，有人将这样的记者称为“背包记者”。

对于媒介融合时代所要求的跨媒体报道，“背包记者”是节约成本、提高效率的一种做法。当然，需要进一步思考的是，“背包记者”是否能应对一切报道任务？

从实践来看，“背包记者”的出现，是媒介融合时代的一个阶段性特征，但是，它只是融合时代的一种记者模式，而不是唯一的。

媒介融合时代的新闻生产，其复杂程度显然要超出任何传统媒体，对于从业者素质与能力的要求也更高。培养跨媒体、全能型人才似乎是适应媒介融合趋势的必然选择。因此，欧美一些新闻院系开设了“媒介融合”专业，希望给予新闻业未来的从业者更全面的技能训练。这种思路当然没错，但是，要让每一个记者、编辑精通所有类型的信息采集、加工的工作，又是不现实的。要求技能的全面，也许是以牺牲技能的精通程度为代价的，是以降低报道的专业水准为代价的。面向媒介融合培养记者、编辑，也许并不一定要让他们总是身兼数职，十八般武艺样样精通，而更多是要让他们形成一种全媒体的思维方式，使他们面对一个新闻题材时可以很快地做出判断与选择，规划出用多种媒体手段进行报道的方案，并且迅速找到自己的位置。

在现实中，除非是一些不太重要或内容简单的报道，否则，要完成全媒体或多媒体的报道，特别是重大题材的报道，并不能依赖一个人。它仍然是一个分工与合作的过程，这种分工与合作甚至可能会比传统媒体时代更细。拥有多媒体技能的记者们更多需要了解的是自己在一个大的报道架构中所处的位置、所扮演的角色。如果说传统媒体时代的记者和编辑像是在进行乒乓球、羽毛球这样的个人竞技项目，他们的个人能力是制胜的唯一要素，那么，全媒体时代的记者与编辑，则更多是在参加足球、篮球这样的集体竞技项目，每一个人既要有个人的角色定位，和与此角色相适应的精深技艺，又要有集体配合意识，能认识到自己在每一次进攻中所扮演的角色。因此，未来的传媒人通常会面临两种可能性：对于小型的、常规的报道任务，通常传媒人会以“背包记者”的方式去独立地完成报道任务；对于大型的、复杂的报道任务，需要以团队合作的方式完成报道，每个记者、编辑既需要具有全媒体意识，又能将自己定位于某种具有专长的角色中，并能很好地与他人进行合作。

但无论怎样，未来的传媒人都不能局限于单一的媒体的思维与技能中，既全面拓展自己的能力，又能找到自己的专长，是媒介融合时代的传媒人必须实现的

---

① 郑强：《从传统报业到全媒体的探索之路》，见 http://news.xinhuanet.com/zgjx/2008-10/20/content_10221836.htm。

目标。

(二) 对传统业务流程及机制的挑战

媒介融合时代的业务形态整合,带来的并不是简单的从业者技能的跨媒体化,而是对传媒机构现有运行体制的挑战。根据跨媒体平台传播的需要,对生产流程的改造、对原有的机构进行重新规划与整合、针对新流程的需要进行再分工及合作,是必须完成的一次变革。

如前所述,媒介融合时代的新闻报道会在更高层次上形成一个大的报道体系,报道不再是单落点、单形态、单平台的,而是将在多平台上进行多落点、多形态的传播。这种传播要求报纸、广播、电视、网络、手机等媒体的共同参与,而要构建这样一个大的报道体系,生产流程的细化是必要的。

另外,作为一种越来越发达的产业,生产流程的细化也是一种必然趋向。正像电视业的发展轨迹所昭示的那样,一个整合了所有媒体的"大媒体",应当针对新的平台特点和传播模式重新定义它的"生产线",而不能停留在"手工作坊"的水准。

除了传媒机构之间的合作与再分工外,媒介融合还会带来信息企业大联合之后的再分工。这里的信息企业不仅包含现有的传媒机构,还包含新兴的内容提供商、电信业、IT 业等其他与信息生产相关的企业。

全媒体时代的一个重要特点,就是传播内容的控制与平台及渠道的控制这两者的分离。这既是因为传播平台与渠道技术最初产生于传媒业之外,又是因为这些技术的控制者正以前所未有的力量影响着传媒业的整体格局,也是因为全媒体时代是一个产品构成更复杂、产业流程更复杂的时代,技术难度不断增加,传统媒体面对这些技术往往力不从心。因此,媒介融合时代信息的包装及平台的提供将更为专业化,在电子报纸、电子杂志及手机媒体领域,这种专业化趋向已经显现得较为充分。

例如,在新一代的电子报纸与电子杂志的开发中,可以看到专业分工的再次强化。例如,美国的 NewsStand(报摊)公司,利用自己的技术,与全球 200 多家报社形成了合作关系,共同制作并通过网络发行新型电子报纸,这其中包括《纽约时报》、《今日美国》等大报。在这一轮新的技术变革中,传统媒体将其所不擅长的技术流程转移到专业技术公司,这些公司不仅仅充当着后台技术的提供者角色,同时还成为前台的发行者,媒介融合赋予了"报摊"新的含义。受众可以在一个类似于传统"报摊"的地方挑选自己所需要的世界各国的产品,而"报摊"的集中"贩卖"方式,也造成了一种平台上的强势,通过多家媒体的集合效应对受众形成强大的吸引力。

在国内的电子杂志领域,专业化分工的结果是产生了 XPLUS、POCO、ZCOM、iebook、VIKA 等十多家专业从事电子杂志制作与发布的平台,其提供的技术,可以快速地生成丰富的多媒体杂志,而且,这些平台也形成了与“报摊”同样的批发产品效应。同样,传统媒体则退化为纯粹的内容提供者。

手机媒体更是在一开始就出现了明显的分工。由电信运营商负责平台的运营与开发,而传统媒体则提供内容。

分工的强化,不仅有利于每一个环节的生产质量的提升,也有利于市场的整合。使过去分散的地摊叫卖式的信息发布方式,变成批发市场式的集中信息供应。实际上,由多个行业共同作用改写传媒业生产流程与格局,正是媒介融合的一个重要方面。因此,媒介融合不仅是传媒机构内部的流程再造过程,也是传媒机构重新定义自己在产业链条中的位置、寻找合适的外部合作伙伴的过程。

(三)对传媒业传统格局的挑战

媒介融合时代是传媒业重新洗牌的时代。过去的传统媒体都是在封闭的市场内与同领域的对手竞争,而媒介融合将所有媒体推向了一个统一的市场。在传统报刊、广播、电视领域里有优势的媒体,进入这样一个大市场后,如何保持自身的优势,怎样和新的对手竞争,这对任何一家媒体来说,都是一次全新的考验。

正如前文指出,媒介融合是发生在多个产业间而不仅仅是传媒业内部的,在媒介融合过程中,传媒机构会发现自己置身于一个新的产业链条上,这个链条不仅包含现有的传媒机构,还包含新兴的内容提供商、电信运营商、IT业以及其他与信息生产相关的企业。以这个链条上的关键环节为基础,会形成新的产业模式与格局,而这种格局变化会带动不同产业机构间的融合。

因此,未来的传媒业将不再是媒体一统天下,电信业、IT业等对于传媒业的制约、影响能力将越来越强大,而过去强势的专业媒体的地位会受到一定影响。

另一方面,媒介融合的过程,也是web2.0不断深化的过程,受众在新闻传播中的地位将进一步提高,而数字媒体平台上信息传播的模式也在发生深刻变化,这些也会对专业媒体的地位形成进一步冲击。

第五节 数字传播的发展趋势

数字传播技术从诞生至今,从未停止过发展步伐,它不仅催生了网络媒体和手机媒体,推动了媒介融合的进程,也在推动着传播主体、传播模式、传播格局的变化,传播的变化也在深刻地推动着社会的变革。

目前,数字传播正在呈现出更为丰富、复杂的景观,从其变化趋势来看,下面几个方面是尤为突出的。

一、从专业传播到全民参与

数字技术的发展,不仅改变了传播的方式与手段,提高了传播的效率,也使平民参与大众化信息传播成为可能,而网络、手机以及各种信息采集设备的不断进步,更是使得全民参与的深度和广度不断拓展。

中国互联网数据中心(DCCI)发布的数据显示,2010 年 6 月,中国互联网完成历史性一跃,用户产生的内容流量超过网站专业制作内容流量,前者页面浏览量占互联网总量比例达 50.7%,后者占 47.32%。博客、论坛、SNS、问答等应用流量超过新闻、搜索、电子商务等总和。[①]

这一数据表明,在互联网信息传播中,网民已经成为一种主要的力量。而在手机等数字媒体平台上,用户的作用也同样在不断加强。

如果说在网络和手机等媒体发展的初期,大众的参与还只是专业媒体的一种补充的话,那么,在未来,大众的参与将与专业媒体"平分秋色",并在很大程度上影响专业媒体。

数字媒体的低门槛,在很大程度上推动着大众传播主体的多元化、平民化。全民参与重构着传播的格局,也使数字媒体对社会进程的影响更为突出。

二、从固定传播到移动传播

数字传播的发展,在很大程度上取决于信息终端的发展,正是有了个人电脑这一终端,才有了大众化的互联网;正是有了手机,才有了手机媒体。未来的数字传播的发展前景,也与各种终端的发展分不开。

从总的发展趋势来看,移动化是未来数字传播的最重要特征之一,并且将发展到极致,那就是无所不在的传播。而这是由无线通信技术和移动化终端的不断翻新所带来的。

2009 年,电子书(电子阅读器)的发展引人注目。相比电脑,电子书的体积更小、重量更轻,功能也较为单一,以报纸和书籍的阅读为主。电子书一般采用电子墨水(E-ink)技术,在强光下也可以正常阅读,它对眼睛的刺激更适中,能耗更低。

越来越多的厂商进入到电子阅读器的生产行列。在市场中表现最好的是亚马逊公司的 Kindle 电子阅读器(见图 1-3)。据亚马逊公布的信息,Kindle 是该网站最畅销的商品。对 2009 年圣诞节当天销售量的统计数据显示,该网站电子图书内容的销售量首次超过传统印刷书籍。

---

① 《Adworld 2010 夏引领营销生态向 2.0 迁徙》,见 http://news.xinhuanet.com/internet/2010-07/26/c_12374274.htm。

亚马逊 Kindle 所创造的业绩,不仅缘于其技术本身,还缘于亚马逊所建立的一个包含 39 万本数字化图书的资源后盾。此外,它附送终身免费的网络服务,用户可以在亚马逊的网上书城以 9.9 美元的价格购买书店里几十美元的畅销书,可以以更便宜的价格订购报纸,并于每天凌晨准时接收到当日的早报。这些配套服务,都为这一阅读器的普及提供了基础。也为媒介融合时代的新的产业模式提供了启发。

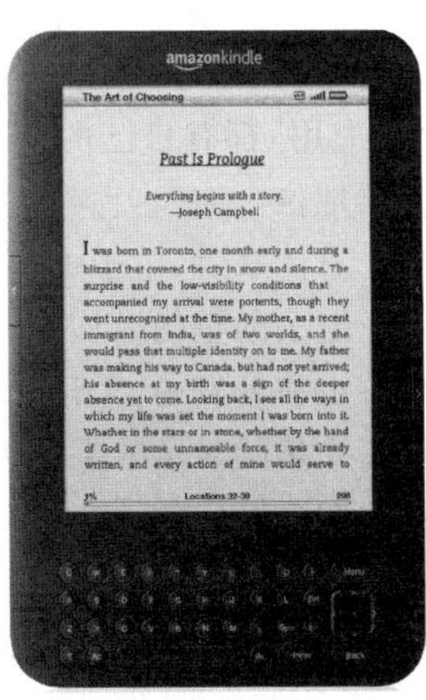

图 1-3 三代 Kindle 产品(从左至右分别为第一代、第二代、第三代)

在国内,2009 年下半年,方正公司推出了"文房"电子阅读器。除了电子书外,它也推出了以推送无线新闻资讯为主的移动阅读服务,此外还可以提供定制化服务。随后,汉王、津科、易博士、大唐、华为、联想、纽曼、华旗、盛大等公司也都开始进入电子阅读器市场。

与电子阅读器并行的另一种终端技术,是平板电脑(Tablet Computer),也就是外形超薄、功能相对简单的电脑。

2010 年 1 月 27 日,苹果公司发布了平板电脑 Ipad(见图 1-4)。Ipad 的定位介于苹果的智能手机 IPhone 和笔记本电脑产品之间,通体只有四个按键,与 Iphone 布局一样,提供浏览互联网、收发电子邮件、阅读电子书、播放音频或视频以及游戏等功能。

图 1-4 苹果公司推出的 Ipad

Ipad 问世后不久,包括《纽约时报》、《今日美国》、《华盛顿邮报》、《泰晤士报》、《金融时报》、《产经新闻》等在内的大批国外媒体便开发出了针对 Ipad 的客户端。鲁珀特·默多克执掌的新闻集团则计划于 2011 年初推出首份专为 Ipad 开发的电子报纸《日报》(The Daily)。

与此同时,国内多家媒体也开始实行 Ipad 战略,《人民日报》、《中国日报》、《南方周末》、《南方都市报》、《计算机世界》、《中国新闻周刊》、《南方人物周刊》、中央电视台、凤凰卫视、新华社、人民网、北青网等媒体纷纷推出了 Ipad 版。

在 Ipad 上虽然也可以通过浏览器浏览互联网的信息,但是,相关产品更多是以"应用"商店(Application Store)中的"应用"(Application)形式向用户提供的,任何人都可基于 Ipad 这一平台开发"应用",这些"应用"涵盖各个方面,每个"应用"都有自己的个性化的界面。这就打破了传统互联网中浏览器的绝对垄断地位。

总体来讲,电子书、平板电脑等终端带来的不仅是新的技术,也推动了媒体产业链条的重构,以及新的经营模式。除了电子书、平板电脑,更多的移动电子终端也在开发中,无论采用什么样的技术,它们的目标都是朝着轻便但同时又具有高质量的显示效果等方向发展的。其中,柔性,也就是可以卷曲、折叠,是电子终端实现轻便的一个主要目标。

2010 年 1 月,LG 公司公开展示了其最新的研究成果,这就是可以随意弯折的 e-paper 显示器(见图 1-5)。这款产品尺寸和一张 A3 幅面的报纸大小相似,重约 130 克,而其厚度也仅为 0.3 毫米,可以说与印刷报纸的外形已经越来越接近了。也许,这些"长得像纸"的电子纸等终端会成为报纸新的载体。

Myvu 公司推出的眼镜式显示器——Myvu Crystal(见图 1-6),展示了移动终端的另一种可能。它可以与苹果公司的 IPod 连接,将它像普通眼镜一样佩戴,就可以观看视频,其效果相当于观看几米远外的大屏幕高清电视,第二代产品则还能兼容 IPhone 手机。类似产品在市场上还有不少,尽管这一类产品还没有普及,但是它为移动终端的开发提供了一个新的思路。

2009 年底,一段展示未来技术的视频在互联网上广泛流传,在这段视频中美国麻省理工大学"媒体实验室"的普拉纳夫·米斯特里展示了他开发的称为"第六感官"的技术。这种技术的模型主要由网络摄像头和投影机构成,它们与一个可上网的移动电话相连。摄像头拍摄到某个对象时,移动电话马上到互联网中查找与之有关的信息,并用投影机将相关信息投射出来,投射屏幕可以是墙面、人体或者任何平面,整个装置的成本不足 350 美元。

普拉纳夫展示了这样一些可能性,当人们读到印刷报纸上的一篇文章时,报纸上出现了与文字内容相关的视频,当人们看到报纸上的天气预报时,每个地区的即时天气信息同时也用电子的方式被提示出来,当人们阅读一本纸质书时,关于这本书的书评等电子信息同时可以显现,甚至可以听见。

图 1-5 LG 公司开发的可卷曲的电子纸①

图 1-6 Myvu 公司推出的眼镜式显示器——Myvu Crystal②

可以预见,随着技术的不断进步,信息的接收终端也会越来越丰富而人性化,它们会更符合人们的既有习惯,能更自然地渗透到人们的日常生活中,形成无处不在、无时不在的传播。

当然,当传播无孔不入的时候,人们的行为方式、思维方式将受到怎样的影响,也是值得我们关注与研究的。

三、从"内容为王"到"关系为王"

数字平台最初是以内容的传播为目标的,因此,在网络媒体和手机媒体的发展初期,人们都信奉"内容为王"这样一句口号。这种思想也是传统媒体思想的一种延续。但在数字平台中,人与内容的关系常常受到超链接等外部因素的干扰,因而呈现出偶然性、随意性与跳跃性,而信息的同质化、信息过载等也使内容对于人的持续吸引能力被削减。

也就是说,在数字平台中,人与内容的关系往往是不稳定的。有时反倒是形式(例如界面风格、用户体验)会对人们的行为方式产生较强的制约作用。所以用户体验常常比内容更能成为人们依赖某一产品的理由。

尽管内容的原创性、独创性一直是新媒体的努力方向,但由于数字化内容在复制与传播方面的零成本,以及原创源头判别的困难,内容的原创性对于其生产者的意义可能在瞬间被消解。只重内容本身,而不考虑如何有效地传播内容,也成为 Web 1.0 时代很多专业媒体发展中的一个重要障碍。

---

① 图片来源:http://www.ithlj.com/news/2010-8/102361.html。

② 本图片由作者翻拍于美国新闻博物馆。

而 Web 2.0 的各种应用,在不断改变与深化人们的需求,一个突出的变化是,将用户对内容的需求深化为对人与人的关系的需求。Web 2.0 时代也是所谓的用户生产内容时代,但信息的生产与消费更多地成为了人们编织自己社会关系网络的手段。人们生产内容的目的,往往不在于内容本身,而在于以内容为纽带、媒介,延伸自己在网络社会中的关系,关系在某种意义上比内容更为重要。

因此,数字媒体的专业经营者,需要充分认识这种变化,转变自己的思路。从产品开发来看,一个适应未来数字媒介的产品,需要为用户之间的关系培育提供条件。即时通信产品、SNS 应用以及微博之所以发展如此迅速,正是因为它们是以用户之间的关系为基础的。当用户之间的关系稳固后,用户对产品和相关平台的依赖也就顺理成章地建立起来。可以说,网民之间的关系是产品的"培养基"。

数字媒体正在朝着"关系为王"的方向发展,还基于传播模式的一次重要变革,那就是,过去以大众媒体为中心的"点对面"传播模式正在向以"社会网络"为基础的网状传播模式发展,在后一种模式中,信息是沿着人们的"社会网络"(或者说关系网络)在流动,传统的传播中心的地位受到削弱。SNS、微博等都在推动着这个变革。

当然,强调数字媒体中的"关系",并非意味着内容不重要,更不是说可以不重视内容的质量。但要在数字媒体中实现内容的有效传播,必须重视关系建设,为内容的传播建立更好的渠道。

四、从"大众门户"到"个人门户"

网络媒体的 1.0 时代,是以门户网站为中心的时代。手机媒体的 1.0 时代,也是以运营商经营的平台(如中国移动的"移动梦网"、中国联通的"联通无限"等)为中心的时代。但随着 P2P、RSS、SNS、微博等技术的进一步普及和优化,网络和手机平台的信息消费模式将可能呈现出"去中心化"和"分裂"的特征。

对于互联网的"去中心化"来说,P2P 技术是一种代表性技术。P2P 技术,意为对等网络(Peer to Peer)技术,这是一种新的网络结构思想。它与目前网络中占据主导地位的客户端/服务器(Client/Server)结构的一个本质区别是,整个网络结构中不存在中心节点(或中心服务器)。在 P2P 结构中,每一个节点(peer)大都同时具有信息消费者、信息提供者和信息通讯等三方面的功能,在 P2P 网络中每一个节点所拥有的权利和义务都是对等的。[①] 在早期,P2P 技术开发的一个主要思路是挖掘互联网的超级计算潜力。但后来,它逐渐进入大众应用领域,例如风靡一时的 BT 下载工具,是一种典型的 P2P 技术应用。此外,与流媒体技术

---

① 程学旗等:《P2P 技术与信息安全》,见 http://www.ppcn.net/n1367c39p2.aspx。

结合起来的P2P技术也在得到广泛开发与应用。

除了削弱“大众门户”的中心化地位，新技术也在帮助越来越多的人构建出一个自己的“个人门户”，人们所需要的各种信息、服务都可以集中嵌入到这种个人门户中。

在未来的个人门户上，信息传播、社会交往、电子商务甚至工作、学习的功能都可以集成在一起。每个人的个人门户都是独一无二的。个人门户既是人们与外界进行双向信息交换的“窗口”，也是他们构建自己社会关系的平台，实现网络化生活与工作的基础。一旦这种个人门户形成，人们对于门户网站、运营商平台的直接访问会逐渐减少，这也就意味着未来的传媒格局中，绝对的“权力中心”可能会减少，甚至渐渐消失，这将对现有的大众传播模式（包括数字平台的大众传播模式）形成挑战。

当然，个人门户时代的到来，并不意味着大众门户或专业媒体价值的丧失。尽管信息消费的个性化是一个趋势，但过分个性化的服务，会削弱大众媒体进行社会整合的功能，人们沉浸在个人的世界里，在一定程度上意味着他们对于整体环境的感知与判断能力下降。因此，大众化的门户在未来也将以某些形式存在，它们的一个重要价值是传递社会的公共信息与公共价值，成为个体间相互连接的纽带，成为整合社会的重要力量。

五、从机械传输到智能处理

目前的互联网和手机网，更多的只是作为信息的“仓库”和“搬运工”，在进行着信息的“盲目”存储和机械传输工作。机器并不理解它所存储、处理、传输、发布的信息的含义。而技术界关注的“语义网”技术，就试图改变这一局面。它也是一些人提出的Web3.0概念中的一个核心技术。通俗地说，语义网就是能够根据语义对信息进行意义判断的网络。也可以说语义网是一种能理解人类语言的智能网络，它不但能够理解人类的语言，而且还可以使人与电脑之间的交流变得像人与人之间的交流一样轻松。

在目前我们所使用的万维网中，电脑无法理解自己所存储的文字或图像等信息的意义，搜索引擎搜索出来的结果也因此很不理想，在数以万计的搜索结果中，真正相关的信息可能只有几条。而语义网则希望计算机能“看懂”网页的内容，使计算机成为“智能”的导航工具。采用语义网技术的计算机在搜索时，能通过“智能代理”从中筛选出相关的有用信息，这样提供给用户的是真正有价值的内容，从而大大提高搜索的效率。当然，语义网的应用还远不止于此。

不管语义网技术的开发能否获得成功，数字信息的智能化处理都是数字传播的一个必然方向。

六、从信息互联到万物联网

目前的数字媒体,更多地实现了信息的互联,而在未来,万物联网将成为可能。也就是说,各种物体都有可能通过数字网络互联。

在信息互联之后,计算机科学家要进一步解决的是计算机硬件设备能力的整合,即通过硬件互联,来完成复杂的数据处理,"网格计算"(Grid Computing)的思想由此应运而生。网格计算是利用互联网把分散在不同地理位置的电脑组织成一个"虚拟的超级计算机",其中每一台参与计算的计算机就是一个"节点",而整个计算是由成千上万个"节点"组成的"一张网格",所以这种计算方式叫网格计算。

利用网格技术可以把整个互联网整合成一台巨大的"超级计算机",实现各种资源的全面共享。当然,也可以利用它构造地区性的网格、企业内部网格、局域网网格甚至家庭网格和个人网格。网格技术思想的核心,不在于网格本身的规模,而是通过硬件的整合来更好地实现各种资源的共享。

在网格技术思想产生后,一个与之一脉相承的思想"云计算"(Cloud Computing)概念也被提出来。从技术上看,"云计算"指的是将庞大的计算处理任务自动分拆成多个较小的子任务,然后把这些任务分配给由多部网络服务器所组成的系统进行处理并将处理结果返回给用户。利用这项技术,可以在极短的时间内完成极为复杂的信息处理,实现和"超级计算机"具有同样强大效能的网络服务。

目前的"云计算"又进一步发展成了一种商业的概念,它的目标是将网络中的服务器作为一种共享的资源,用户可以随时获取、按需使用这些资源。例如,用户可以利用网络服务器而不是自己的个人电脑完成文档处理、图像处理、视频编辑等工作,这样不必不断更新自己电脑中的软件和硬件便可以享受到性能不断优化的服务,而且终端的性能也不会成为人们获得相关服务的障碍。"云计算"也可以轻松实现不同设备间的数据与应用共享,因为这些数据与应用并不是放在自己的电脑上,而是在"云"里即互联网上。过去的互联网中只有信息是共享资源,而"云计算"的目标还要让网络中的某些功能强大的服务器被用户所共享。

"云计算"可以使许多过去需要依赖个人终端完成的工作转移到网络中,由网络提供的各种基础设施来完成,终端本身的性能要求由此下降,因此,更多的设备可以成为网络的终端,这是万物联网的另一个基础。

实现万物联网,IPv6 是一个关键的技术。因为各种物体要联上网,需要足够的 IP 地址,而 IPv6 是解决这一问题的途径,从技术角度看,IPv6 是下一代互联网甚至下一代移动网络的基本协议,它将大大地提高下一代互联网的地址容量。

当地址资源不再是问题时,人们可以想象得到的一切东西联在网上就有了可能,例如,家庭里的每一件电器物品都可联在网上,网络无所不在,网络速度也将得到空前的提高。

物联网(The Internet of Things),则可以更直接地从各种物体上采集信息并将这些信息发送到互联网上。它是通过射频识别、红外感应器、全球定位系统、激光扫描器等信息传感设备,按约定的协议,把任何物品与互联网联系起来,进行信息交换和通讯,以实现智能化识别、定位、跟踪、监控和管理的一种网络。简而言之,物联网也就是“物物相连的互联网”。

物联网的出现意味着,只要需要,各种物体都可以联上网,人们对于物体的状态、动态的监测变得容易,对物质世界的感知将更为全面、及时,人类对物质世界的控制、管理也将变得更为智慧。

七、从数字媒体到数字社会

数字传播技术的发展,将使现在的数字媒体的功能不断丰富,性质也会逐渐变化,数字媒体正在向着数字社会的方向发展。

数字社会有两层含义:一是数字技术将使得虚拟空间越来越“现实化”、“真实化”;二是数字技术将使数字空间不再停留在媒体属性上,它的社会属性将越来越突出。

SNS应用是虚拟空间“现实化”的一个重要进展。在SNS应用出现之前,人们更多将网络定位为“虚拟的”、与现实不相关的另一个世界,人们习惯于在这个世界里“匿名”存在。但是,随着网络与现实社会互动层次的深入,人们越来越意识到,网络并不是超脱于现实世界的世外桃源,它是现实社会的镜像,也是现实社会的一部分。在这样一个社会里,也需要引入人们的现实身份和人际关系,并将这些个人特质与资本作为建立网络关系、获得社会报偿的基础。

正因为如此,美国的脸谱网站(Facebook)开始致力于建立一个完全实名制的网络社区,以实名为基础将人们的现实关系复制到网络中,并通过互联网来发展人们的关系网络,因此,一个越来越真实的社会开始在网络中显现。

在脸谱网站的带动下,多数SNS应用都采用了两个基本机制,一是实名制,二是现实关系。SNS中的其他互动都是以这两个机制为基础的。

后来的Twitter、我国的微博等,虽然在实名制方面没有像SNS那样绝对,但是,它们也是将现实社会关系作为信息传播的底层结构的,人的关系影响着信息的流动。

今天人们越来越多地将网络社区、手机社区等称为“社会性媒介”(social media,也有人称社会性媒体或社交性媒体等),尽管这个概念里还有“媒介”一词,但是它的重心在“社会性”。美国学者金·史密斯设计了一个模型,分析了社会性媒介的构成要素，他指出，一个社会性媒介应用由如下几种要素构成[①]：

身份标识(identity)：个体的身份标识。

存在(presence)：个体是否在线的状态。

关系(relationships)：与他人的关系。

分享(sharing)：分享活动。

名声(reputation)：个体在社会性媒体中的名声。

对话(convasation)：个体间的对话交流。

群组(group)：由部分个体构成的群组。

这七个元素构成了一个类似蜂巢的结构，核心是"标识"。当然并非每一个社会性媒介网站都需要提供完整的七个元素。不同网站功能、定位不同，他们的构成元素的重点也有所不同。

他运用自己的模型分析了诸如 Flickr 、Twitter、Digg 这样的网站。他认为：Flickr 最重点的元素是"分享"，缺失的是"存在"这一元素；Twitter 最看重的是"存在"这一要素，但"名声"、"群组"、"分享"的要素是缺失的；Digg 看重的是"分享"与"对话"，而缺失的是"存在"和"群组"(见图 1-7)。

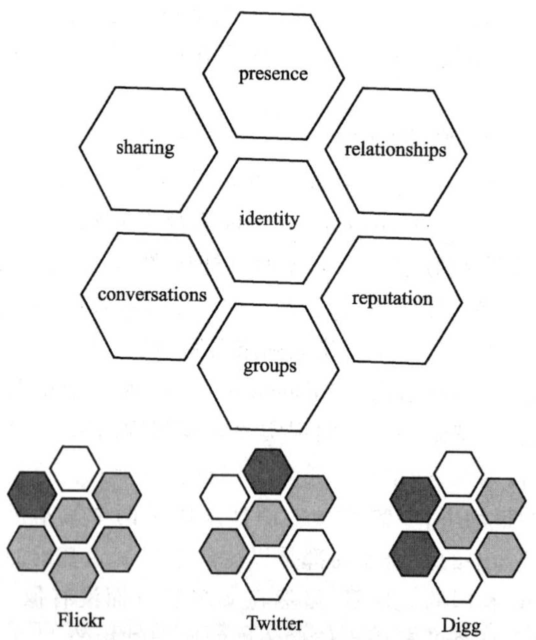

图 1-7 金·史密斯的"社会性媒介的要素"模型

图中下方三个网站的模型中，颜色最深的是最重要的要素，浅色表明次之，而白色表示该要素缺失。

---

① Gene Smith: social software building, http://nform.ca/publications/social - software - building - block。

当然,史密斯对于三个网站的分析未必是准确的,例如,其关于 Twitter 的分析,与现在的情况就有所不符。但是史密斯的模型给我们最大的启发是,它强调了“人”以及人与人之间的“关系”是社会性媒介的核心。这正是网络从媒体向社会演变的一个重要标志。

以三维技术为基础的虚拟现实技术则是促使虚拟空间“真实化”的另一种技术方向。

第二人生(Second Life)就是目前在网络中运用虚拟现实技术的代表。它是全球最大的虚拟世界游戏。这是一款由总部位于旧金山的林登实验室于2003年推出的,以“合作、交融和开放”为特色的大型3D模拟现实网络游戏。在这个游戏中,每个人可以建立自己的一个虚拟的“第二人生”,与同在这个虚拟世界中的其他人发生各种各样的关系,实现自己在第一人生中没能实现的梦想,在这里人们也可以通过各种方式赚到虚拟的“林登元”,而这种林登元可以兑换为真正的美元。许多世界著名企业也纷纷在“第二人生”安家落户。

“第二人生”只是虚拟现实技术在网络中运用的一个个案,它也正在受到其他社区的挑战,但是,无论它的命运如何,有一个趋势是不会改变的,那就是虚拟现实技术在网络中的渗透将更加全面。而这意味着,网络与现实世界的交融,将更加密切。

除了 SNS 和虚拟现实技术,数字传播技术也会不断推动电子商务、电子政务、远程办公、远程教育等的发展,这意味着,数字平台将成为人们的生活与工作平台,这也是数字社会发展的基础。

而数字社会更深层的意义在于,它是与现实社会并行的一种新的社会形态。这个社会既在映射着传统的现实社会,又在形成自己独有的社会系统和数字文明。更重要的是,这个数字社会与现实社会在不断地进行着深层的互动,未来的社会或许将发展成为由两者融合形成的一种全新社会。

学者高钢指出,以互联网信息技术的发展为基本特征,观察互联网信息技术的社会应用,我们会发现这样的技术革命与社会革命交叠发生的演进线路图:Web1.0时代:内容传播—信息搜索,机构为主体的公共传播,人与信息的连接;Web2.0时代:个体创造—群体协作,个人为主体的社会关联,人与人的连接;Web3.0时代:万物感知—智慧控制,物质世界与人类社会的全方位信息交互,人与物质世界的连接。[①] 他的这段话,从宏观上概括了数字传播的演进逻辑。

要预测未来数字技术的发展,不仅要对技术的每一个具体进展有所了解,还需要更深入地思考技术进步的基本规律,从规律中进行推演与总结。当然,数字时代的媒体演进与社会发展,不仅仅取决于数字传播技术的发展,也取决于人类

① 高钢:《物联网和 Web3.0:技术革命与社会变革的交叠演进》,载《国际新闻界》2010年第3期。

社会政治、经济、文化等各个方面的因素的共同作用，其最终的结果是技术革命和社会革命互动的结果。

本章学习提示

本章重在介绍数字技术和数字媒体的发展，包括技术的进步和实践的发展两个层面。其中涉及很多的技术概念。对于新闻传播学专业的学生来说，要完全从技术上理解每一个概念，是有困难的，通常也是不必要的。我们需要从技术对传播及社会的影响这个角度来认识技术的发展线索以及意义。一开始不必过于纠缠技术的细节，而应把重点放在宏观的把握上。

出于以上考虑，也限于篇幅，本章中涉及的各种技术概念多数只是作了简单介绍。有些技术将在后面的章节中展开分析，有些技术则可以通过自学来了解。

对于技术带来的影响，读者在初次接触时，体会可能不太深，对书中的一些观点，可能也不能完全理解，这都是正常的。本章是对几十年数字技术发展历程的“浓缩性”总结，这也是教材结构与逻辑的需要。但对于读者来说，这些浓缩的内容需要一个慢慢分解、释放的过程。这个过程可能伴随着全书的学习，也可能伴随着数年的观察与实践。因此，学习者不要在第一章就被各种概念和观点吓住而止步不前，不管有什么困惑，先往前走。

思考与练习

1. 你接触最多的数字媒体是哪一个？它是否已成为对你来说最重要的媒体？为什么？
2. 面对数字技术的冲击，传统的报刊会消亡吗？为什么？
3. 在现实生活中，你是否观察到广播媒体与电视媒体的融合？请举例分析。
4. 你观察到的国内外的媒介融合的案例还有哪些？
5. 数字传播技术使受众在新闻传播过程中的角色发生了什么变化？
6. 你如何理解网络从一种媒体变成了一种社会这个观点？
7. 你认为未来还会有哪些新的信息终端出现？
8. 你认为未来的媒体会是什么样的？

第二章 数字媒体的传播特性

本书第一章对数字传播技术的特点进行了分析，但其更多的是基于技术本身，本章将从传播的角度，对数字媒体的特点作进一步分析。

第一章第二节曾对“媒介”与“媒体”两个概念作了区分。本章的语境是“数字媒体”，因此，我们更多的是基于大众传播来分析数字媒体的传播特性，但是其中也会涉及它们作为传播介质所具有的一些基本特点。数字媒体相较传统媒体的本质变化之一，就是它们可以集多种传播形态于一体，如果局限于大众传播，那么认识视野就会过于狭窄，认识深度也会受到影响。

网络与手机这两种数字媒体既有共性又有个性，因此，本章除了将它们作为一个整体来研究外，也将分别分析其个性。

第一节 数字媒体的传播共性

无论是网络，还是手机，其传播中所具有的复合性、双向性、开放性、多级性、网状化等特点，都是过去传统媒体所不具备的。

一、传播的复合性

（一）传播形态与形式的复合性

传统的传播媒介既有电话等人际传播媒介，也有报纸、广播、电视等大众传播媒介。而网络、手机等则集多种传播于一体。因此，属于一种复合性媒介。它们所承载的传播形态包括人际传播、群体传播、组织传播与大众传播等，各种传播形态之间形成了复杂的相互交织、共同作用的关系。

各种传播形态与形式的相互交织，使数字信息传播的具体过程与结构也变得格外复杂。数字媒体中的传播既可以是“点对面”的，也可以是“点对点”的；可以是一级传播，也可以是多级传播；可以是同步传播，也可以是异步传播。一条信息的传播可能会跨越多种传播形态，在网络、手机的多个传播渠道中进行着多级传播，所以数字信息传播常常是“复合式”传播。在此过程中，会产生信息的放大、扭曲、衰减等多种可能性。而这在传统媒体中通常是不会发生的。

在这样一种复杂的传播过程中，一方面，传播者可以根据自己的需要来选择传播方式的组合，以求实现传播效益的最大化。另一方面，由于多种传播形态及形式的复杂关系及其相互作用，传播者的意图未必能得到充分实现，受众对于传播过程的影响显得十分明显。

（二）传播信息手段的多媒体融合

多媒体融合趋势，是数字化信息传播的一个主要特征。多媒体融合有两个层面的含义：一是指网络、手机等数字平台可以承载任何一种形式的信息；二是指在有关某一事件或主题的信息传播中可以综合运用多媒体手段。这种多媒体融合也是媒介融合的基础。

（三）传播功能的多重性

由于网络、手机等媒介的多重传播属性，其承担的传播功能也是复杂的。这些功能主要包括：

从个人层面看——涉及人际交流、个人情绪的调节、“人脉”资源的积累、自我形象的塑造、个人生活平台、个人学习平台、个人工作平台等。

从群体层面看——涉及已有群体的维系、新群体的发展、群体文化的形成与维系、群体间的互动等。

从组织层面看——涉及组织的工作平台、组织内的信息沟通、组织文化的形成与维系、组织外的信息传播、组织的对外公关等。

从社会层面看——涉及社会信息的传播、社会舆论的形成、社会环境的监测、社会文化的发展与传承、社会服务等。

在很多时候，以上功能并不是彼此独立的，而是相互交融、共同作用的。

二、传播的双向性

传统的大众媒体的传播都是单向的，它以传播者为主导，受众即使可以作出反馈，但在范围与程度上都是有限的。而网络、手机等数字媒体使得平等的双向交流成为可能，这种双向交流的能力也被人们称为“互动性”。

从数字信息传播的发展方向来看，传播者与受众两者之间的关系，已经不再是简单的反馈与交流，而是一种你中有我、我中有你的共同协作。他们之间的关系已经由“互动”变成了“共动”。

三、传播的开放性

（一）传播格局的开放性

数字传播开放性的宏观表现，体现在传播格局的开放性。在数字平台的大众传播中，这种开放性的影响更为突出。

从大众传播的角度看，传媒机构在传统媒体时代的垄断地位已被打破。数字传播的参与者可以是任何有条件利用网络、手机等新媒体的人。这种开放性，使数字传播的格局变得更加多元化与复杂化。

在数字传播时代，专业化新闻传播机构仍然存在，但在构成上有所变化。在网络中，这种变化表现得尤为突出。除了具有传统媒体背景的网站以外，商业网站的新闻频道也成为一支不可忽视的力量。此外，非职业传播者的不定期的信息发布，以及他们对于信息的再传播，对于网络中信息的内容构成与流向，也起着重要作用。特别是博客、微博等网络应用方式的兴起，为个体更制度化地参与信息传播活动提供了更方便的平台，也使得个体的传播活动对专业媒体的渗透更为直接。

专业新闻传播机构的把关功能仍然存在，但是，与传统媒体占主导地位的时代相比，基于数字传播技术结构，传播参与者的多元化所带来的信息构成的多元化与流向的多向性，使网络、手机等平台上整体的信息环境所受到的控制在不断降低。

除了信息的传播外，意见的传播格局也是数字传播格局中的一个组成部分。与传统媒体时代相比，受众意见的表达是较为顺畅的。虽然个别受众的意见表达在某些特定的渠道会受阻，但是，他们的意见还可以通过其他渠道来发表，要完全控制所有传播渠道是极为困难甚至不可能的。而从总体看，受众意见的形成与传播受到受众之外的权威力量干预的可能性已大大降低。如果说意见表达还存在着不自由的因素，那其中一个主要方面是受众意见表达时的具体情境，例如群体内的压力等。

（二）传播过程的开放性

数字传播开放性的微观表现，集中在传播过程的开放性。

从时间上看，与传统媒体相比，数字媒体可以全天候地处于信息发布的状态，对于突发事件或动态发展的事物的报道，可以做到即时发布、全程跟踪、不间断报道。这种开放性与受到出版周期、播出时段等限制的传统媒体，形成鲜明对比。

此外，数字信息传播过程的各个要素与环节，都是处于开放状态的。例如，从某一个具体的新闻传播过程看，虽然专业新闻机构是新闻的第一发布者，但一个传播过程的效果，不仅与第一传播者相关，还与再传播者相关。甚至在某些情况下，再传播者的作用更为显著。在网络中，这种特点更加明显。信息在网络中的流向与流量,往往取决于受众。受众在此扮演着再传播者或再生产者的角色。要提高单一信息传播的效果,就要研究如何才能吸引更多的受众参与再传播。

开放性也会使传播过程中的信息变形更容易发生,例如在原有信息上添加或删除一些内容,这也给信息传播过程的责任认定带来困难。

四、传播的多级性

传播学者拉扎斯菲尔德等人在1940年美国大选期间所做的研究,提出了两级传播的概念,即大众传播并不是直接"流"向一般受众,而是要经过意见领袖这样一种中间环节。美国社会学家罗杰斯则提出了"N级传播"的模式。他认为,大众传播过程可以分为两个方面,一是作为信息传递过程的"信息流",一是作为效果或影响的产生和波及过程的"影响流"。前者可以是"一级",而后者则是"多级"的。

传统传播存在"多级"传播,数字传播更是如此。而且多级传播不仅出现在"影响流"中,也出现在"信息流"的传播过程中,多级化传播的作用范围越来越大,程度也越来越高。多级传播可以包括非常多的组合形式。总体而言,网络、手机等数字平台的传播通常是大众传播渠道、群体传播渠道与人际传播渠道三者的组合,有时还包括组织传播渠道。这中间的环节数量还可以无限地增加,也就是说传播级数可以无限增加。

与传统媒体的多级传播不同的是,传统媒体的多级传播中,一级之后的传播通常是在媒体之外完成的。而网络、手机中的多级传播可以全部利用网络或手机这个媒介实现。因为这个媒介本身就兼具了人际传播、群体传播等功能。

当然,并不是所有的信息都会以多级方式流动。信息能进入多级流动,有着一定的动因,例如信息本身与受众兴趣的吻合度、信息发布的方式等。

传播的多级性,从另一个角度来看就是传播的多次性。技术本身的特性使再传播变得异常简单,而且传播面可以与初次传播一样甚至更广。尽管有时再传播者与受众是同一实体,但其角色却是不同的。再传播者有时只是简单地进行传播,但更多时候还充当着内容的再加工者的角色,他们在进行再传播时可能根据自己的需要对原始内容进行加工,或者将自己的意见、态度等用某种方式附加在原始内容之上。

多级流动,扩大了信息的传播范围,在此过程中,也使信息影响变得更加复杂化。因此,多级化的信息传播方式,是数字传播中一个值得重点关注的问题。从信息传播角度来看,如何促使自己发布的信息进入多级传播渠道,是传播者必须要学会的。这就要求传播者更多地去理解数字平台中各种不同形态的传播之间的关系,掌握不同渠道的传播技巧。

五、传播的网状化

数字媒体平台上的传播还有一个特点，那就是传播路径的网状化。信息不是沿着一条线性的路径传播的，而是在进行着网状扩散（见图2－1）。从理论上看，每一条信息在数字平台中都可能借助这种网络从一个点扩散到一个面。

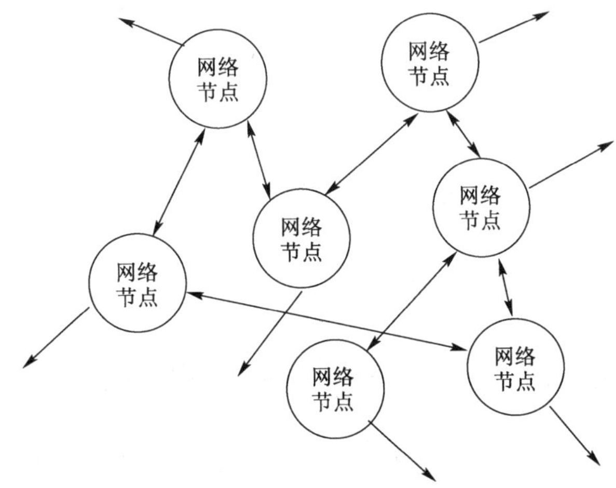

图2－1 数字平台传播中的网状模式

数字平台上的各种传播主体（例如媒体、政府、企业、个体等），都可以被看做是一个节点，它们之间存在着各种各样的联系，这些联系使节点间构成了一个巨大的关系网络。而这个关系网络是数字平台传播的底层结构。当然，每一个具体的传播过程，并不会调用整个网络，而只是会调动一个局部，但这个局部也是一个小的关系网络。因此，在数字化平台上，关系对于信息的流动起着重要的作用。

网状化传播与传统媒体时代以媒体为中心的“点对面”传播（见图2－2）的结构是不同的。传统的大众传播结构中，有一个明确的中心，这个“中心”具有相对的权威性，信息从它流向“大众”相对容易。而数字平台上的网状传播削弱了“中心”的地位。如果说在网络媒体1.0时代（以门户网站为主导）和手机媒体1.0时代（以电信运营商的门户为主导），这种“中心”还在一定程度上存在的话，那么，在新技术、新应用的推动下，数字平台上绝对的“中心”会越来越少，在信息传播中的控制权力也会越来越小。

传播的网状化也意味着受众之间不再是彼此隔绝的关系，他们很容易连接起来，成为一个大规模的群体。受众影响力的提升，也往往取决于这种群体的力量。

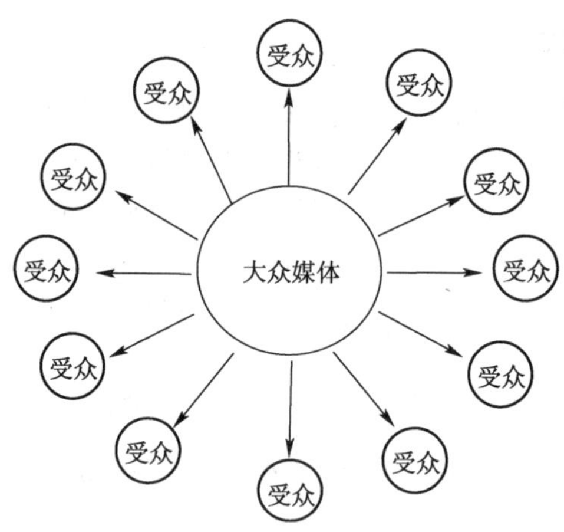

图2-2 传统大众传播中的“点对面”传播模式

第二节 两种数字媒体的传播个性

网络与手机媒体的传播技术不尽相同,采用的终端也不相同,因此,两者在某些方面也呈现出一些差异。

一、网络媒体的传播个性

(一)媒体利用的全时性

网络媒体利用的全时性可以体现在如下方面。

1. 传播过程的全时性

与传统媒体相比,网络媒体可以全天候地处于报道的状态,对于突发事件或动态发展的事物的报道,可以做到即时发布、全过程跟踪、不间断报道。网络媒体打破了出版周期、播出时段等因素的限制,在新闻报道方面尤其显示出特有的快速反应能力和高度的灵活性。

2. 信息存储的全时性

在网络中传播的信息,不仅可以在第一时间发布于网页,而且由于它已存在于网站的数据库中,因此从理论上来说可以一直存在于网络空间中。这些信息可以通过相关链接、受众查询等多种方式得到长期的利用。加上网络的海量性、网络信息之间的链接技术等因素的作用,网络信息常常处于循环利用的过程中。

3. 信息接收的全时性

传统媒体的信息接收受到很多因素的限制,特别是广播、电视等媒体,它们所发布的信息“转瞬即逝”,受众如果错过了收听、收看的时间,可能就再也没机会获得这些信息。而网络媒体的存储方式为受众提供了全时接收的可能。受众可以在信息发布几天、几周甚至更长的时间后再去获取信息。对于过往信息,也可以通过搜索引擎或网站的数据库进行检索。

手机媒体虽然在一定程度上也能实现传播过程的全时化,但是,在目前的技术条件下,在信息存储、信息接收等方面,还不能完全达到网络媒体的水平。

但是,全时性也会带来一些相应的问题。例如,传播过程的全时性,虽然可以较好地满足受众对时效性的要求,但也容易造成信息的碎片化,容易带来信息的简单化快速处理和信息的快餐式消费。而存储的全时性,则可能带来信息数量的膨胀,受众不容易把握信息发布的准确时间,在日益复杂的信息迷宫中很容易产生迷失感。

(二)媒体空间的海量性

媒体空间海量性指网络的存储空间容量大大超过传统大众传播媒体和手机媒体,而这种存储空间的海量性也直接造就了信息的海量性。

网络的存储特点,使它较少受到过去传统媒体经常遭遇的容量不足的困惑,这为信息内容的进一步丰富提供了基础。在一些重大的新闻报道活动中,网络媒体可以充分利用这一优势,满足受众对内容的全面性的需要。但是,这也可能带来信息筛选标准的降低以及信息过载,也就是说,即使有无限可用的空间,网络信息仍然要加以必要的筛选,以免网民被信息淹没。

此外,稀缺资源有时是产生"张力"和竞争动力的重要因素。例如,对于报纸来说,版面空间的缺陷是由时间来弥补的,例如采用"连载"的方式。而这恰好变成了一种优势,产生了一种时间上的"张力",来不断"拉住"读者。例如,直到今天,很多报纸上的"小说连载"仍然是其主要卖点之一。而网络媒体如果不能对资源加以合理利用,可能造成受众注意力的减退。篇幅很长的图书,可以一口气"上传"、"下载",这看上去很痛快,但是网站对受众的长期吸引力被廉价地、瞬间地消耗了。因此,网络信息传播仍然要保持一种时间上的"张力"。除了某些对时效性要求特别高的情况外,一般情况下,网络信息传播者应该更加有节制、有节奏地控制新闻及其他信息的发布。

(三)信息文本的非线性化

网络信息主要由网页来呈现。网站组织结构的层次化以及超链接的存在,使网络信息不再是在一个封闭的单元中线性地展开,而是呈现出非线性的特征。一个文本中的超链接使它变得更开放、发散,与其他信息的关系更多,它也成为整个信息网络中的一个节点。

这种非线性,使人们在获取网络信息时,从一个信息节点开始,可能会不断地跳转到新的信息节点。对于信息的获取者来说,这种非线性的呈现方式,既可以为他们提供一种具有延展性的阅读体验,为他们获取更广泛的信息提供可能,同时,也可能使他们难以维持稳定的阅读目标,思考深度可能由此被削弱。

从表面看,信息呈现方式的非线性只是改变了人们的阅读习惯。但如果从长远来看,它可能会从基础上改变人们的思维方式与行为方式。

(四) 信息组织的层次性

与非线性的特点相关,网络中的信息往往不是一次性整体呈现,而是逐层展示的。例如,网络上的一条新闻可能包含标题、内容提要、正文、文中链接、相关文章等多个层次。由于每个层次的内容出现的顺序不同,出现的环境也各异,因此,受众对不同层次的信息关注的程度也有所不同。越早出现的层次,信息被关注、获取的几率越大。

网络中的信息传播也呈现出层次性或多级性的特点。即使是始于大众传播的内容,也可能经过邮件转发、论坛转贴、博客转载等其他层次的传播。不同受众获取同一信息的来源与渠道可能会有很大差异。这种层次性传播也加大了信息失真的可能性。

(五) 媒体使用的个性化

可以说,与传统的大众传媒相比,网络是一个更个性化的媒体。这不但表现为信息获取的时间、方式、广度与深度等方面的个性化,还表现为受众可以根据自己的需要定制信息。一些新的技术,如 RSS 技术的出现,更是使受众可以完全根据自己的兴趣来组合网络中的信息,形成一个个人化的信息门户。在新技术的推动下,信息的生产者根据受众的个人特点来为他们“量身定做”信息的情况也将越来越普遍。

二、手机媒体的传播个性

手机媒体主要的传播形式包括短信、彩信、WAP 网站与“应用”等,其中,WAP 网站与互联网在技术上是相通的,传播特点也相似,但是,短信、彩信、“应用”等,则有自己的一些特点。此外,手机终端的屏幕特性,也是影响其传播特性的重要因素。

(一) 信息接收的贴身性

对于手机的拥有者来说,手机媒体是一种贴身媒体,是一种真正的无时不在、无处不在的媒体,充分保证了信息接收的时效性,这是它明显优于传统媒体甚至是网络媒体的一个方面,因为传统媒体和网络媒体的时效性往往只能体现为信息发送方的时效性,但由于媒体获得的障碍,接收方未必能及时接收这些信息,这就削弱了传播方在时效性方面所做努力的意义。

(二) 传播情境的私密性

手机传播还具有传播情境私密化的特点。传播情境的私密性意味着手机传播可以是“静悄悄”进行的，它可以与人们的其他活动相伴随且不易为人察觉。这种私密性也使得通过这一渠道传播的信息显得更为个人化，更容易得到接收者的重视。即使是点对面的传播，从接收方看，也像是点对点的传播。

（三）信息落点的明确性

相较传统媒体和网络媒体，手机媒体的信息接收对象往往十分明确，通过手机号码就可以知道信息的具体落点。手机号码成为定位信息接收者的一个技术手段。

另一方面，越来越多的手机具备了全球定位等功能，这就意味着，通过对手机的定位，可以进一步确定信息接收者的地理位置，这可以为信息传播提供另一种维度的情境，根据特定情境提供个性化信息或服务，成为手机媒体的优势之一。

（四）传播的可延续性

手机既是接收终端，又是发送终端，人们接收到的信息，尤其是短信、彩信形式的，很容易实现转发，因此，手机传播的延续性较强。手机本身起源于人际传播，但它之所以逐渐成为大众传播的工具，与人际传播形成的“接力”效应是分不开的。

（五）信息传播的碎片化

从信息传播的内容和时间方面，手机传播都具有一定的碎片化特点。

从内容方面看，短信目前仍是手机传播的主要方式之一，而短信的容量有限，一条短信只能容纳 70 个左右的中文字符，如果是一条十分复杂的信息，需要简化或拆分，这都容易造成信息内容的碎片化。

此外，手机终端屏幕尺寸仍然偏小，这是手机暂时无法克服的缺陷，同时，手机在传输速度和资费方面也有一些限制，因此，人们很难像在网络中那样获得全面、充分的信息。

从时间方面看，各种因素也使得手机更多成为人们无法接触其他媒体的“碎片时间”内的一个补充性媒体。在不连续的碎片化时间中获取信息，人们的信息获得也可能是跳跃的、碎片化的。

本章学习提示

本章内容相对抽象，它从宏观上总结了数字媒体的传播特点，这些特点不是表现在技术层面的，而是表现在媒体的传播活动中，这是与上一章介绍的数字传播技术特点的不同之处。当然，两者显然是有关联的。

本章中提到的这些传播特点，只是一个认识的角度，而不是全部，其他人会有不同的认识角度。而任何人的观点，都不应该作为教条。

认识数字媒体的传播特点，是为了在数字媒体的实践中，针对这些特点，探索新的业务方法与模式。因此,这一章的学习是为后面几章做准备的。

思考与练习

1. 试通过一个案例观察数字平台上信息在人际传播、群体传播、组织传播、大众传播等不同渠道交叉传播的过程。

2. 从新闻传播角度看,你认为网络媒体最重要的优势是什么?为什么?

3. 从新闻传播角度看,你认为手机媒体最重要的优势是什么?为什么?

第三章　网络媒体的传播形式

网络诞生以来,产生过非常多的传播形式,有些传播形式只是昙花一现,有些则保持着持久的生命力。本节将对最具有代表性且对网络以及社会发展具有重要意义的一些网络传播形式进行分析。

这些传播形式并不一定是彼此独立的。它们可能相互依存,例如社区与Web网站。此外,很多传播形式也有相似性,例如博客、SNS与微博。而各种传播形式之间的作用也是相互贯通的,所以不能将它们割裂开来认识。尽管本节分别讨论了它们的特点及影响等,但是,这只是为了提供不同的认识视角,在实践中,更应该深入研究各种形式之间的关系。

第一节　Web网站传播

Web网站是20世纪90年代初以来采用最广泛的一种网络传播的形式,它的技术基础是万维网,它是利用Web页面组成的网站来发布各种信息、提供各种服务并与受众进行互动的一种传播形式。实际上网络中的很多其他传播形式也都可嵌入Web网站。

一、Web网站传播的主体及其各自目标

Web网站传播的主体可以是任何类型的组织或个人,不同的传播主体有不同的传播目标。从目前发展来看,网站传播的主体主要包括以下几个方面。

1. ICP

ICP(Internet Content Provider),即互联网内容提供商。它们以提供各类网络信息为主,并围绕具体内容开展各种服务。它包括综合性网站、专业信息网站、搜索引擎网站、电子商务网站、社区型网站、电子商务网站等。

2. 媒体

由于Web网站传播与传统大众传媒有很多近似之处,而在某些方面又具有

自己的优势,因此,媒体也是利用网站进行传播的主要力量。

3. 政府

对于政府来说,利用 Web 网站进行传播的主要目标是将政府网站作为政府发言的直接渠道,或者作为塑造政府形象的窗口,以及电子政务的平台。

4. 机构与组织

机构与组织利用 Web 网站传播的目标与政府是相似的,主要包括将网站作为机构或组织信息发布的直接渠道,将网站作为塑造机构或组织形象的窗口,将网站作为对外办公和内部办公的平台。

5. 企业

与政府、各类机构与组织一样,Web 网站也是企业对外发布信息的渠道,是企业形象的塑造窗口。但是,在企业网站的建设中,更应该注重它与电子商务交易平台的结合。企业网站更应该是营销的平台。

6. 个人

大多数个人开办 Web 网站的基本出发点是满足与分享个人的兴趣爱好。与其他主体所办的 Web 网站相比,个人网站一般规模小、内容单一,影响力相对也较小。但也有个别的个人网站具有鲜明的特色,拥有一定影响力。

比较特殊的是,一些个人网站在形成了特色后,不断扩大影响力,最终获得投资,开始进行商业化运作。

二、Web 网站传播的基本特点

与网络中的其他传播形式相比,Web 网站传播更多地体现了传统的大众传播的一些特点,当然,它同时也具有网络传播的一些突出特点。这主要表现在四个方面。

1. 技术上的相对复杂性

虽然建立一个简单的网站比较容易,但是,要维持一个网站的定期更新、长期运转,保证内容的丰富性,却需要较复杂的技术支撑,此外也需要一定的硬件条件。缺乏一定技术背景的普通人,很难将一个网站长期地、制度化地运作下去。

因此,在网络中,Web 网站传播是技术门槛相对较高的一种传播形式。

2. 特定网站中传播主体的单一性与高控制权

利用 Web 网站进行传播需要具有对网页上的信息进行发布的控制权。受众虽然可以浏览网页,但并不能直接对网页进行修改,即使发表留言,也不是以直接修改网页内容的方式进行,并且网站也可以删除留言等。因此,Web 网站传播的主体是网站的经营者,传播主体对于在网站上传播的内容的控制权是很大的,这一点也与传统媒体类似。

网站虽然可以转载其他来源的内容,但是,网站通常要对这些转载的内容进行把关,所以它仍是由单一传播主体进行控制的传播。随着 Widget 等技术的发展,Web网站传播的单一传播主体的特点会被弱化,但是至少在目前,这仍然是网站传播的一个重要特点。

3. 传播受众的相对不确定性

与即时通信传播、社区传播等相比,Web网站传播的受众的不确定性更强,虽然网站可以通过一些统计工具来观察访问流量,但是,对于受众构成的具体特征的把握相对较弱。因此,Web网站传播对象通常并不是清晰可辨的。

4. 可互动性

与传统媒体相比,Web网站传播具有了互动的可能性。例如通过留言板、电子邮件、跟帖等获得受众反馈。但是,网站是否开放互动功能却取决于传播者的意愿。

三、Web网站传播的社会影响

在网络所有的传播形式中,Web网站与传统的大众媒体的社会影响是最相似的。

1. Web网站传播对网络传播格局的影响

直到目前,Web网站还是各种媒体、政府机构、企业等在网络传播中采取的最主要形式,在网络的1.0时代,网站特别是门户网站,是网络传播中的"中心",是人们获取各种层次信息的主要途径。

Web网站传播对传播格局的影响,还体现为网站的把关对网络信息格局的影响。在网络中,网站这一传播形式中的把关是最明显的,网站编辑对于内容的选择、加工与发布方式,直接决定了受众接受信息的广度与深度。尽管很多人认为进入网络时代信息的"把关人"将不再存在,但是,网站编辑在网站传播中的把关权力仍然是明显的,这种把关也会在更高层面上影响到整个网络中的信息流动及其整体格局。当然,他们的把关并不一定出于个人意愿,而是在很大程度上体现着网站运营者、相关职能管理部门或其他组织机构的意图。

2. Web网站传播对社会公共议程的作用

从传播机制看,Web网站传播在很大程度上与传统的大众传播是一致的。它仍然是以传播者为中心的点对面的传播。从传播效果来看,它也更容易作用于较大规模的受众群。在网络中,受众的主动性得以增强,他们不必再被动地接受信息,所以网络中的任何传播效果事先都是不确定的,都取决于具体的传播内容、传播手段与传播情境,但是,由于Web网站传播对所有受众都是开放的,那些大型的网站通常也能产生较大的用户访问量,因此,一般情况下,它较容易实现大众传播的效果。可以说,Web网站传播整体上是基于大众传播这一形态的。这意味着,Web网站传播的信息对于社会各种人群都具有一定的影响力。也因此,Web网站传播能在较大程度上体现社会的公共议程,同时也可以在较大程度上作用于社会的公共议程。

3. Web网站传播与主流文化的互动

Web网站传播中把关的效果更为明显,而这些把关在较大程度上受到主流价值观的影响,因此,Web网站传播更多地体现了主流文化的作用。同时,Web网站也是网络中主流文化的主要传播渠道。

当然,Web网站传播也能体现网络的多元性,不同的主体会通过不同的内容来实现不同的传播目标。但整体来看,互联网中最能体现主流文化影响的是网站。

4. Web网站传播对社会环境的反映作用

像其他媒体一样,网络媒体的一个重要功能是对社会环境的反映与监测。相对而言,在网络中,Web网站传播对于社会环境的反映更为全面。这一方面是因为Web网站传播最重要的主体——新闻网站,可以针对受众的需求以及社会运行的需要,通过专业化的运作,提供丰富、平衡、全方位的信息。尽管它们所构造的仍是一种"拟态环境",但相对网络中的其他传播形式,新闻网站作为一个整体在反映社会发展的动向方面,更具全面性与持久性。另一方面,除了新闻网站,其他各类不同的传播主体(如政府、机构、企业等)所传播的内容,可以在不同层面反映社会的变动与发展,它们对于新闻网站是一个有益的补充。

第二节 即时通信传播

即时通信工具已经成为网民广泛使用的互联网服务之一。目前的即时通信已经从电脑对电脑的交流发展到电脑对手机、手机对手机等其他终端间的交流。它不仅为人际交流提供了新的渠道与手段,也在其他层面上影响着人们的生活方式与行为方式。

一、即时通信传播的功能

即时通信工具在网络中的应用越来越普及,它已成为网络传播的一种非常典型的形式。即时通信工具虽然更多地运用于人际传播,但是在某些时候,它也成为组织传播、群体传播乃至大众传播的工具。在不同层面上,即时通信传播的功能是不一样的。

对于个体来说,即时通信传播的功能主要表现为:

1. 个体交流

个体交流是绝大多数网民使用即时通信工具的基本动因。由于交流的便捷性、实时性、可控性,即时通信工具越来越多地成为网民的主要交流工具之一。网民在即时通信工具上的交流,由于交流对象明确,且基本上是熟人间的交流,在这种可信度的保障下,交流的质量比起聊天室等交流形式通常更高。

2. 信息共享

即时通信工具可以传送各种形式的文件,还有一些工具提供共享文件夹功能,有些则提供共享空间服务,可以上传照片、发布日志,因此,它也在网民的信息共享活动中起着重要作用。

3. 人脉资源积累

即时通信工具可以逐渐为个体编织起一张人际关系网络,为个体不断积累人脉资源。一个人未必每次在网上都会与有关系的人进行交流,但是一旦有需要时,他可以随时调动这个关系网络上的资源。即使是在没有明确目的的情况下,人们也会通过即时通信工具进行偶尔的、简短的交流,这是人际关系网络进行日常维护的一种方式。

4. 个人信息与情绪披露

在一些即时通信工具中,个人的基本信息可以用多种方式表示,除了自己的昵称外,还有签名档、个人图标等。这些小小的功能,在某种意义上成为一个窗口、一种个人媒体,成为个人有控制地披露个人信息与情绪的渠道。

运用昵称、签名档、个人图标等方式进行自我披露,不仅方便、快捷,可以随时更新,而且可以单方面完成。它很容易将一些需要让交流圈内所有朋友了解的信息(例如个人行踪、个人需求等)在瞬间实现"广而告之"。在某些时候,这种披露,也成为个体自我宣泄的一种方式。

但是,人们在这个窗口里披露什么,不披露什么,通常是经过精心安排的,它也是人们进行个人形象管理、印象整饰的重要手段。

对于群体而言,即时通信工具对于群体信息的交流、群体文化的形成,具有一定的作用。对于组织而言,即时通信传播的突出功能表现为内部信息的沟通与协同工作。

即时通信工具能构成一个强大的社会网络,因此,在一些特定的情况下,它又具有群体传播和大众传播的效果。在这个层面,即时通信传播的功能主要体现为大众文化的传播、舆论表达和社会动员等。现在很多即时通信工具,还集成了信息发布、娱乐、博客等功能,它与网络中其他服务的结合更加紧密。

二、即时通信传播的基本特点

即时通信传播继承了网络人际传播的一般特点。由于它的广泛运用,在点对点传播基础之上形成了一个覆盖范围非常广的、较为稳定的社会网络。要深入认识它的传播模式及其影响,既要从点对点的交流层面去观察,又要从更广阔的、社会性的交流网络角度去分析。即时通信传播的主要特点表现为如下五个方面。

1. 点对点的交流结构

从技术上看,即时通信交流通常运用的是点对点的技术。个体与个体间的信息传播,不需要通过中心服务器,而是直接在交流者的终端之间进行的。由于即时通信交流不需要通过其他中介,因此,交流过程中受到的外来干扰、影响与控制是相对较小的。

点对点的交流结构也意味着即时通信传播是以一对一的交流为主。交流中的两端,在技术结构上是平等的。这样一种点对点的交流结构,有助于保持两个个体间的即时通信交流的稳定性与持续性,这不仅体现在一次交流过程中,还体现在长期的交往行为中。

当然,人们使用即时通信工具时,可以同时与多人交流,甚至可以通过某些功能不让人察觉,这与电话、面对面等点对点交流是有所不同的。可以说,即时通信的点对点可以是“多线程”、“并行”的点对点交流,而不是“单线程”或“串行”的交流。而这些并发的“线程”之间,交流内容可以互不干扰,除非交流者发生错误,例如将信息发错了对象。

点对点的交流,也意味着交流的相对私密性。但是,由于技术上的问题,一些即时通信工具传递的信息也容易被他人截获,从而使用户隐私受到伤害。

此外,基于即时通信的传播也有一对多、多对多的方式。如前所述,个体在即时通信工具中的签名档等,是一种简单而有效的一对多传播方式;而某些工具提供的“群”功能等则是多对多的传播方式。但是,这些仍然是以点对点交流结构为基础的,而且在交流的对象与规模上,即时通信比聊天室更容易控制。

2. 同步的交流时效

正如这一技术的名称所揭示的那样,即时通信在交流时效上是实时的,也就是说传播与接受几乎是同步进行的,虽然与面对面的交流相比,它还存在一定的时滞,但是在较通畅的网络环境中,这种时滞是很小的,甚至往往被人们忽略不计。

现在的即时通信工具也具备了脱机留言的功能,这使得它的延时性得到增强。这种延时性是对同步的、即时交流的一种有益补充。

由于即时通信交流越来越具有面对面交流的实时性,而同时,它又能实现远程交流,且交流手段是可变的、可控的,因此可以预见,很多人会越来越依赖这种交流方式。

3. 交流的可控性

个体在即时通信交流中,具有较强的控制性。这主要表现为:个体可以选择交流对象,对于一些不愿意进行交流的对象,可以用相应手段加以拒绝;个体可以设置自己的在线状态,避免受到不必要的打扰,而同时,在需要进行交流时,又可以主动“出击”;个体可以选择交流中采用的手段,对于手段的控制也在很大程度上决定了交流的层次与深度;个体可以较好地控制交流的时间与节奏,面对面交流中对交流时间的长短与节奏的控制往往不是单方面可以把握的,有时一方想中止交流却碍于情面不得不勉强维持,而在即时通信交流中,交流者很容易找到各种借口来控制交流的节奏。

此外,与同样是作为人际传播手段的电子邮件相比,即时通信工具在交流上的可控性,使人们较少受到垃圾信息的骚扰,因而有效交流的程度较高。

4. 丰富、可切换的交流手段

即时通信工具早期的传播形式主要是文字,但随着技术的不断发展,图片、动画、声音与视频等的传播不再存在障碍,因此人们在即时通信工具上的交流手段也日益丰富。

与面对面的交流相比,在某种意义上,即时通信工具的交流手段更为多样,而且人们可以根据交流环境、交流主题的不同,灵活选择不同的交流手段,可以方便地在文字、语音和视频等交流中进行切换,因此有时交流质量比面对面交流还要好。

5. 以个人为节点的复杂的交流网络

即时通信交流从微观上看是点对点的,但是,从宏观上看,每一个参与交流的个人只是一个庞大而复杂的交流网络中的一个节点,每一个个体都会通过这个网络与他人产生联系。

个体与那些固定的交流对象的联系,可以说是一种"强联系"。基于强联系进行的"点对点"传播,人们之间的信任度较高,因此信息传播会更有效。除了"强联系",即时通信交流网络中的个体还可以通过他人的"中转"与素不相识的人产生联系,这种联系可以说是一种"弱联系"。

即时通信交流构成的网络的意义,可以由"六度分隔"(Six Degrees of Separation)理论得到揭示。1967 年,美国哈佛大学的心理学教授斯坦利·米尔格兰想要描绘一个联结人与社区的人际联系网,他做了一次连锁信实验,结果发现了"六度分隔"现象。简单地说这个现象就是:一个人和任何一个陌生人之间所间隔的人不会超过六个,也就是说,一个人最多通过六个人就能够认识任何一个陌生人。

"六度分隔"理论说明了社会中普遍存在着的"弱纽带"关系,这种关系虽然是弱联系,但却发挥着非常强大的作用。

正是由于这种复杂的社会网络,利用即时通信工具进行的传播,有时同样能够产生广泛的社会影响,在某些时候它的能量甚至不亚于大众传播渠道的能量。当一个信息在这个网络中的某一个节点出发时,如果它被很多人都认为有传播价值,就会被这些人不断地转发,一传十、十传百,很容易产生呈几何级数增长的效果。而且由于传播是基于熟人的网络,人们对于所接收的信息信任度更高。因此传播效果往往更强。

这个交流网络不仅在信息传播方面有较高的效率,也容易造成群体情绪与社会压力的扩散。除了人们之间直接的信息传输外,像签名档这样的传播手段,在情绪与压力扩散方面的作用也是显著的。例如,基于即时通信工具的集体签名行为,会给不加入集体行动的人带来心理压力,出于各种因素的考虑,人们有时不得不最终“从众”。

三、即时通信传播的社会影响

即时通信的基本功能虽然是人际交流,但是它的社会影响却是非常广泛的,下面几个方面尤其值得关注。

1. 即时通信工具与娱乐化倾向、流行文化的传播

网络的发展顺应了人们的娱乐需求,娱乐需求的满足在很大程度上与流行文化的传播是相辅相成的。而即时通信工具在这些方面具有自己独特的作用。

前文已经提到,即时通信传播构建了一个以点对点传播为基础的复杂社会网络。这个社会网络的信息传播路径四通八达,人们普遍感兴趣的信息在这个网络里很容易实现无处不在的效果。而由于使用即时通信工具的网民大多是年轻人,娱乐信息、流行文化是他们的兴趣所在,即时通信网络也就成为他们交流娱乐资讯、分享流行文化产品的一个重要渠道,因此,这样一种传播网络,有利于流行文化的传播。

在 QQ 等即时交流渠道中,“群”的应用也越来越普及。“群”是一种多人交流的服务,一位网友在创建群以后,可以邀请朋友或者有共同兴趣爱好的人到一个群里面聊天,根据不同情况,群里还设有论坛、相册、共享文件等多种功能。

群的应用,使即时通信工具在群体传播方面具有了更大的作用,而很多群的形成,都是以各种流行文化元素为基础的。

2. 即时通信工具的使用与社会人群的分化

作为一种技术,即时通信工具不仅给人们的交往提供了方便,也在无形中影响甚至塑造着人们的思维方式、行为方式以及交往范围。在一定意义上,即时通信工具的使用,在促使社会人群发生分化。这种分化不一定都是显著的结构性的分化或分层,有些只是人们心理上感知到的人群区分。

虽然从总体上看,即时通信交流形成了一个宏大的社会网络,但是,对于每一个个体来说,都有自己特定的交际圈,这个圈子只是整个交流网络中的一个极小的局部。每个人的交流对象都是经过选择的,这种选择是一种对他人的认同。

由于即时通信工具在很大程度上有积累人脉资源的功能,因此,人们相互认同的基础往往是兴趣、爱好、学历、背景、社会地位等方面的相似性。有很多人可能同时处于几个不同的交流圈子中,如同学的圈子、同事的圈子、朋友的圈子,每一个圈子都具有自己的社会特征。在不同圈子中,他都会找到与这个圈子中的人之间存在的“交集”,也就是与这个交流圈子中的人往往有一定的同质性。由

此可见,即时通信的交流圈子在某种意义上使社会人群分化趋向更为显著。

尽管在网络即时通信工具普及之前,很多人也有自己的交际圈,但是,即时通信交流的频繁和方便,在更大程度上强化了人们的交际圈子,从而促进各类特定人群的形成。即时通信交流的自由性与高度选择性,也可以打破过去由物理空间因素规定的人群,而促使由文化因素规定的各种人群的形成。

另一方面,作为文化符号的即时通信工具的使用也会强化人群分化。尽管各种即时通信工具的基本功能没有本质区别,但是,经过一定时间的发展,不同的即时通信工具自然形成了不同的使用人群。使用什么样的即时通信工具,在一定意义上成为了一种身份的象征。

在中国,目前 MSN 与 QQ 是两种最主要的即时通信手段。虽然二者在功能上有很多相似性,但是,不同人群对这两种工具有不同的使用偏好。根据中国互联网络信息中心 2006 年的调查,在北京与上海的特定用户群中,MSN 占据了一定的优势。调查显示,使用地点为京沪的即时通信工具用户中,MSN 分别以 49.5%、67.5% 的使用比例超过 QQ。相应地,在京沪的高端人群中,MSN 所占份额显示出比 QQ 更大的优势,分别领先了 10 个和 30 个以上的百分点(CNNIC 的报告中,把高端用户定义为年龄在 25 岁以上,月收入在 3 000 元以上,文化程度在大学本科及以上的用户)。在其他地区的特定人群中,QQ 则依然显现出明显的优势。①

尽管这个调查没有反映 MSN 和 QQ 用户的全面特征,但它在一定程度上表明,不同人群对于即时通信工具的使用偏好是不同的。

出现这种分化的原因,首先是因为不同软件的技术特性。与 MSN 相比,QQ 在交流对象上有更强的开放性,允许陌生人之间进行聊天,而人们在 MSN 上受陌生人打扰的机率则相对较小。在娱乐功能方面,QQ 较 MSN 更强大。因此,QQ 更适合喜欢交际、娱乐的人,特别是年轻人,而 MSN 则更适合商务人士。

由于技术的差异,人们在进行即时通信工具选择时,就会出现自然分化。而圈子带来的连锁效应,会进一步强化这种差异。人们选择即时通信工具时,往往是经自己熟悉的人介绍,做出与他们同样的选择,这是很自然的事。反过来,为了与自己圈子的人交流,也需要与他们使用相同的工具。因此,这会不断增强某种工具在某类人群中的普及。

随着即时通信工具的不断普及与发展,MSN 或 QQ 等产品本身也在某种意义上演变为一种文化符号,给使用者以心理暗示,甚至成为身份认同的指标。这会促成并不断强化相应的“使用文化”。例如,MSN 已经被贴上“白领”的标签,

---

① 资料来源:www.cnnic.net.cn。

后来者为了能让自己也能打上“白领”的烙印,也可能会选择这个工具。白领们在使用 MSN 时,也会有意或无意地强化它与白领阶层的吻合性。而 MSN 的开发者微软公司,针对白领用户为主的市场状况,也在不断地强化产品的白领化特征,例如开设白领化门户,开展与白领有关的市场营销活动等。与之对应的,QQ 的使用者,更强调的是年轻、时尚、开放这样的文化特质,而 QQ 的开发者腾讯公司也针对 QQ 的用户开发出很多衍生产品,如卡通玩具、背包等,通过这些产品来进一步塑造与强化 QQ 的专属文化。

当然,也有不少人同时使用多种即时通信工具。这既是为了技术的互补性,也是为了身份认同的灵活性。

除了即时通信工具外,手机等通信终端,由于性能、价格、使用方式、产品营销等多方面的原因,不同品牌的产品也可能会成为不同社会身份与地位的象征性符号。在社会人群的分化中,它们潜移默化的作用同样是不可忽视的。

3. 即时通信传播与舆论的传播及表达

作为一个规模庞大、节点众多的社会网络,即时通信工具也可以成为舆论传播的一个渠道,成为舆论表达的一种手段。

即时通信工具要成为舆论传播的一个渠道,前提是互联网或社会上已具备一定的舆论形成的意见气候。即时通信网络是通过点对点的方式进行传播,在这个网络中,不存在大规模的群体互动,很难就一些问题进行广泛而深入的讨论。在舆论形成方面,即时通信工具主要扮演广而告之的角色,只是传达简单的信息和态度、情绪。如果在此之前社会上没有为大多数人认同的意见倾向,那么,在即时通信网络中所进行的信息和态度的传递,就会受到各个层级的阻碍。因此,即时通信工具是舆论的传递者与放大者,它只有与其他渠道进行互动才能在舆论形成过程中发挥作用。如果这个渠道是一个封闭的系统,则并不容易直接形成舆论。

即时通信的网络结构使它在进行舆论传播时具有很高的效率,信息可以以几何级数的增长速度扩散,而且,由于这个网络四通八达,也可以使相关信息很快传递到大多数用户。同时,基于人际交流的信息与态度传递,这种传播也更容易为人所接受。

即时通信网络中舆论表达的主要手段,一是通过一对一的对话方式进行舆论“接力”,二是通过签名档等“集体签名”的方式进行信息传播。

即时通信网络中的舆论表达,更多的是基于简单的二元取向的态度表达。人们只是简单表示“是”与“否”。但是,具有规模效应的态度趋同,在很多时候,甚至比复杂的辩论过程更容易产生舆论的力量,而且也更容易导致从众现象和沉默的螺旋[①]效果。

4. 即时通信传播与社会动员

为了实现既定的社会目标，通常需要通过社会动员以整合社会资源，调动各方面的力量，吸引最广泛民众共同参与到实现目标的社会行动中来。

在中国，传统的社会动员体制和模式是比较单一的，主要是政党和政府主导的政治动员模式。这种动员模式的主要特征是政府主导，通过党和政府组织来发动，因而具有很强的组织性和制度化特点。这种动员是自上而下的，通过层层发动来实现，也正由于此，动员的进程比较缓慢，耗时较多。一般说来，这种政治动员必须遵循法律程序，遵守相应的社会规范，动员的效果则取决于政府综合运用各种资源和手段的能力。[②]

而网络的出现，为社会动员提供了很多新的手段与渠道。由于即时通信传播维系着一个庞大的社会性网络，它在社会动员方面，也开始扮演越来越重要的角色。2005 年 4 月在国内一些大城市发生的“反日游行”等案例，就较好地说明了即时通信工具的社会动员功能。

与传统的政府或组织所进行的动员相比，即时通信工具等所带来的网络社会动员的特点主要表现为：

社会动员发起机制的民间性。即时通信工具所进行的社会动员通常是民间自发的。虽然到一定阶段，一些网站和媒体的关注会促进相关信息的传播，但是，从根本上来说，它是在某些民间意愿的推动下，由民间自行组织的。也正是这种民间性，使得更多网民接受动员加入行动的态度更为自觉、主动。

社会动员网络的扁平性。传统的政府发起的社会动员需要通过层级式的动员网络，自上而下地开展，这在一定程度上会影响到社会动员的速度与效果。而即时通信工具所依赖的是一个扁平的人际关系网络，这个网络节点多，节点间的链接关系复杂，信息复制与传递速度快，因此，可以在很短时间内实现“广而告之”。

社会动员的人情基础。即时通信传播所依赖的人际关系网络，多是由熟人关系形成的网络，人们彼此的信任度较高，有些人还有深厚的感情。而以人情为基础进行的劝说，比起制度化的公文式的动员，具有更高的劝服能力。

社会动员过程的相对隐蔽性。与政府大张旗鼓进行社会动员相比，即时通信网络中进行的社会动员，可以是“悄悄话”式的，如果不是对整个人际网络中

---

① 沉默的螺旋理论是由德国社会学家伊丽莎白·诺尔—诺依曼提出的，其中心思想是如果人们觉得自己的观点是公众中的少数派，他们将不愿意传播自己的看法；而如果他们觉得自己的看法与多数人一致，则会勇敢地说出来。媒体通常会关注多数派的观点，轻视少数派的观点，于是少数派的声音越来越小，多数派的声音越来越大，形成一种螺旋上升的模式。

② 青连斌：《有效掌控网络人际动员新模式》，载《文汇报》2005 年 4 月 26 日。

的信息流动有着宏观把握的话,可能无法察觉它所进行的社会动员活动。这种动员过程的相对隐蔽性,使得对其进行控制是较为困难的,同时也有可能使动员产生较强的爆发效果。

社会动员的高效率。由于动员网络的扁平化、动员的人情化等因素,依靠即时通信手段所进行的社会动员,通常效率是较高的。

即时通信工具在社会动员方面发挥的作用虽然还只是初露端倪,但是,已经显现出较大的潜力。如果运用得当,将有助于促进民众的社会参与。但是,如果运用失当,也可能给社会带来潜在的危机。

除了以上四个方面,兼具人际传播和大众传播优势的即时通信传播,可能在未来还会产生其他社会影响。但是无论如何,研究其影响的前提与基础,是深入分析它的传播结构与传播模式,分析影响传播的相关因素,找到即时通信传播可能产生社会辐射与效应的社会联结点。

第三节 网络社区传播

一、网络社区的含义

1887 年,德国社会学家费迪南·滕尼斯在《社区与社会》一书中,将人类群体分为两种类型,即社区和社会。社会是社会共同体,以目的、利益、契约以及距离为基础。社区则是生活共同体,以地域、意识、行为以及利益为特征。

另一种对社会与社区的描述是:社区是“比社会更具体的由自然意志所创生的人类的生存单元和生存共同体,具有黏合性,是以首属群体占统治地位的人类生命单元,而社会则是理性意志的产物,是陌生、反感特点的创造结合体,是次属群体占统治地位的人类生命单元。‘社区’强调的是共同的精神状态,生活方式,它属于精神生活的范畴,地理只是附带次要的条件”①。

网络社区也称虚拟社区(Virtual Community)。美国学者霍华德·瑞恩高德在他 1993 年出版的著作《虚拟社区:电子疆域的家园》中首次提出了这一概念。他是基于自己参加“全球电子链接”(Whole Earth Lectronic Link,WELL)这一“新闻组”的体验开始研究虚拟社区的。WELL 所代表的是互联网中第一代虚拟社区,是以当时的“新闻组”这样一种技术为平台基础的。而今天的网络社区更多地基于 BBS、网站、即时通信工具、博客、SNS 等其他技术。

虚拟社区虽然依赖于网络这样一种虚拟空间,地域上的共同性已不成其主

① 夏学銮:《社会≠虚拟社区》,见 http://www.cycnet.com/education/lecture/000922037.htm。

要特征，但是，意识、行为及利益的共同性仍然是虚拟社区的重要特点，因此，它仍然是一种社区。

对于虚拟社区，瑞恩高德的定义是：网络中相当多的人展开长时期的讨论而出现的一种社会聚合，他们之间具有充分的人情，并在电脑空间里形成了人际关系网络。

尽管关于网络社区的界定大多没有对社区的具体形态做出限制，然而纵观近年来国内外关于网络社区的研究，主要研究对象却只是集中在 BBS 上，这可能是因为 BBS 的主题与成员都是明确的，像是有一种无形的"边界"勾勒出一个相对明确的"空间"，因此构成一种典型的社区形式。虚拟社区概念是对传统的社区概念的发展，它取消了共同地域这样一个限制性条件，但是在早期的虚拟社区研究中，人们的头脑中仍然是受着"空间"这一概念的约束的。

但是，在一些新兴的网站、即时通信工具、博客、SNS 中，尽管有时很难简单地划出人群间的边界，但同样也存在着瑞恩高德所说的"社会聚合"，人们之间频繁的互动，也产生了群体效应。事实上，多数网民在 BBS 这些传统社区里的活动正在减少，而在一些新形式的社区中的活动增强了。如果我们只注意传统的网络社区，而忽略了一些新形式人群聚合所具有的社区的意义，那么也有可能会忽略未来网络社会对个体更深层次的影响。

实际上，瑞恩高德的定义是具有远见的，他没有将具体的交流手段作为社区的特质，也没有强调社区的空间意识，而是强调了"人际关系网络"这样一个概念。对于网络社区的界定，不应拘泥于具体的传播手段，也不应将有无明确边界视作社区是否存在的标志，而应通过考察网民间的互动深度以及由此产生的群体意识、行为结果等，来判定这些人群的集合能否称之为社区。

因此，在本章中，网络社区泛指网络中具有一定稳定关系、互动频繁并对个体产生持续影响的社会集合。某些网络社区是一个相对封闭的网上空间，而某些网络社区则是由一些网民基于兴趣或利益等关系链条所构成的"社会网络"。

网络社区与网络中的群体常常是两个如影相随的概念，但是，两者又是有一定区别的。在社会学意义上，群体应该具备以下特征：有明确的成员关系、有持续的相互交往、有一致的群体意识和规范、有一定的分工协作、有一致行动的能力。

上文提到，网络中人群聚集互动的地方都可以称为社区，有些社区能形成稳定的群体，但也有些社区则不尽然。但是，将人群偶然汇集的社区建设成为具有稳定关系，有群体意识的社区，是很多社区努力的目标，也是网站建设的一个重要任务。

网络社区的传播可以包括人际传播、群体传播、组织传播和大众传播等多个方面，例如，一些社区内部的通信功能，实现的是人际传播。而有些社区是组织传播的一个重要渠道。但是，群体传播仍然是社区中最常见、最频繁的传播方式。

总的来看，社区传播在很大程度上会继续保持群体传播的一些特性，但是，在某些时候，那些非群体传播的因素对社区的影响也是需要关注的。

二、网络社区的构成基础

在网络中要形成一个社区，需要几个基本要素：技术平台、组织结构、适应网民需求的维系点。

网络社区依托于各种不同的技术平台，包括新闻组、BBS、聊天室、网络游戏、网站、博客、维基、即时通信工具等。由于所采用的技术平台不同，社区的组织结构（即由技术特性所决定的成员的关系）也不尽相同。典型的社区组织结构可以分为两类。

1. “圈”式结构

社区有一个明确的边界，社区的活动都在这个明确的“地界”内，BBS、QQ群、博客群等就是这种结构的典型代表。网民加入某个社区，会有明显的行为标志，如进行注册等，且每个社区也有一个明确的名称。人们在这种社区中的互动是通过一个个明确的话题来进行的（见图3－1）。

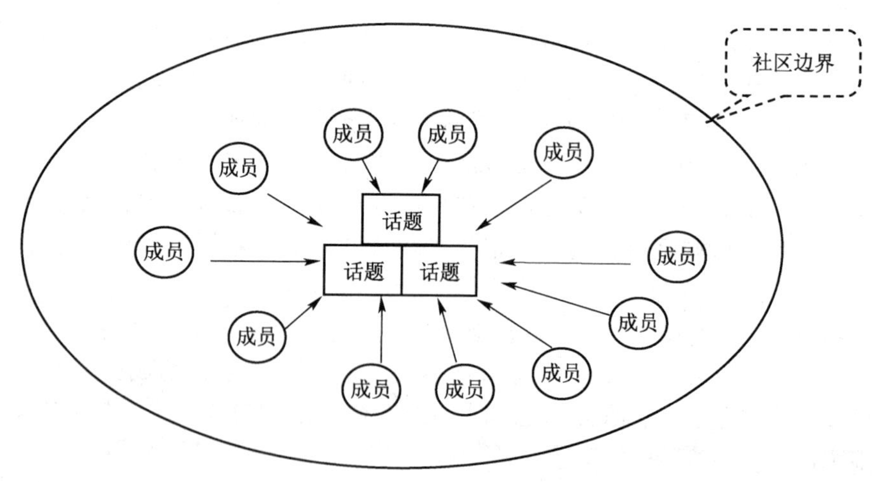

图3－1 “圈”式社区结构

圈式结构使社区边界明确，社区成员有较明确的身份意识，且其作为一个集体进行的交往比较多，成员对社区的归属感更容易形成，因此，这种结构更有利于群体的形成。

2. “链”式结构

社区并没有明确的边界,人们的互动往往并不需要话题讨论,而只需要通过某种方式形成关系链条,如“标签”功能、“好友”功能等,“标签”建立在内容的联系上,“好友”建立在人际关系的认同上。社区正是靠这些关系“链条”或“纽带”而形成的,最终这些纽带编织出复杂的成员关系网络,这种结构的社区是动态的,可以不断扩展,呈现出多变的状态(见图 3-2)。

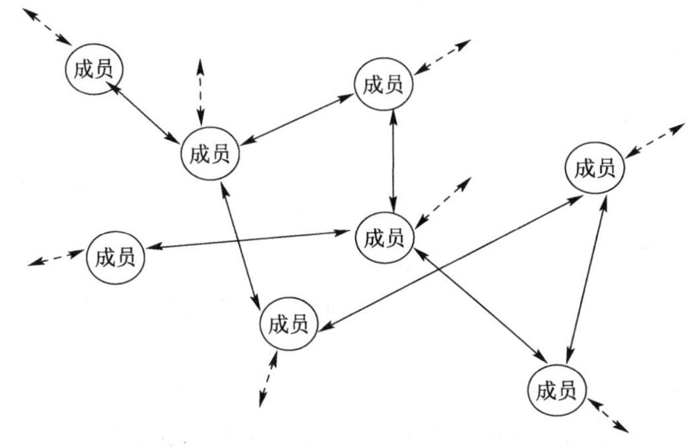

图 3-2 “链”式社区结构

相较圈式结构而言,链式结构这样一种较为松散、灵活的结构关系,使社区成员的集中交往并不多,更多的交往是一对对成员之间的个别交往,因此群体意识较难形成。对于这种结构,也可以从社会学的“社会网络”角度进行研究,本书将在后文中进一步展开探讨。在这种结构的社区里,直接的话题讨论不占主流,但人们通过相关链条,仍然能产生较为明显的相互影响。在这些社区里,人际传播往往占主导地位,但是不断扩展的人际传播链条也能产生社区传播的效应。

诸如“Flickr”、“豆瓣”这样的网站型社区,就是靠“标签”这样一种链条来组织起成员的。前文在分析即时通信工具时已指出,它的传播是基于以个人为节点的复杂的交流网络。这说明,我们不仅要从人际传播角度认识即时通信,也需要从社区传播的角度来认识它。虽然成员没有明确的群体意识或社区意识,但是人们并不是在一个孤立的环境中进行点对点传播,而是处在一个由许多人际关系链条构成的社会网络中。个体常常会受到他人有意或无意的、直接或间接的影响。间接的影响来自于那些弱关系,但是,在特定的情形下,弱关系的间接影响,也会产生强烈的效果,这种效果不仅作用于某一个个体,而且会在一个更大规模的人群中表现出来。

人们在网络中相聚并产生交流、互动的愿望,首先源于人们自身的一些需要。网络社区得以形成并发展,其基础便是人们在一个社区中能找到与他人的某种共同需要,这种共同需要是一个社区的维系点。不同社区的定位也是由不同的维系点来区分的。

有研究者认为,尽管虚拟社区是以网络空间为交流平台的,但是,它的出现像传统的社区一样,仍然是源于人类的四种基本需要①:

兴趣:人们基于共同兴趣爱好而进行交流;

关系:人们分享一些相似经历或经验而形成某种关系;

幻想:人们聚集在一起共同探索幻想和娱乐的新世界;

交易:人们交换关于产品的信息或进行实质性的商品交换。

以上这四种需要,是社区的维系要素,是社区成员形成牢固关系的基础。

对于社区的维系点,还可以从不同角度去认识。

在国外,也有研究者将网络社区分为社交的、专业的、职业的、宗教的等四种不同类型,这也表明,社交需要、专业交流需要、职业交流需要和宗教交流需要,是社区的四种不同维系点。

在中国,目前社区主要的维系点包括:传统关系、兴趣爱好、特定产品、特殊利益等。诸如同学录、同乡会等,是典型的由传统关系维系的社区;大量网站中的分类论坛以及百度中的多数贴吧等,是以兴趣爱好维系的社区;围绕电脑游戏、房产、汽车、电脑、手机、相机等各种类型、各种品牌的产品所构成的社区,也成为一种独特的社区;而诸如残疾人等一些具有特殊利益诉求的群体,也在网络中构建着自身的社区。

要在网络中建设一个社区,首先就需要善于研究在特定网络空间中人们的需求,并在此基础上构建一个具有长久支持能力的维系点。但上面所提到的都只是构建社区维系点的原则与大致思路,社区建设者必须在此基础上细化,才能找到社区的独特定位。

三、网络社区成员的关系

网络社区的核心要素是人,一个社区的成员关系,是影响社区发展的至关重要的因素。一个网络社区在一定意义上是一种"生态"系统,这个系统是否平衡,取决于成员关系是否协调,对成员关系进行分析就显得十分重要。

1. 从需求关系分析社区成员关系

---

① [美]约翰·哈格尔三世、阿瑟·阿姆斯特朗:《网络利益——通过虚拟社会扩大市场》,王国瑞译,新华出版社1998年版,第19~26页。

虽然加入特定社区的成员相对来说会有一定的共性，但由于性格和背景的不同，人们加入社区的动机和需求也是不同的。社区成员的内在需求，是影响他们之间的互动模式、频率以及效果的重要因素。

成员的需求如果能实现互补，就能使社区形成一种“生态平衡”，社区的和谐与稳定也就容易实现。有研究者把社区的成员分为以下几类：

成就者。这类成员的动机，是满足某种成就感，比如，累积作品，获取地位、名声，或者熟练交流技巧等。

探索者。他们不太看重获取，而喜欢探索环境，以知晓各类秘闻奇事、学习某种技术、把握群体构成为乐。

社交者。这些人参加网络群体的目的是社交，这类成员注重交流的个体甚于交流的内容和方式。

恶作剧者。这些人往往是一个社区里的极少数，他们以调侃、骚扰其他成员，制造混乱为乐趣。

这种分类的标准，是由“社区环境”—“参与者”维度和“互动”—“表现”维度为参照进行划分的（见图 3－3）。

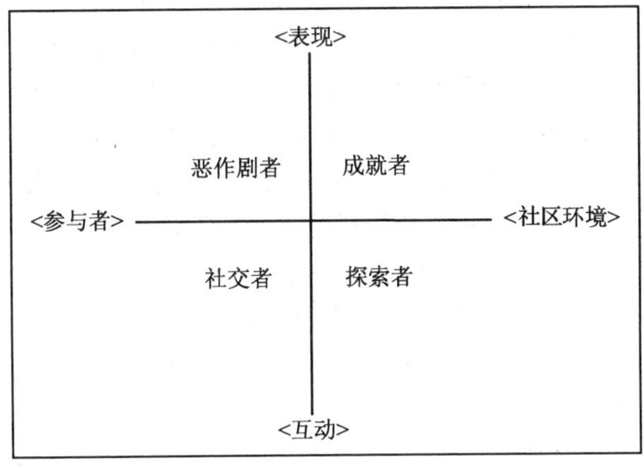

图 3－3 社区成员需求关系示意图

尽管上述模型只是从一个角度说明了社区成员关系形成的基础，但是，它的启示是，不同的成员加入社区的动机与需求是不同的。社区可以为成员间需求的相互伺服提供机会。需求的差异与互补带来的平衡，可以为社区带来和谐与活力。如果一个社区都是一个类型的成员，它反而可能是不和谐的。如果成员的需求形成了动态的平衡与和谐，那么社区有可能较为稳定，人们对社区的认同度与忠诚度可能更高，成为稳定的群体的可能性也更大。

同时，这个模型也在一定程度上揭示出影响社区成员行为方式及活跃程度的相关因素,而社区的意见领袖的产生以及整个权力关系的形成,也是建立在这些因素之上的。

2. 从权力关系分析社区成员关系

研究社区成员关系的另一个重要角度,是权力关系。尽管网络中人人平等似乎是人们重要的信条,但是,事实上,在网络中,有很多因素可以导致权力的落差,甚至话语本身也是导致权力不平等的重要因素。在社区中,这种权力的差异往往表现得非常明显。

社区中的权力关系有两类,即规定性权力关系与非规定性权力关系。规定性权力关系,是由网站的规则所直接赋予的,例如,版主的特权就是靠某种强制性的手段所赋予的,版主与普通成员的权力差异,也是规定性的。非规定性权力关系,即不是由某些显在的规则所规定的权力关系,而是在社区成员互动中逐渐形成的一种权力的格局,但它们的确存在,并且会发生作用,有时这种作用比规定性权力的作用更为强烈。例如,社区中逐渐形成的意见领袖,就是非规定性权力的一种表现。

在社区中,意见领袖指那些可以影响别人的观点、态度甚至行为的人。意见领袖的产生,除了个体自身的特质,例如见多识广、具备某种专业知识、有良好的声誉、在社区表现活跃、具有良好的文字表达能力等,还与社区中其他成员的性格、需求特点相关,有时也会与社区环境、网络大环境甚至社会环境有关。

从非规定性权力关系角度看,除了意见领袖,社区中可能还存在意见领袖的追随者(认同并跟随意见领袖)、沉默者(不管对意见领袖的态度如何,都不明确表现在态度与行动上)与意见领袖的反对者(不认同意见领袖并明确表现在态度与行动上)。他们共同构成了社区中的权力格局。而社区的发展过程,在某种意义上也是权力各方较量的过程(见图 3-4)。

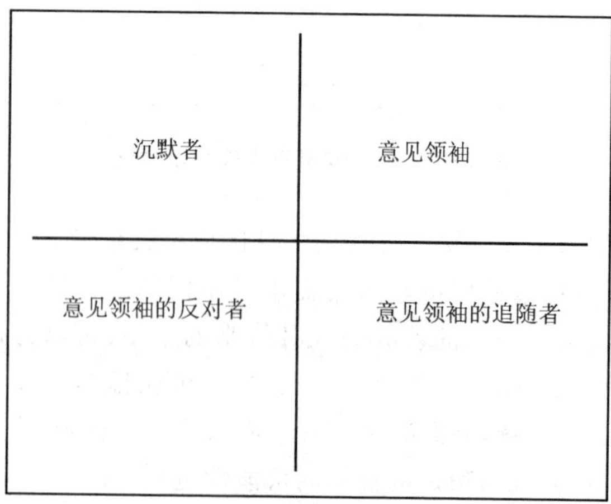

图 3-4 社区成员的非规定性权力关系示意图

社区的权力关系，首先影响的是社区成员的意见表达。社区成员的讨论并非总是自由的，并非总是能充分体现每个人的观点与态度，权力关系所起的作用往往是复杂的，但同时也很明显。人们出于对自己在社区中的地位与利益的考虑，会在这种权力关系的制约下确定自己的态度，选择相应的表达方式。这种关系在很多时候也会成为影响群体心理的重要因素，而群体心理又会作用于某个成员的意见与态度形成的过程。其次，这种权力关系也可能影响到社区成员的行为，例如，意见领袖所推荐的产品，可能引起跟风购买行为。

意见领袖是社区中的权力中心。但并非在所有社区都存在着意见领袖，有时一个社区的意见领袖可能不止一个。此外，意见领袖的存在虽然有一定的稳定性，但是也会发生变动。在社区发展的不同阶段，可能会出现不同的意见领袖。

如何确认在社区中是否存在意见领袖？谁是意见领袖？社会网络关于权力关系的测量方法，可以为我们提供一定参照。后文将进一步介绍这方面的知识，有兴趣的读者也可以参阅社会网络分析方法的有关书籍。

四、网络社区对个体的影响

网络社区是很多网民在网络世界的主要活动空间，它不仅给网民提供了丰富的信息与交往活动，而且将对个体的观念与行为产生影响。尽管在参与活动方面，社区成员的活跃度会有所不同，不同成员对于社区的介入程度和影响能力也有所不同，但是，从总体来看，社区对个体的影响是普遍存在的。这些影响有些是一次性的，而有些则会累积成为一种长期的效果。

网络社区对网民个体的影响是由网民对社区的需求决定的，两者是“一枚硬币的两面”。前文提到，国外有研究者认为个体对社区的需要源于四个方面：兴趣、关系、幻想、交易；也有研究者从社区成员的活动类型角度研究过成员的需求。但这些都只是从某一个角度说明了成员的部分需求。从更广泛的意义上看，网民对社区的需求及社区对网民的影响层面主要体现为以下方面。

1. 个体的特定功能性诉求层面

个体加入一个社区，总是有一些外在的功能性诉求，如满足兴趣爱好，获得特定领域的信息或知识以及进行商品交易等，社区的成员构成、交流状况等，会在一定程度上影响个体在这个层面上得到的满足。例如，如果一个社区里有某些特定领域的专家，他们的专业知识和评论，有助于提高整个社区成员对这些特定领域的了解程度。反过来，如果缺乏高水平的专家，社区也可能传播一些错误的信息与知识。

2. 个体的心理调节层面

特定功能诉求只是个体对社区需要的外在表现，而个体对社区的更多需求是心理层面的，其中心理调节更是主要需求之一。积极的交流固然是心理调节的一种方式，但有时，成员的无聊、庸俗的甚至是不理性的言行，也是个体在心理与情绪上的一种自我调节方式，是人们在网络中对现实压力所做的一种释放。当然，这种发泄与释放并不一定能对个体情绪产生积极影响，有时反而会使他们的情绪进一步恶化。但无论如何，处在社区里，人们的心理调节，总是受到他人的影响，群体氛围会影响到个体情绪的发展。

3. 个体的环境认知层面

社区是个体进行环境认知的一种途径，这一方面是由于社区内成员相互提供的信息，有助于成员加深对各种不同社会环境（从实体的居住环境到抽象的网络环境、社会环境等）的了解。另一方面，成员间的互动过程本身，也可以让个体感知社会环境的变化。例如，这个过程中所感知到的群体的意见与态度等，在一定意义上会被个体作为社会的意见气候，尽管有时这两者实质上并不等同。

4. 个体的社会关系层面

个体加入社区，另外一个重要的需求是建立自己的社会关系，这种社会关系既可以帮助个体减少孤独感，也有可能为个体的工作与生活等带来实质的帮助。个体在社区中建立的社会关系，也会对社区的权力结构产生影响，这种结构又会反过来作用于个体在社区的行为与态度等。

5. 个体的个别意见与态度层面

在网络社区里，个体对于某一个别事件或问题的意见与态度的形成，虽然是以自己的既有倾向为出发点，但也难免受到社区环境的影响。个别意见与态度的形成，往往不是一个自主的、封闭的个体行为，而是在互动等因素作用下的一个复杂的社会过程。每一个体的态度与意见，又同时对他人施加着直接或间接的影响。社区的整体意见气候，不是所有个体的个别意见与态度的一个简单相加，而是各种个体的既有态度倾向在复杂的社区互动催化下的一个“化学过程”，有时结果甚至会超出人们的预计。个体最终呈现的意见与态度，关系到整个社区的意见分布，进而有可能影响网络的整体意见分布。

6. 个体的长期价值观层面

个体如果介入社区活动程度很深，在社区的时间很长，那么，他的价值观的形成，也可能受到社区的影响。这既有个别问题上社区舆论对他的影响，也有社区长期的信息环境、意见环境等对他形成的影响。

7. 个体的社会归属感与文化归属感层面

个体对于社区的另一个重要心理需求，是获得社会归属感。群体归属感是社会归属感的一个具体表现。由于网络中人们选择社区的范围更广，进入或退出某个社区的自由度更高，因此，个体在网络中寻找到具有归属感的社区的机会也增加了。而网络中高频率的互动也更容易实现。从这个意义上看,网络社区有助于人们社会归属感的形成。

与此相似,人们也往往通过社区活动来寻找适合自己的文化定位,谋求同道者的呼应,获得文化上的归属感。但社会归属感与文化归属感的获得,有时也意味着个体对社区群体的妥协,是以从众、同质化等为代价的。

社区对个体在以上各个层面的影响,是由一定的作用机制来形成的。这主要包括:

通过信息环境作用于个体。社区成员在社区中提供的各种信息,构造了一个微观的信息环境。就像媒体构造的信息环境是一种"拟态环境"一样,社区的微观信息环境也只是社区成员有选择的信息所反映的社会微小局部,不可能全面地反映现实环境。这种并不全面的信息环境作用于个体时,会影响到他们对某些特定事物的判断,也会影响他们对社会认知的广度、深度。他们的态度与意见的形成也往往会受到即时的或既往的信息环境的影响。

通过交往对象作用于个体。一个社区成员往往不是完全均衡地与其他所有成员进行交往,而是有所侧重。个体所选择的重点交往的对象及其交往的程度,往往是对个体形成影响的重要因素。不同成员之间关系的亲疏程度,也决定了社区最终的权力关系。

通过权力结构作用于个体。前文提到,社区的组织者、能影响他人观点的意见领袖、社区成员之间的关系等,构成了一种权力关系或结构,这种关系直接影响到个体在社区的地位与利益,也会形成一种无形的压力,直接影响到成员对事物的认知、判断及态度、行为。

通过群体心理作用于个体。社区氛围也容易产生各种群体效应。社会心理学研究者指出的"社会助长作用"(即他人在场时,会形成一种社会唤起,促进优势反应,其结果是促进简单行为,削弱复杂行为。在这种情况下,简单的事,人们能做得更好,而复杂的事则会做得更差)、"社会懈怠"(即群体也可能使个体产生懈怠,且随着群体规模的增大,个体付出努力的程度在减小,因为在群体条件下,人们会受到搭"集体便车"的影响)、"去个体化"(即在群体情境中,人会失去自我觉知能力,从而导致个体失去自我和自我约束)、"群体极化"(即群体讨论往往会强化其成员的最初的意向,例如使偏激者更偏激。同时,群体讨论也会强化社区成员的共同态度,强化群体成员的平均倾向)以及"从众"等现象。可以说,个体在社区中的表现,在很大程度上是受到社区的整体氛围影响的。

信息环境、交往对象、权力结构、群体心理等的共同作用,使个体在社区环境下,对某些信息与问题做出相应的反应,也渐渐形成自己在社区的特定行为方式与观念体系。这种行为与观念和个体在现实生活中的表现未必相同,但是,它们之间会发生互动。

从另一方面看,社区影响个体的机制,也是个体对社区发生作用的机制,因为社区不是一个抽象的网络空间,而是由成员所构成的一种实在的人文环境,个体所感受到的社区的信息环境、意见环境、权力结构、心理环境等,都是在成员的交流基础上形成的。

五、网络社区的意义

网络社区不仅对个体有影响,而且在网络文化和网络社会建设中也有着重大意义。

1. 社区建设与网站内容建设的关系

社区建设与内容建设,是网站的两个重要支柱,两者相互支持,缺一不可。

一方面,内容建设是吸引社区人气的基础。社区的发展需要一个良好的土壤,一个内容建设有特点的网站,往往能吸引某一些特定的人群,能为这些人群的交流提供基础平台与环境。

另一方面,社区建设可以为内容建设聚集更多的网民资源,而网民对于社区内容的贡献是不可忽视的。社区成员的互动,不仅促进了成员间的感情交流,也提供了各种资讯、知识、作品。这些内容不仅为社区成员所享有,常常也会为网站的访问者所关注。如果网站编辑善于利用社区成员生产的内容,将它们与网站自身生产的内容相结合,不仅可以提升网民创作内容的价值,也可以丰富网站的内容。

网站对于社区成员生产内容的关注与提升,也会成为一种激励机制,提高成员参与的热情,这也反过来可以促进社区的繁荣。

2. 社区与网站品牌建设的关系

与现实世界的品牌相比,网络世界品牌的维持,有更大的难度。现实世界品牌的牢固,往往是为了规避转换品牌可能付出的较高代价。相对而言,网络品牌的转换成本似乎是“零”,用户鼠标一点,就可能从一个网站跳转到另一个网站,如果感到不满意,随时可以再跳转回来。因此,在网络环境中,要提高人们的品牌忠诚度,相对来说要困难一些。

但是,网络世界并非没有品牌,有些品牌还会相当牢固。而在维持品牌方面,网站的社区建设应该说具有十分重要的意义。某个网站为某个网民所营造的人际交流圈子和具有归属感的群体,是网民的一种财富,这也是网站对网民产生黏着力的重要因素。对于网民来说,这种财富的损失,是进行品牌转换时的重要成本或代价。网民对这些圈子或群体的归属感越强、依赖度越高,那么离开它们的代价也就越高。因此,建立和发展能吸引固定网民的人际交流场所或社区,是网站建设的一个重要内容,也是维持品牌的重要手段。

3. 社区与市场营销的关系

从营销的角度来考虑,一个成功的网上社区具有的重要商业价值,这主要表现在几个方面:便于寻找特定的消费群体,便于收集潜在顾客信息,便于增强与潜在顾客的交流,便于增加潜在顾客的数量、增加顾客忠诚度,以及便于顾客服务等。

在社区中,意见领袖的号召也容易引发跟风行为,因此利用意见领袖的作用开展营销也是一个可行的营销策略。

4. 社区与新闻传播的关系

对于新闻传播来说,社区的特定价值表现为如下几方面:

社区是发现新闻线索的渠道。许多社区成员在交流中,会有意无意地提供一些线索,有些社区的动态或活动本身就具有新闻价值,例如近年来不少重大的网络事件,都发源于猫扑等社区。如果新闻记者经常关注一些重要的社区或有特色的社区,就有可能及早发现一些新闻线索。

社区是新闻评论的重要孕育场所。网络新闻评论的一个重要组成部分是网民评论。在新闻报道后开设的跟帖论坛是一种临时性的社区,它提供了丰富的网民评论资源。而更重要的网民评论往往来源于长期稳定的社区,发表在这些社区中的评论常常质量也更高。从新闻评论的提供方面看,目前国内的"强国论坛"、"天涯社区"等都是非常值得关注的。

社区是了解公众对新闻事件态度与意见的重要渠道。新闻报道常常不仅要报道新闻事件本身,还要报道与之相关的公众的意见与态度,而网络社区是了解公众态度的一个重要渠道。尽管不能把网民态度等同于社会整体的反映,但它至少可以从一个侧面反映新闻事件的社会影响。除了从网民的帖子中了解他们的意见外,有时也可以在社区设立一些调查来进行量化观察。

社区是调查新闻传播效果的途径。对某一个特定的新闻报道或网站的整体新闻报道活动的效果的考察与评估有多种途径,网络社区是其中一个。社区成员是否转发某些新闻,是否对某些新闻报道进行评论、如何评论,这些都是衡量新闻传播效果的有益参照。

5. 社区与网络舆论、舆情的关系

随着网络在整个社会生活中作用的不断增强,网络舆情的表现情状和网络舆论的发生变化过程,成为了解整个社会运行状态时需要考察的一个部分。而社区是监测网络舆情与舆论的重要"观测点",这既包括那些成熟的已经具备群体特征的成熟社区,也包括一些由某些特定因素激发形成的临时社区,如新闻后跟帖形成的临时社区。社区的氛围,特别是群体心理,会在很大程度上影响网络舆论,有时网络舆论表现出非理性的一面,与社区氛围的推波助澜是分不开的。关于网站舆情与舆论,本书最后一章将专门进行探讨。

6. 社区与亚文化的关系

所谓亚文化，是整体文化的一个分支，它是指由各种社会和自然因素造成的各地区、各群体文化特殊性的方面。

社区往往是由那些有相似的兴趣爱好或价值取向的人们聚集而成，发展得好的社区，可以在充分互动的基础上，发展出社区独有的亚文化，例如自己的语言模式、自己的行为规范、自己的价值取向等。

尽管亚文化可以出现在各种网络传播的形式中，但是社区是最能体现群体互动的形式，它也是亚文化主要的孕育地。社区文化自然也会受到主流文化的影响，在很多时候，它也会汇入主流文化的大潮中，但是它更大的贡献还是在亚文化方面。

第四节 博客传播

尽管博客的概念引入中国较晚，大规模的商业化博客平台的运作也是到2005年才出现的，但是，在短短的几年内，博客传播不仅得到广泛普及，而且，它对于网络世界及现实世界的双重影响，已不容忽视。

一、博客的基本含义

博客与早已存在的个人主页技术的区别是，利用它进行信息发布的技术门槛非常低，几乎可以认为是零，只需几个简单的操作就可以随时发布内容。而对于普通网民来说，建立并维护一个个人网站却需要较高的技术水平，且时间成本也较高。因此，博客有助于网上个人内容发布活动的持续化。

与网络中各式各样的论坛相比，博客的特点在于，它可以将“博主”（博客的拥有者）的地位凸显出来，使他成为主角，其他人的留言、评论是以博主的帖子为中心的，可以说这是一种“一对多”的交流。而论坛中的讨论则是“多对多”的，不会有唯一的主角。博客的交流方式，较好地保证了某一个体在信息发布与交流中的主导地位。

目前，“博客”一词具有多重含义，它既指博客活动，又指从事博客活动的人，同时还指博客活动的平台，即个人在网络中的信息发布平台。

早期的博客以文字帖子为主，但随着技术的发展，也有越来越多的人可以利用“播客”技术发布音频、视频内容。“播客”（包括视频播客）可以看做是博客的一种新的发展。由于传播手段的不同，播客与文字博客的发展轨迹会有所不同。

美国《圣何塞水星报》专栏作家丹·吉尔摩认为，博客代表着“新闻媒体3.0版”，也即从旧媒体（old media）到新媒体（new media），最终发展到自媒体（we media)阶段。①

博客的兴起,使人们开始关注"自媒体"对专业网络媒体可能产生的影响,以及对整体网络环境的影响:博客会成为一种新兴的传播力量吗?它将是促进还是冲击专业媒体的新闻业务?它会降低网络新闻与信息的质量吗?专业媒体应该如何应对?博客实践正在对这些问题做出回答。

但是,博客绝不仅仅只是一种媒体,博客传播也绝不仅仅只有新闻传播方面的价值。博客平台集中体现了网络平台的各种特性,当然与网络中很多应用相比,它突出了个体作为一种独立存在(而不是群体中一分子)的地位。博客的不断发展,使博客传播对社会文化各个层面的影响不断显现出来。它使个人在信息传播及意见表达方面获得了更高的主动权,它也使个体在记录社会、影响社会方面具有了更大的力量。博客所引发的网络事件已经越来越频繁,而这些事件只是一些表征,在它们的背后,是博客这样一种新的社会工具与社会空间所蕴含的社会能量的蓄积、转化和爆发的过程。

二、博客传播者的"使用与满足"

"使用与满足"是传播学的一个代表性理论,它通过分析受众的媒介接触动机以及这些接触满足了他们的什么需求,来考察大众传播给人们带来的心理和行为上的效用。

对于网络中的各种应用,从"使用与满足"这样一个角度去考察,也是有价值的,对于博客来说亦是如此。博客用户可以分为两大类,一类是博客的传播者(或者说写作者),另一类是博客的受众(或者说读者),两者的"使用与满足"是有所不同的。

虽然将博客看做一种"自媒体"是一种普遍的观点,但是,对于大多数博客的传播者来说,他们并不是自觉地将博客作为媒体来看待的。

博客的传播者主要是个体,他们大多并不从事制度化的传播,这就意味着,理解博客传播者的行为及其内在动因,不能仅仅放在传播的框架下去观察,而是可以从个体自身的需求角度入手。

网民从事博客活动,在外在表现上有着种种不同,但是,他们的内在心理机制是一致的。从总体上看,博客活动表现为三个层面的需求,一是内在的根本心理需求,二是对博客平台的直接使用诉求,三是对社会报偿的需求。三者相辅相成,博客活动能否持续,也在很大程度上取决于这三个层面的需求是否得到很好的满足。个体也会通过自我调节来尽可能使三者达到协调一致,而个体需求的满足还需要一些其他因素的支持。

---

① 方兴东:《何为博客?(更详细的定义和解释)》,见 http://vip.bokee.com/2004070736419.html。

1. 自我形象塑造是博客活动的深层心理动因

如果说博客是一个舞台,那么其作者便是处于一个清晰可辨的主角的位置。无论博客活动的外在诉求是什么,从深层心理上来看,博客作者们都希望通过自我表达、交流分享等活动,塑造一个理想的自我,以此为基础获得更多的社会报偿和社会资本。也可以说,自我形象塑造是博客的传播者最主要的心理动因。

从另一个角度看,博客是个体进行印象管理的一个重要平台。印象管理指个人意图影响他人对自己印象的现象与过程。博客是个体与社会相连接的一个节点,是个体向社会展示自我的一个窗口。鉴于这一点,博客作者们大多会注重自己在博客中所表达的内容及其表达方式,并试图通过这些来传递一个自己认为理想的个人形象。与现实社会相比,由于博客在传播方面拥有更大的主动权,因此,在印象管理方面也具有更多的控制力。

美国社会学家欧文·戈夫曼的“拟剧理论”认为,在我们的日常交往和生活中,人人都是表演者,在特定的情境、不同的舞台上认识到别人对我们行为的期待以及我们对他人思想、感情和行动的期待,根据自己身处的舞台以及交往对象不断调整自己的行为。戈夫曼认为,人们表演的区域有前台和后台之分。前台是人们正在进行表演的地方,后台则是为前台表演作准备的、不想让观众看到的地方。人们在前台的行为举止与后台是不一样的。一般说来,应防止观众进入到后台来,而且,在前台也必须防止那些与演出无关者进入到表演中来。博客中涉及的自我表达,在过去往往是私人的、“后台”的。有研究者认为,人们有一种借助媒介技术把自己的后台行为前移的倾向。① 然而,博客作者并不是在所有场合都表现出自己的后台行为,对什么样的人表现什么样的后台行为,实际上是经过选择的。这表明人们具有通过博客进行印象管理的心理动因。

博客的印象管理是放在一个开放的社会环境里的,其最终目标是为了强化自我认同,并获得更高的社会认同,同时为其社会交往提供更好的基础。而各种博客的内容及活动,便是获得这种社会报偿的途径。

2. 多样化的活动体现多元的使用诉求

虽然博客传播者具有相同的深层心理动因,但是,由于各种因素,他们在外在的使用诉求上会表现出不同。下面是人们写作博客的一些重要诉求:

(1) 自我表达诉求。许多从事博客活动的人,首要的动因是利用博客来表达个人的情感、思想。对他们来说,博客是一种自我表达的平台,它可以为博客作者表达思想、塑造自我、影响他人,提供一种自由的途径。它也可以成为自我调节的一种手段,帮助人们释放消极情绪,改善心情。在一些社会事件发生时,

---

① 王传晓:《博客日志传播与人的后台行为前台化》,见 http://media.people.com.cn/BIG5/22114/52789/66887/4510029.html。

博客也可以成为人们表达意见与态度的一个渠道。因此，它们也是网络舆论形成的渠道之一。

(2) 历史记录诉求。博客的本意是“网络日志”，在其起源阶段，它确与日记有着相近之处，直至今天，记录个人历史或社会历史，仍然成为不少博客的主要诉求点。

虽然作为日记的博客与过去人们完全私人化的日记有所不同，但是，博客的“流水账”仍然可以在一定程度上记录个人的行踪。而将个人活动置于社会视野之下，会让博客作者感受到过去只有公众人物才能享受的“受瞩目感”，这往往可以增强个人的自信，放大其个人行为的影响。

而博客中个体记录的个人历史，汇聚起来又成为了社会历史的一部分。在某种意义上，过去记录历史的官方特权，受到来自博客的冲击，博客记录历史的作用成为官方记录的一个补充。

(3) 自我推介诉求。如果说自我表达更强调的是内在的情绪释放与思想表达，那么自我推介则更偏重外在的功利性目的。这种诉求主要是通过博客作品来展现个人的能力、才华，从而赢得他人的尊重，甚至借此改变自身的命运。当然，也有一些人和一些组织直接利用博客来进行产品营销。

(4) 个人信息传播诉求。在传统媒体时代，个人信息的传播是受到许多限制的。普通人的个人信息只能通过人际关系网络进行有限的传播，而名人或新闻事件的当事人的信息虽然可以通过大众传媒进行传播，但是必须以大众传媒为中介。个体对于传播哪些信息，如何传播这些信息，往往都不能进行直接的控制。因此，有时面对媒体的不属实报道，个体也无能为力。而博客则为个体信息的无中介性、无障碍性传播提供了基础。

在这方面，公众人物的需求往往表现得更为突出。公众人物过去需要借助媒体这一中介来传播自己的信息，但是媒体并不总是会按照公众人物的意愿来运行，媒体中负面消息、虚假消息的传播，会不断地困扰公众人物，甚至影响其公众形象。而博客则给了公众人物一个直接传递个人信息的渠道，他们可以利用这一手段，根据自己的想法，对个人信息的传播进行更有效的控制，有时，博客也成为他们与大众媒体的报道相抗衡的一种渠道。当然，个体在进行自我信息传播时，出于各种目的，也可能传递一些不实信息。

(5) 公共信息整合诉求。对于部分博客作者来说，将自己感兴趣的公共信息整合起来，利用博客这一“自媒体”发布，不仅是博客作者们进行环境认知的一种方式，也是他们与他人进行互动的一个启动点，是他们表现个人特长的一个途径。

(6) 知识管理与分享诉求。博客也可以看做一种个人化的知识管理平台，一种个性化的知识库。博客在给其传播者带来自我学习的快乐的同时，也给博客的受众带来了知识分享的可能性。

(7) 公共服务诉求。越来越多的政府官员和公务员开设自己的博客,这类博客大多不是纯私人性的,而是以公共服务作为主要目标。这些博客对于提高政府部门的公共服务质量,推进政治的民主化,具有一定的积极意义。

(8) 娱乐诉求。也有一些网民从事博客活动,是把它当做一种娱乐方式。在博客中与人进行交流,更多地给他们带来娱乐性的满足。

当然,除此之外,博客还有很多其他的诉求。以上几种诉求并不是截然分开的,它们之间存在着相互交叉、相互渗透的关系。而从事博客活动的人也并不一定需要用一个博客同时满足所有的需求,有一些网民会拥有多个博客,每一个博客满足的个人需求有所不同。

另一方面,每一个博客作者用博客从事什么样的活动,不仅取决于他们的心理需求,也取决于一些个人的或外在的因素,例如时间、个人特长、外在环境等。

3. 社会报偿成为博客活动的外在追求

尽管博客与私人日记有相似之处,但人们之所以将这种个人表达放到网络空间里,是因为他们不仅要进行自我倾诉,还希望获得社会性报偿,即希望通过与他人的交流、通过个人信息或思想的传播,来获得社会影响或认同。跨越时空的交流分享是博客平台与过去的私人话语空间的一个重要区别,是博客作者们获得社会报偿的基本途径,也是博客活动的另一种推动力量。即使博主只将自己的博客向少数几个朋友开放,这也表现出他们对于交流的需求。

博客中的交流,首先表现为博客的拥有者与博客的访问者之间的互动,交流能给博客带来心理释放或调适,这种互动也会激励博客作者的创作欲望,可能会影响到他们下一步的博客内容。

当博客的内容引起更广泛的关注时,交流就可能从几个人的小圈子扩散到更大的圈子,甚至可能在网络中产生强烈的反响。这时的交流就变成了更广泛的社会性交流。

博客获得的社会性报偿主要表现为以下几个方面。

(1) 博客带来的社会影响力。博客的访问量、博客文章被广泛阅读与转载的成就感、博客人气上升所带来的社会名声等,都有助于扩大博客作者的社会影响。许多普通人正是由于写作博客而一夜成名。这种名声甚至可能成为获得其他功利性报偿的基础。

(2) 博客形成的人际关系网络。博客是一个社会关系的联结点,它可以为博客的作者吸纳各种社会关系,编织自己的人际关系网络。这种人际关系网络,不但可以拓展博客的交际面,为其工作与生活带来更多的资源,也会使博客作者有更强的社会归属感。

(3) 博客带来的功利性报偿。功利性报偿的表现是多种多样的。一些博客作者通过博客平台改善了工作或生活质量;一些博客作者成为媒体的专栏作者;一些博客作者得到出版社的青睐,将自己的博客文章结集出版;一些流量很大的博客还可能吸引广告,获得广告收入。

可以说,博客活动的社会报偿,一方面是强化博客作者的自我认同,另一方面是争取更高程度的社会认同。社会报偿获得的多少,是一种反馈与评价,它会反过来促使博客作者对自己的博客活动进行调整,以求获得更多报偿,甚至可能会使他们对自己的自我形象塑造目标加以审视。

4. 支持系统是影响博客持续发展的重要因素

尽管博客传播活动的核心机制取决于博客作者的心理需求以及满足,但是,它也会受到除此之外的其他因素的影响,受到支持系统的制约。

这个支持系统的构成因素包括:

(1) 个人特长。每个个体在利用博客时有不同的心理诉求,但这只是一种主观愿望,它必须外化为某种形式,而这种形式需要相应的手段作保障,个人特长便是主要的保障手段。有时,这些外在手段也会反过来引起博客作者对自己心理诉求的调整,以便两者更好地契合,获得更大的报偿。

(2) 时间与精力。虽然博客传播不是一种制度化的传播,但它也需要花费较多的时间与较大的精力。没有一定的时间保障,纵使博客作者有良好的愿望,也无法将博客活动持续下去。

(3) 外在环境。外在环境会形成对博客传播者的积极或消极刺激,影响他们对博客活动的热情及持续性。这种外在环境主要包括:

博客平台的服务质量。博客平台提供的服务种类(例如播客功能、圈子功能等)、服务水平的高低(例如网站访问的速度、提供的空间大小等),都会在一定程度上影响到博客作者的热情。

网站的编辑手段。提供博客服务的网站,通常会采取一定的编辑手段对博客平台进行管理,其中常见的手段是,将某些博客文章放到博客频道的首页,这对提高博客内容的影响力具有显著作用。编辑手段成为调控博客流量的一只"看得见的手",对于某些博客的发展具有重要的影响。

博客世界的竞争态势。博客世界也存在着强烈的竞争,诸如访问量、阅读量、评论数、转发量等,是竞争的主要指标。竞争态势会对一些博客的写作产生直接影响。

圈子及其他社会关系。很多网站提供了博客圈子的功能,有共同兴趣爱好的博客作者们可以组成一个圈子。圈子有利于博客内容在"同好者"之间的交流,也会影响到博客影响力的范围。此外,一个博客与其链接的其他博客所构成的社会关系,也会影响到博客影响力的形成与扩散。

图 3 -5 说明了博客传播者的使用与满足机制。从总体看,博客作者的活动是他们的心理需求、外在活动、社会报偿以及保障因素等几者的共同作用。如果博客作者在三个层面的需求中无法获得预期的效果,或者三个层面的需求无法得到协调与统一,那么,他的博客活动就有可能中止。而这种满足如果没有支持系统的保障,同样也无法持续。

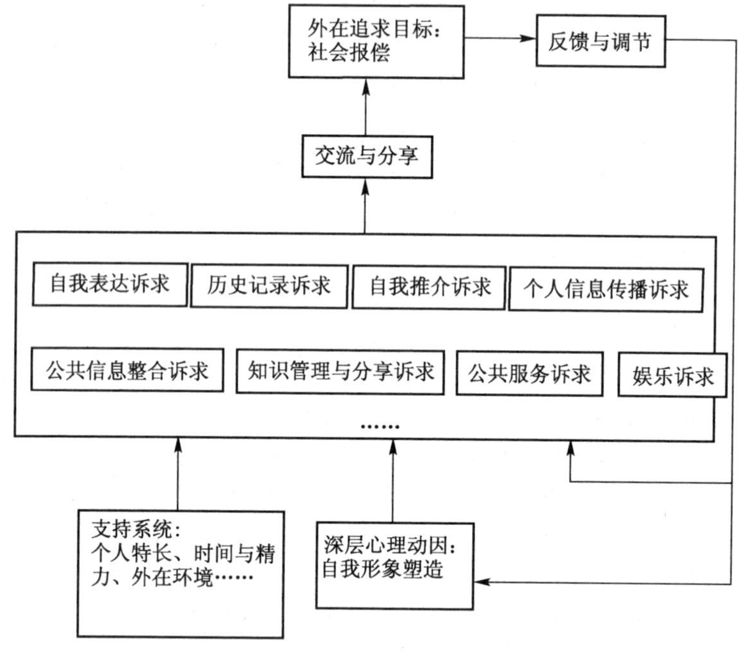

图 3 -5 博客传播者的使用及满足机制

三、博客受众的“使用与满足”

博客受众的使用与满足机制与博客传播者有着相似之处,它也表现为三个层面,即深层心理动因、直接诉求和外在的社会报偿满足。但是,由于博客受众的地位与传播者不同,因此,其需求的出发点也有所不同。

1. 寻找社会归属感是博客受众的主要心理动因

如果说博客的作者是在博客这个舞台上进行表演,那么,博客的访问者就是作为“观众”存在的。当然,这些观众对于表演者的表演起着重要的推动作用。作为“观众”的博客受众更多处于“人群”之中,加入什么样的人群,是一个带有强烈倾向性的选择。这意味着博客受众的活动有着很强的社会归属感的需要。

近年来美国学者唐纳德·肖等人提出了“议程融合”的理论，这种理论认为，媒体设置的议程具有一种聚集社会群体的功能，这是因为人们都有一种对于“群体归属感”的需要。

尽管博客不是一种像传统媒体那样贯穿社会各个阶层的“垂直媒体”，但是，博客的内容无形中也成为一种凝聚与区分社会群体的“议程”。在博客世界里，实际上也存在着“物以类聚、人以群分”的动态过程，博客的受众都是在通过寻找阅读对象、参与评论等方式，来寻找与强化自己的社会归属感。

2. 博客受众与传播者的外在诉求相互呼应、相互伺服

在寻找社会归属感的深层动因的推动下，博客受众积极阅读博客或参与交流，但由于个人兴趣、社会文化背景等各种因素的影响，他们的外在使用诉求可能各有侧重。而这些诉求与博客传播者的活动诉求形成了相互呼应与相互伺服的关系，两者的适应度与互动程度成为博客活动能否持续的重要影响因素。

博客受众的外在诉求主要表现为如下方面：

(1) 环境认知诉求。与博客传播者的自我表达、自我记录、自我信息传播的诉求相呼应，阅读他人的博客及其相关评论，以此获得更多信息以及他人的观点与态度。这是博客受众获得对环境认知的一个途径。

有人认为，博客的阅读者，有通过博客“偷窥”他人的心理因素。这种“偷窥”，事实上也是一种寻求环境认知的表现。以往的现实生活环境及媒体，更多提供的是公共信息，在关于个体的私生活层面提供的信息数量有限，范围也非常有限。而私生活层面的彼此参照，往往对于人们观念与行为的自我价值判断十分重要，也可以为他们对个人生活的评价提供一个参照系。博客世界便为博客的受众提供了一个广泛地了解他人私生活的途径。

名人博客之所以能吸引更多人，从受众的心理上看，其中一个原因，就是受众对于名人的幕后生活有更多好奇，名人的生活成为人们描绘自己生活理想、确定生活道路的参照，成为环境认知的一个重要方面。而名人博客所表现出来的“平常面孔”的名人形象，不仅让很多人觉得更亲切，也让他们觉得通过名人所投射的自我理想的可触及性。

此外，由于名人博客的浏览量与评论量更大，它可以提供一个更丰富的环境认知氛围，这就会促进人们的参与，因而形成一种正反馈的效应，即影响越来越大。

(2) 自我表达诉求。与论坛不一样的是，博客的受众不能发主帖，他们的表达往往是受制于主帖的，这虽然在很大程度上是一种弱势，但是，从另外一个角度看，它也为博客受众用一种“低成本”的方式进行自我表达提供了基础。

博客受众的自我表达，以博客作者提供的“文本”为基础，进行个人化的“解码”，以此来表达个人思想与情感。因此，博客作者提供的文本的开放性，直接

影响到受众能否找到自我表达的依据。过于专业化的深奥的内容,往往“曲高和寡”,封闭性也更强,无法形成作者与阅读者的有效互动。反而是很多生活化、日常化的内容,容易使受众找到各自的解读角度,为受众的自我表达提供广阔的空间。

(3) 自我推介诉求。许多博客的读者自己也是博客作者,他们会通过在他人博客上的交流推介自己的博客。此外,利用他人博客来推销个人网站、个人作品、产品等,也是非常常见的。尽管这种推销像垃圾广告一样为博客作者与读者所厌恶,但它的确是一种客观存在。

(4) 信息或知识获取诉求。与博客作者的信息传播、知识管理与分享诉求相对应,不少博客的读者也是为了获取信息或知识而访问他人博客的。

(5) 自我投射诉求。自我投射是指内在心理的外在化,即以己度人,把自己的情感、意志、个性特征投射到他人身上。博客作为公共性空间,为博客受众提供了一个更广阔的自我投射的环境。博客阅读者往往是在他人的博客作品中寻找自己情绪、观点的载体,将个人的情感与态度投射其中,以此获得个人心理的社会性支持或认同。这种自我投射诉求,在某些名人博客的评论与留言中,表现得更为充分。

(6) 娱乐诉求。出于娱乐动机看博客的人不在少数,除了博客内容带来的娱乐性外,交流的娱乐感,甚至发帖本身的娱乐化,都是吸引受众的因素。典型的例子是,不少博客访问者喜欢抢“沙发”,即争做一篇文章的第一个回帖者。这种娱乐性也包含着一种社会性的成就感。

3. 社会报偿成为博客受众流向的重要调节因素

一个博客能否吸引人、留住人,不能简单地看它写作内容的水平高低,而需要从它给博客阅读者的社会报偿角度进行综合评价。

对于博客受众来说,他们参与博客活动的诉求是否能得到满足,有一个外在的衡量因素,那就是社会报偿。社会报偿也是决定他们在整个博客世界里的走向的重要调节因素,而这反作用于博客的稳定性与可持续性。衡量博客受众在博客世界获得的社会报偿的指标主要包括:

(1) 群体意见对个体价值取向的支持度。大多数博客受众处于“潜水状态”,即只是阅读博客内容和他人评论,自己并不发言,但是,由于他们阅读博客的一个根本动力是寻找社会归属感,因此,他们时时在将博客中他人的意见倾向与自己的态度进行比较,其潜在愿望是,在他人的意见中找到能支持自己的价值取向的依据,这种价值取向可能是针对一人一事的价值判断,也可能是根本性的价值观。如果群体意见对个体价值取向的支持度高,那么个体的归属感就更强。而如果两者出现较大程度的冲突,个体心理就会产生较严重的“认知失调”,这时,他有两种选择,一种是采取从众的方式,改变自己的态度;另一种是离开某个博客,甚至到其他博客寻求认同。

（2）群体对个体评论的认同度。评论是博客受众进行交流与自我表达的主要手段，评论的认同度高，意味着自我也得到更高的社会认同。当然，有些情况下，评论得不到他人认同，也可能引起一些人的自我辩解与争论，成为另一个方面的激励因素。

（3）他人博客对自我影响力的提升度。通过他人博客进行自我推介是许多博客受众的一个使用诉求，因此对自我影响力的提升度，成为一个外在指标，影响着博客受众的"去"与"留"。

（4）博客带来的社会资源。像博客的传播者一样，博客的受众也可以通过他人的博客寻找自己的人际关系资源，虽然相比博客的作者，阅读者在此获得的资源较为有限，但是，博客毕竟是一个跨越时空的交流平台，它对于传统的人际交流空间仍是一个有益的扩充，它为网民结识素不相识的人以及过去可望而不可及的名人提供了更多机会。而且，通过一个个博客之间的链接关系，博客受众获得对自己有用的人脉资源的可能性也在不断增加。此外，博客给受众提供的信息与知识等，也是社会资源的表现。名人博客之所以能在很短时间内产生很高的浏览量，其中一个重要的原因就是它为受众获得社会报偿提供了更多的可能。

图 3－6 说明了博客传播者的需求及满足机制。

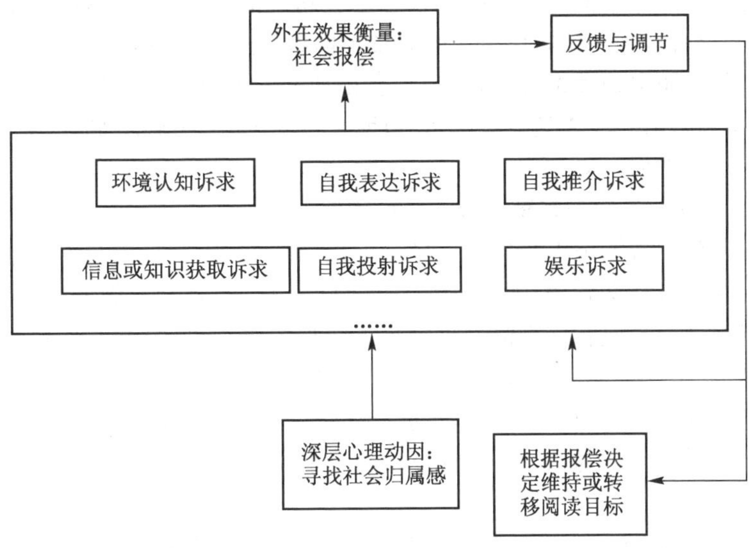

图 3－6 博客受众的需求满足机制

四、博客平台的社会属性及影响

对博客的认识，不能仅仅放在传播的语境下，也不能仅仅从个体的"使用与满足"角度来分析。博客的影响，更多表现在它的社会属性角度上。从总体来看，博客的社会属性表现在两个方面，它既是一种社会工具，又是一种社会空间。两者的交织，使博客活动呈现出复杂的过程与影响。

1. 作为双向媒体的博客成为网络中的“个人中心”

在当前，博客更多地被人们视为个体向社会发布自己写作内容的一种“自媒体”，也就是被简单地视为一种单向传播的媒体。但值得注意的是，新的技术正在使博客具有个人门户的功能，个体不仅可以通过博客对外发布信息，同时也可以通过这个界面接收来自于其他媒体或个体的信息，整合别人提供的服务。

在新的技术中，目前流行的 widget 是一个代表，它可以将来自于某个网站提供的内容或服务嵌入到个人网页中，如果这一技术不断普及，同时与博客平台结合起来，那么就意味着，人们不用再到其他网站进行访问，而是在自己的博客上“足不出户”就可以获得自己所感兴趣的各种内容，也可以方便地使用自己所需要的各种服务。网民利用博客这个平台可以实现自己的网络活动在更高程度上的统合，这不仅可以进一步降低时间、精力等成本，而且可以使各种网络信息与服务之间产生更丰富的关联。

而许多网站还在对博客平台进行其他方面的功能改善，使博客与邮箱、个人相册、个人空间、圈子、论坛、杂志等功能整合为一体。

这样一种具有双向媒体功能和多重服务功效的博客平台，不仅对个体有着实质意义，而且也在一定程度上影响着整个网络信息传播的格局。如前文所说，个人门户越来越多地冲击着大众门户，虽然博客并不是唯一支持个人门户的技术，甚至不是最适合个人门户的技术，但博客与 SNS、微博等的结合，将使它有可能向个人门户方向发展。

2. 作为社会资源与形象管理工具的博客促进社会交往

博客不仅支持着个人与社会之间的双向信息交流，而且还在支持着个体利用这个平台进行社会资源（如知识资源、人脉资源）的管理。更重要的是，博客的创作者主要通过博客这个窗口进行个人的形象管理，通过精心选择的信息披露过程，来展示一个理想中的自我，以获得更积极的社会反馈。

这样一种工具性功能，使个体在进行社会交往时有更大的控制能力，这种能力有助于个体获得更高的社会性报偿，因而在一定程度上能促进个体与社会交往。

3. 作为社会节点的博客成为个体与社会间的能量交换器

博客平台是个体与个体相连接的纽带，也是个体与社会发生密切关系的节点。正是这种社会节点的属性，使博客传播超越了自娱自乐，而产生广泛的社会影响。

博客虽然是一种较新的网络应用方式，但是，它与网络既有的应用方式是一脉相承的，与新闻网页、论坛、RSS 等也能实现有效的互动。可以说，它并不是网络中的孤岛，而是网络的一个有机组成部分。也正因此，博客的传播才体现出非常复杂多变的特性。

虽然每个博客都是一个独立的舞台，但是，它们之间也是可以相互连通的。博客之间的相互链接，使博客世界本身又成为一张可以不断扩张的关系网络。这张网络对于博客社会关系的扩展，对于博客文章的广泛传播，对于一个博客的影响力的形成，都是十分重要的。

而更重要的是，博客是人与人产生联系的纽带，人们的博客写作或阅读活动，其实质都不是人与内容的关系，而是人与人的关系。

作为社会节点的博客，使个体拥有了一个社会化的界面，这是个体吸纳与整合社会能量的接收器，同时也是个体能量放大为社会能量的转换器。通过博客，个人的声音可以放大到社会空间，个人行为放大为社会性行为，普通个体无需通过传统大众媒介，就可以在公共话语空间发出自己的声音。这种声音有时甚至可能与多家媒体的声音相抗衡。博客使个体有可能获得前所未有的搅动社会局面的能力，在与权威声音的角力中获得“杠杆支点”。

正是因为博客世界的能量放大作用，近年来，不断出现的“博客事件”，才能有足够的能量不断地搅动着网络世界，甚至波及到网络之外的世界。也正是由于这种特点，博客也可以成为个体参与社会公共事务的一个重要入口。从整体看，博客这一平台，在激励人们进行社会参与方面，具有较大的潜能。

4. 作为生态系统的博客世界与社会生态交互作用

博客的不断发展促进了博客传播者的多元化，而这种多元化，也造就了复杂的博客生态系统。把博客视作生态系统，就可以从生态系统各个构成要素的相互依存关系或者说“生物链”的构成中，去认识博客世界。

博客世界之所以充满生机与活力，就是因为它的元素（博客的传播者或受众个体）构成是多元的，既有同质性，更有异质性。每个个体有着各自的需求，这些需求相互呼应，又相互伺服。这些都使博客世界形成了自我生长的机能，使博客作为一种“生命”系统的能量得以不断产生、释放与转化。如果这个生态系统只有单一的构成要素与需求，就无法形成这样一种生态循环机制。

博客世界不仅有着与自然生态系统相似的“生长”机制，而且也遵循着社会生态系统的发展规律。

美国社会学者查尔斯·扎斯特罗把人的社会生态系统区分为三个层面：微观系统、中观系统、宏观系统。他指出，微观系统是指处在社会生态环境中的看似单个的个人。个人既是一种生物的社会系统类型，更是一种社会的、心理的社会系统类型。中观系统是指小规模的群体，包括家庭、职业群体或其他社会群体。宏观系统则是指比小规模群体更大一些的社会系统，包括文化、社区、机构和组织。个人微观系统也会受到社会环境中与之互动的宏观系统的重大的影响。宏观系统的五种主要因素会对个体产生重要影响,它们是文化、社区、习俗、制度和机构。[①] 虽然他所研究的是整个社会这个大的生态系统,但是,他的研究思路也可以为我们所借鉴,用于博客这个更具体的社会生态系统的研究中。

博客生态系统也可以有微观、中观与宏观三个层面:博客的作者或阅读者个体,是其微观层面;某一个个体的博客平台所吸纳的人群是其中观层面;而整个博客世界则是其宏观层面。博客世界这个宏观系统,也会产生自己所独有的文化、社区、习俗、制度乃至机构,当然它们都不是无源之水,而是对社会这个更大的生态系统的相关因素的继承,同时,博客生态环境的特殊性,又会赋予它们一些特质。博客生态系统三个层面的相互作用,决定了个别博客的兴衰,也决定了整个博客世界的兴衰。更重要的是,这种相互作用是博客世界对于社会与文化产生影响的深层机理。

博客生态系统应该被视做整个社会生态系统的一个子系统,它的发展不是封闭的,也不只是简单地遵循某种单一维度的发展逻辑,而是在社会整体的生态系统作用下,呈现出动态、开放、多维度的发展脉络。

5. 分权后的博客世界重塑权力关系

作为 Web2.0 的应用之一,人们总喜欢把博客世界与分权或去中心化联系在一起,博客似乎给了网民同等的表达与传播的权利。但这种传播渠道拥有权的相对平等,是否意味着"话语权"的平等?

如果仅仅将博客等视做个人媒体,那么它在给予个人更方便地进行个人表达与意见共享方面的能力是值得肯定的。但是,如果把博客以及 Web2.0 看做一种社会关系或社会网络的话,那么,我们就更应该关注由这种关系或网络结构带来的权力的重新分化。

社会网络的分析方法有助于从结构的层面认识博客世界的权力关系。社会网络的分析方法指出,一个社会网络中的行动者,如果与很多他者有直接的关系,该行动者就居于中心地位,从而拥有较大的权力。[②] 如果画出博客这一社会网络里的关系图(哪怕只是一个极小的局部),就可以看到从不同的点上发出的线的数量存在巨大的差异(这些线表明了关系的多少),这是权力落差的一种直观体现。

虽然博客社会里新的权力不平衡,在一定程度上折射着既有的社会权力关系(例如名人博客更容易形成强势),但同时也可以看到,即使是原本平等的普通人,在博客世界里也可能会因为各种因素产生权力上的分层,博客的话语内

---

① 师海玲、范燕宁:《社会生态系统理论阐释下的人类行为与社会环境——2004 年查尔斯·扎斯特罗关于人类行为与社会环境的新探讨》,载《首都师范大学学报(社会科学版)》2005 年第 4 期。

② 刘军:《社会网络分析导论》,社会科学文献出版社 2004 年版,第 16 页。

容、话语方式，博主与阅读者之间的沟通方式与频率，以及网站的编辑手法等，都可能对博客的影响力产生作用，进而影响到博客的权力。而这些，都可以归结到前面所分析的博客传播者与受众的需求及满足机制上，可以说，正是那些深层的作用机制，在影响着博客世界的权力关系。而博客世界之外的政治的、经济的、文化的因素对博客世界权力关系的影响，也是通过这个作用机制来起作用的。

6. 作为民间记录平台的博客有助描绘更完整的历史图卷

媒体的一个重要功能，是记录历史。而在传统媒体时代，媒体所记录的历史，只是代表了官方的或某些机构的意志，它所记录的历史片断和画面，在某些情况下是经过筛选的。而类似博客的较少受到主流话语控制的"自媒体"的出现，可以在一定程度上弥补专业媒体的不足。虽然每一个博客都只是历史画卷中一个微不足道的碎片，但当所有碎片聚集在一起时，仍然会构成较为全面的历史图景，它们反映了不同文化背景、不同社会阶层的人们在历史运动中的生存状态与精神状态，反映了社会变迁的风貌，因此，博客的文字、图片以及音像资料，将成为人类文明的重要财富。

7. 作为文化沃土的博客世界"助长"多元文化

博客世界蕴含着丰富的文化种子，而博客平台本身为这些种子的萌芽、生长提供了肥沃的土壤。博客世界的自由精神，会鼓励非主流性的文化创作；博客的开放性质，可以使博客作者们的创作得到广泛传播、检验，并经由互动得以发展、丰富。而博客世界的群体交流，也成为博客文化生长的另一种环境。与传统媒体时代相比，博客世界里的文化，非主流性、多元性表现得更充分。当然，博客文化有时互相影响，也可能出现同质化的倾向，在博客世界里也可能出现新的主流文化，但是，总的来看，博客对于多元文化的生长，具有重要的作用。

随着 SNS、微博等的发展，博客的使用受到一定冲击，但是它并不会完全消失，而更多地会与新技术融合，无论最终的形态会变成怎样，博客的一些重要特质，将会成为网络的"基因"，在新的网络应用中得到继承。

第五节　搜索引擎传播

搜索引擎不仅为人们在网络中快速寻找特定信息提供了快捷的途径，而且在不断地影响着人们的网络信息消费模式，并影响着网络信息传播格局的变化。理解搜索引擎传播的特点，是认识搜索引擎影响力的起点。

近些年来搜索引擎之所以能迅速普及、不断发展，其根本原因在于，在网络信息日益"超载"的情况下，它顺应了人们快速定位特定信息的需求，真正体现了受众主动"拉出"信息这样一种网络传播的特性。它也使信息的来源多元化，为受众进行多源信息的比较提供了便利。可以说，搜索引擎尊重了受众在传播中的主导意义，使受众在获取信息的过程中具有了更强的控制能力，搜索引擎的终极目标与意义在于，使信息真正为人服务，而不是让人沦为信息的奴隶。

搜索引擎技术的发展，在不断地影响着网民的信息消费行为，在网络发展初期，人们习惯于被动接受网站提供的新闻与信息，而在搜索引擎普及的今天，网民很多时候是通过搜索引擎去主动寻找自己需要的信息。这种行为方式的改变，逐渐作用于整个网络信息传播的格局。例如，不少人使用的浏览器的首页已由传统的门户网站变为搜索引擎网站，这对传统门户网站的影响力是一种削弱，对搜索引擎网站的影响力则是一种提升，进而影响到不同类型网站的营利模式与营利能力，从而使它们的力量对比发生变化。尽管主动索取与被动获得这两种信息消费模式是并行的，但是网民主动索取信息的需求将不断上升，这一趋势值得我们关注。

一、搜索引擎传播的基本特点

搜索引擎虽然不是内容的发布者，但是，它是网络中的导航者或“交通指挥”，同样可以视为是一种传播形式。与网络中的其他传播形式特别是网站传播相比，搜索引擎传播的特点可以从以下几方面来认识。

1. 搜索引擎传播对原始信息传播平台的分解

网络中的信息本来是依托网站、社区、博客等平台发布的，这些平台的编辑者根据自己的意图在特定的版面空间里对信息加以编排。信息所依存的环境，也是信息价值的一部分，例如，放在头条的新闻表明受到编辑更多的重视，被加为“精华”、“置顶”的帖子，意味着被推荐。一个版面中各条信息之间的位置关系等，也会体现它们不同的价值。而这些价值，是被网站编辑们赋予的。

而搜索引擎使得信息脱离了它的原始环境变成了孤立的信息单元，人们查找到信息后，会直接定位于最终的正文页，它原来所处的环境被受众忽略了。这也意味着，它在原始发布时被编辑所赋予的意义被剥离。

搜索引擎对原始信息传播平台的另一种分解作用表现为，当人们越来越多地依赖搜索引擎寻找信息时，人们的信息获取习惯会发生变化，许多人不再愿意花费时间在一个网站逐层寻找信息，而更愿意通过搜索引擎直接定位到信息，这也就会对网站这样一种模式的生存价值产生影响，尤其是对门户网站而言。

2. 搜索引擎对传播者的集中化、显性化和序列化作用

在很多传播形式中，传播者是明确的，但是，对于搜索引擎这一形式而言，真正提供内容的传播者原本是分散的，对于受众来说，它们是隐藏的、不确定的，在很多情况下，这些传播者也是异质的，这有点像大众传播受众的特点。但搜索引擎的作用就是迅速地发现这些分散的、隐藏的传播者，使它们在同一个信息搜索

目标下集中起来,成为显性的、有共性的整体。

将分散的、隐藏的传播者集中起来,提高了发现特定信息的效率。更重要的是,多样化的信息来源也有利于提高特定信息的丰富性、全面性与均衡性。与单一传播者模式(例如网站传播)相比,这也是搜索引擎传播的一个突出的优点。

搜索引擎对于传播者的另一个作用是它的算法技术使传播者呈现出序列化状态,各方传播者在搜索结果中是按搜索引擎所制定的规则来进行排序的,这种排名会直接影响它们与受众的接触程度。同一个搜索请求在不同的搜索引擎中会获得不同的结果。序列化是搜索引擎对传播者所具有的控制能力。

当然,搜索引擎只是交通指挥,而不是把关者,它不能对传播者及其内容进行审查、把关,它对于传播者的集中、显性与排序,并不是基于对内容的质量评判,而是基于算法技术,因此,在搜索引擎传播中,受众对内容的甄别、筛选等自我把关显得尤为重要。

搜索引擎的存在,使得大量传播者可以有机会扩大内容的传播面、形成多次传播。对于网络中的各类传播者来说,如果希望自己传播的信息能得到广泛的、反复的传播,就需要针对搜索引擎传播的特点来提高自己的"可见性",因为有些网页即使是使用搜索引擎也不能被发现,这些网页是完全"沉没"在信息海洋的海底,只有通过某些方法让它们浮上水面,才可能被发现与利用。

当然,也有一些传播者并不希望自己的内容被搜索引擎发现,例如一些人试图将自己的博客作为纯粹的私人空间隐藏起来,但有时却也不能逃避被"曝光"的结果。搜索引擎强大的显性化作用,有时与人们对私密性的需要是冲突的,这也是它的负面作用之一。

3. 网民索求能力与传播效果的关系

搜索引擎是一种以需求为主导的传播,即先有需求,再有传播过程,与传统大众传播的被动性接受相比,受众的信息需求明确而强烈,所以很多内容的传播效果会比较好。

但是,网民的索求也并不一定总是得到充分满足,这一方面可能源于相关信息储备的匮乏,另一方面则与网民搜索请求的技能有关。尽管大多数网民都使用搜索引擎,但很多时候人们提交的搜索关键词并不能准确反映他们的查询目标,也有不少人并不知道搜索的高级技巧,以及搜索引擎的各种专业功能的使用。搜索能力成为他们使用搜索引擎的一种障碍,也成为影响传播效果的重要因素。

中国互联网络信息中心发布的《第 21 次中国互联网络发展状况统计报告》显示,搜索引擎的使用与网民的网龄有很强的相关性,网民上网历史越久,其搜索引擎使用率越高。2000 年及以前上网的网民搜索引擎使用率为 89.1%,而 2007 年新增网民的使用率仅有 48.7%。此外,搜索引擎使用率与学历同样存在很强的相关性,学历越高,使用率越高。初中以下学历的网民搜索引擎使用率为54.7%,硕士及以上学历的网民搜索引擎使用率则升至97%,几乎人人都使用搜索引擎。① 这一数据在一定程度上说明,搜索引擎的使用能力与使用率是相关的。网龄长、学历高,通常使用搜索引擎的能力也更高。而这种能力直接影响到网民在搜索引擎中获得的满足程度。

尽管搜索引擎使受众自我把关的重要性凸显,但是,受众的把关意识却并不强烈。传统大众传播中,由于传播者的显性化,人们对传播者的身份、品牌、可信度等往往十分重视,但在搜索引擎中,信息来源是分散而隐性的,因此受众对来源的重视程度有所下降。他们往往只注重获取的信息与自己需求之间的吻合度。同时,多数人也常常缺乏主动检验信息真伪的意识和能力。

4. 网民搜索行为的独立性与关联性

网民的需求是各种各样的,每一个人在网上进行搜索时,是独立地发出自己的请求的,所以,网络的搜索行为具有相对独立性,但独立并不意味着孤立。

许多搜索引擎能够将与某一搜索关键词相关的其他网民的搜索请求列出来,这使网民的搜索有了相应的参照,同时,也使网民可以在无意中进行着搜索的"重定向",因为他可能采纳别人的搜索请求来继续自己的搜索。这既可能优化他的搜索过程,也可能使他偏离搜索的既定方向。

此外,有些网站将热门搜索关键词列出来,这在一定程度上刺激了网民对这些关键词的关注与搜索,群体效应影响个人行为,这也是搜索传播中的受众关联性的一个表现。

在搜索引擎的后台,可以记录每一搜索行为的基本数据,并将它们汇聚为总体数据,这些数据在更大程度上体现了个体行为之间的联系,例如,热门搜索关键词实际上体现了受众的某些共性需求,而这些需求背后又是社会环境因素的作用。

5. 传播内容的相对无序性

搜索引擎的工作是由机器基于算法自动来实现的,在搜索引擎渠道中,并没有编辑对内容进行把关,从一定程度上看,它所传播的内容是无序的。这种无序性主要表现为以下几方面:

搜索引擎的排名结果并不必然反映内容的质量高低。搜索引擎本身并不提供内容,它只是将某一主题的内容从网络中搜寻出来,它对于内容虽然有排序的功能,但是这种排序并不是基于对内容的质量的直接判断,而只是基于关键字出现频率或者网站被链接的数量等指标。

搜索引擎不能保证信息的真实性。搜索引擎虽然可以为受众提供众多的相

① 数据来源:www.cnnic.net.cn。

关信息,但是,它没有鉴别信息真伪的作用,对于信息真实性的鉴别,需要由受众自己来完成。

搜索引擎提供的内容并不必然保证与用户需求吻合。尽管用户的搜索目标是明确的,而且搜索结果与用户请求的相关性往往是衡量搜索引擎优劣的一个重要指标,但是,这也不能保证在任何情况下与受众请求的搜索目标最相关的信息总能排在搜索结果的最前列。

二、搜索引擎与社会化搜索引擎

在智能搜索技术还不发达的情况下,搜索引擎对于人们搜索需求的满足还是有一定限制的,因此近年来利用人工力量来补充搜索引擎的不足,将人的智慧与机器的智慧结合起来,精确满足人们复杂的搜索需求也成为一种趋势,有人将这样一种方向称为社会化搜索引擎。

"人肉搜索引擎"机制可以看做社会化搜索引擎中的一种。"人肉搜索引擎"这个词起源于猫扑论坛(www.mop.com),但是,与此类似的做法在很多网站都有,新浪的"爱问知识人"、百度的"知道"等也是运用类似的思想来构建的社区。

与一般社区不同的是,对于特定信息和知识的需求或分享是人们在这类社区活动的直接动因。这些社区的成员一般可以有两类角色,即求知者和答疑者,当然,一个人的角色是可以随时变化的。对于答疑者来说,他们除了愿意将信息和知识与人分享之外,还希望通过答疑来获得一定的奖励,比如等级的提升、积分或虚拟货币奖励等。

例如,在"爱问知识人"社区中,主要奖励机制是积分,求知者提出问题时,可以设置一定的悬赏分值,并且根据答疑者回答的情况给予相应的分数。用户平时储备足够的积分,有问题时能提供更多的悬赏分。凭积分不仅可以提高自己的级别,还有机会获得"爱问知识人"颁发的礼物。这些机制有效地促进了网民的参与。

当然,社会化搜索引擎不限于社区的"人肉搜索引擎"机制,它也可以和维基技术结合起来。维基作为人们共同创造的知识的综合体,汇聚了很多人的智慧,符合提供最精确搜索结果的思路,因此,有些社会化搜索引擎将维基百科中的词条放在搜索结果的第一位。此外,标签、社会书签等功能,也被一些社会搜索引擎作为重要的资源开发。

社会化搜索引擎是一个开放的概念,目前在国内外出现了很多自称为社会化搜索引擎的服务,它们的原理与机制其实并不相同,但是,这种多元性恰恰为社会化搜索引擎的未来发展提供了更多的空间。

三、搜索引擎数据的研究价值

搜索引擎虽然只是一种中转站,其目的是帮助人们发现与获得特定信息,但人们在这个中转站的行为最终会形成一种宝贵的财富,那就是搜索引擎所记录的各类数据,这也是对网民搜索行为的一种直接量化统计。这些数据具有重要的研究价值。

通过搜索引擎获取信息虽然看上去是个人行为,但是,系统的后台数据可以体现分散的个人行为累积后的社会性结果。这些后台数据,不仅可以反映不同信息受人们关注的程度,从而为受众研究、市场研究提供重要的参考依据。同时,它们也是一种"晴雨表",在一定程度上反映社会环境"气候"的变化。

前文提到,人们的搜索行为既有相对独立性,又有一定的关联性,但是,总体来说,这种搜索行为较少受到外力的强制性影响,它是人们意愿与需求的一种自然流露,比某些调查更客观真实,更能反映经济与社会发展的内在本质与运行规律。

搜索引擎数据,需要运用不同的坐标体系进行研究,常见的方式包括:按主题或关键词做分类分析、按地区做对比分析、按品牌做分类或对比分类、按时间进行变化规律分析等。

总体来看,通过搜索引擎数据进行的研究,主要集中在以下几方面。

1. 媒体受众分析

搜索引擎数据可以直观地反映人们的信息需求与服务需求,也可以反映人们对热点事件的关注程度,对于传统媒体以及网络媒体,都是非常好的受众研究资源。

2. 消费市场分析

针对特定的消费品市场,通过对相关搜索数据的分析,来研究人们的消费倾向与偏好,以及各种不同品牌的影响力。

3. 社会发展动态分析

搜索引擎数据是一个重要的窗口,它反映了社会的各种动向,有些甚至是隐藏的、并没有通过舆论表现出来的社会的深层本质状态。例如,一段时间内的搜索热点可以在一定程度上揭示这一时期内政治、经济、文化的发展趋势。

搜索引擎既是一个信息的导航者,又是受众信息消费行为的记录者,它的各类数据的确给了人们丰富的研究资源,对搜索引擎的研究,需要从信息的生产角度和信息的消费角度综合考察。而在信息传播层面之外,搜索引擎的社会学意义、营销学意义等也不容忽视。

第六节　维基传播

维基技术指的是一种超文本系统。这种超文本系统支持面向社群的协作式写作，也就是说，这是在互联网上支持多人协作的写作工具。

在维基页面上，每个人都可浏览、创建、更改文本，系统可以对不同版本内容进行有效控制管理，所有的修改记录都保存下来，不但可事后查验，也能追踪、恢复至本来面目。这也就意味着每个人都可以方便地对共同的主题进行写作、修改、扩展或者探讨。

对维基技术最成功的应用，是维基百科网站。维基百科（Wikipedia）是一个基于维基技术的多语言的网络百科全书的全球协作计划，这是一部用不同语言写成的网络百科全书。维基百科的创办者是吉米·威尔士。英文版本（http://en.wikipedia.org/）于2001年1月15日开始建设，中文版本（http://zh.wikipedia.org/）的建设始于2002年10月底。

但维基百科的作用不仅在于对那些已有的知识进行系统整理，它同样可以在新闻传播尤其是突发新闻报道中发挥作用。

维基百科以及类似的百度百科、互动百科等平台在中国正被越来越多的人认识，其应用范围也越来越广，它在公共信息传播方面的潜力是很大的。

一、维基传播的基本特点

1．维基传播是一种协作性工作

与博客不同，维基提供的工具，是以促进共同协作为基本目标的，网民在维基中的协作，不仅可以更好地完成特定的任务，还使得平等、沟通、合作等互联网精神得以实践。

维基中的协作，在某种意义上可以促进维基平台上的“自组织”的形成。从系统论的观点来说，“自组织”是指一个系统在内在机制的驱动下，自行从简单向复杂、从粗糙向细致发展，不断地提高自身的复杂度和精细度的过程。[①] 在后文中，本书将对“自组织”在公民新闻实践中的体现做出进一步分析。

维基的运作越来越多地呈现出“自组织”的一些特点，它不仅可以创造多元的文化，而且“自组织”本身，也是网络文化精神的体现。

2．维基倡导平等对话

维基提供的是一种开放、平等的工具，无论是在某一条维基内容的编辑过程中，还是在整个维基平台上，所有参与者都是相对平等的。人们对于同一事物认

---

① 资料来源：http://thns.tsinghua.edu.cn/jsj00005/kaifa1.htm。

识的不同层次、不同角度、不同观点都可以同时呈现，受众从每一个维基的词条中看到的是一个平等的对话过程。这种对话，不仅有助于受众看到事物的多个侧面，也可以使网民在无形中受到对话精神的熏陶。

3. 维基是“焦点”文化与“边缘”文化的结合

维基文化既体现了网络中或现实社会中的热门话题，同时又可以满足人们对某些个性化内容的兴趣。

热门话题在很大程度上是网络社会或现实社会的“焦点”。当今中国的网络中，诸如“百度百科”、“互动百科”这样的维基平台上，那些新出现的热门词条，往往反映了社会中某些重要事件或话题，是社会的一个敏感风向标，同时也可以勾勒出一定社会阶段的典型特征。

例如，从具有代表性的中国维基应用网站“互动百科”推出的2010年互联网十大热词榜单中，我们可以看到这一年中国社会发展的某些热点。十大热词分别是：微博、上海世博会、给力、西毕生、足囚协会、涨时代、呜呜祖啦、维基解密、炫父、3Q战争。十大热词榜单是由网友线上提名、投票，并结合这一年网民对互动百科词条的浏览量及修改版本数据统计形成的。这些热词从各个方面反映了2010年中国社会的热点问题。

与此同时，边缘的或小众的文化也可以在维基中找到它们的栖身之地。《长尾理论》一书曾将维基百科作为长尾应用的一个典范。有些词条可能只是少数人感兴趣，在传统的大百科全书中肯定是不会被收录的，但在维基平台上，哪怕是这样的词条，也可以建立起来，而且可能得到不断的修改、完善。

二、维基用户的“使用与满足”

维基传播虽然与论坛有些类似，但是它是以协同工作为基础的，人们对维基的需求与动机和在论坛中有所不同。如果以马斯洛的需求层次理论来分析维基用户，那么，这些用户所追求的更多的是尊重、自我发展等高层次需求。

1. 社会分享需要

分享是维基应用的一个重要特质，也是很多维基用户参与维基协作的动机之一。将知识、信息通过维基平台分享，是一种利他同时也利己的行为，因为在给予他人的过程中，人们也可以从他人那有所获得。

2. 自我提升需要

参与维基建设，也可以在一定程度上实现个体的自我提升，例如参与维基词条建设，可以不断学习到新的知识，开阔视野。在其他用户的鼓励下，个体提升自己的愿望也会越来越强烈。

3. 社会报偿需要

在维基平台上，人们的成果还可能得到社会的认同，获得他人的尊重，甚至获得一定的实质性的报偿。来自社会的积极反馈，也是人们在维基平台坚持下去的重要原因。因此，一些维基平台也建立了相应的激励机制，如给予参与建设较多的用户以荣誉性称号、给予不同待遇等。

4. 自我表达需要

参与什么样的内容建设，在一定程度上，也是一种自我表达的方式。人们的兴趣爱好、价值取向等，都可以从他贡献的内容中体现出来。尽管在维基应用中，人们较少直接表达态度，但他们可以借知识与信息的选择来表达自己的意见与情绪。

三、维基传播的社会影响

1. 维基对知识生产与知识共享的影响

目前维基技术最大的应用仍然是在知识分享领域。在2001年维基百科网站启动之后，维基词典、维基教科书计划、维基资源计划、维基语录计划等也陆续启动。

维基百科的应用，使人类知识在一个单一的平台上以前所未有的规模汇聚起来。截至2010年底，维基百科已经建立了3 518 639个英文词条。除英文外，德语、意大利语、日语、法语、葡萄牙语等9个语种的词条超过50万条，包括中文、韩文在内的11个语种的词条在15万—50万条之间，总语种达270种，总词条数超过1 700万。[①] 这是任何一本专业的百科全书都不能达到的规模。

维基百科不仅在广度上超过了任何百科全书，还实现了另外一种突破，那就是对于某一事物的多元认识的集成。传统百科全书，对一个对象的介绍，往往只能反映某些主流的观点，而维基百科允许不同人的不同认识在同一个平台上展现。虽然这可能削弱词条的权威性，但却使人们有了更广的认识视野。

维基应用意味着知识不再是某些专家的专利，而是人类共同智慧的集成。知识的生产变成了不同人的认识与智慧进行交流、碰撞的过程。

维基也使知识的更新达到了前所未有的速度。维基百科等平台往往能以最快的速度反映世界上最新的知识进展，而传统的百科全书由于受到出版周期的限制，会产生严重的滞后现象。

维基也促进了知识的共享，知识在各类人群中得以更自由的流动，人们也能获得平等的接触知识的机会。

2. 维基对新闻传播的影响

维基百科并不只是对那些呈过去时的事件进行解释，也可以将正在发生的

---

① 资料来源：http://en.wikipedia.org/wiki/Wikipedia:About。

社会事件作为词条进行解释,因此,这些词条在某种意义上也成为一种新闻报道。

2005 年 7 月 7 日,英国伦敦地铁的几个车站同时发生爆炸,在专业媒体发布报道之前,就有一位叫莫文的网民在维基平台上对此事进行了报道,之后,这个维基社区的其他成员开始跟进莫文的报道,他们不断丰富着事件的细节,纠正着报道的误差,跟踪着事态的进展。“那天快结束的时候,超过 2 500 人已经创作了一个 14 页的易于理解的报道,比任何一则新闻所提供的信息都要丰富得多。”①“他们证明了维基百科全书的力量,同时表明成千上万个分散的志愿者可以创造出快速的、富有流动性和创新性的工作,而这种工作的表现要超过那些最大的且资金雄厚的企业。”②

在我国,尽管目前维基直接应用于新闻报道的例子还不多见,但是,在“百度百科”、“互动百科”的一些词条中,可以看到非常明显的新闻色彩,尽管人们并不一定是有意识地把这些词条当做一篇报道来写。

维基更强调多人协作,如果这一思想应用于新闻报道,将改变在博客应用中“你写我看”和“写的人少看的人多”的现象。任何人都可以成为新闻的发布者与加工者。对一些重大的新闻报道,可以利用这种技术实现跨媒体、跨地区的合作。

而更具实质性意义的是,对于一个新闻事件的报道,可以由不同的人根据自己所掌握的信息进行补充、更新,使报道始终处于动态之中,这会促使人们不断地探求事实的真相。而普通人通过维基平台所做的新闻报道,也会成为对专业媒体报道进行检验的手段。

3. 维基对社会协作模式的影响

2007 年,来自加拿大的泰普斯科特和来自英国的威廉姆斯共同完成了《维基经济学》一书,他们将协作基础上生成的“投入和共同创造”的经济模式命名为“维基经济”。这本书的副题揭示了维基更长远的意义,“大规模协作如何改变一切。”

维基在推动着知识生产中的协作,但这种协作思想的意义远不止于这个领域。协作生产、协作商业、协作科研、协作创作,这些都正在网络中变成现实,尽管它们未必都要采用维基系统。

维基和其他数字技术一道,在推动着人类社会向这样一种协作的方向进步。这也将是信息社会的一个重要特点。协作改变的不仅是个别工作、个别任务的完成模式,也不仅是社会经济的运行模式,更重要的是,它改变了社会中个体的

---

① [加]泰普斯科特、[英]威廉姆斯:《维基经济学》,何帆译,中国青年出版社 2007 年版,第 76 页。

② [加]泰普斯科特、[英]威廉姆斯:《维基经济学》,何帆译,中国青年出版社 2007 年版,第 76 页。

关系及其结构方式。个体这个节点，通过各种协作网络，与他人发生着丰富的联系，实现着自己的社会价值。

除了以上这些典型的影响，维基应用还有可能带来一些意想不到的影响。

2010 年 7 月 26 日，采用维基模式的“维基解密”网站，在《纽约时报》、《卫报》和《镜报》配合下，在网上公开了多达 9.2 万份的驻阿富汗美军秘密文件，引起轩然大波。这一大宗军事情报泄密事件，被认为是美国 1971 年“五角大楼文件泄密案”的“2.0 版本”。同年 10 月，它又曝光了 40 万份伊拉克战争相关密件。11 月 22 日该网站宣布，将在下一次大规模泄密行动中，公开美国政府的 300 多万份机密文件。

这一系列解密行动引发了各国政府对安全保密的担忧。但也有很多普通人为维基解密叫好，认为这是促进信息公开，对政府实行有效监督的一个重要举动。

尽管维基解密网站只是维基应用中的一个个案，但是，对于维基以及整个互联网来说，如何在促进信息公开与社会公共安全、个人隐私保护等方面找到平衡，是一个需要不断探索的问题。

第七节　SNS 传播

SNS 是 Social Networking Service 的缩写，中文译为“社会网络服务”。尽管 SNS 网站于 2005 年前后就开始在中国出现，但直到 2008 年开心网、校内网（后改名为人人网）等大受欢迎，似才真正在中国兴起。

SNS 也可以说是一种网络社区，但是，它有一个重要的特点，那就是基于现实身份和现实关系来进行网络互动，所以与传统的论坛等网络社区相比，它呈现出一些不同的特点。

一、SNS 传播的基本特点

1. SNS 是从虚拟互动向现实互动的转折

在 SNS 普及之前，网民较多采用网名的方式进行交流互动，互动更多发生在陌生人之间，而 SNS 则大多要求实名方式，因此，过去“戴着面具”的网名互动，变成了真实身份基础上的熟人互动。这使得网络交往的虚拟性减弱、现实性增强。

从虚拟互动向现实互动的转变，不仅意味着人们互动关系的变化，也意味着网络自我与现实自我关系的变化，网络自我不再是人们逃避现实的方式，而是现实自我的一种延伸。在这个基础上，网络与现实社会的交融也就更加深入。网络作为一种新型社会的属性也就更加明显。

2. SNS 是基于人际关系网络的一种弹性社交

SNS 是为了社交而产生的，如前文所介绍，它的理论依据是米尔格伦的“六度分隔”理论。也就是说，它的互动基础，是用户的人际关系网络。

尽管人们的人际关系网络是相对稳定的，但在 SNS 中，人们却可以主动地控制交流范围，交流圈可大可小，富有弹性。在 SNS 中，不必像在传统的论坛那样总是要在多对多的氛围中去争取自己的话语影响力，也不必像即时通信工具交流那样付出很高的成本维系一对一的关系。在 SNS 中，人们可以灵活地在点对面的交流、点对点的交流中进行切换，根据自己的意图来寻找合适的交流圈和交流方式。

3. SNS 集多种互动形式于一体

与其他很多传播形式不同的是，SNS 中的互动形式更为多元，而不是依赖于文字交流这一形式。游戏就是最有代表性的一种非文字互动方式。国内 SNS 网站的兴起，在一定程度上与“抢车位”、“偷菜”等游戏的风靡有关。此外，音乐与图片等的分享、发起与参与调查等也是 SNS 中的互动方式。多种形式的互动，使得文字交流的水平、频率等不再成为互动的障碍，人们获得的乐趣也更为多样，在此基础上，SNS 文化呈现出更为丰富、生动、人性化的色彩。

二、SNS 用户的“使用与满足”

一般而言，SNS 用户的“使用与满足”分为三个层面：第一个层面是自我表现层面，包括自我形象管理、自我表达（个人的个性、思想、能力的展示等）、自我情绪调节等；第二个层面是社会互动层面，包括社会交往、社会分享、社会参与等，也就是各种形式的社会互动；第三个层面是社会资本，也就是最终的社会报偿（见图 3-7）。这与博客的写作者与接受者的需求在很多方面是一致的。

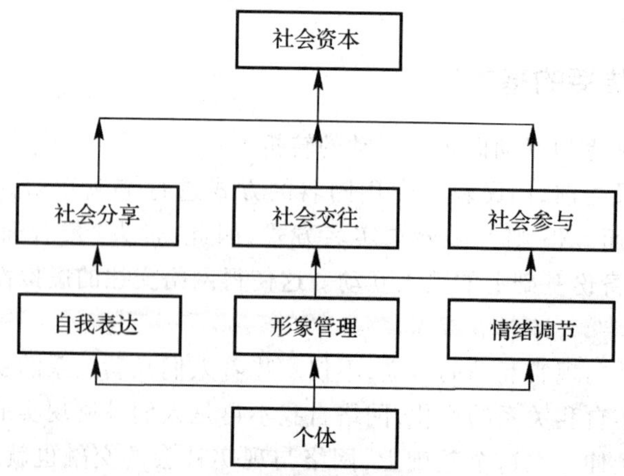

图 3-7 SNS 用户的需求结构

1. 自我表现需求

自我表现既是个体自我认知的一种需要，又是社会互动的基础。自我表现的三个方面"情绪调节"、"形象管理"、"自我表达"是相互关联的，但个体在不同情况下诉求的侧重点会有所不同。如果把握不好分寸，可能在满足某一种需求的同时，对另外的诉求造成负面影响，例如，有人为了调节情绪而在SNS中发表极端的言论，虽然一时觉得解气，但却可能毁坏了自己努力经营的形象。

人们在SNS中多以实名存在，因此，人们的各种言论与行为的影响是非常现实、直接的。在自我表现层面的几种需求间，时时需要进行相互观照，以求平衡。

2. 社会互动需求

社会互动是维系和发展个人的社会关系的基础。SNS中的社会互动可以以"分享"、"交往"和"参与"等不同形式表现出来，它们也是实现"自我表现"需求的一种外在方式。

与传统论坛和即时通信等相比，SNS中的社会互动手段是多样的，社会互动的圈子也可大可小。尽管SNS中人们偏向于小圈子互动，但SNS本身提供了大范围社会互动的可能。因为SNS中大多是以实名制和现实关系为基础的互动，所以它更容易发展为现实世界的互动。

3. 社会资本需求

与早期的论坛相比，人们对于SNS的使用热情，不仅来自于社会互动方面的动力，还与社会资本的需求相关。

社会资本是社会学研究得比较多的一个领域。其中代表性的研究者是美国华裔学者林南。他认为，社会资本是"行动者在行动中获取和使用的嵌入在社会网络中的资源。"①通俗地说，对于个体而言，多数情况下社会网络就是他的人际关系网络。这时，社会资本也就是个体在社交中的投入与回报。

SNS的交流结构使得投入与回报比更趋向合理，而且个人对投入与回报的控制能力也得以增强。

对于网民来说，加入网络社区的一个重要诉求，是获得社会归属感，但是，在传统的网络社区中，并不是每一个网民都能找到这样的归属感。网上稳定的社区比例并不高，多数社区在活跃一段时间后会慢慢沉寂。社区的稳定，取决于社区内网民的共同努力。而一个网民要在这样的社区里获得自己的需求满足，需要在多对多的环境中进行复杂的交流，这使多数交流处于混沌状态，交流的效率不高。即使一个网民与另一个网民有很好的交流，也难以保证他在社区中得到稳定的位置。因此，传统网上社区的维护成本更高，而且相对脆弱。一些网民苦

---

① [美]林南：《社会资本——关于社会结构与行动的理论》，上海人民出版社2005年版，第24页。

心经营的社区，可能由于种种原因会迅速衰落。从投入与回报的角度看，传统虚拟社区对于网民发展自己的社会关系，并不是最经济的一种方式。

而SNS则以人际关系网络为基础，将互动关系分解到了一对一的链条上，网民只要与某一个特定的对象保持稳定的交流，就可能将这一关系维持下来。努力的目标明确，回报也明确。回报又可以反过来刺激交流。

从本质上看，由SNS形成的人际关系网络，给网民的不仅仅是交流所带来的即时报偿（例如情绪、情感、信息等方面获得的满足），还在于它所培养的社会关系能够带来的长期报偿。

现实社会中人们也有自己的关系网络，但它的缺陷在于：首先，它的规模有限，因为它的形成在很大程度上受限于物理空间、交际范围；其次，多数人在这样的关系网络中交往的活跃度不高，除了特别亲近的关系外，人们与一般社会关系的对象的交流是相对偏弱的；第三，这种关系网络没有显性化，也就是很多时候人们也不完全了解自己所拥有的社会关系究竟有哪些，它们之间的关系又是怎样的；第四，这种网络中的弱关系链条不容易被激发，这既是因为弱关系链条不容易被发现，也是因为交往的不活跃，使得强关系链条都处于惰性状态，也就不易激活那些需要以强关系链条为中继的弱关系链条。

而SNS在以上各个方面都有所改善。从规模上看，网络交流可以突破时空限制，这就可以使人们的关系网络中的节点超越传统的生活范围；从交流的活跃度上看，各种交流工具与手段的使用，可以有效地提高人们之间的交流频率和深度，从整体上提高交流的质量，给人们带来更丰富的交往体验和报偿；从关系网络的显性化方面看，SNS将人们的交流对象用“好友”等方式加以直接提示，人们可以随时看到自己所拥有的社会关系，同时还可以通过查看好友的好友等方式将更远的关系链条揭示出来。人们也可以将自己的好友进行分类，以便用不同的方式来“经营”不同的社会关系。在这样的网络中，弱关系链条的激活也要容易得多。这样一种互动模式为个体的社会资本的运用及获得提供了更多的可能性。

人们对SNS的社会资本的需求表现得更为突出，还因为另一个重要原因，那就是实名制，有了实名制和由此而来的信任基础，人们社会互动的目标会更明确，人们对于社会资本的投入与回报的估计也会更准确。

三、SNS传播的社会影响

SNS传播是网络发展过程中的一次重要转折。它带来的社会影响是多方面的：

1. SNS促进了网络从虚拟社区向真实社会形态的演变

尽管网络从一开始就具有一定的社会属性，但是，早期的人们更多地认为网络是与现实社会不相干的一个虚拟环境,人们可以以此来逃避现实。但是,随着互联网的发展,人们越来越深刻地认识到,网络不是对现实社会的逃避,而是对现实社会的真实反映,它与现实社会是密不可分的。

SNS 正是人们对于网络的认识不断深化的一个产物,它的出现不是偶然的,它是互联网发展的一个必然结果。

反过来,SNS 的传播,也加速了网络向真实的社会形态的演变进程。它直接将现实社会的关系图谱映射到网络中,同时也延伸着人们的社会关系。它让人们以真实的身份参与网络的各种活动。它同时也可以使现实社会的各种活动能更快、更广地在网络空间中得到传播。人们在网上与网下的活动由此相互融合,相互促进。

2. SNS 增强了社会关系对个人的影响与制约作用

SNS 是以人际交流为主要的传播方式,它是继论坛、聊天室和即时通信工具之后,又一个对人际关系产生重要影响的网络应用。

与论坛和聊天室的交流不同的是,SNS 更多的是熟人间的交流,且相对而言,报偿较明确。而相对即时通信工具来说,SNS 的互动方式更为多样、灵活。

尽管从理论上来说,SNS 网站可以帮助人们拓展自己的社交圈,将与自己没有直接关系的社会网络上的"弱关系"发展为熟人与朋友。但是,从目前来看,人们在 SNS 中,更多是在熟人的圈子中进行互动,因此,SNS 的更大贡献在于熟人圈子的维系。它也便于在一个小圈子中形成整体的交流氛围。由于熟人圈子的强化,以及这个圈子中的社会关系与社会资本的重要性,熟人圈子的关系与氛围对个人获得的信息以及态度、意见、行动的影响力也得以强化。

当然,这些小圈子并不是封闭的,它们也受到整个网络环境乃至社会环境的影响,因此大环境的影响会通过这种小圈子来传递。

3. SNS 提升了"人际关系"作为大众传播的一种"基础设施"的影响力

尽管对人类社会发展来说,人际关系从来就是非常重要的一种社会性资源,但是,在网络出现之前的时代,人际关系的影响集中在个人层面,也就是影响着个体的情绪、生存环境和发展机会等。网络出现之后,人与人的关系超越了地理的限制,人际关系的影响力开始上升。而当 SNS 把个体的人际关系网络联系在一起时,在某种意义上,每一个个体的人际关系网络变成了社会的"信息基础设施"的一部分或者说"大众传播"的基础设施的一部分。公共信息、舆论、组织或机构的声誉、产品的口碑、某种价值观或文化风气等,都可以以这些"基础设施"为桥梁,通过接力式的传播,迅速传播开去。这个"基础设施"还有另外一个重要特点,那就是它并非被动地传播,而是可以进行主动的筛选,它的自然淘汰机制对于信息的流动起着重要的作用。

在人际关系网络的作用上升的同时,每一个网络上的节点,也就是个人,对于信息传播的意义也会提升，这不仅表现在个人的意见、态度、行动等方面，也表现在个人的统计学意义上的指标（如性别、年龄、文化程度、收入等）以及更多无法量化的指标（如性格等）上。

此外，人们之间关系的亲疏程度、互动程度，也会变成大众传播中的影响因素。

这也意味着，在这样一个时代，需要重新认识大众传播的传播机制。在大众传播中占领制高点，不再仅仅是建立权威的媒体或门户网站那么简单了。要更好地实现大众传播的目标，必须把人际关系网络作为大众传播的基础设施或底层结构之一来认识和建设。这也是本书第一章中强调数字媒体时代是一个"关系为王"的时代的一个重要原因。这一点，在微博传播中得到了进一步的发展。

第八节 微博传播

微博是比博客更轻便的一种信息发布形式，个体可以利用它向人们的关系网络组成的公共空间发布信息，并获得自己关注的对象发布的信息。微博空间上的个体可以用多种方式进行互动。

世界上最早的微博是美国的 Twitter，而 2007 年的"饭否"网站是中国最早的微博应用，但微博在中国大规模普及，是始于 2009 年 8 月新浪网开办的微博平台。在此之后的一年多时间里，微博逐渐产生全面影响。

在互联网的发展史上，微博是一个非常重要的产品，因为它集成了即时通信、论坛、博客、SNS 等多种产品的特点，将社交与公共信息传播两者有机结合起来。尽管微博不会是一种终极产品，它在未来还可能发生演变，但是，它的出现，既是网络前期技术的一种结晶，也预示了技术未来发展的某些走向。

一、微博传播的基本特点

与社区、博客、即时通信和 SNS 等相比，微博传播具有以下特点：

1. 内容上的"微"型化

Twitter 的容量上限是 140 个字符。中文的微博有些上限为 140 个汉字，也有些为 163 个汉字，有些则不设限制。"微"的特点，使个体参与信息传播的门槛进一步降低，也有助于提高人们参与信息传播的频率。

2. 传播的移动性

微博允许通过手机访问、更新，因此，在信息传播时空方面的限制减少了，时效性会进一步得到提升，来自第一时间、第一现场的内容也更丰富。微博与移动的结合，也使得过去一些没有时间写博客的业界精英、专业人士，得以更多地参与到信息传播中，这丰富了微博内容的构成，在某种意义上，也提高了微博信息的专业性。

3. 信息转发与评论的便捷性

与博客相比，微博的转发非常简单、方便，转发成为了微博平台上促进信息流动的一个重要手段，转发使有公共价值的新闻可以轻易地实现“病毒式传播”，因此，微博的信息传播效果通常会比博客要好。同时微博传播也会带来丰富的评论，在某些时候，评论的影响甚至要比事实性新闻更大。

4. 交流结构上的开放性

微博与论坛和博客的交流结构不同。论坛是无中心多对多交流，除了少数人，其他人很难成为主角，博客以个人为中心，但是又显得相对封闭，不容易与外界进行互动。而微博既能保证以个人为中心，又可以将外界的信息随时随地吸收进来，更容易形成持续刺激，使人们处于兴奋状态。这对于促进更多的人参与新闻传播，也是重要的。

5. 传播的碎片化

与传统博客相比，微博在内容上的“微”与信息发布上的移动性，都使得它呈现出更多的碎片化的特点。

多数微博有容量的限制。这种容量的限制反而解放了用户，他们可以随时记录自己的所见、所想，因此信息发布的频率通常比博客要高。但这种容量限制也使微博内容呈现出碎片化的特点。

微博允许通过手机访问、更新，因此，在信息传播的时空方面的限制减少了。但在移动中进行的微博信息发布，通常也是只言片语，碎片性也会因此而强化。碎片性看上去与全面性、深刻性是相对立的，但其实未必如此。碎片化的信息反映的是某些时间或空间上的点的状态，当很多碎片被以一种内在的逻辑拼贴在一起时，它反映的事物的面貌与深度，也许比某一个个体的长篇大论更为全面、深刻。当然，如果不能实现这样一种逻辑的拼图，那么碎片化的信息可能会带来某些误导。从文化的角度看，碎片化的信息，反映了丰富多彩的文化个性。在微博平台上，每一个用户也是一个文化的碎片。

6. 信息传播与社交有机结合

微博是一种基于社交的信息传播平台，在这个平台上，人们的信息传播与社交活动是同一的。社交是信息传播的目的，信息传播是社交的手段。人们的关系网络与信息传播网络也是同一的。人们的社会关系网络的广度，决定了其获得信息的广度与深度，也决定了其传播的信息能走多远。

二、微博用户的“使用与满足”

微博为用户带来了什么样的满足，这种满足是否能持续，这直接关系到微博的前景。微博用户的需求与博客和 SNS 用户的需求有很多共同点。其中最为突出的表现是：

1. 自我记录与表达需求

这似乎也是多数人使用博客时的基本动机，但是由于博客写作需要更多的时间、精力、知识以及文字水平等做保障，因此，不少饱受博客“摧残”或者已经放弃博客的人，开始转向微博。甚至没有使用过博客的人，也可以尝试将自己的只言片语发到公共空间里。虽然微博平台里能得到广泛评论的并不多，被广泛转发的更是少数，但自言自语仍然可以成为许多用户的使用起点。

2. 公共信息获取需求

尽管传统的网站、论坛以及博客等，都可以用不同的方式提供公共信息，但是，微博的信息传播有自己的特点，例如在信息时效性方面、丰富性方面。有时微博会比其他渠道更快地提供突发事件的信息，来自事件当事人或现场的第一手材料，可以无中介地直接到达用户。此外，由于微博的写作者中有各行各业的专业人士，他们提供的一些“内幕消息”往往也是在其他信息传播渠道求之而不得的。

微博传播还有一个重要特点，那就是信息与意见的并行传播，一些专业人士的专业评论，也能带给用户额外的收获。

3. 自我形象塑造需求

微博与博客、SNS形成互补的舞台，为人们的形象塑造提供了不同的手段，更有利于展示人的多面性。对于一些政府机构、企业、组织类的微博用户来说，形象塑造更是成为其主要诉求之一，尤其是那些过去在公众心中形象不佳的。他们更希望通过微博来改善自己的形象，扭转人们心中已形成的“刻板印象”。

4. 社会关系与社会资本需求

与在博客和SNS应用中一样，在微博中，人们对于社会关系和社会资本的需求也是非常突出的。微博是一个个用户的社会关系网络的集合，每一个人都是以自己为中心，通过“关注”与“被关注”建立起自己的社交网络，并从中获得自己所希望的某些社会资本，例如名声。在社会关系与社会资本的需求方面，对于一般用户来说，名人的存在具有特别的意义。在新浪的微博营销策略中，名人战略再一次奏效，而且成为它在短时间内迅速成长的一个法宝。“围观”名人，与名人近距离对话，成为很多用户留在微博世界中的重要理由。而围观、接近名人，实际上是很多人扩展其社会关系的一种方式。一方面，名人作为其社会关系与社会资本中的一部分的实在感进一步增强，因为很多时候，人们在微博上可以得到名人的回复，而在过去，人们更多的只是一厢情愿地把名人想象为自己的一种社会关系。另一方面，人们通过名人这样一个话题，可以和其他人建立起更为多样的互动，人与人之间的社会关系也得以加强。

无论是什么样的技术应用，用户的选择都是基于成本和报偿两个方面的因素。微博相较论坛、博客而言,成本通常更低,而报偿却未必相应减少,甚至可能还会增加,所以其持续时间也许会较博客更长一点。

三、微博传播的机制

微博传播是典型的 Web2.0 时代的传播,它的传播机制与传统的 Web 网站传播有很大的区别。

1. 微博传播的底层基础是社会网络

尽管微博常常被拿来与博客相比,但微博不单是博客的一种延伸,它把即时通信、SNS 和博客等的特点结合起来,因此,具有更大的灵活性,传播能量也更大。

微博中包含了人际传播、群体传播、组织传播、大众传播等各种形态,但是从本质上看,它主要的影响体现在大众传播方面。

与同样具有大众传播效果的网站传播不同,微博的大众传播效果是基于人际传播的关系网的,或者说用户的社会网络,这一点与即时通信、博客、SNS 相似。

但是,由于在信息转发方面的优势,微博可以比博客更充分地激活、调动人们的社会关系网络。与即时通信网络和 SNS 相比,微博更利于社会性交流和公共信息的传播。在一定意义上,微博传播是一种社交性大众传播。也就是说,它是靠人际传播的接力,实现信息的广而告知,与此同时,相关评论附着于这些信息之上,有时,这些评论甚至会比信息本身更容易受人关注。

由于传播结构与机制的变化,微博传播动摇了网站编辑的传统地位,在微博平台上,社会网络中每一个个体或者说节点,都对信息的传播起着作用,他们的选择也形成一种公共信息的筛选机制,一条信息被转发的次数、引发的评论数量,都代表微博平台上公众的一种直接"投票",有公共价值的信息往往在这种机制中被自然凸显出来。

值得注意的是,社会网络不仅是微博中信息扩散的一种基本机制,也正在成为人们网络信息消费的一种结构基础。传统的以门户网站为主体的"中心式"传播模式的地位,正在由于各种技术的影响而逐渐被削弱,"分布式"或者说"分裂式"的信息消费模式正在形成,越来越多的网民会以某一个 SNS 或微博平台为"个人门户",将自己所需要的各种信息、服务嵌入到这种个人门户中,在这样一种个人门户里,社会网络成为他们获取信息的底层结构基础,他们的社会关系的广度、深度等会直接影响到信息获取的广度与深度。这种模式对于传统的新闻网站的传播模式是一个重要的挑战。

2. 话语权力中心是微博平台上重要的"节点"

话语权力中心,在这里指的是能够吸引广泛的关注,其信息和意见能够对较广泛的人群产生影响的那些微博用户。微博平台上有两种话语权力中心,一种是能保持稳定的个人传播能量的用户,一种是由于某些特定的情境或因素形成的偶然性权力中心。前者在很大程度上可以看做微博平台上的意见领袖,而后者则可以看作微博平台上的临时性“热节点”。他们直接影响着信息传播的内容、过程与效果。

意见领袖这些权力中心,对于微博平台上的议程的影响是明显的。这既表现在作为个体的意见领袖的影响层面,又表现在作为集体的强势权力阶层的整体影响方面。意见领袖也会在一定程度上影响到微博平台上的意见、态度走向。

而从整体上看,意见领袖这样的权力中心的存在,有助于提升微博信息传播的影响力。其中的一些意见领袖在一定程度上扮演起了专业媒体的角色,这使微博传播与专业媒体的抗衡能力得到提高。

微博平台上的文化,也会在一定程度上受到这些权力中心的影响。例如,网络文化的焦点、网络文化的整体氛围与取向等。

尽管话语权力中心对于网络信息传播的影响并不总是正面的,但它是微博传播中的一个客观存在。

3. 微博平台具有“自组织”形成的可能

像在维基等平台上一样,在微博中,也存在着自组织生长的土壤。例如,在一些微博发起的社会救助活动中,来自四面八方的人们会迅速地聚集起来,形成合理的分工,完成救助行动。另外,当微博平台上出现虚假信息时,也有一些机制可以逐步地对其中某些虚假信息进行鉴别,当然,由于自组织机制的启动需要一定时间,所以对虚假信息的鉴别与制止是需要时间的,而且这种机制更多针对较重大的虚假信息。

当然,自组织并不会随时随地在微博平台上形成,它需要一些外在的条件激活,需要一些任务作导向。

四、微博传播的社会影响

微博传播对社会的影响表现在不同层面:

1. 对新闻传播的冲击

尽管最早的微博应用 Twitter 并非专为新闻传播而生,但是在实践中,微博的影响更多地在新闻传播领域体现出来,在中国尤其如此。

微博传播的特性,使它在信息传播方面较传统媒体以及其他网络平台具有一定优势,特别是在时效性、丰富性、现场感以及相关评论等方面。

此外,微博传播的低门槛,也使信息发布者更为多元,人们的参与更加持续化、制度化。这些,都决定了微博将成为公民新闻实践的一种主要平台。微博平台上的公民新闻对专业新闻网站的冲击,不仅在时效性、广泛性等方面,更重要的是在新闻传播的理念方面。它在某种意义上也会成为一种参照,使受众对新闻网站的新闻传播提出更高的要求。同时,它也影响到整个网络新闻传播的格局,公民新闻的分量将进一步增加。

此外,作为专业媒体的新闻源,作为专业媒体内容的放大器或削减器,以及作为专业媒体新的传播渠道,微博都在进一步推动新闻传播理念、模式、格局的变化。

微博对于网络新闻传播的冲击,还体现在传播的结构与机制的影响方面。如前所述,在传统网站的新闻传播中,传播的主体是网站的经营者,传播主体对于在网站上传播的内容的控制权是很高的,这一点与传统媒体类似。网站虽然可以转载其他来源的内容,但是,网站通常要对这些转载的内容进行把关,所以它是由单一传播主体进行控制的传播,是一种基于单一的权力中心所进行的点对面的传播。

而微博传播的底层结构是社会网络。微博把网民之间的社会网络连接起来,构成了一个庞大的传播网络,信息的走向在很大程度上由这个关系网络上的每个节点来决定的。因此,作为节点的用户在信息传播中的地位得以提升。同时,这种网状传播也会使得其中一些意见领袖的作用得以凸显。

微博也使得“个人门户”的形成有了越来越坚实的基础,在此之前,RSS、Widget 等技术使多源信息的整合有了可能,但它们只是内容的整合,还缺乏一个重要的基础,那就是人的关系的整合。而微博和博客、SNS 等,将人的关系与内容的传播结合起来,使个人以自己为中心去构建内容网络和关系网络的可能性增加了。

2. 对社会舆论形成的影响

从传播路径与机制来看,在不少热点事件中,微博成为了传播的起源和主要的舆论酝酿平台。

过去网络舆论的形成需要经过三步:事实发生——网络传播广而告之——网络讨论导致舆论形成。这三步在以往是需要一个比较长的时间周期的,尤其是从事实发生到广而告之这个阶段。微博平台之所以在舆情、舆论的形成与发展中开始扮演越来越重要的角色,是因为它大大加快了这一进程。

微博传播的低门槛以及与移动传播的结合,使得当事人在事件进展的同时,就可以将信息广泛传播出去。江西宜黄拆迁自焚事件的当事人,通过微博实时、持续直播他们的遭遇,就是一个开端。可以想见,未来这样的案例会越来越多。

在具有公共价值的信息传播方面,微博的传播是“病毒式传播”,速度极快,辐射面极广。而这种信息的传递并不仅是事实性的信息,人们的意见、情绪等通过转发或评论等方式也随之得以传播,因此,在事实广而告之的同时,舆论的酝酿与传递过程也同时启动。由于微博传播中自然的“优胜劣汰”机制,在事实性信息传播达到一定规模后,舆论也就形成了。

在某种意义上,微博将网络舆情、舆论推向了一个“高浓缩”的时代,无论是在传播速度方面还是意见的集中性方面。

3. 对社会生态的影响

微博对社会更高层面的影响,是它对社会生态的影响。

前文分析博客时提到,博客是一个生态系统,同样,微博平台也形成了自己的生态系统。个体、媒体、企业、政府机构等纷纷进入微博平台,带着各自的诉求,用各种方式塑造着自我形象,并与自己选择的对象进行互动,整个微博已经成为了一个反映着“众生相”的“小社会”。这个社会是现实社会的反映,也是现实社会的扩展。

像 SNS 一样,微博在映射着人与人之间的关系,也在延伸和重塑着人们的社会关系,人们之间的关系的变化,也会带来人群的重组与分化。人们更多地因为价值观的接近而形成“小圈子”,这些小圈子又会进一步强化某些价值取向。在微博等的逐渐影响下,整个社会生态中,由价值取向带来的人群分化会更为明显。而在一个个的小圈子中,意见领袖的地位和作用也会越来越凸显。

微博平台上,也在逐渐形成自己独有的文化、习俗等,同时,某些时候出现的自组织机制,也在体现着它的自我调节、自我管理的机能。虽然这种机能目前还远未发展到成熟的地步。另一方面,微博中形成的舆论、微博引发的事件,也会与现实社会互动,它们在影响着某些具体事件的进程的同时,也对社会的价值体系产生着渐进的影响。微博也成为了社会各种权力博弈的一个平台,在很多舆论事件、微博事件的背后,是社会各种力量的较量,而从整体来看,民众力量的作用是在进一步增强的。

除了以上这些重大的社会影响,微博在企业的公关和营销传播等方面,也在发挥着越来越重要的作用。

本章学习提示

网络媒体的传播形式是丰富的,也是不断发展变化的。在网络十分普及的今天,读者对这些传播方式并不陌生,但是,仅仅作为用户体验这些传播方式是不够的。要理解网络媒体的传播特性,理解网络媒体的社会影响,需要对网络平台上各种传播形式有更深入的认识。

只有认识这些传播形式,理解它们之间的关系,进而把握网络上各种技术演变的逻辑,才能明白如何让新媒体产品进入市场,并具有长久的生命力。对于未来的传媒人来说,除了要掌握新闻传播的技能外,还需要具有一定的新媒体产品的开发能力与运营能力,因此,本章的内容是直接为实践服务的。

思考与练习

1. 为什么网络论坛有如此持久的生命力?

2. 你认为 QQ 成功的秘诀是什么?

3. 你如何看待博客对传统的网络社区的冲击?

4. 你如何看待微博对博客的冲击?

5. 你认为 SNS 是否一定要采用实名制? 为什么?

6. 你如何看待维基解密这样的网站?

7. 试以某一搜索引擎的热门排行榜为例,分析中国社会的阶段性热点。

8. 你是否同意美国《连线》杂志主编安德森的《Web 已死,互联网永生》一文的观点? 为什么?

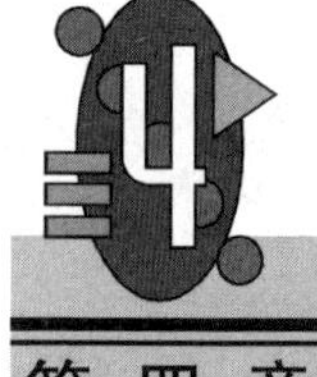

第四章

手机媒体的传播形式

手机出现之初，只有语音通话的功能，只是一个人际交流的工具，随着手机终端的不断发展和手机业务的推进，手机平台的功能越来越丰富，传播形式也日益多样。今天，手机已经集人际传播、群体传播、组织传播、大众传播的功能于一体。

第一节 短信传播

短信传播目前主要基于 SMS(Short Messaging Service，短信技术)或 MMS(Multimedia Messaging Service，多媒体短信)技术。

1992 年，世界上第一条手机短信在英国发送成功。2000 年，中国移动推出移动梦网，经营短信业务。2002 年，联通 CDMA 网开通，也开始经营短信业务。2002 年 5 月，中国移动、中国联通实现短信互通互发。2002 年 10 月初，中国移动推出 MMS 业务，多媒体彩信开始逐渐普及。

手机业务在中国发展的一个重要增长点就是短信。2000 年 12 月中国移动公司推出的“移动梦网”计划，极大地刺激了中国短信业务的增长。根据工业和信息产业部发布的统计数据，2000 年中国移动的短信量是 10 亿条，2001 年发送量为 189 亿条，2002 年达到 900 亿条，2003 年超过 1 371 亿条，2004 年达到 2 177亿条，2005 年全国手机短信发送量达 3 046.5 亿条，2006 年，全国手机短信发送量接近 4 300 亿条。[①] 2007 年手机短信发送量则达到 5 921 亿条[②]，2008 年全国手机短信发送量达到 6 996.7 亿条。[③] 2009 年，我国各类短信发送

① 综合新华社历年报道。

② 《2007 年中国手机普及率达 416%　短信发送量达 5921 亿条》，见 http://www.ce.cn/xwzx/gnsz/gdxw/200801/25/t20080125_14366537.shtml。

③ 《除夕夜全国手机短信发送量将超 180 亿条短信》，载《北京青年报》2009 年 1 月 27 日。

量达到 7 840.4 亿条。[①]

与世界上其他国家的手机用户相比,中国用户对短信业务的依赖显得更为明显。尽管形成这种现象的初始原因是手机短信比通话费用更为低廉,但是到后来,更多的是独特的中国文化因素将中国用户对短信的依赖保持了下来,并促进了短信业务与短信文化的繁荣。手机短信不仅成为手机用户个人信息传递的手段,也成为感情传递的方式和娱乐的方式。

在此基础上,手机短信也开始承担起公共信息传播的任务。2003 年 2 月 1 日 22 时 32 分,美国哥伦比亚号航天飞机失事 16 分钟后,新浪网以手机短信的方式把这则新闻发送给万千客户,开创了国内手机传播新闻的先河。而直到 23 时 50 分,央视一套才插播"哥伦比亚"号坠毁的新闻,比短信传播晚了一个多小时。此后,在重大突发事件发生时,许多网站都通过手机发送新闻。手机新闻开始流行,这为手机真正步入大众传媒行列提供了基础。

在一些特殊场合,手机短信成为社会动员的渠道。2005 年的"厦门 PX 事件"、2008 年的"抵制家乐福事件"等,都是手机短信与互联网传播共同作用的结果。手机短信在谣言传播方面带来的消极影响,也在 2003 年的"非典"事件中表现得十分充分。

直到目前,手机短信传播在人际传播与大众传播中还在扮演着非常重要的角色。不同情境中的短信传播也有不同特色。

一、从人际传播角度看短信传播的特点

如果从人际传播的角度看,短信传播有其独特的魅力,这也是它迅速普及的原因。

1. 传受双方都有相对主动权

一次短信的交流,就是一次人际传播的过程,这个过程通常会有传播发起者和传播接收者两种不同角色。短信传播的特点使交流的发起者与接收者双方都有一定的主动权。与拒听电话不同的是,短信通常是接收者无法即时拒绝的(除非事先用"黑名单"方式对某些用户进行屏蔽),因此,用短信的方式可以更大几率地使传播者的信息传给接收者。但接收者也可以根据自己的想法来决定回复或忽略某一信息。这种双重的主动性,与书信、电子邮件有相似之处,但它的实时性又是书信与电子邮件不能比拟的,因此,它给予生活于现代信息社会的人们更大的交流的自由。

在中国人的日常交往中,由于"面子"的影响,往往在"面对面"交流时,交流

---

① 《2009 年我国短信发送量达 7840.4 亿条 同比增 8.4%》,见 http://tech.163.com/10/0204/12/5UM6SU5U000915BE.html。

双方都不愿意直接拒绝对方或否定对方，而短信则在一定程度上淡化了“面子”的影响，可以更直接地表达自己的想法与态度，这也许是中国人热衷于使用短信的一个原因。

2. 传播手段相对单一

早期的短信只能用文字来进行交流，即使发展到彩信阶段，使用文字短信交流仍是主流。单一手段的交流虽然无法传达交流双方的肢体语言、交流的空间环境等，但是，这种情境的“缺失”在某些时候却未必是坏事。例如，情境缺失所带来的是更为直接的信息传递，在多数情况下，可以省去特定情境中的繁文缛节，也可以避免一些冗余信息的干扰。很多人选择用短信交流，也是基于这种简洁性。当然，单一的传播手段和情境的缺失，在某些时候，也会增加交流的成本，或者影响信息的理解。

短信传播也使得人们的交流变得无声化了，现实空间中所需的口头交流在某些时候被短信交流所代替。在韩国的一项关于短信的调查中，有被调查者表示，一整天里不说一句话他们也不觉得有多别扭，相反会感觉十分安逸，因为他们可以通过短信或者在线聊天的方式表达自己，以至于到最后他们觉得当众发言变成了一件很困难的事。[①] 尽管这种现象是否具有普遍性还有待观察，但是其负面影响值得关注。

3. 传播情境的自由化与私密化

作为一种贴身的媒介，手机短信可以随时随地进行传播，传播情境更为自由。同时，个体间的短信传播可以以一种私密的方式进行，即使在公开场合，人们也不易察觉某些人之间短信交流的发生，更无从知晓交流的内容。因此，在一些不适合于电话交流、面对面交流的情况下，短信交流起到了弥补的作用。短信传播的这种特点，扩展了人际交流的时空，把人际交流延伸到各个角落。当然，有时它也可能造成私人空间被过多的交流所挤占。

4. 传播的实时性

无疑，手机短信交流比起传统的书信等交流手段来说，具有更强的实时性。这有助于提高传播效率。

二、从大众传播角度看短信传播的特点

从大众传播角度看，相对于传统媒体的传播来说，短信传播具有以下特点。

1. 信息传播启动迅速

手机平台是一个相对简单的信息发布平台，信息发布的流程短，受到的制约

---

① 《短信正将韩国社会引入“无言的沉默”》，见 http://mobile.163.com/07/1109/16/3SSDFSQH0011179K.html。

因素较少，因此，信息传播的启动非常迅速、灵活。

2. 信息落点明确

传统的大众传播是一种面向不定量的多数受众进行的传播，每一条信息发送后，最终被哪些人接收到，是很难进行准确测量的。而手机媒体则能在很大程度上改变这种状况。因为手机传播中每一个具体的信息传播过程，都是点对点的，信息发送给谁，是否发送成功，都可以做出判断。如果手机实名制得以推行，则可以进一步提高落点的准确性。落点明确，可以有效地提高信息传播的效率，也有助于对传播效果做出更为准确的判断，同时也意味着信息传播中更强的定向性。在公共信息传播中，特别是在一些突发事件的应急处理中，这种定向性将可能带来事半功倍的效果。

3. 传播的再延续性强

手机既是一个信息接收终端，也是一个信息发送终端，因此，信息的流动往往并非在手机终端终止，而是可能会连绵不断地往下延续。这种延续一方面扩大了信息的传播面，另一方面使大众传播演变为人际传播。而人际传播在一定程度上有助于增强人们对信息源的认可，提高人们对信息本身的认同度。

4. 信息内容聚焦度高

传统媒体的传播都是批量传播，某一个特定信息总是与其他信息混杂在一起，对于生活节奏越来越快、越来越习惯于信息的快餐式消费的受众来说，这使他们获得某个特定信息的成本较高，且报偿未必成正比。而手机短信传播，可以做到一次只发送一条信息，如有必要还可反复发送，这可以帮助受众快速聚焦于某一特定信息内容，提高信息接收的效率，增强信息传播效果。

5. 中心式传播与网状病毒式传播并存

手机短信的大众传播有两种模式：一是点对面的中心式传播，例如手机报就是基于这种模式传播；二是网状病毒式传播，即由手机用户基于人际网络进行的接力式点对点传播，这种传播的不断延续，会形成像病毒传播一样的大规模传播效应。虽然这种传播最初未必基于大众传播的目标，但在某些情况下，一些引起广泛关注的信息可以经过这种方式不断扩散、放大，最终形成大众传播的效果。手机媒体中的舆论更多地是以这种模式形成的。这两种传播模式在手机短信传播中并存，而且有时也会交叉、互动。

当然，手机的人际传播与大众传播的界限并不那么清晰，起源于人际传播的内容，也可以通过不断转发演变为大众传播。大众传播的内容也可以轻易地延伸到人际传播中。

除了大众传播和人际传播，短信传播还可以在群体传播和组织传播中发挥作用。它也成为即时通信、微博等的一种延伸手段。

第二节 WAP网站传播

WAP(Wireless Application Protocol,无线应用协议)网站,是移动通信技术与互联网技术的产物,通俗地说,它是无线互联网上的网站。与短信、彩信相比,它提供的内容与服务更为多元。很多手机报便是采用这一方式进行信息传播的。一些传统媒体甚至尝试用全新的方式来运作WAP网站,使其成为一种独立的媒体形式。

移动运营商开办的WAP门户,在WAP领域中占有举足轻重的地位。中国移动公司于2000年11月参照日本DoCoMo公司的i-Mode服务推出"移动梦网"计划,12月1日该计划正式投入运营。移动梦网向所有符合资格的服务商开放,通过与多个服务商的合作提供全方位的手机信息服务,先后加入移动梦网计划的服务商达到数千家。移动梦网业务不仅极大地刺激了短信等业务的发展,也带来了WAP业务的繁荣。移动梦网的WAP平台集成了很多服务商提供的内容与服务。用户通过移动梦网的门户网站才可以定制这些服务商提供的业务而通过移动梦网门户定制的业务基本上都是收费的。而"互动视界"是中国联通公司于2003年为CDMA手机用户开通的WAP门户网站,它的模式与"移动梦网"相似。

WAP应用的广阔前景,使许多互联网站也陆续进入无线互联网服务领域,包括腾讯、新浪、搜狐、网易等,一些独立的WAP网站,也在不断兴起。

2007年10月8日,江西手机台开通,它也是利用WAP方式来进行信息传播的媒体。其独特之处在于它是我国唯一以独立品牌运作,也是首家具有独立新闻采访资质的移动新闻媒体。命名为"手机台",其用意是将手机作为一个独立的媒体来运作,以显示与传统媒体开办的手机报、手机电视的不同。

WAP网站与万维网网站有着极强的联系,万维网网站传播的很多特点也是适用于WAP网站的。但是两者也有不同,WAP网站需要充分考虑手机屏幕和手机信息传播的诸多特点,以实现更高效率的传播。此外,以下这些也是WAP网站的特点:

1. WAP网站内容要更为"轻巧"

由于手机通信流量及传输速度等因素的影响,WAP网站需要的内容更为轻巧,它的文件体积更小,页面窗口也要适应手机屏幕的大小。为了达到这个要求,无论是从内容的选择、内容的编辑还是形式处理方面,都以精炼为要务。

2. WAP网站层次需要简化

WAP网站与万维网网站一样,也是用层次化的方式组织信息,但在手机终端上,过多的层次会带来信息浏览的高成本,也可能使用户失去耐心。因此应尽可能减少网站的层次,一般应在两到三个跳转后就能使用户定位到所需的内容。

3. WAP网站界面宜简洁

受手机屏幕尺寸的限制,WAP网站的界面必须简洁。一般均以一栏方式呈现,屏幕拖动方式以上下拖动为宜。

4. WAP网站应具备多平台兼容性

与电脑不同的是,手机终端的差异非常大,不同手机的屏幕大小、操作系统、浏览器等都可能不同,因此,WAP网站要更多地考虑不同平台上的兼容性。

5. WAP网站宜进行“垂直化”经营

WAP网站不宜做成万维网门户网站那样大而全的模式,因为这样,内容的轻巧、层次的简化、界面的简洁等都难以得到保证。因此WAP网站更适合做成垂直化的网站,即在某一领域里的专业网站。如果一个WAP网站内容很丰富,也可以垂直分割成若干小型的专业网站。

第三节 “应用”传播

“应用”(Application),通常简称为APP,是美国苹果公司在Itouch、Iphone平台推出的一种提供内容和服务的方式。一个“应用”便是一个软件,不同“应用”的功能不尽相同,有些“应用”是媒体开发的,主要作用是提供内容,有些“应用”是游戏,有些“应用”则提供相应的服务。

苹果Iphone平台上有一个“应用”商店(Application Store),不同开发者开发的收费或免费的软件都在此集中,用户可以根据自己的需要在线购买收费“应用”或下载各种免费的“应用”。

继苹果公司之后,“应用”这样一种方式也被越来越多的手机操作系统所采纳。此外,Ipad这样的移动终端也采用了这一方式。

“应用”这样一种传播方式的特色在于:

1. “应用”简化了获取信息的路径

在“应用”出现之前,人们通过浏览器上网浏览信息,需要先打开浏览器,输入相应的网址,再在网站的层次结构中逐步到达自己需要的内容或服务。尽管操作简单,但是获取网络信息的路径较长、层次较多,有时在到达特定目标的“路途”中会消耗很多额外的时间与精力,甚至由于超链接的干扰,人们可能会最终偏离自己的目标。如果不知道地址,还需要花一定时间去查找。

而“应用”则简化了输入地址等过程,打开一个“应用”就到达了特定目标。而且由于每一个“应用”的功能相对单一,因此,层次也较少,这有助于提高人们使用它们的效率。

在手机等移动终端上,获取信息的代价会在很大程度上影响人们的使用热情,这也是“应用”在这个平台上得以迅速普及的重要原因。

2.“应用”强化了专业化服务

传统的门户网站提供的是“一站购齐”式服务,一个网站无所不包,尽管在早期这样的网站有它重要的存在价值,但是,随着人们需求的变化,专业化内容和服务的重要性不断凸显,“应用”正好是提供专业化内容和服务的一种方式。

与传统互联网以浏览器为统一界面的方式不同,手机的“应用”的界面是个性化的,是针对每个特定“应用”的功能诉求而特别开发的。因此,其形式可以更好地为其内容服务,形式上的个性化也有助于专业化水平的提高。

3.“应用”以开放的方式促进了“长尾”需求的满足

据称,至2010年10月,苹果Iphone“应用”商店中提供的“应用”已有30多万个①,尽管单个用户只需要其中的少数几个或几十个“应用”,但是,为数众多的“应用”可以满足不同用户的个性化需求。

“应用”商店的思路,是“长尾理论”的一个很好的实践。美国《连线》杂志主编克里斯·安德森的《长尾理论》一书中提出:商业和文化的未来不在热门产品,不在传统需求曲线的主体部分,而在于过去被视为“失败者”的那些产品——也就是需求曲线中那条无穷长的尾巴。非主流的、个性化的产品需求,虽然是需求的尾巴,但是,它们累积起来,也能产生与畅销品一样的销售业绩。

更重要的是,“应用”商店满足用户的长尾需求,并不是单纯依靠某一个开发者,而是以开放的方式,将任何可能提供服务的力量都引入到同一个平台上。这与过去万维网网站主要依靠网站的建设者来提供内容或服务的思路是相反的,这种创新的思路,更有利于内容与服务的丰富,更有利于长尾需求的满足。

4.“应用”有助于固化受众的习惯。

在新媒体中,受众的习惯与他们对于某些品牌的依赖性有着显著的关系。在互联网中,这种习惯的力量已经很强大,而“应用”模式则有助于进一步固化受众的习惯,因为人们的阅读范围往往是由下载的“应用”所框定的。

5.“应用”推动了数字媒体的收费模式

尽管数字媒体的经营者一直致力于收费模式的探索,但是,在传统的互联网上,由于各种原因,收费模式却举步维艰。而在“应用”商店中,收费“应用”却比比皆是。这不仅是由于这些“应用”的不可替代性,还在于在这个平台上,收费模式从一开始就建立起来,这直接影响到用户的习惯。

2010年8月,克里斯·安德森等人在《连线》杂志网站发表了一篇名为

---

① 《苹果App Store应用软件逾30万款 半年涨50%》,见http://tech.qq.com/a/20101105/000121.htm。

《Web已死,互联网永生》的文章,其中特别分析了"应用"方式对万维网的冲击①,尽管文章中的部分观点有些武断,但它预测的一些趋势的确反映了"应用"在未来的数字媒体传播中的意义。

第四节　手机广播电视

从界面上看,手机广播电视可以采用WAP网站、"应用"等形式进行传播,但其使用的技术又不限于此,因此,我们对它单独进行分析。

目前在我国,手机广播电视的运营模式有三种选择:

第一种是移动通信运营商主导模式,采用流媒体技术,用户通过在线或下载方式收听收看相关节目。这要求手机用户的手机必须具有播放流媒体的功能,也就是智能手机。在这种模式下,移动通信运营商主导运营平台,广电部门或其他节目制作公司仅作为内容提供商与其合作,参与分成。

第二种是广电运营商独立运营模式,这种模式相当于把手机作为移动广播电视的一种接收终端,运营商靠广告获取回报,这要求手机上有一个独立的接收装置,对手机性能要求较高。DAB/DMB/CMMB等多种方式都可以直接接收数字电视信号。

第三种是广电运营商主导模式,这种模式采用数字广播技术,现在我国已基本确定使用韩国的T-DMB技术,这也需要使用专门的手机,用户通过手机收看直播。这种模式下,广电部门主导运营,移动运营商则进行用户管理和制定收费机制。

手机广播电视不仅是传统广播电视平台的延伸,也有不少新的传播特质:

1. 手机广播电视不受信号频率资源的限制

传统的无线广播电视的节目播出,依赖的是传统的无线电波,而无线电波有频率资源的限制,节目的总套数也由此受到限制。也就是说,频率是一个稀缺资源。而手机广播电视突破了这一限制,这就为内容和服务的丰富提供了基础。

2. 手机广播电视实现了非同步传播

传统广播电视都是同步传播,即节目播放时,受众必须同时接收,错过了时间,就错过了节目。而手机广播电视大都可以进行点播,这种非同步传播意味着受众的选择性增加。

3. 手机广播电视淡化了媒体间的界限

手机广播与手机电视的技术是一致的,因此,在手机广播电视的发展过程中,广播与电视之间的界限已消除,此外,手机广播电视也可以承载文字、图片信

---

① 资料来源:http://www.wired.com/magazine/2010/08/ff_webrip/all/1。

息,所以它们与平面媒体的手机版的界限也不再那么清晰。由此,手机广播电视促进了媒介融合的进程。

4. 手机广播电视的互动性增强

像网络一样,手机广播电视的互动更为方便,互动形式更为多样。这种互动性不仅可以服务于手机广播电视,也可以为传统的广播电视提供延伸的可能。

5. 手机广播电视促进了收听收看行为的个人化

传统广播电视的收听收看行为具有一定的公开性和共享性,特别是电视,经常是一家人坐在一起看同样的电视节目,而手机广播电视的收听收看却是私人化的,是纯个人行为。这不仅意味着在内容的选择上个体更为自由,也意味着媒介消费情境发生了变化。极端的私人情境化也许在一定意义上意味着,伴随着家庭成员之间共同活动、共同讨论的减少,家庭成员关系将有所疏离。

第五节 手机社区传播

与网络一样,在手机传播中也存着虚拟社区。手机社区也是手机用户的重要需求。而手机社区的发展,对于手机平台上的服务与营利模式的建立,也具有重要意义。

一、手机社区的主要形式

手机社区的主要形式包括:

1. 手机论坛

手机论坛是通过手机进行交流的以 BBS 为主要技术平台的互动社区。与网络社区有所不同的是,手机论坛以专业性论坛为主,这与手机屏幕尺寸的限制以及手机的碎片化传播有关。

2. 手机交友社区

手机交友社区虽然与论坛有相似之处,但它是以个人为中心的,也不限于文字交流。例如,通过社区提供的个人空间或个人主页,人们可以通过各种方式进行互动。手机交友社区多数也是 SNS 类社区,这类社区在互联网和手机两个平台上都存在,而且它们通常是互通的。手机交友社区契合了部分手机用户(如年龄较小、文化程度较低、收入较低等)的需求,是广受欢迎的一种手机社区形式。

3. 手机游戏

手机游戏是手机社区中最受欢迎的一种。也是目前手机的主要营利模式之一。据相关报告称,2010 年第三季度中国手机游戏用户数量突破 1.2 亿,同期手机游戏市场规模达到9.175亿元人民币。①

手机游戏的流行，首先在于它与移动状态下人们的需求相契合。因为在这种状态下，人们更愿意以娱乐的方式打发时间，放松身心。其次，在中国，手机用户中有一批是较为低端的用户，例如农民工，他们买不起电脑，手机成为他们主要的信息获取和社交、娱乐工具，而对他们的社交和娱乐来说，手机在线游戏是一种重要的方式。再次，手机游戏的风靡也与手机终端特性有关，手机在外观上越来越小巧、便携，此外，一些手机还有触摸屏、重力感应等功能，这些特性为手机游戏带来了全新的体验。

4. LBS应用

LBS(location Based Service)服务是近一两年兴起的一种新的移动社区形式。LBS是通过电信移动运营商的无线电通讯网络(如GSM、CDMA等)或外部定位方式(如GPS)获取移动终端用户的位置信息，在GIS(Geographic Information System，地理信息系统)平台的支持下，为用户提供相应服务的一种增值业务。LBS应用充分利用了手机的定位功能，使人们可以基于特定的情境、地理位置进行交流。

美国的Foursquare公司是最早开始提供LBS服务的手机网站之一。利用Foursquare的服务，手机用户可“检入”某个地点，如旅馆、餐厅、店铺甚至某个人的家。用户完成检入过程后，Foursquare将根据用户检入时的位置，向用户返回该地点附近的其他信息，同时把用户当前所在位置通知给该用户的其他好友，这样同在某一位置的好友们可以找到彼此。参与LBS的用户往往也被称为“切客”。用户每检入一次，就可增加积分，在某些情况下，用户还可获得虚拟勋章。如果某位用户在特定地点检入的次数最多，他将获得该地点虚拟“市长”的头衔。人们也可能因为对特定地点的访问而获得相应商家的折扣等实际的报偿。类似Foursquare的网站，在中国也在不断涌现，其中较有代表性的包括街旁网、嘀咕网、拉手网、玩转四方、开开网等。

LBS应用最大的特点是将用户的地理位置与社区及相关服务结合起来，使虚拟社区与现实世界的互动变得更为真切。

二、手机社区传播的特点

手机社区与网络社区有很大的相似性，但某些方面也呈现出自身的独特之处。

1. 手机社区以“快餐式”互动为主

移动状态以及手机屏幕尺寸和流量限制等方面的因素，使得手机社区里人

---

① 《2010年三季度中国手机游戏用户数量突破1.2亿》，载《北京商报》2010年11月29日。

们的互动，具有“快餐式”的特点，表现为内容上的“短”、深度上的“平”与速度上的“快”，因此，如果要将手机社区与新闻传播结合起来，就需要更多地选择较为简单的互动方式，如简单的投票式调查等。手机社区的设计也需要注意这一特点。一般而言，手机社区更适合在专业信息或服务类社区方面进行开拓，因为这类社区对交流深度的要求相对较低。

2. 手机社区的服务性需求凸显

人们对社区的需求，可以表现为信息需求、交流需求、服务需求等多方面。在网络社区中，信息需求与交流需求是较为主要的；而在手机社区中，服务需求变得更为重要，某些时候甚至会超过信息需求和交流需求。因此，针对移动状态提供相应的服务，是手机社区发展的一个重要方向。LBS 应用的出现，正是如此，尽管目前的 LBS 应用在服务功能方面还不尽如人意。

将社区与移动商务联系起来，也将是手机社区的发展趋势。手机社区不仅要连通用户与用户的关系，还要连通用户与商家、用户与商品间的关系。

3. 手机社区与网络社区的互通性

尽管手机是一种独立的媒体，但是，它与互联网有着千丝万缕的联系，而且未来二者融合的趋势会更明显。大多数手机社区与网络社区也是相通的，很多手机社区也可以利用电脑终端通过互联网访问，反过来，网络社区也可以通过手机终端访问。因此，在建设手机社区时，应该充分考虑两者的联系与差异，使两者既有不同的定位与功能特色，但又可以相互连通，相互拓展。

微博的兴起，在很大程度上就是因为它将网络社区与手机社区有机结合在了一起。它通过手机的移动性来提高人们的参与频率，同时利用网络社区中的社会关系网络来促进人们的参与深度，提高传播的影响力，两者相互促进。整体来看，类似的方式将是未来手机社区与网络社区的发展趋势。

本章学习提示

手机是我们都很熟悉的交流工具，但对手机媒体传播形式的研究，还刚刚起步。以往人们的注意力主要集中在手机短信这一形式上，但实际上，手机媒体的传播形式已经在不知不觉中变得丰富，WAP 网站、“应用”、手机广播电视、手机社区等传播形式，展示了手机传播更广阔的空间。这些形式，有的是对传统媒体和网络的传播形式的继承和发展，有的则是完全的创新。但无论是继承还是创新，都有其内在的逻辑，当我们认识手机的传播方式时，必须超越表面的现象，去寻求内在的逻辑。

研究手机的传播形式，还需要注意手机作为一种移动终端的各种使用情境，以及不同类型的手机用户的“使用与满足”特点。本章只是对一般规律做出了总结，读者可以以此为基础，对不同情境下以及不同用户群体的手机使用的差异做出进一步探究。

思考与练习

1. 在手机媒体的传播形式中，你使用最多的是哪一种？为什么？
2. 为什么中国手机用户热衷使用短信？
3. 试分析一个手机 WAP 网站的个案。
4. 试分析一个手机社区的个案。
5. 你如何看待 LBS 应用的前景？

第五章 数字媒体的传播者与受众

数字传播模糊了传播者与受众之间的界限，提升了受众的地位，甚至改变了受众的角色。这是数字媒体相对传统媒体的一个本质变化。在这样一个背景下，“受众”一词已经显得名不副实。

国外一些学者曾建议，将传播者与受众的概念，演变为“信息的生产者”与“信息的消费者”。这种说法是有一定道理的，但这与传播者和受众的概念似乎没有本质的区别。

在没有更好的能被普遍接受的表达方式的情况下，本书暂时沿用“受众”一词。但显然，在数字传播背景下，需要一个认识受众的全新视角。在受众的角色与作用发生本质变化的情况下，传播者的构成发生了什么变化，其角色与功能应该向什么样的方向演化，这也是我们需要关注的。

网络和手机两种不同平台上的传播者有相似的角色定位与功能职责，可以作为一个整体来研究。但两个平台上的受众是有所区别的，本章对二者将分别进行分析。

第一节 数字时代新闻传播的开放格局

在传统媒体时代，从事新闻传播的都是具有一定资质的专业媒体机构。但是，这种局面在数字媒体出现后受到了挑战。

从传播资源方面看，随着数字传播时代的到来，过去只为大众传媒组织享有的“特权”，也开始被广大公众享有。传统的公共传播资源由大众传媒独享，但网络、手机作为一种公共传播资源，却可以为任何拥有它们的人所利用。技术的发展，也使得新闻采访、制作及发布所需要的设备与成本等有了很大变化，一些人形象地称之为“门槛低了”。

利用网络、手机这样的渠道，个体可以随机、无意地参与新闻传播，而且有时也能产生重要的影响力。而一些新的技术，如博客、播客、微博等，更是使得个体可以用一种制度化的方式进行新闻传播。一些具有一定新闻素质的网民，已经成为专业的新闻传播者，美国的麦特·德拉吉就是一个代表。他的“德拉吉报道”网站（http://www.drudgereport.com/），由于在1998年披露了时任美国总统的克林顿的绯闻案而闻名于世。他虽然是一名自由撰稿人，但却是一个职业化的新闻传播者。事实上，多年来，他一直被美国媒体认为是与专业媒体力量相抗衡的个人媒体的代表，未来像他这样的个体专业传播者可能会越来越多。

从数字传播的模式来看，传播者与受众之间具有互通性，两者之间的界限模糊了。许多新闻报道的全过程都有普通人的参与，因此，受众也成为数字新闻传播中的重要角色。

除了一般受众，政府、各种机构与组织、企业等，也可以利用网络、手机来发布信息，尽管它们发布的内容不全属于新闻，但是，其中也存在着不少新闻或新闻素材。这些内容不需经过专业媒体的把关便可以到达广大受众。当然，目前它们的影响相对有限。

网络、手机等数字平台集人际传播、群体传播、组织传播、大众传播于一体，这意味着，不同渠道传播的信息会相互交叉、渗透。尽管数字平台中的新闻传播是以专业新闻机构为主导的，但这些平台中的新闻传播也是一个多种传播形态共同作用、多种信息源共同作用、多种信息传播中介共同作用的过程。这样一个复杂开放的过程，意味着传播者的多元性。这也是数字新闻传播与传统媒体新闻传播的一个重要区别。

总体而言，任何机构、任何组织、任何个人都可能成为数字信息的传播者，并且其传播的信息有可能形成大众传播的效应。

而如果从数字新闻传播角度来看，目前专业新闻机构仍是最核心的力量，专业新闻机构又由两个主要部分构成：有传统媒体背景的与没有直接的传统媒体背景的（如商业网站）。但网民、手机用户正在成为越来越重要的新闻传播力量，“受众”这个以往单纯的信息接收者，现在也应该被看做是数字媒体新闻传播格局中的一个结构要素。

第二节 数字时代的专业新闻机构

数字媒体中新闻传播者构成的多元性，是否意味着专业新闻机构没有存在的必要，或者其地位不再重要呢？对这个问题的认识，关系到未来专业新闻机构的定位与发展方向。

一、数字时代专业新闻机构存在的必要性

数字媒体新闻传播格局的特殊性、传播者与受众之间界限的模糊，以及受众在新闻传播中作用的不断加强，曾使一些人认为，在未来的信息社会，专业的传播者将会消亡。关于这一点，我们首先要认识一下传播者和受众。

我们可以从两个层面来认识传播者与受众。第一个层面，传播者与受众是指某个特定的信息传播过程的双方。在互动性不够强的传统媒体中，传播过程基本是单向的，即从传播者流向受众。而在网络、手机等媒介中，传播者与受众之间的互动变得十分便捷，二者之间的关系甚至超过了简单的互动交流，而是在互动中共同作用于数字信息传播的全过程。第二个层面，这两个概念指的是专业分工的两种不同角色。传播者是信息的专业生产者，即指传媒；而受众是信息的消费者。从总体看，数字传播者仍然以专业机构为主力，但个人或非专业组织参与大众传播的现象也是存在的，而且越来越普遍。

那么，承认非专业人员可以参与大众传播，是否就意味着专业媒体存在必要性的丧失？也许事实并非如此。这是因为：

首先，参与传播人数的增加，并不意味着对信息需求的充分满足。一般情况下，人们在通过网络、手机平台发布信息时，具有偶然性、随机性，即当他有了某种需要与他人分享的信息时，才会进行发布。否则，他不会花费精力去做新闻或信息的搜集、发布工作。这样的信息，也只是出于发布人的愿望，而不是受众的需求，因此，不能保证它总是有价值的。但对现代社会来说，信息是一刻都不可缺少的，而且必须保证其全面性、稳定性。只有专业机构才能通过规范的、持续的信息采写、发布活动，满足整个社会的信息需求。另外，有些个人虽然不从属于任何专业媒体，但其从事的工作性质与专业媒体一样，因此，他们也应被视为专业人员，如上文提到的德拉吉。

其次，非专业人员参与数字传播，会导致信息的复杂化。信息来源的多样性，也使信息质量良莠不齐。于是，人们在信息时代，面对过剩的信息，反而会有一种信息匮乏感。因为，他们很难判断什么信息是准确的，或者需要花费更大的精力来证实或证伪信息。因此，从无数传播者中凸显出具有权威性、可靠性的发布者，成为一种必然。而从整体看，专业媒体最具备成为权威信息发布者的可能。因为，它们身份公开，便于接受监督，更具有专业经验、专业规范，也有长期形成的职业道德的约束。一旦它们的品牌确立，由此带来的品牌效应，将更加巩固其权威地位。

再次，专业大众传媒作为一种产业，是国民经济的一部分，它的存在，不仅仅是新闻与信息传播的需要，也是经济有效运行的需要。与很多服务性行业一样，它的规模化、高效率，能够更好地满足社会的需求，也可以带动广告、商务等相关

产业发展。

因此，对于传播者与受众关系的变化，应该从不同层面加以认识：第一，承认信息传播过程中传播者与接收者之间界限的模糊，有助于更好地认识数字新闻传播的特殊性，并加以充分利用；第二，承认界限的存在是必要的，这有助于帮助数字平台中的专业新闻机构认识自己的责任与使命。

二、数字时代专业新闻传播机构的角色

在承认专业新闻机构存在的必要性的前提下，我们可以进一步总结在数字时代多元化新闻传播格局下它所扮演的角色。这体现在如下方面。

1. 新闻传播的主导者

专业新闻机构用制度化的、持续的新闻生产，来满足社会对新闻信息的全面需求。它们的活动构成数字新闻传播的“主旋律”。没有主旋律的统合，数字媒体中的新闻传播就会充斥着杂音、噪音。

2. 新闻专业水准的标杆

专业新闻机构的新闻生产，体现了新闻传播的专业水准，在真实性、权威性以及新闻的加工水准上，它们都是一种标杆，可以为受众鉴别其他来源的新闻提供参照。

3. 信息海洋的导航者

数字媒体是一个自然形成与扩散的信息海洋，受众要高效率地在这个海洋中寻找对自己有用的信息，需要导航者的帮助。专业新闻机构正是这样的导航者。它们通过对信息进行收集、筛选、梳理、整合，为受众指明获取信息的方向与路径。

4. 公民新闻实践的组织者

公民新闻实践正在深化，但是它目前更多地处于自发状态，存在着较强的无序性。专业媒体可以为公民新闻实践提供组织框架、协作机制以及验证机制等，使公民新闻向着更加有序的方向发展。

5. 社会环境的主要监测者

大众传媒的一个重要功能就是记录社会发展的轨迹，反映社会环境的变化。数字媒体中虽然有各种各样的新闻传播参与者，但是，多数参与者并不会自觉地担负环境监测的任务。而专业新闻传播机构，则会有意识地把新闻传播的任务放在环境监测的框架下。

6. 社会的整合者

数字时代的传播是更个性化的传播，但个性化的传播在某种意义上是不利于社会的整合的。因此，在小众传播的时代，大众传播仍是必要的，而这是专业新闻机构的重要功能。

美国传播学者唐纳德·肖提出的“垂直媒体”与“水平媒体”的概念,也有助于认识未来传媒市场纵横交错的景观中专业新闻机构存在的意义。他认为,“水平媒体”是作用于小众的,而“垂直媒体”则作用于大众,它能将社会的各个阶层、各种人群整合起来。未来的数字信息消费模式的个性化分裂,会带来更多的小众甚至纯个人化媒体,但是,专业新闻机构仍然会作为垂直媒体起着社会整合的作用。

7. 产业的重要支柱

未来的传媒业仍然是信息产业、文化产业等多种产业的重要组成部分,而这个产业的主要支柱,还是专业的新闻机构,而未来的专业新闻机构,都将以数字化形式生存。

第三节 网络传播中的受众

网络传播的受众,与传统媒体受众相比,有了很多本质的变化。对于它的认识,可以从其一般特点、作为信息消费者的受众和作为信息生产者的受众等不同角度来认识。

一、网络受众的一般特点

与传统媒体的受众不同,网络受众具有自己的鲜明的特点。这些特点的形成,一方面缘于网络技术,另一方面则缘于网络所提供的环境。

(一) 个体性

在传统媒体中,受众的概念指的是“较大数量的”、“异质的”传播对象,即传统媒体的传播对象是“不定量的多数”。传统媒体正是在这一前提下,来研究自己的受众定位,并采取相应的传播与服务策略的。

网络技术使受众作为一个“个体”存在有了意义。如尼葛洛庞帝所说,在数字化生存的情况下,我就是“我”,不是人口统计学中的一个“子集”。[1] 从这个意义上看,网络“受众”更应该称为“受者”。

传统媒体的传播方式是“点对面”的,个体只是作为受众中的一员存在,任何一个传媒组织都不会针对某人的特别需求而进行传播。在传统大众传播媒介中,受众的个别需求是通过受众自己在“大众化”的信息产品中进行挑选得以部分满足,而网络却使“点对点”传播成为可能,也就是网络能够为个体“量身定做”,提供他所需要的有关信息。这就是我们所说的“个性化”服务。

当然,由于技术的限制,目前网络中能提供的“个性化”服务还只是处于初

---

① [美]尼葛洛庞帝:《数字化生存》,胡泳、范海燕译,海南出版社1997年版,第192页。

级阶段。它更多地指将网站已有的内容，按照用户的需求进行组合。读者有一定的决定权，但挑选余地是很小的。这些应该说只是一种粗略的个性化的满足。

真正的个性化服务的含义是什么，现在很难下一个定义。尼葛洛庞帝对此有几个理想化的设想，也许可以成为一种参照，"假如有家报业公司愿意让所有采编人员都按照你的吩咐来编一份报纸，又会是什么情景呢？这份报纸将综合了要闻和一些'不那么重要'的消息，这些消息可能和你认识的人或你明天要见的人有关，或是关于你即将要去和刚刚离开的地方，也可能报道你熟悉的公司。……你可以称它为《我的日报》(*The Daily Me*)。"[①]"数字化的生活将改变新闻选择的经济模式，你不必再阅读别人心目中的新闻和别人认为值得占据版面的消息，你的兴趣将扮演更重要的角色。……未来的界面代理人可以阅读地球上每一种报纸、每一家通讯社的消息，掌握所有广播电视的内容，然后把资料组合成个人化的摘要。这种报纸每天只制作一个独一无二的版本。"[②]但是，他的这些描述在目前还只是一种理想。技术和成本等因素，对于个性化的实现都会有所影响。

而过分个性化的服务，也可能削弱了网络作为大众媒体进行社会整合的功能，由于人们沉浸在个人的世界里，这可能导致他们对环境的感知与判断能力的下降。因此，单纯强调网络服务的个性化也是不可取的。

（二）社会性

虽然网络传播中的受众有着"个性化"的一面，但是，也应该看到，他们还有社会性的一面，而且这一特点与传统媒体时代相比显得更为突出。前文提到，网络传播带来了受众的连通性，受众在网络中进行信息消费或从事其他活动，往往都会受到别人的影响或干扰，他们的"个性化"行为的背后，往往隐藏着非常强烈的网络社会环境的因素。这种社会性突出表现在以下几个方面：

1. 网民个体的信息消费作为一种社会行为直接作用于信息生产

网民的点击、转发、评论、投票等，都会对他人产生影响，当个别行为集合起来时，更有可能对网络信息传播的大局产生影响。并由此形成一种调节机制，反作用于信息生产。

2. 受众间的相互信息引导的线索深入到整个信息引导网络中

"人肉搜索引擎"在近两年越来越受关注，"爱问知识人"、"百度知道"、"大众点评"等社区或网站人气不断攀升，这都表明受众间的信息引导，已经与由搜索引擎等所形成的信息引导网络紧密交融。

---

① [美]尼葛洛庞帝：《数字化生存》，胡泳、范海燕译，海南出版社1997年版，第182页。

② [美]尼葛洛庞帝：《数字化生存》，胡泳、范海燕译，海南出版社1997年版，第181页。

尽管受众间的相互引导在一定程度上会降低人们在网络中获得特定信息或知识的成本,但是,这种引导未必总是正确的。毕竟受众间的引导只是一种义务奉献而不是一种职业工作,没有职业水准约束的受众间的相互引导,很难保证整体水平。有些意见领袖带来的从众与跟风行为,甚至可能产生严重的负面效应。

但不管怎样,受众间的相互引导的线索日益复杂,其力量也日益强大,人们对于信息的选择、知识的获取,已经越来越多地受到这种力量的影响。

3. 网络的互动氛围影响着个体态度与行为并形成群体效应

在网络中,人们对信息的评价,往往不是基于自己的独立判断,而是在人际传播或群体传播渠道中与他人互动后形成的一种认识。这种认识,甚至会超越某一个别信息,而影响到个体对更高层面事物的判断。人们的意见表达以及行为方式,也是与他人互动的一种结果。

4. 网络成为个体能量聚合为社会能量的一个重要方式

Web2.0 技术赋予了个体更大的潜在能量,这种能量可能随时被激发为社会能量。而网络还可以将个体能量聚合起来,产生强大的社会冲击波。这种能量的聚合效应,主要表现在网络议题、网络舆论、网络事件等方面。当然,由于群体效应的存在,这种聚合力并不只是产生积极的效果,它可能产生的消极影响也是令人忧虑的。

这种能量聚集不仅作用于网络信息生产与消费,也作用于网络社会与现实社会这些更宏大的系统,它们将影响社会生态的变化,也会对社会文化的形成与发展产生不可忽视的作用。

网络技术的发展,正在使网络受众的社会性特征表现得越来越明显,其影响也越来越深刻。

(三) 虚拟性

与传统媒体的受众不同,网络的受众是在网络这一虚拟环境下接受网络信息或服务的。很多时候人们完全不使用名称而进入“全匿名”状态,或使用昵称这样一种假名进入“半匿名”状态。但“匿名”状态并不一定意味着人们的表现是虚假的。美国网络专家埃瑟·戴森认为,“假名更可能是这样一种面具:人们使用它来表现自己的真实面目而不是隐藏自己的本性;或者说它允许一个人真正表现其性格的某一方面。”① 相对现实空间而言,网络为人们提供了一种开放自由的环境。在“匿名”的状态下,受众会进一步追求在现实世界里得不到满足的需求。网络提供了一种满足边缘性与补充性需求的功能。

---

① [美]埃瑟·戴森:《2.0 版数字化时代的生活设计》,胡泳、范海燕译,海南出版社 1998 年版,第 70 页。

但网络中其实很难有完全的、无条件的“匿名”，从技术上来说，对网民进行定位与跟踪都是可以实现的。“匿名”是有条件的，有时甚至是网民的自我错觉。网络受众可以在网络空间中自由决定身份这样一种特性，用“虚拟性”来表达更为确切。

虚拟性意味着受众是用符号的方式进入网络世界的，这个符号可以是他的本名，也可以是昵称，即使他不用任何名称，那么他的 IP 地址也是与其对应的一个符号。尽管目前不少人是用动态地址的方式上网，因此，IP 地址是经常变化的，但是，IP 地址可以提供网民所在位置的线索。而 IPv6 全面采用后，IP 地址与人们的关系会更为固定。

同时，虚拟性意味着网络受众对自己的角色可以进行多重设定、自由分解。人在网络环境下的表现，往往不是单一的。有时人会在不同心情下或不同环境里扮演不同的角色。这样，一个受众可能会分化成几个不同的、看上去完全不相关的人，有时甚至受众自己都很难对网络中的角色做出准确描述。

因此，网络受众不像现实世界受众那样清晰可感。传统媒体通过统计数据来描述受众的方法，在网络世界往往显得有些无能为力。

要更好地了解“虚拟化”的受众，仍应借助传统的心理学、社会心理学等理论。埃瑟·戴森认为，“网络会对人类机构带来深刻变化，而对人性则没有什么影响……网络会使人性和人类的多样化得到张扬。”[①]虽然从表面看，有些人在网络中面目全非，但一个人在网络中会变成什么样子，总是有他的现实基础。应该说，网络生活还是一面镜子，只不过更像哈哈镜，它把人的某些特征夸大，某些特征缩小。但是如果没有现实的人，就没有镜中的像。

在从现实进入虚拟世界的过程中，人的心理并没有发生本质的变化，只是因为环境的变化，有些心理表现会较现实环境中更强烈一些，有些则要淡薄一些。因此，只有通过对人的深层心理进行研究，才能更好地理解与把握网络受众。

（四）自主性

网络技术使得受众可以更加自由地选择自己喜欢的网站、信息或服务。更重要的是，受众的媒介消费行为，在时间上和空间上有更多的自主性。他不必再根据电视台、电台的节目时间表来安排自己的行动，也不一定要在某个固定的空间里来看电视或听广播。在传统媒体时代特别是电视时代，人们的生活规律，往往要更多地受到媒体节目的影响，例如，为了收看一个自己喜欢的电视节目，人们也许不得不放弃其他社交活动。而在网络时代，人们对于自己的日程，有了更

① ［美］埃瑟·戴森：《2.0 版数字化时代的生活设计》，胡泳、范海燕译，海南出版社 1998 年版，第 15 页。

多的决定权。

受众的自主性对于媒体的权力是一个挑战,因为这意味着媒体的传播意图并不总是能得到充分实现。这促使网络媒体不断研究受众的需求、心理及行为习惯,在传播内容、手段、方式等方面做出相应的变革。

(五) 参与性

与传统媒体的受众不同,网络受众不仅仅是接收者与旁观者。他们更多地加入到传播过程中,主动提出自己对信息的需求,可以对传播的内容提出看法,也可以将自己认为有价值的信息放到网上传播。正如前文所说,网络受众不仅是新闻的消费者,也是新闻的一种生产力量。

因此,参与性不仅仅意味着传播者与受众之间界限的模糊,也不仅仅意味着受众地位的提高,它还意味着网上信息内容的多样性,传播过程的复杂化,以及网络意见的多元化。

二、作为信息消费者的网络受众

网络受众虽然可以成为信息的生产者,但我们仍然要看到,大多数情况下,他们仍是信息的消费者。消费者是市场资源,从消费者角度看,我们需要对受众作以下方面的研究:市场定位、消费行为与习惯考察。

(一) 受众市场定位

由于网络技术赋予了受众更多的自由选择的权利,网络市场的细分化趋势日益明显。市场细分是网站进行自身定位的重要依据。它可以为网站的发展目标、建设方式、产品结构以及经营模式等的确定提供依据。对于网络内容的传播来说,市场细分的作用,一是为网站内容频道的总体规划提供依据,二是为内容的选择及处理提供依据。

网络受众的市场细分,可在一定程度上借鉴市场营销学中的市场细化理论。

从市场营销的角度看,市场细分的依据主要可以包括四个变量:地理变量、人口变量、心理变量和行为变量。

地理变量。指按照消费者所在的地理位置及其他地理变量来细分市场。

人口变量。指按照人口变量(包括年龄、性别、收入、职业、教育水平、宗教、种族、国籍等)来细分市场。

心理变量。指按照消费者的生活方式、个性等心理变量来细分市场。衡量人的生活方式,通常又可以用“AIO”尺度,即活动、兴趣和意见。

行为变量。指按照消费者购买或使用某种产品的时机、消费者所追求的利益、消费者对品牌的忠诚度和消费者对产品的态度等行为变量来细分市场。

在注意受众细分的同时,也应该注意到,网络受众在某些方面,又表现出一致性的需求。例如,在对时政新闻的关注方面,人们对新闻的重要性的判断方面，都具有比较一致的取向。因此，网站需要处理好“分”与“合”的关系。

此外，网络受众更具有流动性，因此，网站定位并不是一劳永逸的事情。需要不断根据网民情况的变化做出调整。

（二）受众信息消费行为与习惯

与传统媒体相比，网络受众的信息消费行为表现出更强的媒介环境相关性与依赖性，同时往往表现出更大的稳定性。受众信息消费行为对传播者的影响更为明显。

1. 受众的上网行为与习惯

受众的上网行为受到各种因素的限制，因此，不同受众的上网习惯是不同的。把握网民的上网规律，是开展网络传播的基础。受众的上网习惯所要考虑的因素包括：

上网时间段。多数网民上网的时间段，应该作为网站制定网络信息发布策略的重要依据。如果网站能适应网民上网的生活节奏，而不是按部就班地按照网站自己的工作时间表来进行网页的更新，以及主要信息的发布，就能较好地提高信息的阅读率。

每天上网次数。与上网时间段指标一样，网民每天的上网次数，反映了他们在网络中的生活节奏。

每天上网时间。每天上网时间决定了网民能拿出多少时间来浏览内容。当网站提供的信息大大高于网民时间的容量时，势必会带来大量信息的闲置，造成资源的浪费。

上网地点。在不同的地点上网，网民上网的目的可能有所不同，例如，在网吧上网，网民主要的目的是玩游戏。在单位上网，看新闻、参与论坛、使用微博的可能性较大，这一方面是因为不必考虑费用，另一方面是因为工作环境中不适合处理个人事务。而在家中上网，私人性交往可能更多，如处理邮件、使用即时通信工具等。当然，要准确把握网民在不同地点的上网特点，还需要做科学的研究。

上网的经济成本与承受能力。毫无疑问，经济成本和承受能力决定了网民在网上的逗留时间与活动内容。

上网的主要活动。网民在网上的主要活动是什么，不同的活动在他们的整体活动中占多大比重，这都是需要去加以了解与利用的。

最常访问的门户网站。虽然网站多如牛毛，门户网站也为数众多，但是，多数网民的访问习惯有相似之处，特别是在门户网站方面。了解最受欢迎的门户网站是哪些，网民逗留的时间以及主要使用的服务或浏览的内容，可以作为网站改革与调整的依据。对于一些知名度还不高的网站来说，与知名度高的门户网站建立合作关系，都在一定程度上有助于网站的影响力的提高。而从宏观上看，了解最受欢迎的门户网站,也是把握网络传播格局的一种重要方式。

了解网络受众上网习惯的途径主要有两种:一是通过网站的自动统计功能来掌握本网站的受众访问习惯;另一种是通过网民调查来获得基本数据。网民调查也有不同的方式,例如可以通过一些安装在网民电脑中的插件来进行统计,也可以采取问卷调查的方式。

2. 受众的信息接收行为与习惯

有学者曾对网络环境中受众的信息接收习惯做出过分析总结了受众获取网络新闻的行为特征呈现出的一些新的明显变化:第一是对新闻标题的"第一依赖感"形成。标题已经成为受众识别新闻内容,判断新闻价值的第一信号,成为受众决定是否索取深层新闻信息的第一选择关口。第二是扫描式阅读已经成为网络新闻阅读的主要方式。这种阅读带有极大的跳跃性、检索性、忽略性,如果新闻中没有醒目的关键词,没有清晰的提示与标识,没有引人注意的种种细节,就难以抓住读者飞速运行的眼球。第三是阅读过程中自由选择信息内容的几率提高。①

除了以上几个主要特点外,我们还可以从更多的方面来研究网络受众的信息接收行为与习惯,这包括:

(1) 受众在显示器界面下的阅读习惯。例如,受众对于不同信息的接收习惯,受众视线在页面中的运动规律等。在这个方面,眼动仪试验是一种新的研究手段。后文将专门介绍一些眼动仪试验带来的研究发现。

(2) 受众对不同类型页面风格的偏好。网页设计虽然有一些共同规律,但在实践中也发展出一些不同风格。例如,国内新闻网站与国外新闻网站的风格就有明显不同。而这种风格与受众的习惯是互动的。一般来说,国内的新闻网站首页设计比较繁复,内容丰富,网页更像报纸的风格,受众在首页上就可以获得大量的信息;而国外新闻网站的首页通常较为简洁,新闻数量少,像杂志的风格,首页的主要功能是导读,引导受众通过纵深的方式获得信息。但是,盲目模仿国外新闻网站并不一定能获得很好的效果,因为中国网民的新闻网站阅读习惯已经建立起来,试图去改变它会产生转换成本及给人带来不适应感。

此外,通常受众在多次访问一个网站后,会熟悉网站的基本布局,并产生一种心理定势,即每次浏览线路基本固定,如页面中的浏览起点,点击进入的栏目等。这种定势会使他们进入一个页面后,视线与鼠标的运动轨迹也是惯性式的。如果网站改变页面布局,就会导致定势的打破,对于受众,这经常是不愉快的经

① 高钢:《受众阅读网络新闻的行为特征——网络新闻写作特殊规律的探讨》,载《新闻战线》2004年第4期。

历。因此,保持网页基本布局的稳定是有好处的。

(3) 受众在层次化信息环境中的阅读习惯。由于网络本身的层次化结构,网络信息通常以层次化形式进行组织。但是,受众是否能适应这种阅读习惯?受众能承受的最多的层次是多少?这些也是必须加以研究的。

(4) 受众浏览时的工具使用习惯。例如,一般受众在浏览网络时都喜欢用鼠标而不是键盘,因此,网页设计应该尽可能做到用鼠标操作就可实现全部功能。即使在受众调查等问卷设计中,也需要考虑到这一点。

一般受众喜欢用鼠标而不喜欢用键盘,这也意味着他们并不喜欢通过在键盘上输入地址的方式来进入对某个网站的访问。利用收藏夹或地址栏中所提供的常见地址,是一般的地址生成方式。

在研究上述问题时,需要考虑以下几个重要的前提:从总体上看,网络阅读是一种"快餐式"阅读,通常人们是在有限的时间内进行有限数量的信息消费,这是进行网络传播策划与设计的一个基本思路。其次,受众总是"懒"的,他们总是期望用最小的代价获得最大的报偿。因此,在网络传播各个环节的设计上,要尽可能接近他们的心理与行为习惯。第三,不同国家或地区的网络受众的信息消费行为,既有一些共性的表现,如扫描式阅读、快餐式消费等,也会形成各自的特点。如中国网民对于水平式的内容丰富的首页的偏好,就与很多国外的网民不同。因此,研究网络受众的信息消费行为,既要注重共性,也需要格外关注由地域、文化习俗及其他因素所造成的群体的特性,这也是受众定位研究中需要关注的一个问题。

(三) 新技术条件下受众行为与习惯的变化趋势

经过十多年的发展,网络受众在网络信息消费方面已经形成了一定的稳定模式。但是,这种模式未必是永恒不变的。各种新技术正潜移默化地改变着网络受众的思维与行为,从而促使一些新的趋势出现。在中国,这种趋势主要表现在四个方面。

1. 从被动接受信息向主动索取、选择与组合信息发展

尽管网络受众有较强的主动性,但是,在网络发展的初级阶段,他们的被动信息消费行为仍然是占主导的,这主要表现为他们更偏向于访问某些网站,在这些网站提供的内容中进行选择,他们的主动性更多地表现为一种被动基础上的选择。而在今天,越来越多的网民通过搜索引擎来获得信息,特别是在获得一些信息线索后,他们对于信息的背景了解,往往是通过搜索引擎来发现与获取的。例如,当他们听说某一网络事件或网络人物后,往往不是去某一家或某几家网站进行进一步的了解,而是直接通过搜索引擎去寻找相关信息。除了搜索引擎,RSS 和 Widget 等技术,也使网民对于信息来源的选择、多源信息的组合有了更大自主权。

网民这种行为方式的变化,在很大程度上源于网络信息迷宫带来的迷失感、焦虑感和高成本,这也是他们试图更好地控制自己的网络信息消费行为的一种表现。

当然,被动接受信息与主动索取信息这两者并不矛盾,后者也不会完全取代前者。一些时候,被动接受信息是主动索取信息的前提,没有一定的被动接受的信息作为导引,人们的主动索取也就没有起点。另外,主动索取信息往往只是满足个性化信息需求,而被动接受信息则是全面感知社会环境的一种方式。因此,两种信息消费方式的结合是更理想的信息消费模式。

2. 从"中心式"消费向"分布式"消费发展

在 Web1.0 时代,信息消费主要基于门户网站这样一种模式,那些最重要的新闻网站,在某种意义上成为权力中心,它们控制着信息的集散,也控制着人们信息消费的广度与深度。更重要的是,它们统一着网民的信息消费口味与步调。

但是,在 Web2.0 时代,作为门户网站主要支柱的浏览器这样一种单一的信息消费平台正在被多元化的平台所冲击,RSS、Widget、数字报纸、电子杂志、"应用"等各种技术都在对传统浏览器平台这一"中心"产生分权作用。

从硬件平台上看,手机、手持电脑、电子纸等,将成为电脑终端之外的新选择。手机等所昭示的是网络信息消费的另一个趋势,那就是过去固定信息接收终端的垄断地位,在受到移动终端的挑战。移动信息传播技术的发展与用户的移动信息消费需求是互动的关系:需求刺激相关的技术与产品开发,而越来越先进、便捷的移动技术,也会促进越来越多的人选择移动终端。

尽管目前没有一种平台能对基于电脑的浏览器平台形成致命打击,但是,它们从各种不同方向、不同层面上对浏览器市场形成的渗透与蚕食,在很大程度上改变着信息消费市场的格局。可以预见的是,过去相对集中、统一的信息消费平台将被分裂的、多元的信息消费平台所替代。

分布式的信息消费也意味着信息服务的个性化,人们将通过更为便捷的途径、更多样化的渠道与终端以及更为自由丰富的信息组合手段来实现个性化信息需求。在很大程度上,这也可以称为定制性信息消费。虽然离尼葛洛庞帝所描述的理想的个性化服务还有距离,但是,已经向前迈进了一步。

3. 从独立性消费向社会性消费发展

传统媒体时代,受众的信息消费行为是相对独立的,受他人的影响较小。网络媒体使这一情况有了改变,受众处在一个越来越强大的社会化环境中。这种社会化环境的效应由于 Web2.0 等技术的普遍采用而显得更为突出。这意味着,作为个体的网民,其信息消费行为往往不是基于个体的自主判断与选择,而是在社会氛围作用下的复杂过程。这也意味着,每个个体的信息消费行为都有可能与他人的行为集合形成强大的社会效应。可以说,网络信息消费的社会化意味着个体与社会之间非常密切与频繁的一种双向互动。

网络受众具有社会性特征，而且新的技术会不断强化这一特征。尽管网络信息传播正在向分裂状态转化，但网络信息消费的“社会化”，却又在很大程度上作用于人们个性化需求的形成过程。从一定意义上看，社会化的结果是人们越来越没有个性，人们的个性化需求，只是外壳上的五彩斑斓，在内核上却是单调同质的。反过来，网络信息消费的个性化，不过是在加速人们信息消费的社会化，最终是在加速人们的趋同过程。

但是，融入社会群体是人们本质上的一个心理需求。正因为如此，人们不仅不会排斥信息消费的社会化，反而会主动寻找有利于自己的社会化氛围。

4. 从网络媒体诉求向网络社会诉求发展

在网络发展早期，人们将内容放到了至高无上的地位。网民上网初期，也是以内容消费为主，这是将网络视为一种媒体的前提下的使用需求。但是，迅速发展的网络作为一种社会形态的存在与作用越来越突出，人们对它的需求也在变得日益广泛而深化。人们对网络社会的诉求，首先体现在从简单的信息消费需求发展到多重内容与服务需求。中国互联网络信息中心的历次调查数据从纵向显示了中国网民需求变化的轨迹，从中可以看出，娱乐、社交、交易的需求在不断上升。这种需求的变化不仅意味着网站的内容结构需要做出变革，还意味着网站的服务形式的丰富、服务手段的改善。各种内容、服务之间的关联度、集成度需要提高。

人们对网络社会的诉求，还体现在社会关系的营造方面。Web2.0 技术为人们的社会关系的发展提供了更多可能性，这也进一步推动了网民的关系需求的增长。因此，网站需要在内容建设之外，为网民之间的关系建设提供更多样的手段与更广宽的空间。

（四）网络媒体消费者的忠诚度

消费者的忠诚度，对于某种产品来说具有重要意义，对于网络来说也是如此。有人曾经指出，品牌的忠诚度来自于品牌转换时的成本。例如，一个惯常使用某个化妆品品牌的人，转用另一种化妆品后，可能会出现皮肤过敏或效果不好的情况，为了避免这种风险，她（他）就会保持对一个品牌的忠诚度。而在网络中，这种转换成本是很低的，甚至是不存在的。因为受众的鼠标一点，就可以转到另一个网站，而网络内容的同质化，也使得网民在不同网站所获得的信息没有太大区别。据此，一些人认为，网络中的品牌忠诚度是很低的。

但是，实践证明，网民对于某些网络产品是具有一定的忠诚度的。因为，网络中的品牌转换也是有代价的。例如，人们在转换邮箱、即时通信工具、SNS 平台时，都会有较大的转换成本。虽然工具或平台的差别并不大，但人们换了一个工具或平台时，附着在原有平台上的社会关系也可能随之削弱或丧失，这也是一种"成本"。

此外,在网络活动中,习惯的力量不可小视。一旦网民形成了某个习惯,就会在较长时间内保持。因为,习惯在某种意义上降低了网上活动的成本,例如,经常去的网站,地址可以自动在浏览器中出现,这就节省了输入地址的时间,减小了麻烦。关于这一点我们已经在上面做了分析。当然,人们对于某些网站的信息处理风格的偏好,也是他们选择网站的依据之一。

从另一个角度看,用户忠诚度也可以体现为网站的黏度。广义的黏度指的是用户对网站的重复使用度(依赖度、忠诚度),它和用户迁移成本基本成正比。通常黏度越高的网站越体现价值,因此如何提高用户的迁移成本也是各网站运营的首要任务之一。①

从网站建设的角度看,培养用户忠诚度或网站的黏度主要可以通过以下几种方式:

内容建设。对于目前的网民来说,信息需求仍然是他们最突出的需求之一,网站内容建设的重要性不言而喻。但内容建设不仅是网站编辑的工作。在Web2.0时代,用户建设的内容,也是网站内容的重要组成部分。网民参与,不仅直接为网站的内容建设做出了贡献,更重要的是为网民间关系的形成、网民与网站关系的维系,提供了一种重要方式。

界面建设。网站的界面设计,是受众进行网络消费的一种情境,它类似于商店的店铺设计,快捷、舒适、易用、人性化的界面,可以让人们保持持久的访问兴趣,而混乱、蹩脚、复杂的环境,则容易让人敬而远之。同时,界面的稳定性,也是留住受众的一个重要因素。界面建设不仅需要好的理念,也需要好的技术支持。有时技术产生的黏度,同样可以为网站带来用户忠诚度。

服务建设。电子邮件、搜索、网络游戏、网上购物等服务,对于维持网络的品牌忠诚度,有着重要作用。服务本身的粘着力也会转化为网站的黏着力。

社区建设。论坛与社区的建设,是实现网民意见的自由表达的一个重要渠道,也是维系网民关系的基本纽带。它们在维系网民关系的同时,又直接维系了网民与网站间的关系,因此,对于品牌忠诚度的贡献是显而易见的。

三、作为新闻生产者的网络受众

网络受众不但是信息的消费者,还是信息的生产者,在网络新闻传播方面,这种生产者的角色表现得越来越明显,作用也越来越大。这也是网络传播与传统大众传播的一个重要区别。

---

① 《社区研究之网站的三种黏度》,见 http://yokanta.blog.techweb.com.cn/archives/2006/2006112155015.shtml。

(一)网络受众参与新闻生产的方式

网络受众扮演新闻的生产者角色体现在初级生产与再生产两个层面。初级新闻生产是以专业机构为主导的直接新闻生产过程,而再生产则是新闻报道在网络中发布后的扩散、增值过程。

1. 新闻初级生产中网络受众的参与

在专业媒体的初级新闻生产过程中,受众提供的某些资源可以被直接加以利用。受众参与的主要方式为:

启动性生产。网民有意或无意地向网站提供的新闻线索,是帮助网站寻找报道题材、启动报道的一种方式。由于网络手段的便捷,受众主动向网站提供新闻线索的渠道是畅通的。而网民在论坛中发布的帖子、在博客或微博中的文章,也常常会给记者带来重要线索。

资源性生产。网民参与各种形式的网络调查,为新闻报道提供了一定的报道素材与背景。个人网站、博客、微博以及网民在论坛中张贴的各种帖子,也都可能为网络新闻报道提供丰富的资源。

原创性生产。一些具有一定新闻素质的网民,有意识地参与到网络新闻生产中,他们有时所提供的是完整的新闻报道或新闻评论。在博客、微博平台中,这样的原创性新闻生产越来越多。这些内容与专业机构的新闻生产的结合也越来越紧密,其中图片报道、视频报道等形式被专业媒体接纳得更多。

互动性生产。有些新闻的生产过程,本身就需要受众的参与,例如,网民与新闻事件当事人或嘉宾在聊天室或论坛中的讨论,就可能是一次新闻的形成过程。下面这个例子则说明,新闻报道中的互动手段,也可将受众直接带入新闻的生产。美国旧金山州立大学的学生在关于微软垄断状况的新闻报道中,设计了一个互动表格。每个阅读者都可以在此表格中填写自己所使用的微软软件的情况,系统自动计算出每个人在微软软件上的花费。这样,阅读者的数据直接成为了新闻的一部分。[①] 在国内很多新闻网站的新闻处理中,也出现了类似的做法,例如,在新闻文本中,编辑加入相关调查,让读者先表达自己的态度,再阅读相关新闻。

2. 新闻再生产中网络受众的参与

对于大多数网络受众来说,他们更多是在新闻的再生产中发挥自己的作用,这主要表现在如下方面:

扩散性生产。网民通常会通过电子邮件、论坛、博客、微博转发自己认为好的或是有意思的新闻,或者通过书签功能将新闻收藏到相关网站。这种方式

---

① De Wolk, Ronald: Introduction to online journalism: publishing news and information, Allyn & Bacon 2001.

虽然并不直接生产新的新闻，但是，它使新闻扩散，从而实现增值。网民成为新闻的义务推销者。而网民所选择的用于再生产的新闻，往往是出于他们自己的评判标准。因此，如果网站的新闻选择标准与网民的标准契合，就有可能实现新闻的最佳传播效果。反之，网站的新闻传播意图就会在一定程度上被消解。

提升性生产。在更多时候，即使网民不直接传播、扩散新闻，但是，他们对于某一个事件、某一条新闻的意见反响，会在很大程度上提升事件或新闻的受关注度。这种生产主要通过参与论坛讨论，受众调查等来实现。此外，在网络之外的意见，也有助于将新闻的影响扩大到网络之外。

整合性生产。很多网民虽然不直接进行原创性新闻生产，但是，他们对媒体的新闻进行筛选、整合，根据自己的价值判断进行重新编排，从而为其他网民提供有序的新闻资源。在博客中，这样的生产行为是大量存在的。

从中可以看出，网民可以用多种方式实现新闻的再生产，而网站在很大程度上只能作为新闻的初级生产者存在，新闻一旦发布出来，就脱离了网站的轨道。此后的过程，基本上是由网民来控制的。

（二）网络受众参与新闻生产的特点

以受众的角色参与新闻传播，与自觉的、制度化的、专业的新闻传播机构的新闻传播，显然有着明显区别。网络受众参与新闻生产的特点主要体现在下列方面。

1. 大多数受众参与新闻生产是非制度性的

受众参与新闻生产，常常是无意中实现的。受众是否参与新闻生产，用何种方式参与新闻生产，也具有随机性，甚至他们表达何种意见与态度也会由于网络中的情境不同而有所不同。

作为新闻网站，如果能够提供更多的互动手段，就有可能将网络受众的无意与随机参与捕捉下来，融入自己的新闻传播过程中。

当然，博客、微博等平台的出现，使更多的受众有可能更主动、有意识地参与新闻生产，但是，除了个别把参与新闻传播当做追求的网民，大多数网民在利用博客参与新闻生产时，仍然是非制度化的。

2. 受众新闻生产的能量大小取决于网络聚合的效能

受众参与新闻生产的作用与效果，并不取决于个别的受众。一条新闻如果只有少数几个受众转发或评论，其增值作用几乎等于零。只有很多受众同时参与转发，或有大规模的互动、讨论，才能提升新闻受关注度与影响力。因此，受众参与新闻生产时可能释放的能量大小，取决于网络的聚合效能。

这种聚合效能与很多因素相关。首先，它与参与人数紧密相关。很多人同时参与至少可以形成量上的积累，即使是简单的量的相加，也可以形成一种力量的聚合，这种力量又会造成一种社会“压力”或“拉力”，使更多的人加入其中。这种滚雪球式的过程，可以产生强大的效果。其次，它与群体互动的规模与程度相关。很多新闻报道或事件引起人们的关注，是与受众的评论热度相关的，网络评论的热点是通过互动而产生的，其影响也需要经互动不断扩大。第三，它与专业机构的“催化”相关。个别受众的行为被聚合成群体效应的过程，既可以是完全的网民自发作用过程，也可以是专业机构通过一定方式进行“催化”的过程。例如，网站将某些新闻加以突出，以便引起更多网民的注意，这样可以激发更多人的参与。网站将一些网民评论放到网站更醒目位置，也可以吸引网民的注意力。

3. 受众新闻生产对专业机构生产具有依附性和嵌入性

受众新闻生产并不是一种完全独立的生产，它总是或多或少地依附于专业机构的生产过程，如果没有这种依附关系，受众的新闻生产就不会产生大众传播的效果。但这种依附并不是一种表层的依附关系，而是一种深层嵌入关系。它使专业机构的生产与受众的生产形成了一种相互融合的共动过程。

4. 受众的再生产过程可以产生一种“正反馈”效应

从某种意义上来说，受众的再生产行为像是一种正反馈，它使强者更强，弱者更弱。因此，网络受众的行为，对专业机构的新闻生产，既是一种效果检验机制，又是一种效果的放大或削减机制。

（三）专业媒体对网络受众新闻生产的利用

受众参与新闻传播，是网络媒体的特质带来的。专业网络新闻机构应该对受众新闻生产的作用给予高度重视。这种重视，首先体现在对网民在初级生产过程中发挥的作用的积极肯定，以及对网民生产内容的积极接纳与利用。这种重视还体现在对再生产环节网民作用的认可，充分认识网民参与所形成的“正反馈”效果，并对其加以充分利用。要更好地利用受众的生产力，需要为网民提供更多参与新闻传播的途径。社区、博客、微博等功能，都有助于网民的主动参与。

其次，在网站的规划与设计中，要考虑如何使网民更方便自如地进入网站的新闻传播流程中。例如，在每条新闻的页面中，加入“转发到微博”功能或“进入论坛”功能，将有效提高网民对该新闻的转发与讨论几率。

未来的网络新闻，应该在报道的策划阶段，就考虑到互动手段在报道中的应用，使网民直接参与新闻的创作过程。此外，对于网民作为新闻生产者作用的认识与利用，还需要提升到民意表达与民主参与的层面上。

当然，受众对于网络新闻的选择与偏好，他们的意见表达，也并不总是理性的。因此，我们应当尊重但不迷信受众在网络新闻传播中的作用，学会透过表面现象来了解网民对网络新闻的真实需求，学会透过网络的民意洞悉社会的真实面貌。

第四节 手机传播中的受众

手机用户与网络受众,既有关联,也有区别。研究手机传播时,需要更多地研究手机用户的特性。这种特性也可以从两个角度认识,即作为信息消费者的手机用户和作为信息生产者的手机用户。

一、作为信息消费者的手机用户

从信息消费角度看,手机用户具有如下几方面特点:

1. 易于定位的受众

与其他媒体相比,手机传播的落点是较为明确的,特别是在短信传播方式中。落点的明确就意味着对手机受众的定位判断更为方便,这对于内容与服务产品的规划具有重要意义,对于评估信息传播的效率也具有重要意义。前文也提到,手机传播的落点,还可以具体到手机用户的位置落点,当身份明确的个体与其地理位置相关联时,移动产品就有了更多发展空间。

2. 面向碎片化传播的受众

第二章已经分析过,手机媒体是在碎片化时间里进行的碎片化传播,面对这样一种媒体,手机受众对其使用会有如下特点:

其一,碎片化内容是其他媒体相关报道的"触发器"。手机媒体终端的现有缺陷使它在内容的直接传播方面效果有限,特别是深度新闻方面。但是,手机媒体所提供的内容可以作为激励受众关注其他媒体相关内容的触发器,作为受众通向其他媒体的中转站。手机信息传播的目的,不仅是让用户关注某一信息本身,还要让他们通过手机媒体的信息关注更多的媒体。因此,很多时候,手机新闻只是一个大的新闻报道进程中的一个环节,需要从多种媒体的报道组合策略中去为它定位。其二,在碎片化时间中,受众的娱乐与服务需求大于硬新闻需求。尽管手机媒体也可以传播短、平、快的新闻,但是,在目前的终端条件下,新闻产品的局限性是很大的。而从受众需求看,碎片化时间多数也是人们的闲暇时间,它所对应的往往是人们在路上或休息的时间,在这些时间里,人们对于娱乐与服务性内容的需求更为突出。因此,手机媒体要打开市场,更多需要依靠手机游戏、移动即时通信、移动搜索、移动电子商务等。

3. 处于移动状态的用户

与其他媒体相比,手机用户在移动状态下获取信息最为自由、方便,即使他们面对的是碎片化的传播。但在移动状态下,人们的信息需求也是有所不同的。用户更多需要实时的、与他们的位置或行为相关的服务,例如,实时路况、实时股票信息、移动搜索、点评服务、移动支付等。

4. 面向多种终端环境的用户

手机与电脑还有一个很大不同,那就是手机终端的丰富性与差异性比电脑要大得多。不同的手机品牌、不同的手机屏幕尺寸、不同的操作系统等,都会带来不同的操作模式。人们换手机时,往往也意味着操作方式的全面转换。即使手机的开发者尽力注意平台的兼容性,但是,在手机用户这端,不同平台的差异仍是他们的负担。相比电脑,手机操作的技能高低对人们使用手机上的服务的制约也更大。很多用户因为不会操作或嫌操作麻烦而会忽略一些手机服务。

除了以上的特点,另一个值得关注的问题是手机用户与电脑网络用户之间的交叉性。互联网的用户绝大多数是手机用户,当然,他们中利用手机上网的比例还不是太高。而手机用户未必都是电脑网络的用户,他们中的一些人群,如农民、军人等,通过电脑上网的比例较低,但这些人群可以通过手机接触互联网。然而通过手机利用互联网,与通过电脑利用互联网,在接触内容、使用服务方面还是有差异的。

二、作为信息生产者的手机用户

手机用户已经成为公民新闻的重要力量,他们的参与也有着独特的价值。

1. 手机用户在第一时间第一现场的能量更大

手机不仅是一个信息接收终端,还是一个信息采集的工具,因此手机用户参与信息生产,更多的时候是利用手机的拍照、摄像等功能,发挥自己在第一时间、第一现场的作用。2009 年 2 月 9 日 20 时 27 分,北京市京广桥附近的中央电视台新大楼北配楼发生火灾。由于种种原因,许多传统媒体都没有进行及时报道。最早发布这场火灾信息的,是网民“加盐的手磨咖啡”。这位网民在事发时恰好路过现场,随即用带摄影功能的手机拍下火场照片。这些照片于 21 时 4 分上传到天涯社区,并引发众人评论。此外,还有很多目睹火灾发生的网民、手机用户用自己的通信工具详细记录了整个事件发生的经过,并上传到网络。这一事件被视为中国“公民新闻”的一个经典事件。

微博出现后,手机用户可以通过微博在第一时间发布新闻,而微博对于公共信息的病毒式扩散效应,进一步提升了手机用户在新闻报道方面的影响力。

总体来看,手机用户在第一时间第一现场的报道,使得过去因专业媒体触角有限带来的一些遗憾得以弥补,而有些第一手新闻线索甚至会引出重大的新闻题材。在媒体可以到达的新闻现场,手机用户虽然不能提供独家新闻,但是他们的平民视角,可以丰富媒体的报道。

2. 手机用户的转发成为一种重要的信息筛选机制

手机用户参与信息生产,一种情况是利用网络平台,即将信息发到互联网上，另一种情况是直接利用手机平台。在手机平台上，人们的信息更多是通过转发的方式来传播。

转发不仅能使信息不断扩散，也会构成一种筛选机制，使那些引起广泛关注的信息凸显出来。尽管这些信息中不免存在虚假信息，但这个机制至少表明了人们的共同价值取向。

3. 手机用户的公共信息生产行为多源于人际传播动力

手机平台中存在着大量来自于用户的公共信息生产行为，在某些时候，它们能实现大众传播的效果。但是手机是作为人际交流工具出现的，人们对于它的人际传播功能的需求，往往强于对其大众传播功能的需求。很多时候，用户的内容生产，也是以人际传播（或者社交）为其基本动因的。

因此，要促进用户的公共信息生产，不仅需要给他们的内容提供大众传播的渠道，还要更多地从人际交往的角度来设计产品或流程，推动他们的参与。

本章学习提示

本章对于数字媒体传播活动中的两个重要因素——传播者与受众进行了分析。数字媒体中，这两个要素之间的关系发生了本质的变化。这种变化所带来的影响甚至不局限于数字平台。认识这种变化，是未来从事新闻工作的前提。

本章还分析了专业媒体存在的价值及未来的角色演变，目的是帮助新闻从业者理解自己未来的定位，并做好准备。

本章的重点在于对受众的分析，这个分析涉及了两个角度：作为信息生产者的受众与作为信息消费的受众。两者都是必要的。认识作为信息生产者的受众的角色及他们的作用方式，有助于传媒人更好地吸收他们的能量。而从信息消费者的角度来认识受众，则是丰富传媒产品、提高传媒服务的水准的基础。两个思维角度，在新闻传播工作中都是需要的。

思考与练习

1. 你认为未来专业媒体是否会消亡？为什么？
2. 你如何看待普通人参与新闻传播给专业媒体带来的冲击？
3. 如果没有专业媒体，受众的新闻生产是否能产生重大影响？为什么？
4. 试总结你自己在网络中的信息消费习惯，并分析这种习惯可能具有的代表性。
5. 网络品牌的忠诚度由哪些因素来支撑？
6. 手机用户与网络用户在新闻生产方面有哪些不同？

第六章 数字新闻信息的基本加工

数字信息采集之后，往往需要对原始素材进行一定的加工处理。从新闻报道的角度看，这种加工处理主要包括以下两个方面：

一是对素材进行一定的技术性完善，以便修复在信息采集过程中由于种种原因带来的技术性问题，例如，对图片曝光不足或过度曝光的问题进行调整，对录音中的噪音进行降噪处理等；二是对素材进行剪裁，为新闻报道合成的最终需要提供相应的材料。

技术是为内容服务的，在新闻传播中尤其如此，为炫耀能力而过度使用技术，会使传播效果适得其反。新闻素材的加工，需要严格遵循新闻报道的基本要求，尤其是要保证新闻的真实性。相对来说，数字新闻传播中的信息加工能运用的技术并不多，对技术要求并不高。因此，本章中介绍的只是数字信息加工的基本技术，而掌握这些技术，是学习更复杂的技术的基础。

除了照片、音频、视频等数字信息的加工外，本章也将介绍简单的新闻图表的制作。

第一节 新闻照片的数字化加工

新闻照片是数字新闻传播中的主要手段之一，运用相关软件对新闻照片进行相应加工，也是数字媒体的基本工作之一。但是新闻照片不同于一般的图片，为了保证照片的真实性，对它们的加工，需要遵循一定的基本原则。

一、新闻照片数字化加工的原则

在数字时代，由于 Photoshop 等图像编辑软件的出现，对于图片进行各种形式的加工变得非常容易，移花接木、偷梁换柱式的加工图片比比皆是，陷阱也很多。

（一）新闻照片数字化加工的基本原则——真实性

尽管技术提供了方便快捷的图片加工方式，但是，技术的滥用却是值得警惕的，在新闻图片的加工中尤其如此。如何才能防止利用技术伪造或篡改新闻照片的现象，成为人们普遍关心的一个问题。

例如，2004 年 7 月 15 日，美联社刊登了一张关于中国陕西省西安市区遭受水灾的新闻照片（见图 6－1），后经确认此图片经过电脑处理。7 月 16 日，美联社对提供照片的摄影记者给予开除处罚。事实上，这张照片是《三秦都市报》的一位记者提供的。后来，有专业人士指出，它的处理是通过 Photoshop 软件的橡皮图章工具，将原本只漫到小腿的水位“抬高”到了腰部。如果仔细分析图片是可以看出破绽来的，因为，一般来讲，水的波纹是呈发散状的，大小和形状不可能完全一样，但这张照片显示的水纹大小和形状都是一样的，可以判断出，它是经过了“复制水纹”的人为造假。①

图 6－1 西安暴雨的伪照片

事实上，伪新闻照片并非个案，近年来非常著名的一个有关伪新闻照片的例子是美国《洛杉矶时报》的摄影记者布莱恩·沃斯基关于伊拉克战争的一张照片。作为派驻伊拉克前线的摄影记者，布莱恩·沃斯基 2003 年 3 月 30 日传回一张英军士兵和伊拉克平民的照片（见图 6－2），《洛杉矶时报》将其刊登在头版，照片同时被发往《洛杉矶时报》所属报系的其他报社，很多报社都采用了该照片。但报系中的《哈特福德报》的一位雇员无意间发现了这张照片的蹊跷——背景中有些人是重复的，当照片在电脑上放大到 6 倍的时候，人们清楚地看到，这是一张合成图片。是由图 6－3 的照片和图 6－4 的照片合成的。② 2003

① 《西安暴雨造假新闻照片出笼始末》，见 http://news.china.com/zh_cn/international/1000/20040721/11794045.html。

② 任悦：《我们还能相信自己的眼睛吗？》，见 http://voice.chinafotopress.com/1st/word/c_01.htm。

年4月1日,《洛杉矶时报》在其网站上刊登更正声明,并作出开除布莱恩·沃斯基的决定。

图6-2 用电脑合成的英军和伊拉克平民的图片

图6-3 用于合成的第1张照片

图6-4 用于合成的第2张照片

西安暴雨的伪照片和合成的伊拉克战争中的照片，都是摄影记者滥用计算机图片加工技术的例子。此外，也有一些图片编辑出于各种考虑，对记者发回的照片进行不恰当的加工。例如，2004 年 3 月 11 日，西班牙报纸 *El Pais* 的摄影记者帕布罗在马德里火车爆炸现场拍摄了一张照片，随后该照片通过路透社发往世界各地。照片左下角前景突出位置，可以清晰地看到一块尸体碎片，据说是一条人腿。一些图片编辑在使用的时候将照片进行剪裁，或者在尸块上压字。但是也有几家英国报纸，如《每日电信报》、《太阳报》、《泰晤士报》、《每日邮报》等则用数字手段把尸块抹去，而另一家英国报纸《卫报》则将尸块的颜色处理成灰色。其他一些国家的报纸也都采用了相同的处理办法。① 尽管编辑的意图是避免人们看到过于血腥的场面，但是，还是有不少读者对这种做法提出了质疑。

除了以上案例，近年来，在我国还有一些利用数字加工技术制造伪新闻照片的例子，如轰动一时的陕西农民周正龙伪造的“华南虎”照片、摄影家刘为强加工的“藏羚羊”照片、《哈尔滨日报》摄影记者张亮加工的“广场鸽”、获奖的合成照片“第一爆”等。这些案例不断警示人们，在数字时代，新闻照片的真实性已经受到越来越多的技术因素的威胁。而审慎地运用技术，坚守新闻报道的基本操守，是数字新闻工作者必须坚持的基本原则。

（二）新闻照片数字化加工的具体原则

由于各种原因，记者拍摄的新闻照片往往并不完美，在后期对它们进行一定的加工不可避免，但是，对新闻照片加工的尺度如何把握，不仅成为一个新闻业务问题，也成为一个涉及新闻伦理与法规的问题。

在美国，《华盛顿邮报》等 7 家报纸制订了图片编辑的 15 项原则，在国内通常被人们称为“《华盛顿邮报》图片处理 15 条‘军规’”，它的主要内容是：

(1) 所有的原始数码图像都必须由数码相机直接下载到图片库以备所需时编辑和回顾。在进行本地传输时，原始文件需存盘。所有用于编辑目的的打印输出都必须来自数码相机的原始文件。

(2) 图片应标注清晰的图片说明。

(3) 读者认为图片应当是对事件的真实记录，我们决不能背叛这种信任。纪实照片的完整性具有最高优先权，纪实照片边框内的所有内容都不能改变（包括改变背景、增加颜色、制造图片蒙太奇或者拼接图片）。不能对图片中的内容做任何增减，这意味着即使是一只手或者一根树枝出现在图片中的不合适的位置，我们也不能去掉它。

---

① 任悦：《我们还能相信自己的眼睛吗？》，见 http://voice.chinafotopress.com/lst/word/c.01.htm。

(4) 摄影记者不能对新闻事件进行设置、重现、导演或者采取其他人为行为干扰新闻事实。

(5) 报纸的任务是刊发纪实图片,导演现场只在下列状况下被允许:肖像摄影、时尚或室内设计摄影、工作室摄影,这些照片在使用时必须加以区别,其图像不能给人以纪实照片的错觉,一般情况下,这些照片在使用时应做文字说明。比如某人是为了被拍照而在现场工作,则图片说明不能是“某人正在办公室工作”。

(6) 纪实照片应尽量减少侧面影像的图片的使用,这些图片容易造成特征性元素的缺失。

(7) 纪实照片不得被拉伸、变形以适应版面需要。

(8) 应减少标题压图片的用法,如使用则必须与摄影者和图片编辑共同论证。

(9) 数字图像改造技术的使用必须明显地显示出其虚构性。如果必须使用图片说明才能让读者明白此图片经过了数字技术的处理,那么这张图片不能被采用。

(10) 可以创造性地使用照片图示(Photo illustration)来表达编辑思想。图片图示一般不使用纪实照片。照片图示的制作必须会同摄影者本人、图片编辑、文字编辑、美术设计完成,使用的手法必须明显或者夸张,以避免读者误认为其为纪实照片。这种方法使用时必须得到新闻美术总监或其助理编辑的同意。

(11) 应读者需要刊登的从读者那里获得的有关婚礼、讣告等的图片不能做任何改动。比如,讣告图片必须与原图保持一致,重现性是最重要的。

(12) 允许为了使图片有更好的效果而对图片锐度和对比度进行一般性调整。为了增加清晰度和精确度而对色彩或灰度进行的调整必须被限制到最小程度。

(13) 可以通过加光或者减光改善图片的技术质量,可以使用数码技术修补图片中由于过多的灰尘和其他非人为因素造成的图片缺损。

(14) 美术总监、责任编辑和编辑部应当对有疑点的图片及时提出质疑,必要时总编辑应参与决策。

(15) 所有在《华盛顿邮报》刊登过的图片在参加摄影比赛时都必须遵照本报图片处理原则,依照原始图片加以调整。[①]

以上这些原则对数字新闻图片的处理提出了具体的要求,以尽量减少对技术的滥用。

---

① 许林:《解读〈华盛顿邮报〉图片处理的15条“军规”》,载《新闻实践》2005年第7期。

此外,美国白宫摄影记者协会(WHNPA)在2005年2月通过的新的摄影比赛指南中,明确界定了如何使用Photoshop软件才是合法的,“以Photoshop或其他任何数码方法增加或减少任何元素均不容许,唯一可以的,是以编修技巧除尘及清除刮花的痕迹”。①

也有摄影工作者在各种媒体或机构制定的类似原则中提炼出以下四项原则:

决定性瞬间:新闻照片内的所有景物的几何关系以拍摄到的影像为准,换言之,摄影影像内所有影像元素的相互关系及位置不能在后期制作时作任何改变。

传统暗房所准许:新闻照片内所有后期编修的尺度,原则上应限于以传统暗房对新闻照片所准许做的效果。

修饰技术错误:可以对光学上、物理上或电子上的摄影影像偏差进行适当修改,但应局限于矫正色差、矫正白平衡、矫正镜头光学变形、矫正影像边缘失光、矫正透视变形及电子噪音等。

清楚注明插图:超乎上述任何一项原则的图片,均不应刊登。或只可以在明显及充分注明为“插图”、“设计图片”及“数码制作插图”等,以及不会误导读者的情况下才可刊登。②

综合目前各媒体的一般规定,可以看出,在运用相关技术对新闻照片进行加工时,需要遵守的原则是:不能对图片中的内容做任何的增减或篡改,不能造成视觉信息的改变或视觉符号相互关系的改变,不能有任何对读者信息接受造成误导的做法。而允许的操作包括:加光减光,将图片的局部加黑或增亮;修掉图片上由于洗印、扫描、打印而产生的污点;改变图片的反差;对图片的局部进行漂白,等等。③

二、数字新闻照片加工的相关软件

目前,数字新闻照片加工软件主要有:

1. Photoshop

Photoshop是Adobe公司推出的一款功能十分强大、使用范围广泛的平面图像处理软件。目前Photoshop是众多平面设计师进行平面设计和图形、图像处理的首选软件。它拥有多种选择工具,这些工具可以结合起来使用,从而方便地选择各种复杂的对象。它不仅拥有多种内置滤镜可供用户选择使用,而且还支持

---

① 伍振荣:《影像谎言》,香港摄影杂志社2005年版,第124页。

② 伍振荣:《影像谎言》,香港摄影杂志社2005年版,第125页。

③ 曾璜等:《图片编辑手册》,中国摄影出版社2003年版,第63~64页。

第三方的滤镜,便捷地完成各种复杂的处理效果。此外,它还可以制作多种精美的文字造型,对文字进行复杂的变换。其使用方法也较容易掌握。

2. Fireworks

它是 Macromedia 公司(现已被 Adobe 公司收购)推出的网页制作工具,主要用于图形、图像的制作,虽然功能不如 Photoshop 强大,但是,在制作网页图像方面有自己的优势。它也能满足新闻照片加工的基本需求。

3. ACDSee

它是一个非常流行的看图软件,同时也支持简单的图像处理功能,新闻照片加工所需的基本功能它都具备。

三、常见的数字图片格式

对数码照片或其他数字形式图片进行处理,需要了解以下常见的文件格式:

1. Bmp 文件

Bmp(Bitmap)文件是 Windows 系统中的标准图像文件格式,可视为 Windows 系统的一个标准,有压缩和不压缩两种形式。*.bmp 以独立于设备的方法描述位图,可以有黑白、16 色、256 色、真彩色等几种形式,能够被多种 Windows 应用程序支持。

2. GIF 文件

GIF(Graphic Interchange Format)是 Compuserve 公司在 20 世纪 80 年代初针对网络传输带宽限制推出的一种图像格式。它采用无损压缩方法中效率较高的的 LZW 算法,具有高压缩比的特点,主要用于图像文件在网络中的传输。考虑到网络中的实际情况,*.gif 除了一般的逐行显示方式外,还增加了渐显方式。即用户可以先看到图像的大致轮廓,随着传输过程的继续而逐渐看清图像的细节部分。这种方式此后也被其他图像格式采用。最初,GIF 格式只是为了存储单幅静止图像,后来经进一步发展,可以同时存储若干图像,形成了动画。现在网络上许多动画文件都采用 GIF 格式的图片。GIF 格式的图像应用范围很广,它是可以在不同类型的电脑间通用的一种标准图像。

3. TIF/TIFF 文件

TIF/TIFF(Tag Image File Format)格式文件由 Aldus 公司和微软公司联合开发,最早是为了存储扫描仪图像而设计的,因而它也是电脑上使用最广泛的一种图像文件格式。这种格式支持的颜色深度最高可达 24 位,因此存储质量高,细微层次的信息多,有利于原稿的复制。该格式有压缩和非压缩两种形式,其中压缩形式采用的是 LZW 无损压缩方式。但 *.tif、*.tiff 格式变体很多,兼容性较差,它需要大量的编程工作对图片进行全面译码。

4. JPEG 文件

JPEG(the Joint Photographic Experts Group)是一种用于对具有连续色调的图像进行压缩的标准。其主要方法是采用预测编码、离散余弦变换以及熵编码技术,去除冗余的图像和色彩数据。它属于有损压缩方式,但其质量损失非常小,几乎感觉不到。*.jpg、*.jpeg 是一种高效率的 24 位图像文件压缩格式,同样一幅图像,用 *.jpg. *.jpeg 格式存储的文件大小是其他格式文件的 1/20 ~ 1/10,通常只有几十 K 字节,而且颜色深度仍然是 24 位。*.jpg、*.jpeg 文件在网络上的运用十分广泛。

5. PNG 文件

PNG(Portable Network Graphics)是一种可以存储 32 位信息的图像。采用无损压缩方式,目前越来越多的软件开始支持这一格式,在网络上也越来越流行。它采用的是高速交替显示方案,只需下载 1/64 的图像信息,就可显示低分辨率的预览图像,但它不支持动画。

四、利用 Photoshop 加工数字新闻照片

由于目前业界对 Photoshop 软件使用较多,因此下面将以 Photoshop 为例说明与数字新闻照片加工相关的主要操作。Photoshop 的功能极为丰富,如果从全面掌握软件的角度看,本书的介绍是远远不够的。但是,新闻照片的加工主要涉及几种较简单的操作,因此,下文的内容是可以满足新闻照片加工的基本需要的。这些操作也可以作为进一步学习该软件的基础,虽然 Photoshop 软件的版本会不断升级,但一些基本操作及其方法会保持相对稳定性,如果能掌握基本原理与方法,那么在版本更新后,操作者也能很快适应新的软件。

需要注意的是,无论对照片进行什么样的加工,都应该将原始照片文件保留下来,用于加工的应是照片的复制文件。

(一) Photoshop 的界面与工具

Photoshop 的操作界面(见图 6-5)主要分为以下几部分:

主菜单区:集成了各种菜单操作。

工具箱:集成了各种常用的工具。

浮动工具面板:可打开与关闭的各种工具面板。要打开一个面板,可点击主菜单中“窗口”下的相应面板名。要关闭某面板,点击该面板右上角的关闭按钮即可。

工作区:显示被处理的图像。

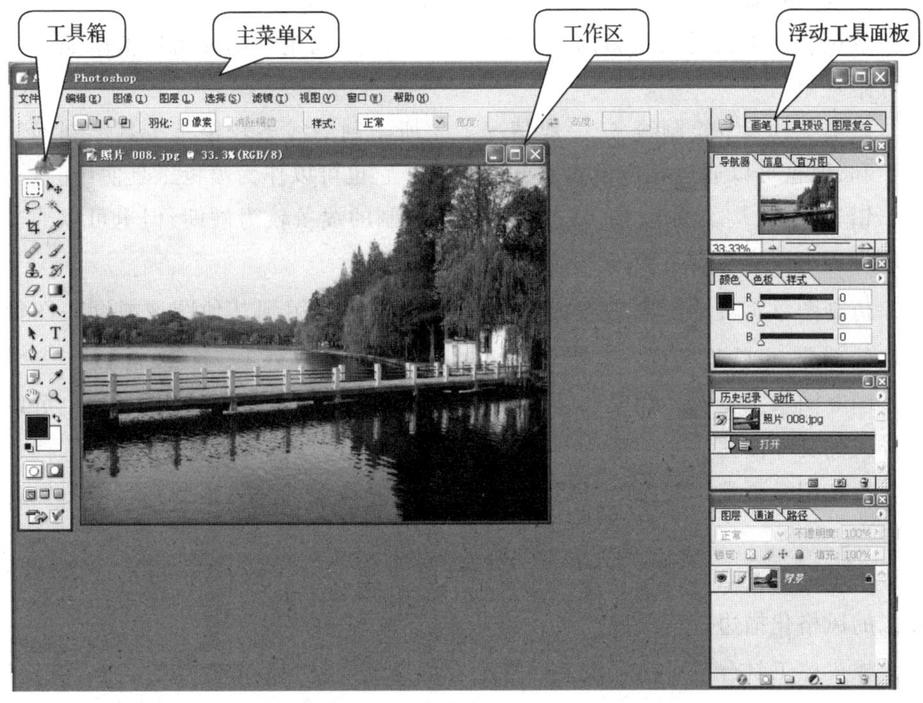

图 6－5 Photoshop 软件的操作界面

在工具箱中,有多个工具,有些图标实际上由几个工具组成。各个工具的作用分别是:

选框工具:包含、、、几种图标,可创建矩形、椭圆、单行和单列选区。

移动工具:可移动选区、图层和参考线。

套索工具:用手绘图的方式选中图像中的某些部分,创建多边形选区;创建磁性选区。

魔棒工具:可将颜色相近的区域同时选中。

裁切工具:用于剪裁图像。

切片工具:创建切片。

切片选择工具:用于选择切片。

修复画笔工具:利用选中的样本或图案绘画以修复图像中不完美的部分。

修补工具：可利用样本或图案来修复所选图像区域中不完美的部分。

颜色替换工具：用新的颜色替换所选颜色，利用该功能可以消除照片中的红眼现象。

画笔工具：绘制线条，一般情况下它所绘制的线条较铅笔工具绘制的线条柔和，但也可以通过相应设置来改变外观。它也可以作为喷枪工具使用。

铅笔工具：绘制线条，一般情况下它绘制的线条较为硬朗，但也可以通过相应设置来改变外观。

仿制图章工具：从图像中取样，然后将样本应用到其他图像或同一图像的其他部分，也就是实现“克隆”效果。

图案图章工具：用某些图案来绘画，这些图案可以是系统提供的，也可以是导入的其他图案。

历史记录画笔工具：可将所选状态或图片快照的拷贝绘制到当前图像窗口中。

历史记录艺术画笔工具：可利用所选状态或图片快照，用模拟不同绘画样式的风格化描边进行绘画。

橡皮擦工具：可抹除像素并将图像的局部恢复到以前存储的状态。

背景橡皮擦工具：可通过拖移将某些区域擦抹为透明区域。

魔术橡皮擦工具：可通过一次点击将纯色区域擦抹为透明区域。

渐变工具：可创建直线形、放射形、倾角形、反射形和菱形等方式的颜色渐变效果。

油漆桶工具：用前景色填充着色相近的区域。

模糊工具：柔化图像中的硬边缘或区域。

锐化工具：对图像内的柔边缘或区域进行锐化处理，以提高清晰度或聚焦程度。

涂抹工具：模拟用手指涂抹湿颜料的动作。

减淡工具：使图像内的某些区域变亮，颜色减淡。

加深工具：使图像内的某些区域变暗，颜色加深。

海绵工具：更改某个区域的颜色饱和度。

路径选择工具：选中某一路径。

文字工具：含“横排文字”工具T或“直排文字”工具↓T，可在图像上输入横排或竖排文字。

文字蒙版工具：含“横排文字蒙版”工具和“直排文字蒙版”工具，可在文字形状中创建选区。

钢笔工具：可以绘制边缘平滑的线条（贝塞尔曲线）。在绘制开放线条时，如要结束绘制，按住 Ctrl 键在线段外点击。如果绘制封闭的图形，在结束时将钢笔指针定位在线段的起点上，如果放置的位置正确，笔尖旁将出现一个小圈。点击鼠标，系统会自动将其闭合。

绘制形状工具：在这个图标中包含多种工具，可以画出各种不同的形状。

注释工具：创建附加在图像上的文字和语音注释。

吸管工具：提取图像的色样。

测量工具：测量距离、位置和角度。

抓手工具：在图像窗口内移动图像。

缩放工具：放大和缩小图像的视图。

熟悉以上各种工具的功能与使用方法，是完成各种复杂操作的基础。读者可进一步参看 Photoshop 软件自带的帮助文件。

（二）Photoshop 中的选中操作

用 Photoshop 对照片进行加工，很多时候不是针对一张照片的整体，而是其局部。这就需要先选中要操作的对象，即创建选区。操作对象可能是规则的区域，也可能是不规则的区域，只有功能强大的选中工具，才能满足复杂多变的“选中”需要。Photoshop 中主要的选中操作有：

利用工具面板中的选取框工具，可以画出矩形或椭圆形的选中区域，也可以选中 1 像素宽的列或 1 像素高的行。

利用工具面板中的套索工具，可以画出边缘光滑的选取框或折线构成的多边形选取框。

利用工具面板中的魔棒工具，可以将相似颜色的区域同时选中，按住 SHIFT 键继续点击，可以选中更多类似色的区域。用该工具选中某些区域后，再配合主菜单中的“选择”/“选择相似”选项，也可以选择相似色。

在“选择”项下的“色彩范围”工具也是一种根据颜色来选取对象的方法。打开它的对话框，这时光标会变成吸管的形状，将吸管移到要取样的颜色上点击，再点击“好”退出对话框，这时与取样点具有相同或相似色彩的部分便被选中。在对话框中调整“颜色容差”的值，可以设置选中的色彩与样本色彩的差距。

主菜单中“选择”菜单项中的操作，多是配合工具面板中的选中工具的，将两类操作组合起来可以产生很好的效果。例如，如果一张图像中有一部分是纯色的，那么，先用魔棒工具将它选中，再执行“选择”/“反选”，就可将纯色之外的其他部分一次选中。利用此菜单下的“修改”,可将选取框向外扩展或向内收缩,或使选取框的边缘更平滑。另外,在该菜单项中的“羽化”操作,可以使选取对象的边框产生一种柔化的感觉。

要取消当前的选择,可执行“选择”/“取消选择”。

此外,Photoshop 还有更复杂的选中方法,例如用蒙版创建选区等,具体方法在此不再展开叙述。

(三) 照片的尺寸调整

在拍摄照片时,一般设置的分辨率较高,照片尺寸较大。但是,将照片发布在网上时,往往需要将照片的尺寸调小。

用 Photoshop 调整照片尺寸的操作为:

(1) 执行主菜单中的“图像”/“图像大小”选项,打开如图 6-6 的界面。

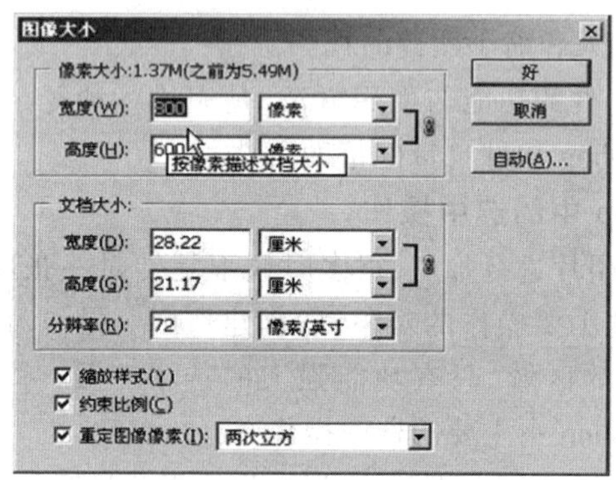

图 6-6 图像大小调整界面

(2) 在此界面中,根据需要设置相关的参数。在调整了图像的尺寸后,在窗口上方会自动显示调整后的图像文件的体积。设置完毕后,点击“好”退出。

(四) 照片的剪裁

为了弥补新闻照片在构图上的缺陷,可以对照片进行一定的剪裁。操作方法为:

(1) 选中工具面板中的“裁切工具”,用它在照片中画出一个矩形框(见图 6-7)。这个矩形框内的部分就是剪裁后留下的部分,而外边的部分变暗,便于观察剪裁后的效果。移动这个矩形框上的各个方形的控制点,可以使所选区域更为合理。

(2) 当选中区域调整合适后,点击窗口右上角的“提交”按钮✔,将剪裁结果确定下来。

图 6－7 图片剪裁操作示意

(五) 照片的曝光调整

不少照片在拍摄时存在曝光不足或曝光过度的现象,有的则是对比度不理想,利用 Photoshop 可在一定程度上对这类问题进行纠正。

虽然系统在主菜单的"图像"/"调整"选项下设置了"亮度/对比度"的调整,但是,如果要准确调整照片的影调,最好采用其他方法,下面是其中两种方法:

1. 利用"色阶"调整

执行主菜单中的"图像"/"调整"/"色阶"选项,打开如图 6－8 的操作界面。为了不损害原始图像,也可执行"图层"/"新调整图层"/"色阶"选项,在"新建图层"对话框中点击"好"。这样可在复制的图层上进行色阶调整。如果不满意所做的修改,可以随时更改它们或完全去除调整图层并返回到原始图像。

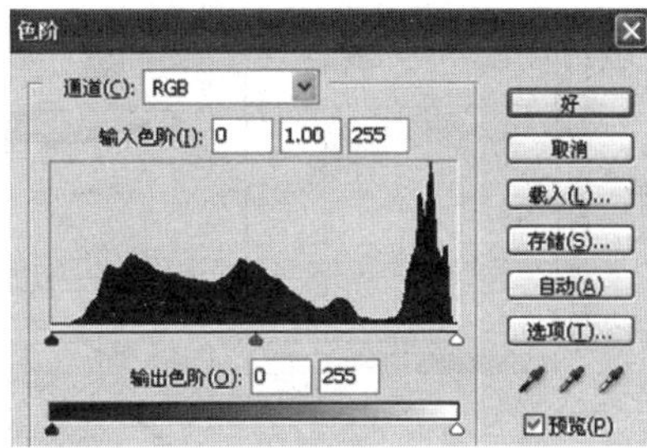

图 6－8 色阶调整界面

在色阶调整的界面中,可以看到一个直方图。它的横轴表示的是亮度,共分为 256 阶。最左边的点色阶为 0,即最暗的地方,最右边的点的色阶为 255,是最亮的地方。纵轴对应着该色阶处的像素值。

一张图像分为暗调(直方图中左边部分)、中间调(中间部分)和高光(右边部分)三个部分。如果一张图像的直方图上的像素主要集中在中间部分,暗调区和高光区都没有像素,那么这张照片就是灰蒙蒙的。如果一张图像的直方图偏向左边,高光部分没有像素,那么,这张照片一定偏暗;反之,如果一张图像的直方图偏向右边,暗调部分没有像素,那么,这张照片则偏亮。

通过直方图下的控制滑块可以改变图像的亮度与对比度。直方图下最左边的黑色三角形为“黑场输入”滑块,它用于调整暗调部分。最右边的白色三角形为“白场输入”滑块,它用于调整高光部分。将“白场输入”滑块向左移动时,会使图像变亮。将“黑场输入”滑块向右移动时,会使图像变暗。

如果要使一张照片看上去曝光正常,有时不仅仅要调整暗调和高光部分,还需要适当调整中间调,以获得更好的效果。直方图下中间的灰色滑块用于调整图像的中间调,但不会明显改变高光和暗调。向左移动可使图像变亮,向右移动可使图像变暗。

色阶的调整可在“RGB”模式下进行,即对图像的整体进行调整,也可以分别在“红”、“绿”、“蓝”三种单通道中进行,这时,调整的只是图像的某一种颜色的色阶。当色阶调整合适后,点击“好”可返回。

2. 利用“曲线”调整

与利用色阶调整影调相比,利用曲线的方式可以设置更多的控制点,更精确地进行调整。

执行主菜单中的“图像”/“调整”/“曲线”选项,打开如图 6-9 的操作界面。为了不损害原始图像,也可执行“图层”/“新调整图层”/“曲线”选项,在“新建图层”对话框中点击“好”。这样可在复制的图层上进行曲线调整。

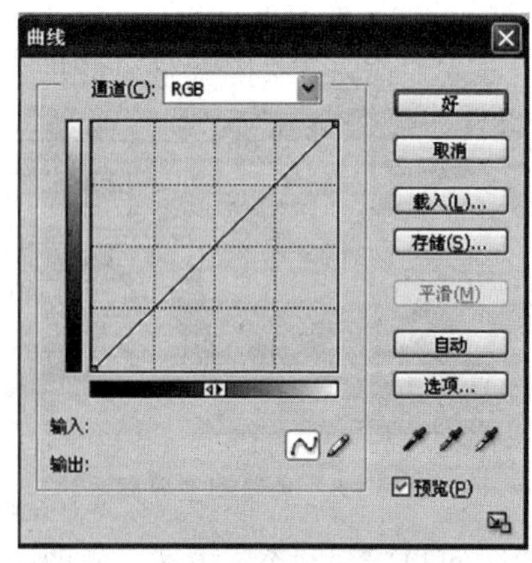

图 6-9 曲线调整界面

在“曲线”对话框的默认状态下，移动曲线顶部的点主要是调整高光部分；移动曲线中间的点主要是调整中间调部分；移动曲线底部的点主要是调整暗调部分。将点向下或向右移动会使图像变暗。相反，将点向上或向左移动会使图像变亮。曲线上比较陡直的部分代表图像对比度较高的部分。相反，曲线上比较平缓的部分代表图像对比度较低的区域。

通常调整曲线的做法是，在曲线上选择若干个控制点，通过调整它们的位置，来改变图像的色彩或影调效果。

如果在曲线的上部和下部各取一个控制点，通过它们将曲线调整成一个“S”形（见图6－10），可以增加照片的反差。

如果在曲线的上部、中部和下部各取一个控制点，通过它们将曲线调整成一个“M”形（见图6－11），不但可以提高图像的亮调部分，还可以丰富暗调部分的层次，较适合于存在着大量暗调区的图像。

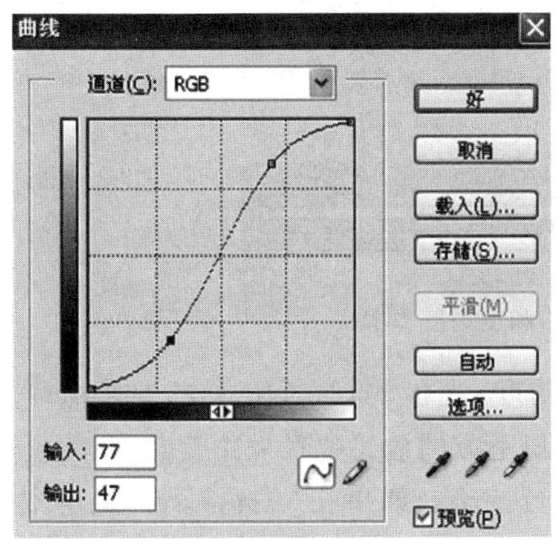

图6－10 “S”形曲线

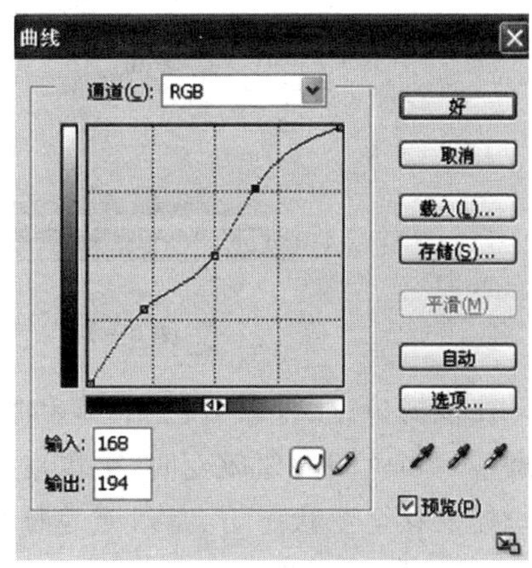

图6－11 “M”形曲线

需要注意的是，不能仅仅用以上几种方式机械地调整曲线，要根据每一张照片的实际情况选择与调整控制点。

与色阶的调整一样，曲线调整也可在“RGB”模式下进行，即对图像的整体进行调整，也可以分别在“红”、“绿”、“蓝”三种单通道中进行，这时，调整的只是图像的某一种颜色的曲线。

（六）照片的色彩调整

如果拍摄出来的照片色彩效果不理想，可以通过一些方法进行调整。下面是常见的两种方法：

1. 利用“色相/饱和度”选项调整颜色

在 Photoshop 中可用 HSB 颜色模型来表示颜色。H、S、B 指构成颜色的三个要素，H 代表色相，S 代表饱和度，B 代表亮度，它们各自的含义是：色相是从物体反射或透过物体传播的颜色。在通常的使用中，色相由颜色名称标识，如红色、橙色或绿色。饱和度（有时称为色度）是指颜色的强度或纯度。它用百分比的方式来度量。亮度是颜色的相对明暗程度，通常也用百分比来度量。对这三个要素中的一个或几个进行调整，就可改变颜色。

执行主菜单中的“图像”/“调整”/“色相”/“饱和度”选项，打开如图 6 – 12 的操作界面。为了不损害原始图像，也可执行“图层”/“新调整图层”/“色相”/“饱和度”选项，在“新建图层”对话框中点击“好”，这样可在复制的图层上进行调整。

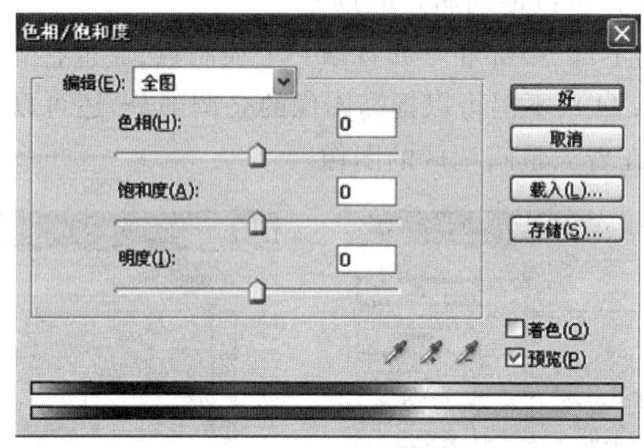

图 6 – 12 色相/饱和度调整界面

在该窗口中，可以对色相、饱和度和明度（亮度）这三个色彩的要素分别进行调整。当色相的值改变时，可以看到窗口下方的色轮也在发生变化。

如果在全图状态下，是对照片整体进行调整。如果在“编辑”下拉菜单中选择某一种颜色，则调整的是图片中该颜色的值。

用“色相/饱和度”的方法，实际上是在用新的颜色替换旧的颜色，但它并不能纠正偏色。

2. 利用“色彩平衡”纠正偏色

Photoshop 也可以采用 RGB 颜色模式，即每一种颜色通过它的 R（红色）、G（绿色）、B（蓝色）的分量来表示。例如，纯红色的 R 值为 255（即 100%），G 值为 0，B 值为 0；纯绿色的 R 值为 0，G 值为 255（100%），B 值为 0；纯蓝色的 R 值为 0，G 值为 0，B 值为 255。当 R、G、B 这三个值相等时，对应的颜色是中性灰色，其中当所有值均为 255 时，对应的是纯白色；当这些值均为 0 时，对应的是纯黑色。从另一个角度说，在自然景物中是黑、白、灰的物体，在正常光线照射下，其 R、G、B 的参数值应是相等的。如果在拍摄的照片中这些颜色所在位置的三个值明显不等，便说明存在偏色。

在 Photoshop 中判断一张照片是否存在偏色,利用的正是中性灰色的性质。可以先执行主菜单下的"窗口"/"信息"选项,打开如图 6-13 所示界面。再在图像中寻找若干个黑色、白色或灰色的校色点,如果没有以上色彩,可以选择最接近上述颜色的点,观看信息界面中对应的值。如果这几个地方的 R、G、B 三个值均有很大的差异,说明照片偏色。其中明显高或低的那个值,就反映了照片中偏高或偏低的色彩。在判断偏色时,应该尽可能多选取一些校色点,以便做出综合判断。

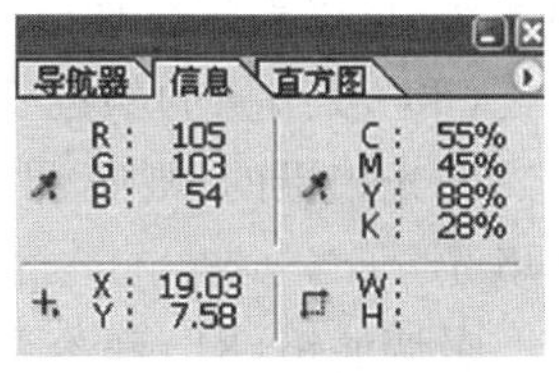

图 6-13 信息窗口

当然,有时照片中没有适合判断的校色点,这会在一定程度上影响判断的准确性。但是上述方法在很多情况下是适用的。

在判断了图像是否偏色、如何偏色后,就可以利用"色彩平衡"来进行校正。

执行主菜单中的"图像"/"调整"/"色彩平衡"选项,打开如图 6-14 的操作界面。为了不损害原始图像,也可执行"图层"/"新调整图层"/"色彩平衡"选项,在"新建图层"对话框中点击"好"。这样可在复制的图层上进行调整。

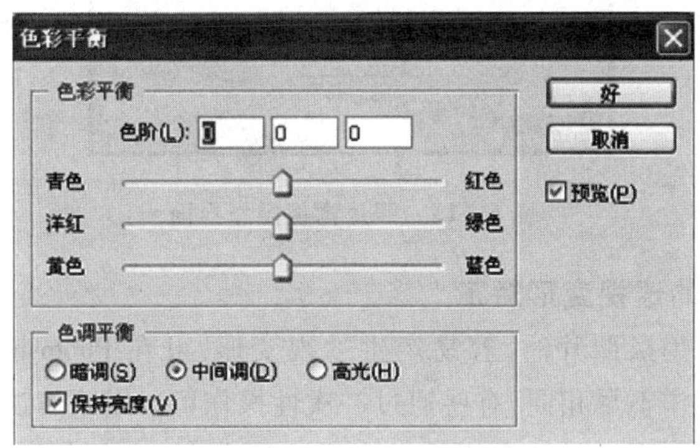

图 6-14 色彩平衡调整界面

在这个界面中,可以对"暗调"、"中间调"和"高光"这三个部分分别进行调整。根据在校色点获得的信息可判断需要增加或减少的颜色及大致的值,调整参数的同时观察图片,直至获得较满意的效果。设置好后,可以再次通过"信息"窗口观察调整后的校色点的 RGB 值。

(七)照片的色温调整

在照片拍摄时,要尽量通过相应手段来获得合适色温的照片。如果因为色温造成了偏色,可以在 Photoshop 中通过"滤镜"工具来改善效果。

一般来说,照片偏蓝,表示色温过高,需要在处理时降低色温。照片偏橙黄色,表示色温过低,需在处理时提高色温。Photoshop 提供的色温滤镜包括:

暖调滤镜(85)和冷调滤镜(80)[①]:它们是用来调整图像中白平衡的颜色转换滤镜,可以大幅度地改变色温。如果图像是使用色温较低的光拍摄的,则冷调滤镜(80)使图像的颜色变蓝,以便补偿色温较低的环境光。如果图像是用色温较高的光拍摄的,则暖调滤镜(85)会使图像的颜色变黄,以便补偿色温较高的环境光。

暖调滤镜(81)和冷调滤镜(82):它们是光平衡滤镜,适合于对图像的色温进行较小的调整。暖调滤镜(81)使图像变黄,冷调滤镜(82)使图像变蓝。

具体操作方法为:执行主菜单中的"图像"/"调整"/"照片滤镜"选项,打开如图 6-15 的操作界面,在其中选择合适的滤镜并调整浓度。为了不损害原始图像,也可执行"图层"/"新调整图层"/"照片滤镜"选项。

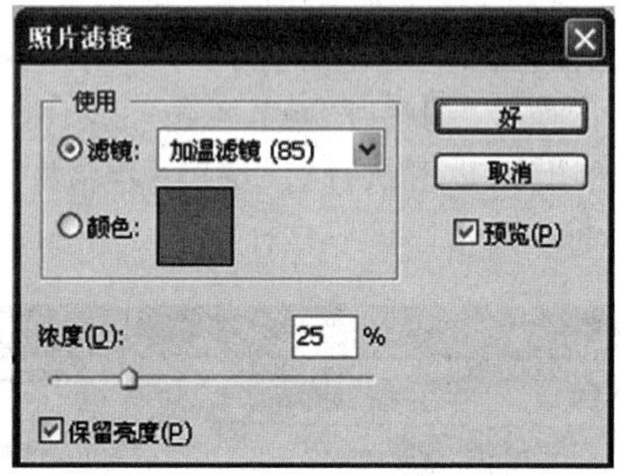

图 6-15 照片滤镜操作界面

(八) 照片的透视变形矫正

用广角镜头拍摄照片时,容易产生透视变形,可在 Photoshop 中加以修正。但不同照片的操作不尽相同,有些通过一次性操作可以基本解决问题,有些则需要进行多次操作。下文只是介绍透视变形的基本方法,在实践中需要对此加以灵活运用。

选中工具面板中的"裁切工具",画出一个框,将需要调整的图片全部包含在内。点击屏幕上方的"透视"前的方框,使照片处于透视状态,根据需要拉动剪裁框四角的控制块,以便将变形的局部纠正过来,操作完成后,点击窗口右上角的"提交"按钮✔,将剪裁结果确定下来。如果效果不理想可以取消该操作,重新进行调整。

有些情况下,将某一个物体的角度调整合适了,会引起其他对象的变形,需

---

① 在 Photoshop 软件的操作界面中,"加温滤镜"和"冷却滤镜"的译法是不甚准确的,应该分别译为"暖调滤镜"和"冷调滤镜"。

要多次进行上述操作才能获得满意的效果。

（九）在照片上加文字

如果需要在照片上加入文字，操作方法为：先选中工具面板中的文字工具。系统提供了横排文字工具和竖排文字工具两种工具，可以根据需要选用。用该工具在合适的位置画出一个文字框，在其中输入文字。在该窗口的上方可以对文字的字体、字号、色彩等进行设置。操作完成后，点击“提交”按钮。

输入的文字和图像位于不同的图层，在图层窗口中可以清楚地看到这一点。这样便于对它们分别进行操作。

如果需要再次编辑文字，可用相应文字工具点击文字所在位置；如果要移动文字框的位置，先选中工具面板中的“选框工具”，再将光标移到文字框所在位置将其拖至新位置。

（十）照片的分切

分切照片的目的，是将一张大的图像分切成若干个小块，这样便于在网络环境中传输。

操作方法为：选中工具箱中的“切片工具”，这时光标变成切刀的形状，从图像的某一个位置拉出一个矩形，这就产生了第一个切片，随后可依次在图像上画出所有的切片。

分切后的图像在保存时与一般图像有所不同。执行“文件”/“存储为 Web 所用格式”选项，在打开的操作界面中，根据需要设置相关参数（参数的具体含义参见帮助文件），再点击“存储”，选择类型为“HTML 及图像”，系统会自动生成一个 HTML 格式的文件，它是将所有切片整合在一起的文件，可以显示出完整的图像，而每一个切片也作为一个图像文件保存。

第二节　新闻图表的制作

新闻图表有很多种，其中在网络新闻中运用得最多的是地图和由各种数据生成的统计图表。由于地图的制作有较高的技术要求，因此，本书只介绍一般统计图表的制作。此处介绍的是微软公司的 Excel 软件，它是目前业界采用得较普遍的软件。

一、利用 Excel 输入数据

不管是哪类图表的制作，都需要以原始数据为依据。这些数据可以直接输入到 Excel 的文件中，这样的文件被称为“工作簿”（book）。一个“工作簿”由若干张“工作表”（Sheet）组成（见图 6 – 16）。

Microsoft Excel - Book1

文件(F) 编辑(E) 视图(V) 插入(I) 格式(O) 工具(T) 数据(D) 窗口(W) 帮助(H)

E1 36-40岁

	A	B	C	D	E	F	G	H
1	18岁以下	18~24岁	25~30岁	31~35岁	36~40岁	41~50岁	51~60岁	60岁以上
2	15.80%	37.30%	17.40%	10.40%	7.30%	7.40%	3.00%	1.00%
3								
4								
5								
6								
7								
8								
9								
10								
11								

图 6-16 Excel 工作表示例

每张工作表都有若干行与若干列。每一个表格的单元都处于某一行与某一列的交叉点上，它的名称就可以由行与列的数值来决定，如第 1 行第 E 列(第 5 列)的单元格称为 E5。

如果要表示第 1 行第 1 列至第 5 列这几个单元格，表达方式为 A1:E1，冒号在此表示“至”。如果是 A1:E2，则表示第 1 行和第 2 行的第 1 至第 5 列共 10 个单元格(注意，这里的冒号一定要用半角的方式输入)。

二、利用 Excel 制作饼图

饼图的作用是显示各部分在整体中的比例关系，各部分的和应为 100%。制作方法是：

(1) 在 Excel 中输入数据，其中第一行为各部分的名称，第二行为它们对应的值。

(2)选中所有的数据，执行“插入”选项下的“图表”项，选择图表的类型为饼图，根据自己的需要选择一种饼图的类别，根据提示进行后续操作。对于系统提示的相关参数，可以根据需要选择输入(关于参数的具体含义，可查看帮助文件)。最后系统将自动生成如图 6-17 的饼图。

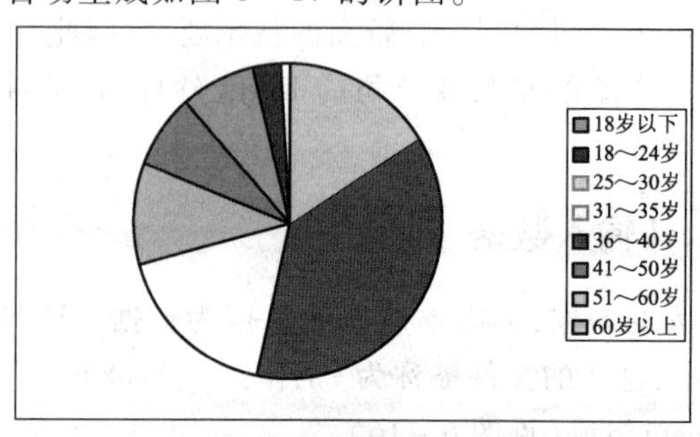

图 6-17 Excel 生成的饼图示例

三、利用 Excel 制作折线图

折线图的作用是显示在横坐标变化时对应的纵坐标值的变化。通常是以时间为横坐标,显示不同时间点上的数据变化情况。

如果要显示的只是一组数据的变化情况,这样的图是单系列的。制作方法是:

(1) 在 Excel 中输入数据,其中第一行是横坐标的值,第二行为对应的纵坐标的值(见图 6－18)。此例中的数据输入在工作表 2 中。

Microsoft Excel - Book1

H27

	A	B	C	D	E	F	G	H
1	1997	1998	1999	2000	2001	2002	2003	2004
2	62	210	890	2250	3370	5910	7950	9400
3								
4								

图 6－18　利用 Excel 生成折线图的源数据工作表示例

(2) 选中纵坐标数据所在的行,在本例中是 A2:H2,执行“插入”选项下的“图表”项,选择图表的类型为折线图,根据自己的需要选择一种折线图的类别。

(3) 在图 6－19 所示的对话框中选择“系列”选项,在“分类(X)轴标志”中,填入横坐标的数据所在区域,在本例中应表示为“ = Sheet2!$A$1:$H$1”,即表示将在工作表 2 中的 A1:H1 上的值作为横坐标上的值。此处的“!”、“ $ ”、“ = ”等符号一定不能少。

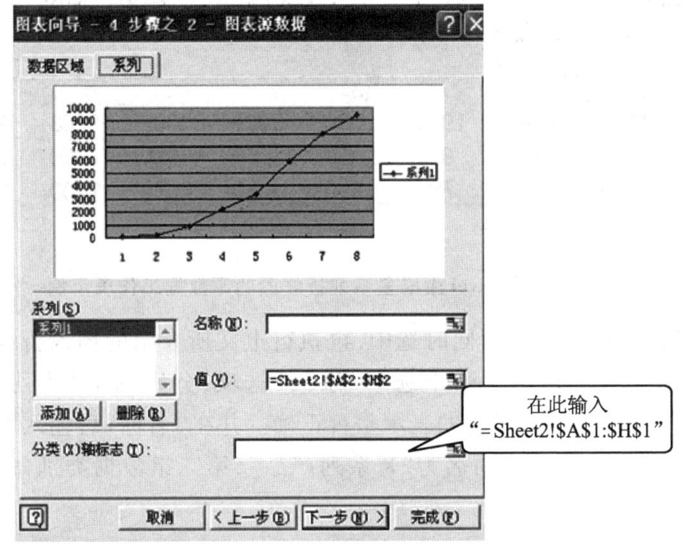

图 6－19　Excel 生成折线图的操作界面

(4) 按照系统提示进行其他操作,最后系统将自动生成如图 6-20 所示的折线图。

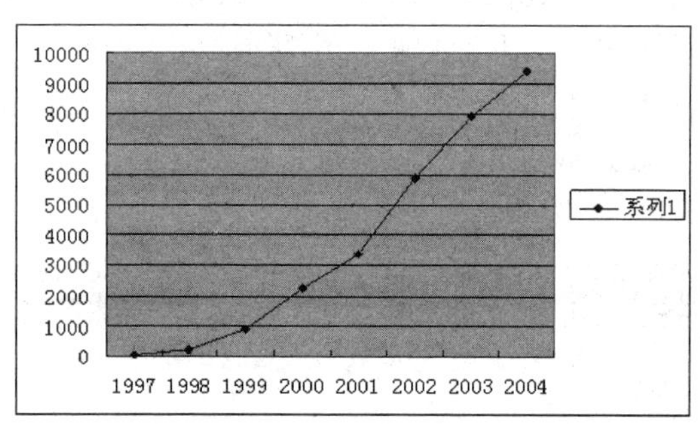

图 6-20 Excel 生成的单系列折线图示例

如果要同时将几组数据生成折线图加以比较,这样的图称为多系列的。操作方式为:

(1) 将横坐标数据输入在第一行,其他的几组数据分别输入在相邻的不同行,如图 6-21 中,第 2 行和第 3 行均为要比较的数据,每一行的数据为一个"系列"。此例中第 1 行为"分类(X)轴标志"(横坐标)的值,这是比较的依据。

Microsoft Excel - Book13

文件(F) 编辑(E) 视图(V) 插入(I) 格式(O) 工具(T) 数据(D) 窗口(W) 帮助(H)

I15

	A	B	C	D	E	F	G	H
1	1997	1998	1999	2000	2001	2002	2003	2004
2	62	210	890	2250	3370	5910	7950	9400
3	50	179	780	1890	3030	5070	7200	8900
4								

图 6-21 用 Excel 生成多系列折线图的源数据工作表示例

(2) 将第 2 行与第 3 行同时选中,再执行上文所介绍的插入折线图的有关操作。在如图 6-22 所示界面中选中"系列"选项,分别选中"系列 1"、"系列 2",同时查看"值"这一栏对应的表示是否正确。并在"名称"后输入对应的系列名称,如将第一组数据类别命名为"X 系列产品",第二组数据类别命名为"Y 系列产品"。

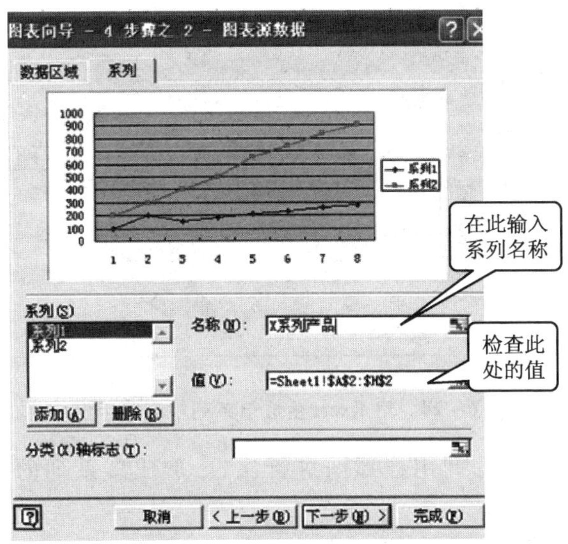

图 6-22 用 Excel 生成多系列折线图的操作界面

(3) 完成所有步骤后,系统将生成图 6-23 所示的折线图。

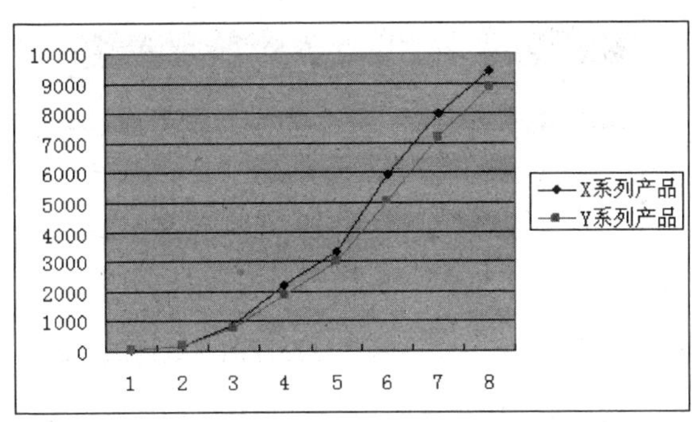

图 6-23 用 Excel 生成的多系列折线图示例

四、利用 Excel 制作柱形图

柱形图的作用是比较各部分的数值大小。单系列的柱形图的制作方法是:

(1) 在 Excel 中输入数据,如前文图 6-16 所示。

(2) 选中所有的数据,执行“插入”选项下的“图表”项,选择图表的类型为柱形,根据自己的需要选择一种柱形图的类别,根据提示进行后续操作。对于系统提示的参数,可以根据需要选择输入。最后系统将自动生成如图 6-24 的柱形图。

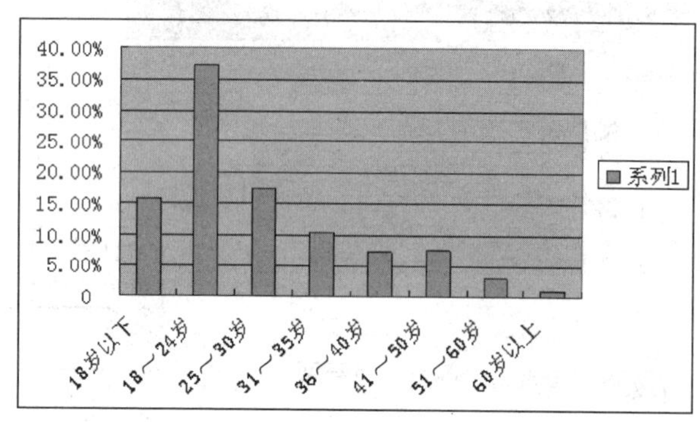

图 6－24 用 Excel 生成单系列柱形图示例

如果要将几组数据利用柱形图进行比较，形成多系列的柱形图，操作方法如下：

(1) 将每一组数据输在一行，如图 6－25 中，第 2 行和第 3 行均为要比较的数据，每一行的数据为一个“系列”。此例中第 1 行为“分类(X)轴标志”(横坐标)的值，这是比较的依据。

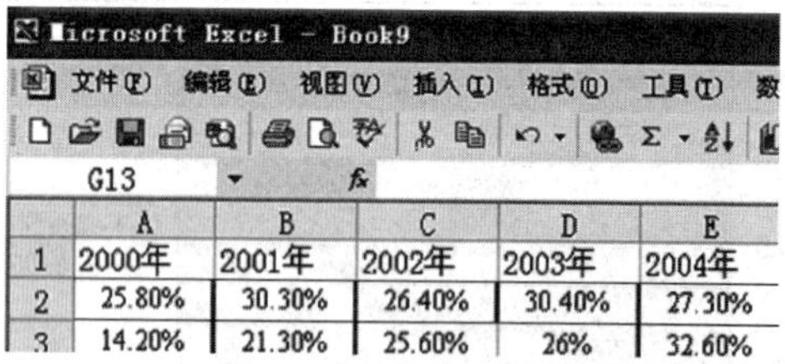

Microsoft Excel - Book9

文件(F) 编辑(E) 视图(V) 插入(I) 格式(O) 工具(T) 数

G13 fx

	A	B	C	D	E
1	2000年	2001年	2002年	2003年	2004年
2	25.80%	30.30%	26.40%	30.40%	27.30%
3	14.20%	21.30%	25.60%	26%	32.60%

图 6－25 用 Excel 生成多系列柱形图的源数据工作表示例

(2) 选中第 1 至第 3 行，执行“插入”选项下的“图表”，选择图表的类型为柱形，根据自己的需要选择一种柱形图的类别。

(3) 如果需要检查生成图表的数据区域是否准确，可以选中如图 6－26 的对话框中的“系列”选项，分别选中“系列 1”、“系列 2”，查看“值”这一栏对应的表示是否正确。如果要指定不同系列数据的名称，可以在对应系列的“名称”处填入相应的内容。还要检查“分类(X)轴标志”处的表示是否正确。

(4) 按照系统提示完成后续操作。最后系统将生成如图 6－27 的柱形图。

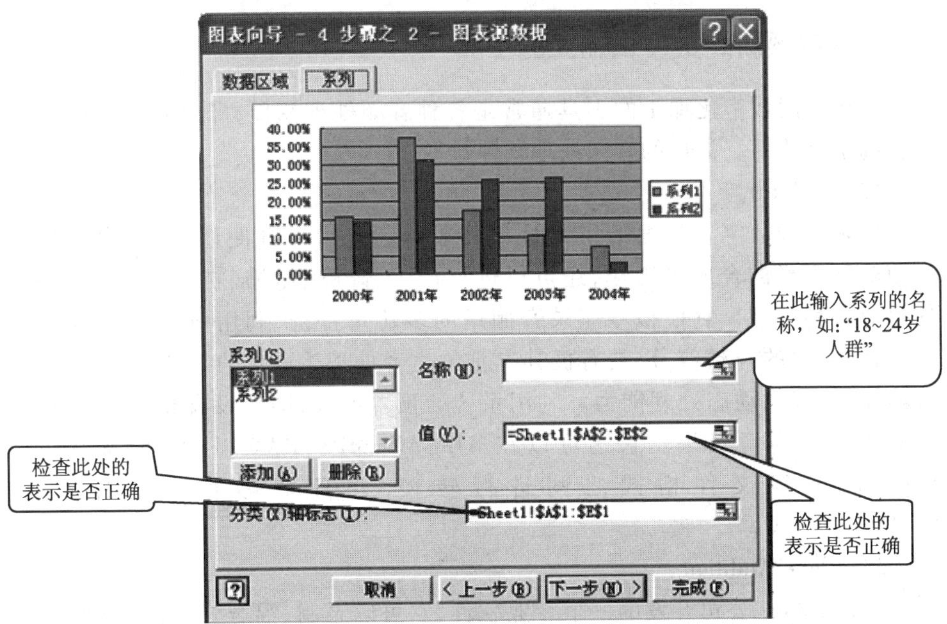

图 6－26　用 Excel 生成多系列柱形图的操作界面

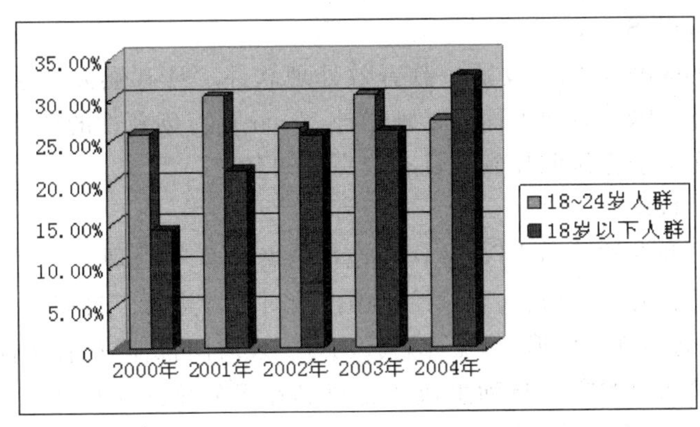

图 6－27　用 Excel 生成的多系列柱形图示例

除了以上几种示意图外，Excel 软件还提供了其他很多选择，但了解以上操作就可以举一反三。

第三节　音频新闻的数字化加工

要使音频新闻能满足数字新闻传播的需要，在某些情况下需要对音频新闻进行一定的技术加工，即利用相应软件进行数字化处理。

一、音频新闻数字化加工的工具

音频新闻数字化加工的工具通常是各种音频处理软件,即录制、编辑、播放声音的工具软件。常见的音频处理软件包括:

1. CoolEdit

这是一种数字音频编辑和 MP3 制作软件。它可以方便地进行录音、声音的剪辑和声音的合成等工作,还可以进行放大、降噪、压缩、扩展、回声、失真、延迟等各种处理。它模拟专业录音棚里的多轨录音机,利用声卡可以同时处理多达 64 轨的音频信号,具有极其丰富的声音处理手段和直观先进的参数调节功能、卓越的动态处理能力。利用系统的预置模式,即使没有相关经验也可以完成各种声音效果。它还可以在 AIF、AU、MP3、RAW、PCM、SAM、VOC、VOX、WAV 等文件格式之间进行转换,并且能够将文件保存为 RealAudio 格式。

2. Adobe Audition

它是 Adobe 公司开发的一个专业软件,它可以录制、混合、编辑和控制音频文件,也可轻松创建音乐、制作广播短片、修复录制缺陷,通过与 Adobe 视频应用程序的智能集成,还可将音频和视频内容结合在一起。

3. Cakewalk Sonar

这是 Cakewalk 公司开发的一款音效处理软件。具有强大的录制、编辑、伴奏和操控功能。除了音效方面的处理之外,Sonar 还有创新性的环绕立体声以及视频功能。在电子音乐制作领域具有很高的知名度。

4. Sound Forge

索尼公司开发的 Sound Forge 软件包括全套的音频处理工具和效果制作功能。可实现声音的任意剪辑,直接绘制声波或对声波进行直接修改,声音振幅的放大缩小、混响、回声、延迟、降噪、降调,也可实现时间拉伸、声音文件格式转换,还可以用频率调变的方法自动生成声音以制作 FM 音色以及刻录 CD 唱片等。但 Sound Forge 只能对单个的声音文件进行编辑,而不具备多轨处理能力。除了强大的音效编辑功能外,它还可以进行大量的音效转换工作,且具备了与 RealPlayer G2 结合的功能,可编辑 RealPlayerG2 格式的文件。

5. Wavelab

Wavelab 软件对音频效果进行实时处理是它的一大特色。所谓实时,就是在不改变原有数据的情况下给声音增添效果。而使用 Sound Forge 等软件的话,想听到效果,就必须把整个音频数据处理一遍,原有的数据将被处理后的数据覆盖掉。所以,Wavelab 很适合用于对音乐作品进行音量、动态、均衡等方面的调节工作。

二、常见的音频文件格式

对音频文件进行加工处理,需要熟悉各种常见的音频文件格式:

1. WAV 文件

WAV 是微软公司开发的一种声音文件格式,用于保存 Windows 系统的音频信息资源。*.wav 格式支持 MSADPCM 等多种压缩算法,支持多种音频位数、采样频率和声道,是目前电脑上最为流行的声音文件格式,但这种格式文件一般体积较大,使用受到一定限制。

2. AIF/AIFF 文件

AIF/AIFF 文件是苹果公司开发的一种声音文件格式,被 Macintosh 系统及其应用程序支持。目前,基于 Windows 系统的许多应用程序也支持这一格式。AIF/AIFF 文件支持 ACE2、ACE8、MAC3 和 MAC6 压缩,并支持立体声效果,也是一种较为流行的声音文件格式。

3. AU 文件

这是太阳微系统公司推出的一种经过压缩的数字声音文件格式,也是网络中常用的声音文件格式之一,多由该公司制造的工作站创建。网景浏览器中的 Live Audio 软件可用来播放 *.au 格式文件。

4. MP1/MP2/MP3 文件

MPEG(Motion Pictures Experts Group)代表一种运动图像压缩标准,其音频文件格式指的是图像中的音频部分。MPEG 音频文件的压缩是一种有损压缩,根据压缩质量和编码程度的不同分别对应 *.mp1、*.mp2、*.mp3 三种声音文件。*.mp1 和 *.mp2 的压缩分别为 4:1 和 6:1 ~ 8:1,*.mp3 的压缩率则高达 10:1 ~ 12:1。例如,一分钟左右的 CD 音质的音乐,未经压缩的大小是 10 MB 左右,而经过 MP3 压缩编码后,只有 1 MB 左右,同时音质基本不失真。因此,目前 MP3 文件格式在网上使用十分广泛,许多多媒体播放器也支持这种格式。

5. RA 文件

RA(Real Audio)是一种流媒体格式的声音文件,适用于流式播放。对应的播放器为 RealPlayer。强大的压缩比和极小的失真使它成为目前网络音频格式中非常重要的一种。

6. AAC 文件

AAC(Advanced Audio Coding),中文译为“高级音频编码”,是手机常用的音频格式,被称为“21 世纪数据压缩方式”,AAC 格式所采用的运算方式与 MP3 格式的运算方式有所不同,AAC 格式有更高的译码效率,总体来说,AAC 文件可以在比 MP3 文件缩小 30% 的前提下提供更好的音质。

三、利用 CoolEdit 编辑音频新闻

由于 CoolEdit 软件目前使用得较为普遍，下面将以 CoolEditPro2.1 为例，说明音频新闻编辑相关的一些基本操作。

（一）CoolEdit 中的“采样率”

在 CoolEdit 中新建一个文件时，有一个基本的参数设置，那就是采样率。想要进行音频新闻编辑，首先就要了解这一概念。

数码音频系统是通过将声波波形转换成一连串的二进制数据来再现原始声音的，实现这个步骤使用的设备是模拟/数字转换器，它可以用一定的速率对原始模拟声波进行采样，每一次采样都记录下了原始模拟声波在某一时刻的状态，我们称之为样本。将许多样本连接起来，就可以描述一段声波了。而每一秒钟所采用样本的数目就是采样率，单位为赫兹（Hz）。采样率越高所能描述的声波频率就越高。对于每个采样系统均会分配一定的存储位来表达声波的声波振幅状态，也即采样分辨率或采样精度。采样精度越高，声波的还原就越细腻。

采样率类似于动态影像的帧频，例如电影的采样率是 24 赫兹，PAL 制式电视节目的采样率是 25 赫兹，NTSC 制式电视节目的采样率是 30 赫兹。当把采样的一个个静止画面再以一定速度回放时，观众看到的就是连续的画面。同理，把以 44.1kHz 采样率记录的 CD 以同样的速率播放时，就能听到连续的声音。显然，这个采样率越高，听到的声音就越连贯。当然，人的听觉和视觉器官能分辨的采样率是有限的，基本上高于 44.1kHz 采样的声音，绝大部分人已经觉察不到其中的分别了。因此，通常在 CoolEdit 中设置的采样率都是 44.1kHz。

（二）CoolEdit 的界面

在 CoolEdit 中，一个文件称为一个“任务”。一个“任务”可以是一个轨道中的声音，也可以由多个轨道中的声音合成。运用 CoolEdit 对声音进行编辑，也就是要将原始声音素材导入，将其放在相应的轨道上，再在轨道上对它进行相应的操作。

CoolEdit 操作界面分为菜单条和左、右两大功能区。

左边功能区集成了三种功能：

素材文件：点击“Files”可切换到此功能，被导入的或者录音产生的用于合成“任务”的所有文件都排列在此。

效果：点击“Effects”可切换到此功能。“效果”有若干类别，点击某一大类，可以看到具体的效果。

最喜欢的效果：点击“Favorites”可切换到此功能，它列出了最常使用的效果。

窗口的右边，是声音的编辑界面。在 CoolEdit 中，可以在两种界面下进行声

音的编辑。一种是“波形编辑”(Edit View)界面(见图6-28),一种是“多音轨编辑”(Multitrack View)界面(见图6-29)。

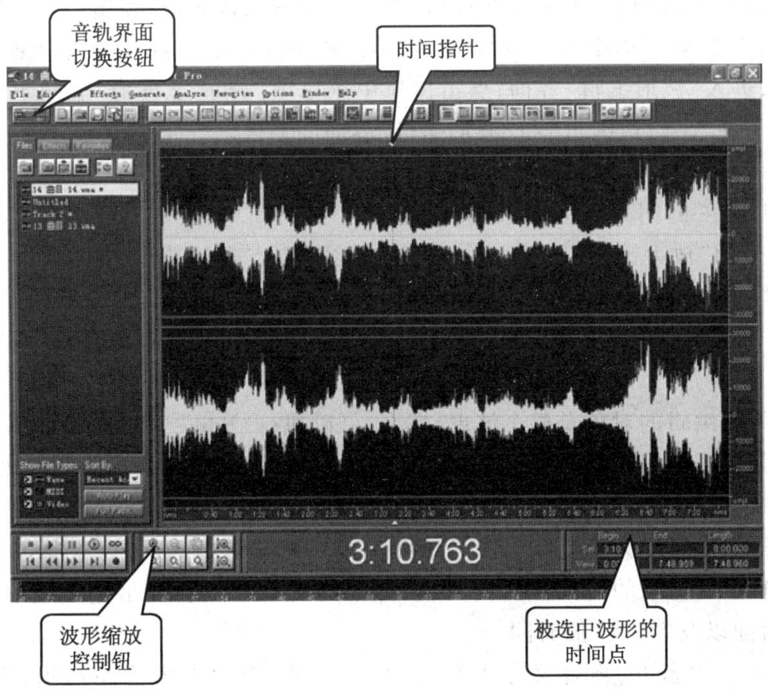

图6-28 CoolEdit的“波形编辑”界面

图6-29 CoolEdit的“多音轨编辑”界面

1. “波形编辑”界面

在这一界面中,编辑对象是单个的声音文件。要进入“波形编辑”界面,有如下几种方式:打开一个声音文件后,系统自动进入该界面;在窗口左边的文件列表中,点击某一文件名,进入该界面;在“多音轨编辑”界面中,选中某一个波形双击,进入“波形编辑”界面;点击窗口中菜单项“File”下方的“音轨界面切换按钮”,可在“多轨道编辑”和“波形编辑”界面间切换。

在该界面中,声音以波形的方式显示出来,在窗口下方有一个时间轴,这个时间轴以某一时间为单位。如果要观察更小的时间单位,可以点击屏幕下方的带“ + ”号的“放大镜”图标来放大波形。反之,则点击屏幕下方的带“ - ”号的“放大镜”图标。

在“波形编辑”界面中,可以进行的操作主要有录音、声音的剪辑、声音效果的调整等。

如果要编辑的对象是整个波形,那么,可以执行“Edit”/“Select Entire Wave”选项。如果需要编辑的对象只是波形中的某一段,那么选中该段波形的操作为:用光标在波形中的某一部分扫过,就像在 Word 软件中选中某一段文字一样,这时这一段波形显示为高亮状态。为了使选中对象非常精确,可以参照窗口下方的时间轴上所显示的时间点。同时,在屏幕的右下角也会显示选中波形的“起点”的时间以及“终点”的时间。

在这一状态下,声音又分为左、右两个声道,界面上方为左声道,下方为右声道。操作者可以对每个声道进行独立处理。需要单独对左声道进行编辑时,用鼠标选中波形图的某一段,执行“CTRL + L”,这时,下方的右声道变灰,选中对象只在左声道。如果只对右声道进行编辑,用鼠标选中波形图的某一段,执行“CTRL + R”,这时,上方的左声道变灰,选中对象只在右声道。

这一界面下编辑的声音文件,可以单独保存,也可以作为“多音轨编辑”中的一个文件,与其他文件合成为新的文件。

2. “多音轨编辑”界面

在“多音轨编辑”界面中,可以将多个声音文件放在不同的“音轨”上,将它们合成一个文件,并且对整体效果进行调整,最终形成一个“任务”。

进入“多音轨编辑”界面有如下方法:如果在“波形编辑”状态,则点击窗口中菜单项“File”下方的图标,可切换到“多音轨编辑”界面;在“多音轨编辑”状态下,执行“File”/“New session”选项,也可进入“多音轨编辑”界面。

在“多音轨编辑”状态下,各个音轨都有三个按钮:R、S、M ,颜色分别为红、黄、绿。按下 R 键时,表示该音轨处于可以录音的状态;按下 S 键时,表示该音轨处于单独播放状态;按下 M 键时,表示该音轨处于静音状态。

无论是在“波形编辑”界面还是“多音轨编辑”界面，都可以看到一个黄色的时间指针，它指明了当前的编辑点。在进行各种编辑时，都要注意将它移到准确的位置。

还要特别注意的是，在不同编辑界面下，主菜单中的操作不尽相同。

（三）声音的剪辑

用 CoolEdit 对一个声音文件进行基本的剪辑，操作非常简单。主要步骤如下：

（1）将编辑界面切换至“波形编辑”，执行“File”/“Open”选项，将需要剪辑的文件打开，可以看到左、右两个声道的波形，上方为左声道，下方为右声道。

（2）选中需要剪掉的那一段波形，按下键盘的“DEL”键，或按下鼠标右键执行“cut”项。这时声音文件就被剪掉了一段。

（3）如果将剪下的波形再粘贴到该文件中的其他位置，则实现了对声音顺序的调整。

如果需要将几个声音文件中的某些内容剪辑到一个文件中，形成一段新的声音，主要操作方法为：

（1）打开需要进行编辑的各个文件，在第一个文件中选中某一段，执行“CTRL + C”，将其复制。

（2）新建一个文件，在“波形编辑”状态下，在时间指针为“0”处，执行“CTRL + V”，将复制的波形块粘贴到此文件中。

（3）依次在其他文件中选中要剪辑的波形块，复制它们并粘贴到新文件中的相应位置。

（4）保存新建的文件。

另外，也可以一个文件为主，利用主菜单中的“Insert”选项下的相应操作，插入其他素材。

（四）音量的增强与减弱

有时需要将声音文件中的某一段音量增强或减弱，操作方法为：

在“波形编辑”界面下，选中要调整音量的那一段波形，执行主菜单中的“Effects”/“Amplitude”/“Amplify”选项，在图 6 – 30 的界面中，设置相应的增益值（Amplification），如该值为正，是增加音量，如为负，则为减小音量。

如果只要改变某一个声道的音量，则只需单独选择某一声道中的某一段波形，再执行上述操作。

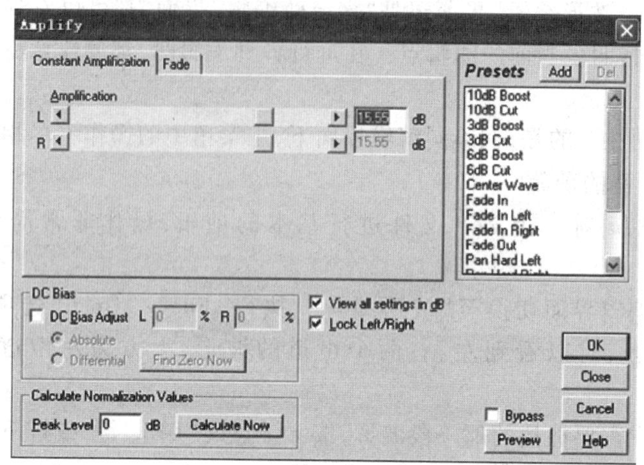

图 6－30 改变音量设置操作界面

（五）声音的淡入与淡出

声音的淡入与淡出是常见的特效，系统将其作为一个固定的命令，其操作方法为：

在"波形编辑"界面下，选中要加载效果的那一段波形，执行主菜单中的"Favorites"/"Fade in"或"Fade out"选项，即可得到相应效果。但这种效果是固定的，如果要得到个性化的淡入或淡出效果，可执行"Effects"/"Amplitude"/"Amplify"选项，在对话框的上方选择"Fade"，打开图 6－31 的界面，根据自己的需要选择起点的音量（Initial Amplification）和终点的音量（Final Amplification）。

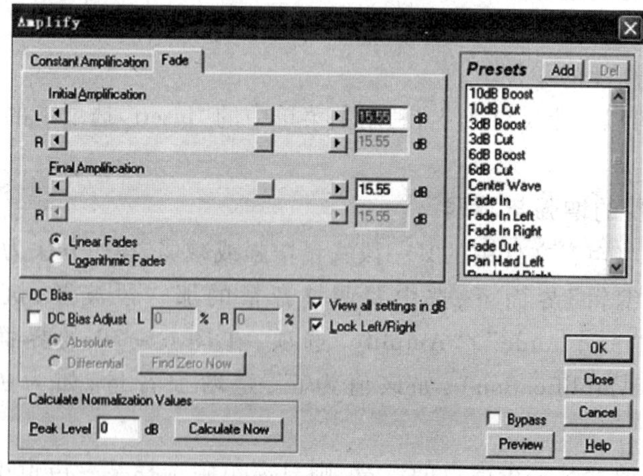

图 6－31 设置声音淡入淡出效果的操作界面

淡入与淡出的效果也可以只加在某一声道上。在选中某一声道的某一段波形的前提下，再进行上述操作即可。

（六）声音的相位处理

声音的相位指的是声音在听觉上的位置，它是构成立体声效果的重要因素。

如果要对某一段声音的相位进行调整，在"波形编辑"界面下，选中要进行调整的那一段波形，执行"Effects"/"Amplitude"/"Pan/Expand"选项，打开如图6-32所示的设置窗口。

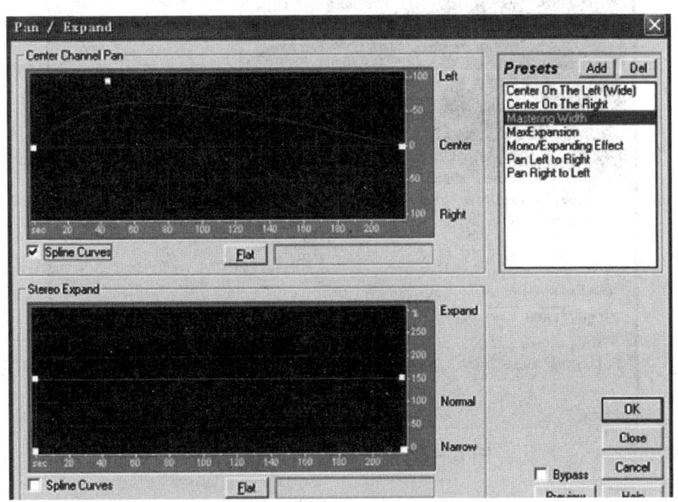

图6-32 相位调整操作界面

也可将窗口左侧的视图转换为"效果"，在"Amplitude"下找到"Pan/Expand"选项用鼠标双击。

该窗口中上方的蓝色的曲线用来调整声音在左、右的位置。当该线向上提升时，声音偏左；当该线向下移时，声音偏右。

该窗口下面的曲线用于调整立体声的扩展幅度。

用户可根据需要调整这两条曲线。此外，系统已在窗口右侧的"Presets"选项中提供了一定的预设方案，可以选择其中符合自己需要的相位。

（七）降噪处理

由于各种各样的原因，录制的声音中，或多或少会存在噪音。利用 CoolEdit 处理噪音，主要采用采样降噪方法。采样降噪是目前比较科学的一种消除噪音的方式。它首先获取一段纯噪音的频率特性，然后在有噪音的声音波形中，将符合该频率特性的噪音从声音中去除。

为了获得较好的降噪效果，录音前可以在正式录音环境中单独录一段环境噪音，这段噪音尽量要长些，以使它包含足够多的噪音样本。另外，这个环境噪音应该在正式录音时始终存在。录音完成后，打开声音文件，选中录下的那段纯噪音，然后对这段噪音进行"采样"。操作方法为：

(1) 执行主菜单中的“Effects”/“Noise Reduction”选项打开降噪参数设置界面(见图6-33)。

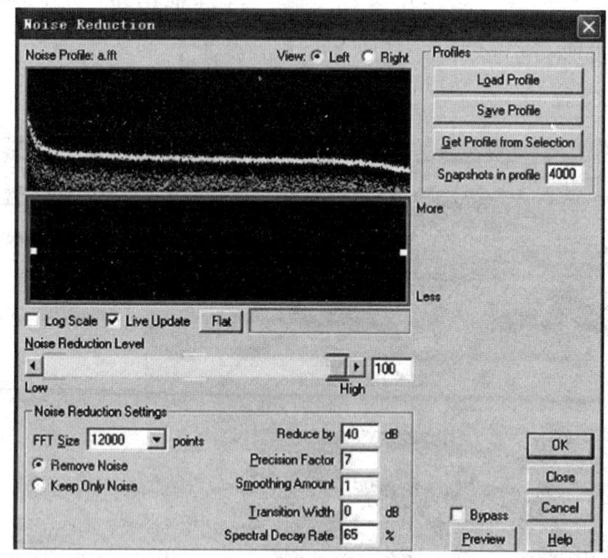

图6-33 降噪设置操作界面

(2) 点击“Get Profile from Selection”按钮,进行噪音分析。

(3) 点击“Save Profile”按钮将分析结果保存为一个文件,例如命名为“noise. fft”。

(4) 关闭对话框后,选择文件中需要降噪的其他部分,再次进入降噪操作,打开相应对话框,用“Load Profile”将刚才保存的文件“noise. fft”选中,最后在降噪窗口中调整参数设置(但通常最好保持默认值),完成后点击“ok”键。

(5) 回到波形中可以看见,降噪效果已经实现。

需要注意的是,消除噪音对原声音会有不同程度的损耗,所以要多听多试,选择合适的方案,既要去除不可忍受的背景噪音,也要让声音不至于失真。

(八) 声音的合成

以上操作都针对单一声音轨道,如果要将多个声音合成在一起,成为一个声音文件,则需要用到多音轨操作。主要方法为:

(1) 将各个声音文件依次导入,方法是将编辑界面切换至“多音轨编辑”,执行主菜单中的“File”/“Open Waveform”选项。

(2) 将左边素材窗口中的各个声音文件分别放入相应的轨道。放入素材的简单方式是将素材拖至轨道,但这种方式不容易控制素材放置的时间点。在任何时间点上要将素材准确放入,可先将时间指针移到合适的位置,再选中某一轨道,按右键执行“Insert”选项,从菜单选择相应的素材文件。

（3）根据需要，可以在各音轨上对每一轨道声音的长度、音量等进行编辑。

（4）根据需要，对声音效果（Effects）进行处理（由于声音效果的种类很复杂，处理起来需要较多的专业知识，在此不详细介绍，读者有兴趣可参考有关资料）。

（九）利用 CoolEdit 录音

利用 CoolEdit 录音有两种情况，一种是单纯的录音，另一种是在其他音轨中有某些声音素材的情况下，再在某一音轨上录音，最终将它们合成在一起。

对于单纯的录音，可以打开一个新的“任务”，在“波形编辑”界面中，点击录音按钮，即可开始录音，录音结束时按停止键。对于这段录音，可以利用系统提供的功能，进行剪辑、降噪等处理，再将其导出。

如果录音的目的是为了与其他音轨中的素材合成，则可以在“多音轨编辑”界面下，选中某一个空音轨，将时间指针移到需要开始录音的时间点，点击音轨名称下方的“R”按钮，进入可录音状态，再按下录音键。录音结束时按停止键。再次点击“R”键，可关闭录音状态。

在该音轨进行录音时，其他音轨可以同时播放，这便于把握录音的进度。但如果不需要播放某一音轨的声音时，可以点击该音轨名称下方的“M”键，使该音轨处于静音状态。再次点击该按钮，可重新打开声音。

录音结束后，可根据需要对录音所在的音轨进行编辑，以便更好地与其他的声音相配合。

（十）从视频文件或 CD 中获取音频素材

CoolEdit 不仅能直接处理各种音频文件，还可以将视频文件中的声音素材提取出来单独编辑。只要将编辑界面切换至“波形编辑”，执行“File”/“Extract Audio from Video”选项，选中某一视频文件，便获得了其中的声音素材。这个素材可以像其他素材一样进行编辑。但 CoolEdit 能接受的视频格式只有 AVI。

CoolEdit 还可以将 CD 播放器中的声音素材提取出来进行编辑。这时要将编辑界面切换至“波形编辑”，执行“File”/“Extract Audio from CD”选项，再进行相应设置。

（十一）将两个音频文件合并

如果要将两个音频文件合并在一起，可以利用前面提到的方法进行编辑。但系统提供了一种更简单的方法。将编辑界面切换至“波形编辑”，执行“File”/“Open”选项，将位于前面的音频文件打开，再执行“File”/“Open Append”选项，则后面一段音频文件被打开，并直接添加在前一段音频后。这样可以方便地实现两者的合并。

（十二）声音的导出

在 CoolEdit 两种不同的编辑界面，导出的内容不完全相同，格式也有所区别。

在“波形编辑”界面下，可以执行“File”/“Save”选项或“File”/“Save As”选项，这样可以用声音文件原来的格式进行保存。

在“多轨道编辑”界面下，可执行“File”/“Save Session”选项或“File”/“Save Session As”选项，这样可以根据保存需要选择文件的格式类型。如果在“多音轨编辑”界面下执行“Save All”选项，那么，所有独立的声音文件（波形）会被保存至电脑。

第四节 视频新闻的数字化加工

视频新闻的数字化加工即对数字化的视频文件进行必要的技术处理，以便视频新闻能更好地满足数字传播的需要。

一、视频新闻数字化加工的工具

视频新闻的数字化加工，主要利用的是非线性编辑软件。所谓非线性编辑，是相对于传统的线性编辑方式而言的。传统的线性编辑主要依靠录像机通过机械运动使用磁头将视频信号顺序记录在磁带上，在编辑时也必须顺序寻找所需要的视频画面。用传统的线性编辑方法，如要替换与原画面时间不等的画面，或删除节目中某些片段时都要对整个节目进行重编，而且每编一次视频质量都会有所下降。非线性编辑系统是采用数字技术将视频信息保存下来并进行处理，它实现了视音频编辑的非线性化，即能实现对原素材任意部分的随机存取、修改和处理。通常我们把以各型计算机为中心构成的视频、音频工作站称为非线性编辑系统。

由于非线性编辑方式改变了传统线性编辑方式的制作过程，在视频编辑的灵活性、经济性、网络化以及保证信号质量等方面，有着线性编辑无法比拟的优点，这使得非线性编辑系统迅速推广，成为视音频后期编辑的主要手段。

目前的非线性编辑软件很多，Adobe Premiere 是其中一个具有代表性的产品。它集剪辑、特技应用、场景切换、字幕叠加、配音配乐等功能于一身，具有广泛的素材兼容性，进行视频格式转换十分方便。在 Adobe Premiere 的帮助下，许多原先只能由专业影视制作人员才能完成的作品，一般爱好者就可轻易完成。高版本的 Adobe Premiere 还具有实时预览功能，可以方便地监视编辑效果，提高编辑速度。

二、常见的视频文件格式

1. AVI 文件

AVI（Audio Video Interleaved）这是微软公司开发的一种符合 RIFF 文件规范

的数字音频和视频文件格式,被多种操作系统支持。该格式未限定压缩标准,只是作为控制界面上的标准,不具有兼容性,用不同的压缩算法生成的 *.avi 文件,必须用相应的算法才能播放出来。该格式主要用于保存电影、电视等各种影像信息,多用于多媒体光盘制作。

2. MOV 文件

.mov、.move、*.movie 是苹果公司推出的一种数字音频和视频文件格式,其压缩比率较大,质量较高,适用于流式播放。在 Windows 系统中,可用 QuickTime 软件进行播放。

3. ASF 文件

ASF 是微软制定的流媒体格式,它支持多种压缩/解压缩编码方式,并可以使用任何一种底层网络传输协议,具有较大的灵活性。对应的播放器是 Windows Media Player 软件。

4. RM 文件

RealSystem 是网上非常普及的一种流媒体技术,它的文件格式为 *.rm。其性能表现非常稳定,大量的流媒体服务网站都采用了这项技术,对应的播放器为 RealPlayer 软件。

5. MP4

使用 MPEG - 4 编码技术的视频格式,其压缩比高,同时视频质量还能保持较高水平。

6. 3GP

这一格式由诺基亚公司与苹果公司共同开发。它使用 MPEG - 4 和 H.263 两种影片编码方式,以及 AMR - NB 和 AAC - LC 两种声音储存方式,它的文件体积小,因此可以将视频以更经济的方式存放在手机或其他移动设备里。使用 QuickTime 软件也可在电脑上播放 3GP 格式的影片。

三、利用 Adobe Premiere 编辑视频新闻

由于 Adobe Premiere 使用较为广泛,本书将以 Adobe Premeier 的英文版为例介绍视频新闻编辑的一些主要操作。尽管现在 Premeier 的版本有了更新,但是,对于一般的视频新闻编辑来说,Adobe Premiere 已经够用了。

(一) Adobe Premiere 的界面

Adobe Premiere 的界面(见图 6 - 34)主要由主菜单区、项目素材窗口、时间轴编辑窗口、监视器窗口和浮动工具面板等几个部分组成。形象些说,项目素材窗口就像是一个原材料仓库,项目素材窗口中的"Clip"窗口和监视器窗口中的"源素材"窗口是预加工车间,时间轴编辑窗口是一个组装线,而监视器窗口则是检验处。

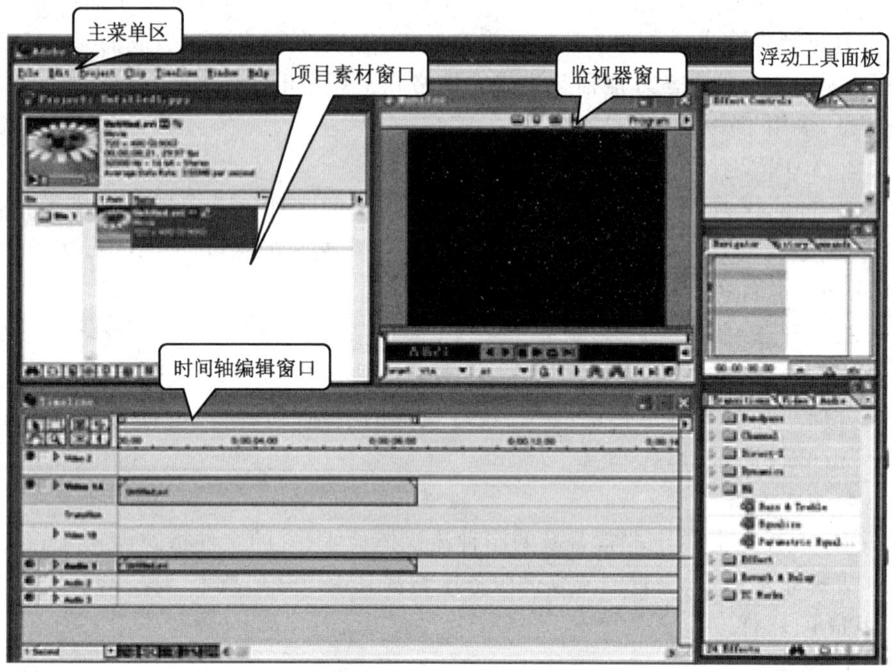

图 6－34 Adobe Premiere 软件的操作界面

1. 主菜单区

系统的主要命令都集中在主菜单中。

除了“File”、“Edit”、“Window”这些常规的菜单项外，系统还提供了对三类对象的操作菜单：

Project：一个 Adobe Premiere 的文件称为一个“项目”（Project），这种项目是由很多素材片段依据其时间先后顺序排列起来形成的一段视频影片。在“Project”菜单项下的命令，包括对项目的整体属性设置和其他与项目相关的操作。对影片的屏幕大小、帧频（播放速度）等进行调整，均可在此菜单下的“Project Setting”下的“Video”选项中设置。

Clip：指素材片段。每个项目可以利用若干已有素材，但是，并不是每一个素材都可以拿来即用，有不少素材需要经过再次加工，最后与其他素材合成到一起。在“Clip”菜单下，集中了与素材加工有关的各种操作。

Timeline：指时间轴，在这里指合成为一个项目的素材序列。在时间轴上，各种素材按照其时间先后顺序被组织在一起，也有一些素材需要同时出现，那么它们是被分配在不同的轨道上同时播放的。在“Timeline”菜单项下，是与合成时间轴有关的操作。很多操作也可以在时间轴窗口中按鼠标右键选择或点击相应工具实现。

2. 项目素材窗口

每个 Premeier 的项目都有若干用于合成的素材，如视频、音频、图片、字幕等，系统可以接受的文件格式包括 avi、mov、jpg、gif、wma、wmv、wav、mp3、prtl 等。可以执行“File”/“import”/“file”选项将所有素材导入，这时在素材窗口中可以看到这些文件，选中文件后在素材窗口的左上角还有一个小的预览窗口。素材窗口的作用类似于一些软件中的“库”。

相关素材可以放在一个文件夹下，通常系统会自动生成一个叫“Bin1”的文件夹，如果要对它进行更名，可双击文件夹名称。如果要新建文件夹，可在此窗口中按右键，执行“New”/“Bin”选项。

在该窗口下方有一系列功能按钮，前面三个图标分别代表查找素材、新建素材文件夹、新建素材。而后面三个图标则可以在素材文件的三种不同视图方式间进行切换。

将光标移到代表素材的图标上双击，可以打开剪辑素材片段的“Clip”窗口（见图 6－35）。在此窗口中可以对源素材进行编辑，其中最主要的一个工作是从原始素材中截取用于“组装”成完整影片的素材，这段素材的起点与终点，分别称为“入点”与“出点”。对于静态图像等素材，在此窗口中还可以进行相关参数设置，如一张图片的延续显示时间等。此窗口的构成及按钮的功能与监视器窗口中的“源素材”窗口类似，有关功能请参见下文介绍。

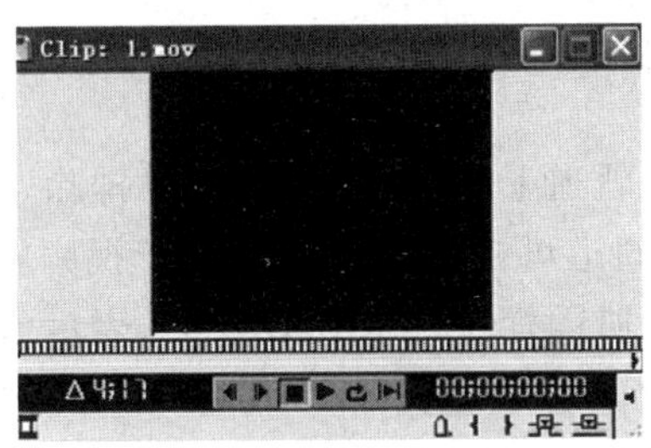

图 6－35 “Clip”窗口

3. 时间轴编辑窗口

这是将素材编辑、合成为最终的影片的窗口（见图 6－36）。在该窗口中，系统默认值为两条视频轨道和三条音频轨道：Video1、Video2、Audio1、Audio2、Audio3，还可以根据需要增加新的轨道，操作方法为：打开“Timeline”/“Add Video Track”选项或“Timeline”/“Add Audio Track”选项，或在此窗口按鼠标右键，执行“Add Video Track”或“Add Audio Track”项。

每一个视频轨道相当于画面的一个层次，当需要同时将多个素材叠加在一起形成效果时，就需要用到不止一个轨道。一般来说，上方轨道中的内容将覆盖在下方轨道中的内容上，对音频轨道也是如此。

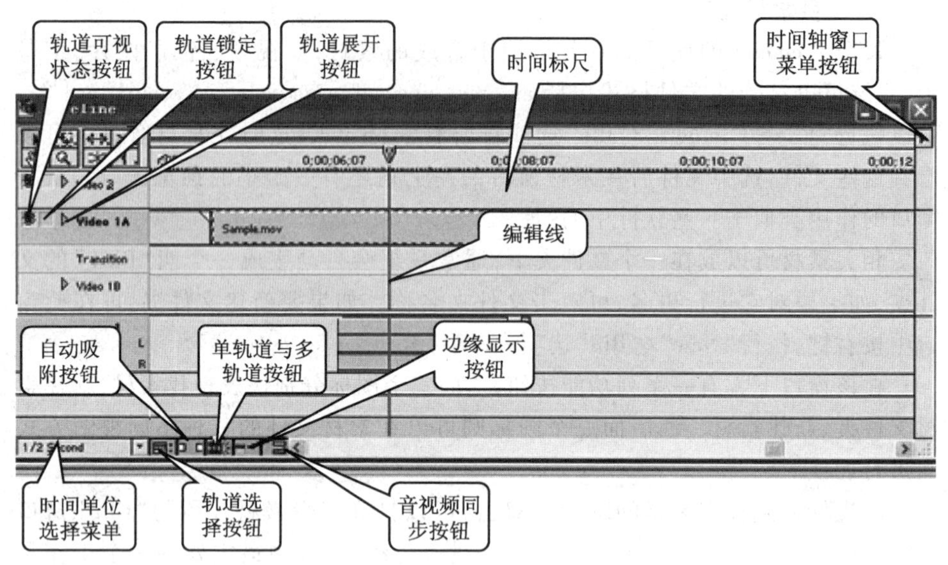

图 6-36 时间轴编辑窗口

在视频轨道之中，第一条轨道即 Video1 比较特殊，它包含着三条子轨道 Video1A、Video1B 和 Transition 三个子轨道。Video 1A 和 Video 1B 是放素材的轨道。Transition 轨道则是一条比较特别的轨道，在它上面不能加载任何视频素材，而只能装载各种切换方式，用于实现从 Video 1A 轨道画面向 Video 1B 轨道画面的转换过程。

如果需要，可将一条轨道上的素材从影片中"排除"(Exclude)，其操作方法为：点击轨道名称前的"轨道可视状态按钮"(对于视频轨道它是眼睛图标，对于音频轨道，它是一个喇叭图标)。图标出现时，表示该轨道上的素材是被"包含"的，图标消失时，则此轨道上的素材被"排除"。被排除的素材在预览或最终的输出影片中都不会出现。但是，在时间轴上可以看到它们，这种被排除的素材是为了在制作时方便进行比较。例如，对一段素材的新旧版本进行对比时，可将旧版本的素材放在某一轨道上与新版本比较，但这一版本素材本身最终不需要出现在影片里。

如果在制作时需要让某些轨道临时消失，以便集中注意力制作某些轨道，则可以进行如下操作：在轨道前有图标显示的情况下，按住 CTRL 再点击此图标，这时图标变成或，这意味着将当前轨道做了一个标记，对所有需要隐藏的轨道做完标记后，再点击执行"Hide Shy Tracks"选项，那么所有做过标记的轨道都会消失，但是这些轨道的内容在预览或输出后仍然是存在于影片中的。如果要让它们恢复显示，则执行"Show Shy Tracks"选项。

在"轨道可视状态按钮"后有一个"轨道锁定按钮"。如果不希望在对某些轨道进行操作时对当前轨道造成影响,那么可在此轨道的该按钮处点击,使之出现一个锁的图标,当前轨道即被锁定。点击锁的图标使之消失,则锁定状态解除。

一个轨道通常只显示一行,如果点击“轨道展开按钮”,即可将它展开。素材下面会出现一个副轨道。这种状态可用于调整可见度、音量等操作。

在时间轴窗口上方有一个带刻度的标尺,它是时间标尺。当用鼠标点击时间标尺上某一点时,会出现一个滑块,这是时间指针,它表明当前选中的时间点,它对应着一条编辑线,插入素材、移动素材等许多操作都与此编辑线有关。拖动这个滑块,可以看到监视器窗口也有一个对应的时间指针在移动,同时窗口中会显示不同的内容。这个时间标尺单位可以根据需要进行更改,点击窗口左下角的“时间单位选择菜单”即可。

在该窗口的下方还有一排编辑功能按钮,它们分别是:

轨道选择按钮(Track Option Dialogue):点击后可在打开的相应窗口中新建轨道、删除轨道、对轨道进行更名等。

自动吸附按钮(Toggle Snap to Edges):选中此工具后,当拖动一段素材的起点至另一段素材的终点相邻处时,系统会自动将它吸附过去,即将其起点与前一段素材的终点对齐。

边缘显示按钮(Toggle Edge Viewing):单击此按钮,可以显示对象边缘。

单轨道与多轨道按钮(Toggle Shift Track Options):当该图标显示为单轨道时,那么素材窗口及菜单命令中的“插入”或“覆盖”操作只对选中的轨道起作用,当图标显示为多轨道时,该操作对所有轨道起作用。

音视频同步按钮(Toggle Sync Mode):当此按钮上有一个链条形状时,表明处于音视频同步状态,即两段有链接关系的音频与视频素材的操作是同步的,当对一段素材进行剪裁、移动等操作时,另一段素材也会发生相应变化。如果点击此按钮,使链条消失,则同步状态关闭,再次点击此按钮,则恢复同步状态。

在对时间轴上的素材进行编辑时,可用不同的方式显示时间轴上的素材。在时间轴窗口按右键,执行“Timeline Window Options”项,可打开如图6-37所示窗口,在该窗口中的“Track Format”选项中选择自己需要的方式。通常情况下,如果让素材以帧画面的方式显示,可便于设置入点与出点以及进行其他编辑。

4. 监视器窗口

这是观看、选取素材以及显示总体效果的窗口,主要包括“源素材”(Source)窗口和节目(Program)效果窗口。该窗口可以只显示单屏(见图6-38),也可以显示双屏(见图6-39)。点击该窗口的视图切换按钮,即可进行单双屏切换。

这个窗口可以观看以下对象:

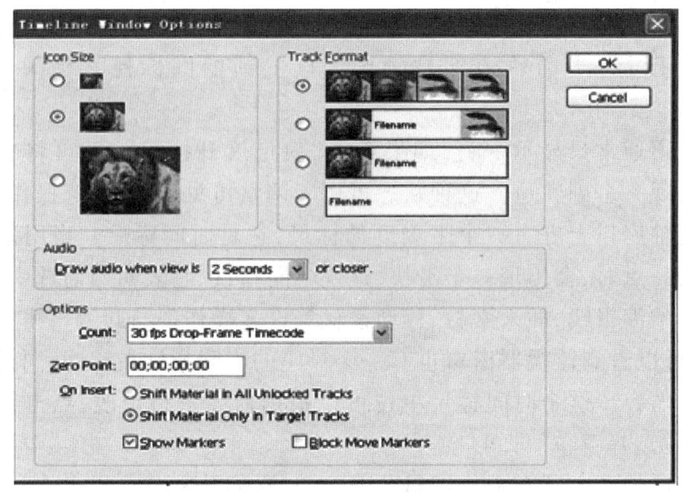

图 6－37 时间轴窗口参数设置界面

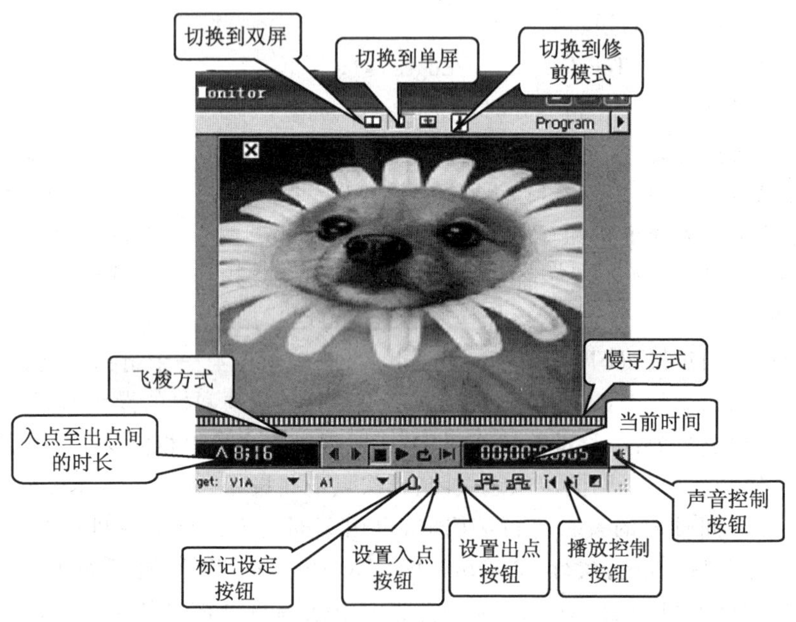

图 6－38 监视器的单屏模式(节目效果窗口)

源素材:在这个状态下,可以观看源素材的内容,并决定素材的取舍。通常是在一段视频或音频素材中设置入点与出点,将素材中可用的那一段截取下来,以便放置到时间轴上的相应位置。这个窗口的功能与双击素材打开“Clip”窗口类似。要使素材文件在“源素材”窗口中显示,需要从素材窗口中拖动素材文件至“源素材”窗口。当一段新的素材拖入“源素材”窗口时,该窗口中原有的源素材自动被取代。

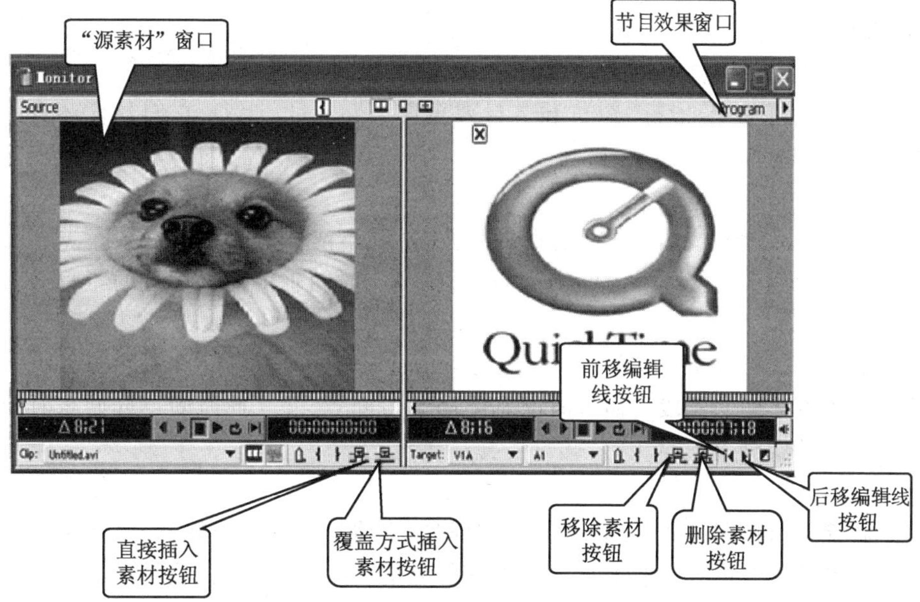

图 6-39 监视器的双屏模式("源素材"窗口与节目效果窗口)

合成后的节目效果:通常需要执行"Timeline"/"Preview"选项或按回车键将时间轴导出,再点击监视器的播放钮,才能正确观看最终效果。单屏时,只能观看节目效果,双屏时,则可以同时观看源素材和节目效果。

在显示器窗口中有两种寻找特定时间点的方式,即慢寻方式与飞梭方式。将光标移到慢寻条上按下鼠标左键不放再左右移动,可以精确地寻找素材中的某一帧。拖动飞梭条中的时间指针,则可以快速寻找。同时,窗口右下角会显示出当前指针所在的时间点。在飞梭方式的时间标尺上有入点与出点的标记,分别为"{"和"}"。拖动这两个标记,可以改变素材或节目的入点与出点。

该窗口中屏幕下方有一组播放控制按钮。第一、第二个为逐帧播放按钮,每点击它们一次,可往前或往后翻一帧。如果按住 SHIFT 键再点击此两按钮,则一次走五帧。第三个为停止按钮,第四个为播放按钮,第五个为循环播放按钮,第六个按钮指定播放在素材入点与出点之间的内容。

在窗口最下方有若干编辑功能按钮,其中常用的按钮为:

标记设置按钮:为了记住素材或节目中的某一个时间点,以便可以快速查找或定位到此位置,可以在此设置一个标记。入点与出点是系统最基本的两个标记,此外还有其他标记。

设置入点按钮:选中时间标尺上的某一点,再点击该按钮,便可将此位置设置为入点。

设置出点按钮:选中时间标尺上的某一点,再点击该按钮,便可将此位置设置为出点。

声音控制按钮:可根据需要打开或关闭声音。

以上按钮是“源素材”窗口和节目效果窗口共有的,此外,它们各自还有一些专属的功能按钮。

“源素材”窗口中有:

直接插入素材按钮(Insert):点击此按钮后,当前窗口的源素材中入点到出点之间的片段会直接插入时间轴中当前时间点,时间轴上此处原有的素材会自动后移。

覆盖方式插入素材按钮(Overlay):点击此按钮后,当前窗口中的源素材中入点到出点之间的片段会插入时间轴中当前时间点,并从此时间点开始将时间轴中原来的素材覆盖掉。

节目窗口中有:

移除素材按钮(Lift):其功能是在时间轴上将选定的素材删除,时间轴上其他素材维持原有位置。此处选定的素材是指在节目窗口中时间指针所在时间点到出点之间的所有素材,可以通过改变出点的方式保留出点之后的素材。

删除素材按钮(Extract):在时间轴上将选定的素材删除,它后面的素材将自动前移。

前移编辑线按钮:将编辑线前移,使它到达上一个编辑点,这时的编辑点总是某一素材的起点或终点处。

后移编辑线按钮:将编辑线后移,使它到达下一个编辑点。

另外,点击窗口中的“切换到修剪模式”按钮,可以转到素材的修剪模式(见图6-40)。其中,右边的窗口显示素材的入点,左边的窗口显示素材的出点。在这一窗口中可以对素材进行精确剪辑。

图6-40 素材修剪模式窗口

5. 浮动工具窗口

包含各种工具的面板，如视频效果工具、音频效果工具、转场特技工具、效果控制工具、历史记录等。

（二）使用 Adobe Premiere 进行视频编辑的基本思路

尽管 Adobe Premiere 可以完成的效果非常多样，但是各种操作的基本思路是一致的，那就是将所需的各种素材，在“Clip”窗口或“源素材”窗口中经过长度等方面的加工后，最终在时间轴上依据需要连接起来。当几个素材间存在着叠印或前后交叉的关系时，需要将它们放在不同的轨道上。当视觉类素材间的切换需要用到特技时，这两个素材要分别放在 Video1A 和 Video1B 上，而转场特技放在 Transaction 这个特殊的轨道上。

Adobe Premiere 中的素材包括视频、音频、动画、字幕、静态图片等。前三者本身有时间上的延续，直接将它们放在时间轴上相应的轨道并调整其长度即可。字幕可以是静止的，也可设置成运动的。而静态图片也可用运动的方式加以呈现，即使是完全静止的字幕或图片，也可以根据需要延续一定时间。

（三）Clip 窗口或“源素材”窗口的源素材编辑

利用 Clip 窗口或“源素材”窗口可以对源素材进行编辑，特别是设置入点与出点，以便从中截取片段。其操作方法为：

双击素材打开“Clip”窗口，或将监视器窗口切换至双屏幕状态，将该素材拖入到“源素材”窗口。

利用慢寻方式或飞梭方式仔细观看素材，当到了合适的剪裁点时使播放停止。或用逐帧播放的方式仔细寻找裁剪点。在合适的时间点按右键，执行“Set Clip Marker”项，即设置素材的标记，系统提供了两个最基本的标记，一个是入点（In），相应的标识符号是“{”，一个是出点（Out），相应的标识符号是“}”。入点即要留下的素材片段的起点，而出点则是要留下的素材片段的终点。两个标记设置好后，便定义好了需要利用的素材片段。

另一种方法是，选中“Clip”窗口或监视器窗口中时间轴上的“{”、“}”图标，这时会出现一个红色的标志，再拖动它们，也可设置入点与出点。利用窗口中的相应按钮也可以完成此操作。

对于其他一些需要经常查找的时间点，可设置一般标记，操作方法为：在相应时间点点击“设置标记按钮”，选择“Mark”项，从“0”到“9”这 10 个标记名中选择一个。以后要快速回到此时间点时，再点击“设置标记按钮”，选择“Goto”项，选中原来的标记名即可。已设好的标记需要清除时，点击“设置标记按钮”，选择“Clear”项。将这段已裁剪的素材拖到时间轴的相应位置即可用于制作最终的影片。

一个素材窗口中的素材，可以反复利用。如果需要从一段素材中截取多段，可以多次利用上述方法获得所需要的素材片段，再将它们整合在时间轴上，用于完成影片。

（四）时间轴编辑窗口中的素材编辑

时间轴窗口是编辑素材的另一个重要场所。时间轴窗口中有8个工具图标（见图6-41），它们都是用来对素材进行编辑的。在此按照从左至右、从上至下的方式给它们排序，则第一至第八个图标的作用分别是：

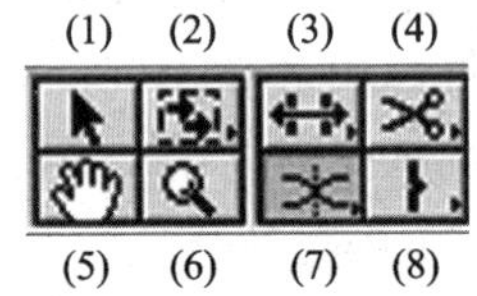

图6-41 时间轴窗口中工具面板

图标(1)：选中工具。用于选中某一素材片段，以便进行后续操作。

图标(2)：按住该图标不放，可以看到它实际上是四个工具。将光标拖到某一工具上再松开，即可选中该工具。各个工具的作用依次是：

第一个工具，框选（Range Select Tool）工具。选中该工具后，再在时间轴中画出一个方框，那么所有被方框盖住的素材都被选中，这时被选中的素材是完整的。

第二个工具，块选工具（Block Select Tool）。用它在时间轴上画出一个方框后，那么在同一时间段内的所有轨道上的素材段均被选中，这些素材共同构成了一个虚拟素材。虚拟素材是当前影片中的一段小影片，它同样包含所在轨道上的素材，可以被反复复制、使用。用块选工具画出一个虚拟素材后，将光标移到虚拟素材内，拖动光标至合适时间点，那么在此时间点便复制了被选中的虚拟素材。

第三个工具，轨道选中（Track Select Tool）工具。选中该工具后，再在某一轨道的某一位置点击，即可将光标处开始的同一轨道中的所有素材选中。

第四个工具，多轨道选中（Multitrack Select Tool）工具。选中该工具后，再在时间轴的某一位置点击，即可将光标处开始的所有轨道中的所有素材选中。

图标(3)：按住该图标，可以看到它实际上是五个工具。各个工具的作用依次是：

第一个工具，滚动编辑工具（Rolling Edit Tool）。选中该工具后，将光标移到某两段素材的交界处，可以看到光标变成了带红线的双箭头。向左移动光标，则左边素材的长度变短而右边素材的长度变长。向右移动光标，则左边素材变短，右边素材变长。可见，它的作用是在保持两段素材总长度不变的情况下，改变其长度分配。如果光标不放在素材交界处，也可用它来移动某一素材到另一时间点。

第二个工具,涟漪编辑工具(Ripple Edit Tool)。选中该工具后,将光标移到某两段素材的交界处附近,此时,如果光标位于左边素材中,可以看到光标变成了带红色“]”的双箭头。向左移动光标,则左边素材的长度变短而右边素材的长度不变;向右移动光标,则左边素材的长度变长而右边素材的长度仍不变。如果光标在交界处附近但位于右边的素材中,此时光标变成了带红色“[”的双箭头。向左移动光标,则右边素材的长度变长而左边素材的长度不变;向右移动光标,则右边素材的长度变短而左边素材的长度仍不变。当素材长度到了极限时,光标变为带红色“]”或“[”的单箭头,该工具可灵活调整两段素材的长度。

第三个工具,速度调整工具(Rate stretch Tool)。选中该工具后,将光标移到某一素材的起点或终点上,将它拖至一个新的时间点,这时素材的内容并没有改变但播放时间变了,因此系统会自动调整该素材的播放速度,如将素材的终点向右拖时,意味着播放时间变长,播放速度因此会变慢,系统会自动计算出新的播放速度是原来的百分之几。

第四个工具,滑动编辑工具(Slip Tool)。用于同步改变一段素材的入点与出点。选中该工具后,再在某一素材中移动光标。当光标向左移动时,这一段素材的入点与出点同时提前;当光标向右移动时,这一段素材的入点与出点同时推后。

第五个工具,滑行编辑工具(Slide Tool)。用于改变三段相连的素材的入点与出点。选中该工具后,将光标移到位于中间的那段素材上,光标向左移动时,它前面那段素材的出点以及它后面那段素材的入点提前;而向右移动时,它前面那段素材的出点及它后面那段素材的入点推后。当然,当素材长度到达极限时,该操作不再起作用。

图标(4):按住该图标,可以看到它实际上是三个工具。它们的作用分别是:

第一个工具,刀片工具(Razor Tool)。它可将一段素材切分为若干段。选中该工具后,再在需要切分的素材上合适的时间点点击鼠标,这时一段素材一分为二。如果视频素材自带音频且它们是处于链接状态,那么音频素材也会同时切分开。对一段素材可进行多次操作。将素材切分有几个目的,一是为了删除某些素材片段;二是为了对素材的先后顺序进行调整;三是为了将素材分成若干段,对不同的片段进行不同的效果处理。

第二个工具,多重刀片工具(Multiple Razor Tool)。它可以同时切分位于不同轨道上的素材。选中该工具后,在需要切分的时间点按鼠标左键,那么在这一时间点上所有轨道上的素材都将被切分开来。

第三个工具,剪刀工具(Fade Scissors Tool)。它用于在一段素材同时设置两个控制把手。这时应处于轨道展开的状态,选中该工具后,将光标移到控制线上相应时间点点击,此处便形成了两个相邻的控制把手。

图标(5):抓手工具(Hand Tool)。选中该工具后,光标移到时间轴上,即可左右移动,以观看不同时间点的素材。这可快速寻找位于某一时间段的素材。

图标(6):缩放工具(Zoom Tool)。选中该工具后,再在时间轴上点击,使用"Zoom In"(放大)功能,即可显示更小的时间单位,这样可以更细致地观察素材在时间轴上的状况。如果按住 ALT 键再点击鼠标,则为"Zoom Out"(缩小)功能。

图标(7):按住此图标不放可以看到此处有三个工具。它们的作用依次是:

第一个工具:交叉淡化工具(Cross Fade)。当两段音频素材形成了交叉时,运用此功能可以将两段音频相互融合,使一个淡出(音量逐渐减小),另外一个淡入(音量逐渐增强)。先选中该工具,再依次点击要淡出的音频素材和要淡入的音频素材,这两段素材应该在不同的音频轨道上。

第二个工具:淡化调节工具(Fade Adjustment)。可以对视频的可见度或音频的音量、相位进行统一调整。

第三个工具:链接/解链工具(Link/Unlink Tool)。用于设置或解除一段音频素材与一段视频素材之间的链接关系。

图标(8):设置入点与出点按钮。它也分为两个工具,其作用分别是:

第一个工具:设置入点。选中此工具,再在某一素材的相应时间点上点击,则此点被设为入点。

第二个工具:设置出点。选中此工具,再在某一素材的相应时间点上点击,则此点被设为出点。

充分利用以上工具,可以对素材进行各种方式的编辑,以快速而准确地得到最终的影片。

一段素材被放到时间轴上后,如果希望它不会受到其他修改的影响,则可在选中该素材的情况下,按鼠标右键,执行"Lock Clip on Timeline"项,即可锁定此段素材。再次执行该操作,将"Lock Clip on Timeline"选项前的钩去掉,则可解锁。

如果点击时间轴窗口右上角的菜单按钮或在时间轴窗口按鼠标右键,还可实现一系列操作,其中"Timeline Window Option"选项可以设置时间轴的一些重要参数。

时间轴编辑完成后,也不一定要全部导出到最终的视频文件中,在时间轴窗口的顶端有一条黄色的线,拖动它的两端可以设置最终视频的入点与出点,这样导出的视频只是入点至出点之间的时间轴。

在了解了以上基本操作的基础上,下文将结合数字视频新闻的编辑要求,介绍一些常见的编辑任务是如何完成的。

（五）视频信号的采集

如果新闻视频素材是用数码摄像机拍摄的，在对它进行编辑之前，需要把它先导入电脑内，保存为相应格式，再导入 Adobe Premiere 软件中。也可直接通过 Adobe Premiere 采集数码摄像机中的数据，操作方法是把电脑与数码摄像机正确连接，将数码摄像机开关拨至 VCR 模式，在 Adobe Premiere 中执行主菜单下的"File"/"Capture"/"Movie Capture"选项，便可采集视频，并将其作为素材保存。在采集过程中，系统提供了一个预览窗口，通过观看其中的内容，可以设置需采集素材片段的入点与出点。如果选择"Batch Capture"（批量采集命令），则可以从一个原始素材中采集多个片段。

如果要将电视机或录像机中的模拟信号转换为数字信号导入 Adobe Premiere 中编辑，则要求在电脑上安装视频采集卡，通过此卡将模拟信号转换为数字信号。再在 Adobe Premiere 中执行主菜单下的"File"/"Capture"/"Movie Capture"选项。不同类型的视频采集卡在系统中配置不一样，因此，进行信号采集前，应该在主菜单中的"Project"/"Project Settings"/"Capture"选项下进行正确配置。具体的参数设置可参看软件的帮助文件。

如果只要采集一段视频中的某一帧，执行主菜单下的"File"/"Capture"/"Stop Motion"选项即可。

如果要采集音频，则要执行主菜单下的"File"/"Capture"/Audio Capture"选项。

（六）一段视频新闻素材的简单剪辑

如果已经有一段基本合适的以数字信号形式存在的视频新闻素材，只需要对其进行长度上的简单加工，那么操作方法是十分简单的，其过程是：

（1）素材的导入

新建一个项目，执行"File"/"Import"/"File"选项，将相关视频素材导入，在素材窗口中双击文件名，将"Clip"窗口打开。

（2）决定素材的剪裁点

一段素材可能需要在其开头或结尾处剪掉一段，也可能是在素材中间的某些部分进行剪裁。这都需要通过"Clip"窗口或"源素材"窗口对其仔细观察，准确判定剪裁点。可以按下向左或向右的逐帧播放按钮来定位，这时该窗口的右下角将显示出当前点对应的时间。

（3）对素材进行剪辑

可利用前面提到的两种方法进行剪辑：一是利用"Clip"窗口或"源素材"窗口截取素材片段。在这个窗口中的操作完成后，再将其拖到时间轴上。如果要从源素材上截取多段，可以多次进行该操作。二是在时间轴上直接裁剪。将素材拖到时间轴上，通过"Clip"窗口或"源素材"窗口明确了剪裁点的时间位置后，可选中时间轴上的素材，利用时间轴窗口中的刀片工具在剪裁点将素材切开，再在黑箭头状态下选中要去掉的那一段，按下键盘上的 DEL 键，即可完成素材的剪裁。但如果剪掉的素材位于时间轴的开始或中间部分，时间轴的这一段仍然存在，但它是空白的，需要将后续的素材前移到合适的时间点。如果选中要删除的片段再执行主菜单中的“Timeline”/“Ripple Delete”选项，那么后续素材会自动前移。

最后，将制作好的项目导出为合适格式的视频文件即可。

（七）为视频新闻添加字幕

为视频新闻添加字幕是后期制作中的一个重要工作。它的主要操作方法为：

（1）制作字幕。点击素材窗口下方的“New Item”（添加新素材）按钮，选择类型为“Title”，打开制作字幕的窗口（见图 6－42）。

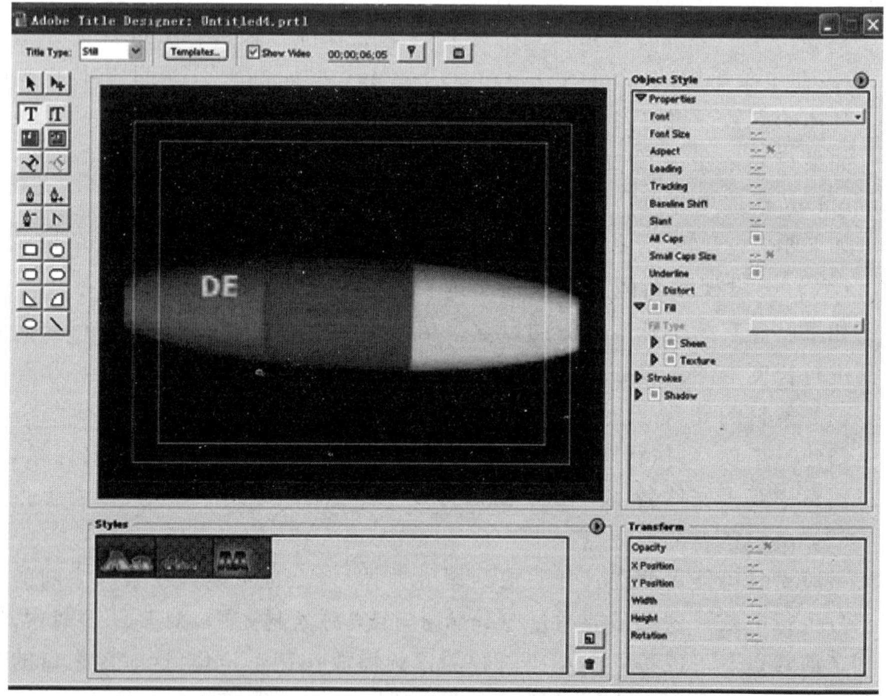

图 6－42 字幕制作窗口

在字幕制作窗口打开后，整个系统的主菜单中将出现“Title”一项，其中的操作主要是对字幕的风格、位置、排列方式等进行设置。这些操作可以与字幕窗口中的操作相配合。

制作字幕时，如果不需要将相关的视频素材显示出来，则点击“Show Video”

前的方框,去掉其中的钩,这样显示的只是字幕。

这个窗口的左边有一个常用工具栏,第一行的两个图标是选中工具,第二和第四行的四个工具是输入文字的工具,它们可以输入横排、竖排和倾斜排列的文字,第三行的工具是修改文字工具。第五行及以下的所有工具用于绘制图形。

选中某一文字输入工具,在需要加入字幕的位置,用鼠标画出一个文字框,在其中输入字幕。如果要输入斜排的字幕,用相应工具画出一条斜线,则输入的文字会依此轨迹排列。

利用窗口右边的工具可设置字幕的属性,如字体、字号、颜色等。

系统提供了三种字幕风格(Title Style)。"Still"是静止的字幕,"Roll"是在垂直方向滚动的字幕,"Crawl"是在水平方向滚动的字幕。要制作 Roll 或 Crawl 效果的文字,除了在窗口中要选择相应的"Title Style"以外,还需要在主菜单中的"Title"下的"Roll/Crawl Options"选项中做相应设置。这里的设置主要是指定字幕滚动的起点与终点,可以选择从屏幕外移入及再移到屏幕外,也可自己指定字幕的起始位置与结束位置。

工具面板中的各种图形的绘制工具,可以画出配合字幕的相关装饰图形。其中钢笔工具是绘制封闭曲线的工具,用它绘制曲线时,在每一个拐弯的点须按鼠标左键,如果要结束一段曲线的绘制,只要点击工具面板中任意工具即可。带加号的钢笔工具可以修改这类曲线。其他工具的图标都较为直观地说明了它们的功能,使用也较为简单。

在选中黑箭头工具的情况下,再选中某一对象,即可对该对象进行修改。利用窗口右边的属性设置,可以对其外观进行修改。

系统提供了一些模板,可以帮助用户快速地完成一些效果,在制作时可根据需要选用。点击"Templates"按钮即可打开模板窗口。

如果要对文字进行修改,那么选中工具面板中第二行的工具,再选中文字框中的文字即可进行后续操作。

如果要输入中文字幕,那么先在该窗口的字体(Font)选项中选择某一中文字体,在 Adobe Premiere 中,中文字体名称是用英文或拼音表示的,包括:SimSun(宋体)、NSimSun(新宋体)、SimHei(黑体)、KaiTi_GB2312(楷体)、FangSong_GB2312(仿宋体)等。

字幕制作完成后,关闭该窗口,按照系统提示将字幕保存为 *.prtl 格式的文件。回到系统的主界面,这时在素材窗口中可以看到该字幕文件。要修改此文件,在素材窗口双击它即可回到字幕制作窗口。此外,也可以直接将已经存在的字幕文件作为素材导入。

(2) 将字幕拖到时间轴相应时间点

将字幕像其他素材一样拖入到时间轴上某一轨道的相应时间点,如果需要将字幕与视频叠加出现，字幕应该在一个独立的轨道上。

(3) 调整字幕的延续时间

字幕延续的时间可以根据需要调整，只要在选中的状态下，拖动字幕素材的右端即可。

(4) 如有必要，为字幕设置效果

字幕素材一旦拖到了时间轴上，就可像视频素材一样设置运动、可见度、转场特技、滤镜等各种效果。

(八) 画面的淡入、淡出

在视频新闻中，一些画面需要以淡入的方式出现，一些画面则需要以淡出的方式消失。这些都是在后期制作中完成的。无论是淡入还是淡出，都需要调整画面的可见度，使之在一段时间内产生可见度的变化。

(1) 将素材拖入到相应轨道

请注意，如果需要进行可见度调整，素材不能放在 video1 轨道上。

(2) 调整视频的可见度

点击轨道名旁边的"轨道展开按钮"，使它由向右的三角变成向下的三角，这时轨道窗口会展开，出现一个副轨道，点击此窗口中的红色方块，这时副轨道中出现一条细红线(见图 6-43)，这条红线代表的是可见度。

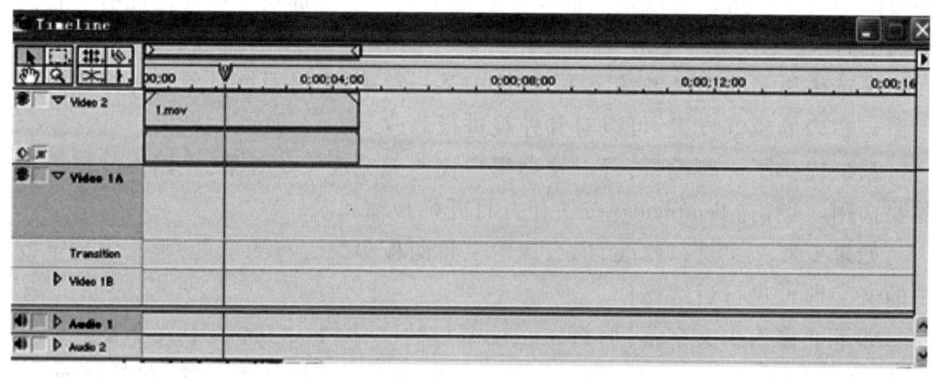

图 6-43 可见度调整操作示意图

选中红线上某一点，这时会产生一个控制把手，将它往下移便降低了可见度，把红线上的点往上移是增加可见度。可见度最高值是 100%，红线最初的高度即为完全可见。

如果一段视频的可见度由"0"开始逐渐提高，那么就会产生淡入的效果。如果一段视频的可见度不断降低直至为"0"，则产生淡出的效果。

当然，也可以根据需要改变任意时间点上视频的可见度。

如果要将一段视频的可见度进行统一调整，可先选中时间轴工具中的淡化调节工具，再在此状态下拖动相应的调整线，这时这条线将会平行移动，即所有时间点的可见度将统一增强或减弱，但前提是在这个可见度的调整线上没有生成过控制把手。

另外，字幕、静止图像等也可用同样的方法调整可见度。如果一段视频淡出，另一段视频淡入，则产生了化入化出的效果。

（九）画面间的转场特技

除了淡入淡出等效果外，画面间的转换方式还可以有很多特效，这些特效都是由系统预设的，统称为“Transition”（转场特技）。具体操作方法为：

（1）将素材拖入到相应轨道

要制作转场特技的素材，只能放在 video1 轨道上，其中一段在 video1A，另一段在 video1B。它们可以有时间上的交叠。

（2）加入转场特技并进行相应设置

选中工具面板中的“Transition”窗口，如果看不到此窗口，则执行“Window”/“Workspace”/“Effect”选项或“Window”/“Show Transition”选项即可打开此窗口。

在该窗口中有多类特效，如“3D motion”、“Dissolve”、“Iris”等，可根据自己的需要选择某一类别中的某一特效，将此特效拖入到 Transition 轨道，再点击此轨道中的特效，相应的特效窗口会打开，用户可对效果的参数进行设置。特效开始的时间以及延续的时间，都可像其他素材一样进行调整。

Adobe Premiere 提供了很多种转场特技，限于篇幅，本书不详细介绍每一种特技的功能及用法，有兴趣者可以参考相关资料了解具体细节。

（十）使画面飞入屏幕

有些情况下，一段视频或一幅图片是从某个方向飞进屏幕的。相关效果的实现方式如下：

（1）导入素材

导入视频或图片素材，将其拖入到时间轴中某一轨道的某一时间点，并选中该素材。

（2）设置飞入效果

执行“Window”/“Show Effect Controls”选项，打开“Effect Controls”面板。可以看到其中有一个“Motion”（运动）选项，点击它前面的小方框使“f”出现，表示启用此效果，这时在素材上可以看到一条粗红线，表示它已使用了“Motion”效果，系统会自动进入设置窗口（见图 6－44）。在任何时候点击此处的“Setup”，也可打开该窗口。

该窗口左边的小窗口是预览窗口，可以用播放按钮和暂停按钮对预览过程进行控制。

该窗口右边的小窗口是运动位置设置窗口，它用线条代表画面的运动轨迹，线段上的小方块代表某一个关键帧，系统预设了“Start”(起点)和“End”(终点)两个关键帧，拖动它们可设置画面从何位置开始运动，在何位置停止。该窗口中的灰色区域为“可见区域”(Visible Area)，即最终的显示屏幕区域。

在此窗口中的时间轴上的某一时间点点击，便在此处设置了运动的关键帧，一个关键帧就是一个控制点，利用关键帧可以按照自己的需要来设定运动轨迹和其他效果。这时看到“运动位置设置”小窗口中，画面的运动轨迹上会出现相应的红色小方块，它们就是关键帧所在的位置。同时在窗口的“Info”处可以看到它的精确坐标，这个坐标是相对于屏幕的正中心而言的。

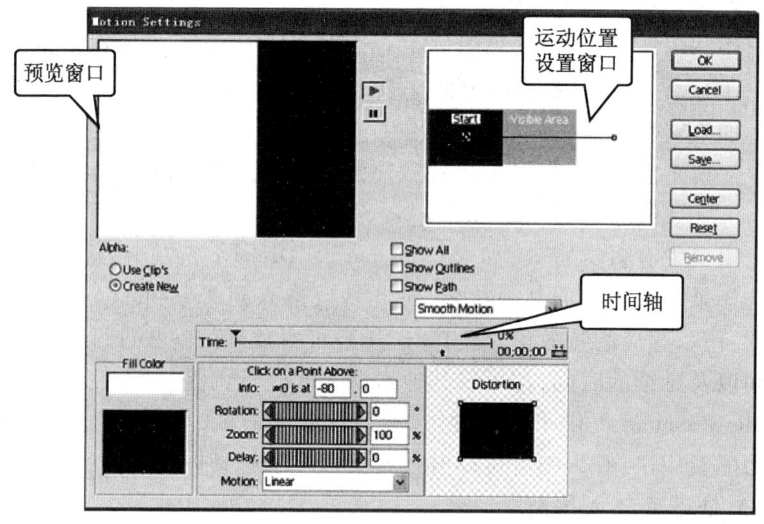

图 6－44 运动效果设置窗口

如果需要精确定义画面飞入的过程，可以对系统已设定好的“Start”和“End”两个关键帧以及其他自定义的关键帧的参数(如 Rotation、Zoom、Delay 等)进行设置。设置参数时最好直接点击相应参数区的向右或向左箭头修改参数值。如用键盘输入，那么输入完数值后不要按回车键，否则整个窗口会自动关闭，给操作带来不便。

如需要画面在飞入屏幕的同时还有旋转，可在选中某一关键帧后，在“Rotation”处设置相应值。此操作可对多个关键帧进行，即画面可在多个位置旋转。

如画面在飞入过程中有大小的变化，可在选中相应关键帧后，设置“Zoom”的值。如果不同的关键帧的 Zoom 值不同，则画面可由大变小或由小变大。

如果不加设置，那么，画面从起点飞到终点的时间是该段素材本身的延续时间。例如，一段视频如果是 1 分钟，那么它飞入屏幕的总时间也是 1 分钟。但是如果一段视频只需在一段视频的前部插入飞入效果，那么在“End”关键帧上可设置“Delay”值，该值的含义是在此处停留的时间占该段视频总长度的百分比，显然，这个数值越大，那么画面飞入的速度越快，在固定位置播放的时间越长。

当然，也可以在“Start”或其他自定义的关键帧处设置“Delay”值，使画面在飞到某个位置时有一段停滞的时间。

如需要画面在某些时候发生变形，可在选中相应关键帧后，在“Distortion”窗口中，用鼠标拖动画面四个角上的方块，改变画面的形状。

如有必要还可以在“Motion”选项中设置整个飞入过程的运动方式，系统提供了三种方式：“Linear”（匀速运动）、“Accelerate”（加速运动）、“Decelerate”（减速运动）。

（十一）分屏播放多个画面

一般情况下，一个屏幕中只能出现一个画面，除非几个画面叠加在一起。如果需要将屏幕分成若干区域，同时播放几个画面，则需要进行一些处理。

一种方式是利用系统提供的透明度（Transparency）功能。为了实现两个画面的分屏，可以对位于上方轨道上的素材设置透明度效果，使之只显示一半，这样位于下方轨道上的素材也可以露出一半。具体操作方法为：

将各个素材导入，拖入不同的轨道（需要特别注意的是，如果要使用透明度效果，素材不能放在video1轨道）。选中位于上方轨道上的素材，在“Effect Controls”面板中，点击“Transparency”选项前面的小方框使“f”出现，打开如图6－45所示的设置窗口。在此窗口中的“Sample”窗口中，拖动画面四角的方块，即可改变画面的大小。如要将本素材放在屏幕的左侧，则将右边的两个方块向左拖，使之位于屏幕的中间。此时“Key Type”参数为None，其他设置无需改变。

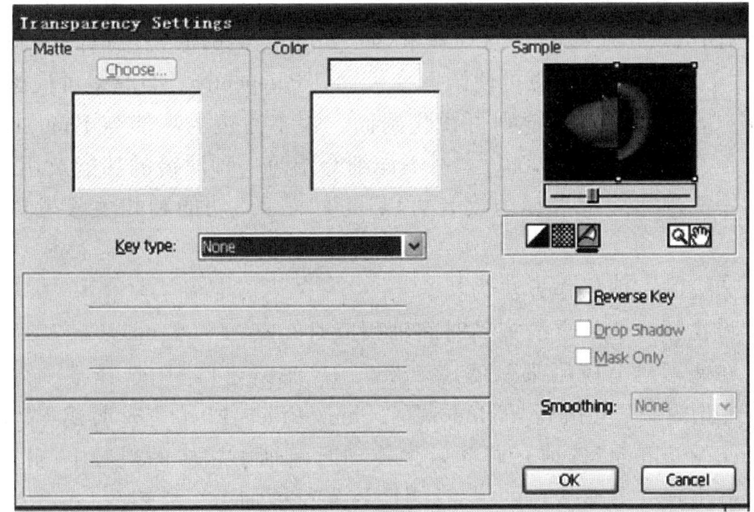

图6－45　透明度设置窗口

完成设置后,上方轨道上的素材只播放一半,下方轨道的素材一半被上方轨道的素材覆盖,另一半则露了出来。这样,两段素材在一个屏幕中同时播放,但它们均只能显示原来画面的一半。

同时也可利用上文提到的“Motion”效果来实现分屏。此处以四段素材的分屏播放为例说明一般的操作思路。

将四段素材导入,拖入不同的轨道。选中第一段素材,在“Effect Controls”面板中,点击“Motion”选项前面的小方框使“f”出现,打开相应的设置窗口。在起点与终点两个关键帧设置 Zoom 参数,值都设为50%。拖动起点与终点的位置,使它们重合。同时调整这个素材的位置,使它正好占据屏幕的左上角。要精确定位,可在“Info”项后直接输入相应值。

对其他三段素材进行同样的操作,调整它们的位置,使这四段素材正好组成一个完整的屏幕。这样,四个画面会各占据屏幕的一角同时播放,而且它们的画面都是完整的,只是缩小了而已。当然,也可以将起点与终点的位置设置得不一样,其他参数也做相应调整。这样可实现四个画面飞入屏幕后再分屏播放的效果。

用这种方式还可做出两个画面的分屏播放。其操作方法为,对每一段素材,分别在起点与终点两个关键帧的 Distortion 窗口中,将画面压缩为正常的一半大小。调整两段素材的起点与终点,以及它们的位置(要特别注意的是,在两个关键帧进行的变形操作要完全一致,否则播放过程中画面不稳定)。这个操作不容易精确完成,因此,用这种方式实现的两个画面的分屏较难达到理想效果。

(十二)为画面添加滤镜效果

Adobe Premiere 提供了很多滤镜效果,给某些画面加上滤镜后,可以调整画面,或使画面呈现出一些特殊的效果来,如“Adjust”类的滤镜可以改变画面的亮度、对比度等,“Blur”类滤镜可使画面变模糊,“Perspective”类滤镜可使画面产生透视效果,“Sharpen”类滤镜则可锐化画面。很多滤镜的功能与 Photoshop 软件中的滤镜是类似的。限于篇幅,本书不详细介绍每一种滤镜的功能及用法,只说明操作的一般规律。有兴趣的读者可以通过“帮助”功能和相关参考资料了解具体细节。

使用滤镜的一般操作方法为:

(1)将视频或图片素材拖到时间轴相应时间点。

(2)在此素材上应用某一滤镜效果。在“滤镜窗口”中选择某一效果项目(如看不到此窗口,可执行“Window”/“Show Video Effect”选项或“Window”/“Workspace”/“Effect”选项),将此效果拖到时间轴中相应的视频上,此时,视频素材的上方出现一条蓝绿色的线,这表明该素材被加上了滤镜。

执行“Window”/“Show Effect Controls”选项,打开“Effect Controls”面板,在

相应的滤镜效果名称下方可以对参数进行设置,如果看不到参数,可点击滤镜名旁边的小三角标志。

如果要去掉已经添加在某视频上的滤镜,可以点击“Effect Controls”面板中滤镜名称旁边的第一个小方框,去掉里面的“f”,这表示已禁用此滤镜。如果要恢复滤镜效果,再次点击该小方框,使“f”出现。

(3) 如果必要,加入效果关键帧并设置其参数。很多滤镜效果都需要定义效果的作用范围,通常系统会自动将素材的起点与终点设为关键帧,滤镜效果在此范围内起作用。而且系统对这两个关键帧设置的参数是一致的,改变其中一个即可改变整段素材的相应效果。如果只需要在素材上的某一段加入滤镜,或者需要使效果出现复杂的变化,则需要另外设置若干个效果关键帧。

点击“轨道展开按钮”,打开如图 6－46 所示窗口,这时可看到副轨道中有一条蓝色的线,这代表着该轨道加上了滤镜效果。如果素材上加上了多个效果,要对某一个效果进行进一步的设置时,可选中该窗口中的“弹出效果按钮”,切换到相应效果轨道。

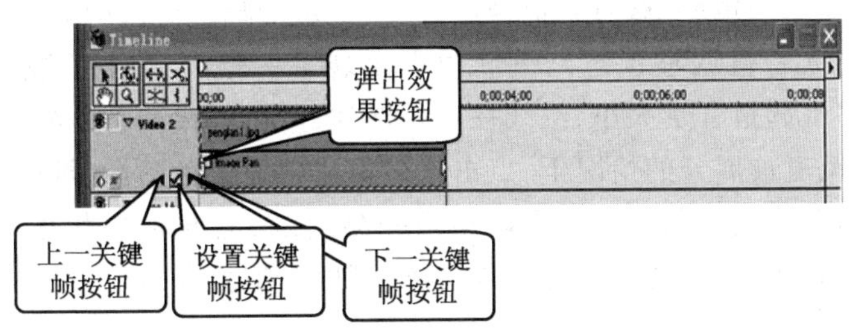

图 6－46　调整滤镜效果操作示意图

在需要设置关键帧的时间点点击,再点击该窗口中的“设置关键帧按钮”,使之出现“√”,这时在该位置上出现了一个小菱形,表示这是一个关键帧。选中此关键帧后,再对“Effect Controls”面板中滤镜参数进行设置,以便定义素材在此时间点的状态。很多情况下,需要定义不止一个关键帧,可用上述方法定义其他关键帧并设置参数。如果这些关键帧的参数不尽相同,那么就会在这两个关键帧之间出现效果的变化。

如果要快速、准确地定位到某一关键帧,可点击“上一关键帧按钮”或“下一关键帧按钮”。如果要删除某一关键帧,在此位置再次点击“设置关键帧按钮”,将“√”去掉即可。

(十三) 声音的编辑

在 Adobe Premiere 中,音频素材享有自己专用的轨道。用户可以将 *.aif、*.wav 等格式的音频素材文件引入这些轨道进行编辑加工。音频轨道的处理方法与视频轨道的操作是类似的。

如果一段视频已带有音频,那么,通常情况下,进行视频剪辑时也对音频进行相应剪辑。反之亦然。这时视频与音频处于同步状态,也可以说它们是被"链接"在一起的。时间轴窗口左下角编辑工具中的"音视频同步按钮"中有一个链条的形状,点击此按钮,链条消失,则此时处于不同步状态,即对于所有的素材,音频与视频脱离了关系。再次点击此按钮,可恢复同步状态。

如果要保持同步状态,但要将某一段素材的音视频链接解除,则可选中该段素材,执行主菜单中的"Clip"/"Unlink Audio and Video"选项。也可在时间轴工具窗口中选中"链接/解链"工具,再依次点击本来链接在一起的视频素材与音频素材,这时,它们之间的链接关系解除。如果再次选中该工具,再依次点击两段素材,那么它们之间重新被设为链接关系。

如果是与视频无关的音频素材,则可以自由地进行剪辑。这种剪辑可以在"Clip"窗口或"源素材"窗口中进行,也可以在时间轴上进行。

除了时间上的剪辑外,对音频素材的另一种常见操作是音量的调整。其操作与视频的可见度调整类似,即点击音频所在轨道名旁边的"轨道展开按钮",使之成为向下的三角形,这时轨道被展开,选中这个轨道窗口中的红色方块图标(这意味着进入音量调整状态),副轨道上出现了一条红色的线,拖动这条线上的某些点,即可调整音量大小,红线往上是增加音量,红线往下是降低音量。

在音频轨道被展开的情况下,点击轨道窗口中的蓝色图标,可以调整音频的相位,即它的立体声效果。这时副轨道被一分为二,上方为左声道,下方为右声道,中间有一条蓝线,拖动蓝线往上或往下,可以调整声音是偏左还是偏右。

如果要对一段音频的音量或相位进行统一调整,则在轨道展开的状态下,选中"剪刀工具",在控制线上要调整素材段的起点与终点分别点击,在这两个位置形成相应的控制把手。再选中"淡化调节工具",即可平行移动控制把手之间的线段,这就对这一段音频的相应参数进行了统一调整。

如果要给音频加上一些特殊效果,需执行"Window"/"Show Audio Effect"选项,在声音效果的面板中,选中某一效果将其拖到某一音频上。

此外,Adobe Premiere 还为音频文件的加工提供了很多实用的工具。但是,Adobe Premiere 对音频素材的处理功能还是有限的。当然,如果要对音频素材进行更复杂的加工,可以使用 CoolEdit 等专门用于加工音频素材的软件。

(十四)静态图片的处理

静态图片也是视频节目中的一种素材,可将其放在视频轨道上处理。

1. 静态图片的延续时间

静态图片素材虽然本身是静止的,但是,它也可以根据需要在节目中延续一段时间。给静态图片加上时间的延续的方式主要有:双击素材窗口中的图片,打开"Clip"窗口,点击此窗口左下角的"Duration"按钮,设置其延续的时间。或者将图片素材拖入到时间轴中,一般系统会自动给它一段延续时间,如果需要调整时间,向左或向右拖动素材右边界即可。

2. 静态图片的飞入效果

静态图片也可飞入屏幕中,其操作与视频的操作是一致的。

3. 静态图片模拟运动镜头效果

Adobe Premiere 提供的滤镜效果,可以对静态图片模拟运动镜头效果,例如镜头的“推”、“拉”等,下面以镜头的“推”、“拉”为例说明制作过程:

(1) 将图片拖入某一视频轨道,根据需要设置其延续时间。

(2) 打开“Video Effect”窗口,选择“Transform”类别中的“Image Pan”选项,将其拖入到图片所在轨道。点击“轨道展开按钮”,将轨道打开。

所谓镜头的“推”即是镜头由大范围景别向小范围景别过渡的过程,通俗地说,是画面中的某一个局部被放大,而其他部分被挤出画面。如果要使图片的整个延续时间中都产生“推”的效果,那么,选中图片素材片段中最后一个有画面的帧,再点击该窗口中的“设置关键帧按钮”,使之出现“√”,就将这一位置设为了关键帧。

选中设好的结尾处关键帧,在“Effect Control”窗口中,点击刚才加入的“Image Pan”右边的“Setup”按钮,打开设置窗口。在该窗口左边的“Source”窗口中,将光标移到图片的四角,当出现一个伸出的手指的形状时,拖动相应的方块,改变画面可视范围,这意味着画面将被逐渐推到此范围。这样就完成了“推”效果的设置。

如果对起点处的关键帧进行设置,使初始画面范围较小,而结尾处关键帧不作处理,即维持画面为原大,则会产生“拉”的效果。要快速寻找起点处的关键帧,可点击若干次“上一关键帧”按钮。

如果需要在素材中的一段或多段时间设置“推”或“拉”效果,则可在素材片段中间的相应位置设置关键帧,再分别选中这些关键帧,在“Effect Control”窗口中,对“Image Pan”进行相应设置。

(十五) 多段视频新闻的整合

完成视频新闻编辑的另一种情况是,现有的素材有多个,需要将它们组织起来,整合为一段视频。这时的操作主要分为以下几步:

(1) 素材的导入。依次将各个素材导入。

(2) 素材的准备。双击素材打开“Clip”窗口,或将素材拖入监视器窗口的“源素材”窗口,确定素材的入点与出点。

(3) 在时间轴上合成素材。将所有已经过剪辑的素材按照顺序拖到时间轴上。如果需要,应该建立相应的轨道。多段素材在编辑时,可能需要反复调整,因此,需要充分利用时间轴窗口中的相应工具。

(4) 添加字幕、特效等。如果需要,可在素材的适当地方添加字幕、特效等。

(十六) 视频新闻的输出

当前的项目如果直接保存,文件格式为 * . ppj,这是用于制作的源文件。这一格式的文件也可以作为素材导入其他项目中。

制作完毕的视频新闻需要导出成合适的格式用于播放。执行主菜单中的"File"/"Export Timeline"/ "Movie"选项,这时生成的文件格式为 * . mov。如果要将此文件导出为 MPEG 等压缩格式的文件,则可执行主菜单中的"File"/"Export Timeline"/"Adobe MPEG Encoder"选项。

此外,也可将时间轴上某段素材单独导出,操作方法为选中该素材,执行主菜单中的"File"/"Export Clip"选项,选择相应的格式并导出。

本章学习提示

本章是操作性很强的内容,所介绍的是当前从事数字媒体工作所必须具备的几种基本技能。无论同学们未来在何种性质媒体工作,这些技能都应掌握。

掌握这些技能,不能只刻板地背记某些过程、某些命令,因为使用的软件品牌不同、版本不同,相关操作也会有所不同。读者在本章的学习中要注重理解,对不同形式的数字信息,加工工作主要包括哪些方面,这些加工的思路是什么,这些加工对于新闻信息传播有什么意义。而对具体的加工方法,读者在掌握本书所涉及的操作方法的基础上,应当尽可能地举一反三。

由于篇幅限制,本章介绍的内容有限,读者也可以通过其他专业书籍或网站来更深入地掌握某一方面的技能。

但需要牢记的是,从新闻信息传播的角度来说,技术一定是服务于内容的,这是运用数字信息加工技术的前提。

思考与练习

1. 试寻找近年来国内外的伪新闻照片案例,并从技术上分析它们是如何作假的。
2. 试用 Photoshop 软件进行新闻照片的加工练习。
3. 试用 Excel 软件针对某一组新闻数据制作饼图、折线图、柱状图等图表。
4. 试用 CoolEdit 软件对一段音频素材进行加工练习。
5. 试用 Adobe Premeier 对一段视频素材进行加工练习。

第七章 网络媒体的新闻编辑

网络媒体新闻编辑的基本原则,如新闻的选择、价值判断等,与传统媒体是一致的,在此不再赘述。但网络信息也有一些特殊的组织方式,了解和掌握这些组织方式,才能更好地利用网络平台,发挥其传播优势。

第一节 网络新闻的层次化整合

层次化的信息组织是网络信息传播的一个基本特点,它是以超链接为基础的。本节以新闻传播为例来说明网络信息层次化整合的基本要求与方法,这些要求与方法大多数也是适用于其他类型的信息加工的。

一、超链接与网络信息的层次化

(一)超链接的含义

网络信息层次化的技术基础,是伯纳斯·李的万维网思想中包含的超链接部分。超链接(Hyperlink),是网络信息传播中的一个特殊手段。它使得网络文本与传统文本在写作与阅读等方面产生了一些根本性区别。恰当地运用超链接手段,可以提高信息传播的效率,但另一方面,滥用或误用超链接,则会产生适得其反的效果。

在传统的媒体中,文本或节目都是以线性的结构传达的。报纸上的文章是由文字以固定顺序形成,人们的阅读也就只能沿着这个固定顺序进行。而在广播电视节目中,这种线性特征表现得更为显著。但是,在现在的网络中,信息之间的关系则可以被看做是网状的,信息之间往往存在着多样化的联系。人们只要点击那些下划线(也就是设置了超链接的地方),就可以从一条新闻跳到另一条新闻,或者从一个网站跳到另一个网站,因而传统的线性阅读习惯,也在一定程度上被打破了。

从信息传播方面看，超链接打破了传统信息文本的线性结构，它也使网络信息之间的联系得以增强。对于网络新闻传播来说，超链接的作用主要体现在以下方面：利用超链接解释与扩展关键字，利用超链接延伸报道，利用超链接改写稿件，利用超链接整合多篇稿件。

（二）网络新闻的基本层次

传统新闻写作经常采用“倒金字塔”的结构模式，即写作者与主题相关的重要材料放在前面，次要材料放在后面，以便于读者阅读。事实上，很多读者并没有从头到尾阅读完这些信息，即对他们来说，新闻稿件中有一部分信息属于冗余信息。但对于传播方来说，它仍然需要拿出相应的篇幅或资源（版面大小、节目长度等）来提供这些信息。这造成了有限的资源的浪费，也在一定程度上增加了受众获得信息时的负担。

传统的新闻写作是在单一层面上完成的，所有信息与材料都一次性地呈现给读者。但由于网站的内容是由层次树的结构方式组织起来的，因此，网络中文章的内容往往不像报纸上的文章那样一次呈现，而是在不同级别的页面上逐渐出现的。与之相应的，在进行网络新闻写作或编辑时，可以采用将内容分层的做法。通常一篇文章的完整层次包括：

层次一：标题

层次二：内容提要

层次三：新闻正文

层次四：关键词或背景链接

层次五：相关文章等延伸性阅读

通过这样的层次，稿件的信息呈现方式发生了改变。而要实现各层次之间的联系，主要手段就是超链接。

例：层次一：标题

“维基解密”引爆最大泄密事件

层次二：内容提要

11 月 28 日，“维基解密”网站曝光逾 25 万份据称是美国国务院的机密文件，将诸多美国外交内幕和盘托出。这是迄今外交史上最大规模的泄密事件。

层次三：新闻正文

中新社华盛顿 11 月 28 日电　迄今外交史上最大规模的泄密事件 28 日如期发生。当天，“维基解密”网站曝光逾 25 万份据称是美国国务院的机密文件，将诸多美国外交内幕和盘托出。

“维基解密”公布的秘密文件包括 25 万多份外交电报及 8 000 份外交指示，多数文件的落款日期注明在 2004 年以后，更有约 9 000 份文件的落款日期注明在2010年1月至2月之间。

这些被认为是往来于美国国务院和美国约270个驻外使领馆的机密文件记录了诸多外交内幕，例如：

——美国国务卿希拉里2009年7月曾签发指示，命令外交官搜集联合国高官的手机号、电邮地址、信用卡号甚至飞行里程卡号，并要求刺探联合国秘书长潘基文的领导、决策风格以及对联合国秘书处的影响力；

——沙特国王阿卜杜拉曾反复敦促美国攻打伊朗核设施，直言应“砍下那条蛇的头”；以色列国防部长巴拉克也曾对美国建言，2010年年底之前是攻打伊朗核设施的最佳时机；

——美国在劝说别国接收关塔那摩监狱囚犯时讨价还价，曾告诉斯洛文尼亚只有同意接收囚犯才能面见总统奥巴马，而小国基里巴斯接收囚犯后，曾得到美国价值数百万美元的奖励；

除诸多外交内幕，被曝光的机密文件还穿插“首脑秘闻”。比如在一份电报中，美国外交官声称利比亚领导人卡扎菲在2009年访美时与一名“妖娆”的乌克兰金发女护士形影不离，而阿富汗副总统马苏德去年访问阿联酋时，被发现竟然携带了巨额美元现金。

28日公布文档前，“维基解密”已对外做出预告。为了尽可能降低文档曝光后对美国外交关系的损害，美国政府近几日一直忙于“灭火”，国务卿希拉里更亲自致电多国外长做出解释，提前打“预防针”。

作为一家专门揭弊的网站，“维基解密”今年7月和10月曾分别公布9万多份阿富汗战争机密文件和近40万份伊拉克战争机密文件。前者将驻阿富汗美军滥杀平民的种种细节曝光，后者则指仅在2004年至2009年期间，伊拉克战争就造成10.9万人死亡，其中包括6.6万名平民。

层次四：文中超链接（上文下划线标识）部分

层次五：相关专题和相关新闻

· 拜登称阿桑奇为高科技恐怖分子　研究合法拘捕途径

· 英媒曝光阿桑奇性侵报告　长达68页充满细节描写

· 英国高等法院今日将决定阿桑奇是否可以保释（图）

· 美部分政客视阿桑奇是头号公敌　呼吁将其处死

· 维基解密：巴西防范恐怖攻击的能力非常脆弱

· 维基解密：澳大利亚担心以色列对伊朗发起进攻

· 欧洲媒体：美国对维基解密反应过激　狂妄虚伪

· 联合国：维基解密泄密事件正掀起“网络战争”

· 普京谴责逮捕阿桑奇　称违背西方宣称的民主价值

· 英专家称瑞典未正式起诉阿桑奇 引渡“非常困难”①

这样一种分层写作模式，也适合长篇文章的改写。改写时，留取文章的主要线索，将详细的论述与展开部分，用超链接的方式完成。

下文将对这五个层次的操作要点进行详细分析。

二、网络新闻标题的加工

标题是一篇文章的眼睛，也是吸引读者眼球的重要方式。在网站之间的新闻与信息竞争中，标题的作用也显得十分突出。网络新闻稿件的标题是以新闻标题的一般制作原则为基础的。

（一）网络新闻标题制作的基本原则

网络新闻是对传统新闻的发展而不是颠覆，因此，网络新闻标题制作首先需要以一般新闻标题制作的原则为依据。

1. 突出新闻亮点

新闻标题的制作，首先是一个新闻价值的判断与提炼过程。一条稿件的内容可能是非常丰富的，将什么样的内容放到标题中以吸引读者，这是制作标题过程中需要做的一项最基本的工作。因此，制作标题的重要任务，是寻找稿件中的亮点，即对稿件中出现的事实进行分析、提炼，决定将什么样的事实放到标题中。

突出新闻中的亮点，可以从以下几个角度来考虑：

强调特殊性。特殊性是一个事物与同类事物相比与众不同的地方，因此，如果能将新闻中最具特殊性的事件在标题中加以强调，就能突出新闻的核心价值。如果稿件中只有一件主要事实，则可对它的“5W”（何人、何时、何地、怎样、为何）进行分析，在标题中突出其中最有特殊价值的一个或几个“W”。

突出接近性。新闻价值往往来源于接近性，将与读者关系最密切的事实放进标题加以介绍，就能引起读者的关注。

显示最新进展。一个跨度较大的发展中事件，将最新的发展与变化放进标题，这既可以让人最快地获得最新的动态，也可以避免让人感觉似曾相识。

烘托关键数据。数据常常比文字更具有说服力，也常能让人感觉眼前一亮，将稿件中出现的关键性数据放进标题，也是标题制作的常用手法。

释疑解惑。针对读者可能产生的疑问，将读者最关心的内容放进标题。不仅使标题更加具体，也使其针对性更强。

但需要注意的是，如果把握不当，突出亮点时也可能会产生以偏概全的现象，给人带来误解。因此，在突出亮点的同时，还必须遵循准确性的原则。

---

① 资料来源：http://www.china.com.cn/international/zhuanti/2010-12/02/content_21466268.htm，此处根据教学需要做了相应加工。

2. 准确传达信息

准确是标题制作的基本原则，它是对标题内容与形式两方面的基本要求。从内容提炼方面看，要做到准确，就要求标题突出新闻的实质与精华，防止以偏概全，防止将“芝麻”放大成“西瓜”的现象。

此外，如果新闻中涉及事物的几个方面，而这几个方面同样重要，需要将有关内容都反映出来，如果只谈事物的一面，而忽略另外一面，容易对读者形成误导，这同样是不准确的一种表现。

从形式上看，准确主要表现为用词准确，引题、主题、副题之间的逻辑关系正确。

3. 符合标题规范①

标题最终要落实到文字上，标题的文字有一定的规范。

网络新闻标题制作绝大多数时候涉及的是消息标题。消息标题应该标出动态的事实，因此它通常应该是一个完整的句子，或者是主谓结构，或者是主谓宾结构。但是表示判断的“……是……”结构不能成为消息标题。但在某些情况下，也可以在事实基础上加入一定的议论。标题中发表议论的部分，被称为虚题。它以说理为主，即表达从个别事实中抽象出来的一般原则、道理、愿望、意义等。与之对应，标题中叙述事实的部分称为实题。一个消息标题可以没有虚题部分，但绝不能没有实题。

从结构上看，一般将消息标题分为单一型和复合型两种。

单一型标题只有主题，没有辅题。复合型标题，则在主题之外，还包含辅题。辅题分为引题和副题两种。主题用以说明新闻中最重要或最引人入胜的事实和思想，是标题中最主要的部分。主题在整个标题中字号最大，位置最为显著。主题可以是实题，也可以是虚题。如果是虚题，那么，整个标题中一定还有实题性质的辅题。引题位于主题之前，主要用于引出主题。它的用法有以下几种：一是通过交代和说明相关背景、意义、目的、原因、气氛、方法等引出主题，二是通过直接叙述主干事实的起始部分引出主题，三是通过提出或议论引出主题。引题可为实题，也可为虚题。副题位于主题之后，用事实对主题进行补充或解释。副题一定是实题。

复合型的标题可以是下列几种组合形式：

引题 + 主题

主题 + 副题

引题 + 主题 + 副题

但需要注意的是，网络新闻标题往往只有主题部分。

---

① 参见郑兴东、陈仁风、蔡雯：《报纸编辑学教程》，中国人民大学出版社 2001 年版，第 143 ~ 153 页。

（二）网络新闻标题制作的特殊规律

除了遵循新闻标题制作的一般原则，网络新闻标题也有一些特殊规律需要注意：

1. 注重网络新闻标题的双重功能

一方面，标题是网络新闻稿件多级阅读的起点，是新闻内容的最基本层次的提示。在很多情况下，受众只是通过阅读标题来获得基本信息，而不再点击进入正文阅读。因此，网络标题应该能传达事实的基本要素。如果不能做到"5W"都齐全的话，至少应该揭示大部分的要素，并且力争做到准确无歧义。

另一方面，标题担负着吸引眼球，引导下一步阅读的作用。在没有正文出现的情况下，在同一个级别的标题中，只有那些具有"亮点"的标题，能赢得更高的点击数。传统新闻标题讲求"确定性"，要标出新闻事实。因此，悬念式的文字是不能作为消息标题出现的。但是，网络新闻为了带来点击率，有时故意使用悬念式手法。也有些标题采用静态写法，例如使用"……的……"结构。这些不"确定"标题，往往引发人们的好奇，带来较高的点击量。多数读者对这些标题也是认同的。这种标题最后是否会被专业编辑认同与接受，还需要时间，但在保证准确的前提下，适当做些尝试，也未尝不可。

但是，为赚取点击量，一些网站把新闻标题的"煽情"作为唯一的卖点，很多标题对新闻内容断章取义，有些甚至是"挂羊头卖狗肉"，让人点击进去后大呼上当。这种以标题中耸人听闻的字眼吸引人们点击的现象，被称为"标题党"。这样的做法带来的效应只能是暂时的，长远来看，只能产生负面效果。因此，网络编辑应该更加认真、谨慎地进行新闻标题的制作。

2. 标题制作要便于新闻检索

网络新闻在发布一次之后，并不是从此就在网络中消失。它们都存在于数据库中，随时可能被受众通过数据库查询、搜索引擎检索等方式再次查找，或者被编辑作为相关新闻与其他新闻相链接，或者被新闻自动检索系统搜索出来后发布到新的网站。这些都是网络新闻的再利用方式。一条新闻被再次利用的次数越多，其利用率就越高，传播面也就越广。而新闻要能被顺利地检索出来，标题的制作是一个关键。很多时候，检索系统的查询依据是标题中是否出现相应关键词。因此，在制作标题时，要尽可能将新闻中的关键人物、关键事件名称等放入标题中，因为这几类词往往可能在查询中较易被当做关键词。

3. 网络新闻标题的结构要尽量简化

目前在网络新闻标题的结构上存在一种趋势，那就是基本上采用单一型标题而很少采用复合型标题，通常只有一行标题。这是因为，网络新闻一般不采用虚题，这简化了标题的结构。另外，由于大多数网页上将同一栏目的标题集中在一起供人选择阅读，因此，复合型标题就显得占用的版面空间太大，不便使用。

所以有的网络新闻即使有辅题,在栏目中也不出现,只与正文一起出现。

4. 尽可能满足网站对字数的限定要求

很多网站会对标题做出字数上的限制,这是版面安排上的需要,如有些网站规定标题字数不超过20字,另外有些网站规定某些栏目中的文章标题字数尽可能统一。在制作标题时,应该注意到网站在这方面的限制。但是,字数要求不能成为一种机械束缚,“削足适履”是得不偿失的。

5. 在标题中适当突出新闻中的其他信息手段

在网络新闻编辑中,越来越多的文字稿件在正文中会被辅以其他形式的相关稿件,如图片、音频、视频等。为了让读者在标题层次即获知这些稿件的存在,可以在标题中加上“(图)”、“(组图)”、“(视频)”等字样或便于识别的图标等,从而引起读者的阅读兴趣。

三、网络新闻内容提要的写作要点

内容提要,是对文章的主要内容进行概括的一种文字,它介于标题与正文之间。与标题相比,内容提要更详细,传达的要素更多,但与正文相比,它又要简短得多。

由于网络新闻的层次化写作特点,内容提要的运用越来越普遍,其出现的方式主要有:

在导读页紧接标题出现。导读页包括网站的首页、频道的首页或栏目的首页等。在这些导读页中出现的内容提要,通常适用于那些重要的新闻稿件。

在正文页的标题后出现。这时,内容提要是作为标题与正文之间的过渡的。

在正文中出现。这类内容提要通常在正文中每一段落前出现,可以提示该段落的主要内容。

内容提要的主要作用包括:

1. 吸引读者点击

由于字数的限制,很多标题难以充分揭示稿件中的各种重要信息及要素,因此,仅靠标题有时还不足以吸引读者。如果在稿件的标题后加入一段内容提要,就可在一定程度上弥补标题本身的不足,更好地吸引读者的注意力。

2. 揭示稿件的要点

在网络环境中,大多数人都不愿意阅读过长的文章,或者在阅读长文章的过程中不容易抓住文章的要点。而由编辑加工制作的内容提要,可以帮助读者迅速获取文章中的精华,同时也起着一定的导读作用,使人们更有目的地阅读全文。

3. 调节阅读节奏

在标题与正文之间或者正文的各个段落之间加入内容提要,还可在一定程度上调节读者的阅读节奏,使他们的视线有一个暂时的停顿,这样会获得更好的阅读效果。

内容提要的写作,是一个对稿件内容进行分析、判断和再提炼的过程。通常可采用全面概括与提炼精华两种思路。全面概括是内容提要写作中最主要的方式。它的目标是用凝练的语言,将新闻中的主要信息或观点概括出来,使读者可以更迅速地把握新闻的主要内容。对于以传达新闻信息为主的稿件来说,要全面概括稿件的内容,就需要明确新闻的“5W”,将这五个要素或其中最重要的几个要素,在内容提要中加以介绍。由于很多标题无法将这五个要素都包容进去,因此,可以利用内容提要全面概括有关要素,或补充标题中没有涉及的信息要素,向读者传达更丰富的信息。

有些稿件主要介绍的是人物的观点,这类稿件内容提要的主要目的,不是传达一般的信息要素,而是突出人物的主要观点。因此,可以采用提炼精华的方法对文中所涉及的观点进行简要的概括。在形式的处理上,可将每一观点列一行,用提示符号加以强调。在某些情况下,稿件内容本身较为丰富,如果要全面概括,很难突出稿件的重点。这时,也可以考虑在内容提要中只强调稿件中最具价值、最有新意或最容易吸引人们的某些内容。

网络新闻的标题与内容提要的作用是非常相似的,它们之间是一个层层递进及相互配合的关系。如果确定一篇新闻稿件要同时使用标题和内容提要,编辑从一开始就要考虑如何实现两者的互补,考虑将什么样的要素放在标题里,什么样的要素放在内容提要里,两者不能有太多的重复。

四、网络新闻正文的写作要点

网络新闻正文的写作,与传统媒体的新闻写作基本上是一致的。其写作基本规律在一般的新闻写作教材中都有介绍,本书不再赘述。

但是,为了便于在网络环境中传播,网络新闻的正文写作需要注意一些特殊的规律,包括以下几点:

1. 文风简短明快

人们阅读网络新闻多是采用“快餐式”的阅读方式,因此,网络新闻稿件也要相对“轻巧”,才能适应人们的阅读习惯。这种轻巧主要体现在几个“短”上。

首先,文章宜短。一则新闻的篇幅以不超过两个显示屏的长短为宜。如果不能避免长文章,可用小标题的方式,将长新闻分成小块。小标题既可提示本段主要内容,又可起到一个缓冲的作用。

其次,段落宜短。不仅新闻的整体篇幅应该简短,每个段落的写作也应力求简洁,每一段表达一个中心意思即可。一个段落的长度最好不要超过五行。同时,尽可能多分段,这样的好处在于,由于网络新闻在显示上段落之间有一个空行,这使读者的眼睛可以在段落间有一个短暂的休息,减少视觉疲劳。

再次,句子宜短。一句话应该控制在一定长度之内。美国学者弗雷奇曾建议美联社的记者在写作文章时,每个句子不要超过19个字。而美国的《时代》与《读者文摘》上刊登的文章的句子长度一般不超过17字。对中文来说,也许这一标准控制在20字以内是合适的。而网络新闻的句子在字数上应该更加精简。

2. 文字风格朴实直白

网络新闻的主要目的是给人提供信息,因此文字风格应该以朴实为主。过于花哨的文字易让人反感。另外,在写作上应尽力避免使用艰深晦涩的词,因为人们主要采取浏览的方式阅读网络新闻,往往没有时间细想词意,因此过于生僻的字眼有可能影响他们对信息的理解。

3. 具有可扫描性

国外一些研究者认为,网络新闻应该具有"可扫描性"(Scannable),即可以让读者在一瞥之下便捕捉到其中包含的重要信息。为此,文章写作者可以将重要内容用某些方式突出,例如文字加粗、用特殊色彩等,也可以利用"列表"的方式将要点一一列出。如下例原是一段常规文字,但可以改写成列表方式。

原文字:

在"北京市公众科学素养状况调查"问卷中,共给出了10种职业,让被调查者从中选出自己心目中声望最好的一个至三个职业。结果排在前三位的分别是:科技人员(57.8%)、医生(51.5%)、律师(37.1%)。排在四至十位的分别是大学教师(35.5%)、公务员(24.0%)、中小学教师(22.5%)、新闻记者和编辑(21.6%)、会计师(13.1%)、企业管理人(12.9%)、文体工作者(8.9%)。

改写成列表方式:

在"北京市公众科学素养状况调查"问卷中,共给出了10种职业,让被调查者从中选出自己心目中声望最好的一个至三个职业。结果排在前三位的分别是:

- 科技人员(57.8%)
- 医生(51.5%)
- 律师(37.1%)

排在四至十位的分别是:

- 大学教师(35.5%)
- 公务员(24.0%)
- 中小学教师(22.5%)
- 新闻记者和编辑(21.6%)
- 会计师(13.1%)
- 企业管理人(12.9%)

• 文体工作者(8.9%)

经过这样的改写后,人们的眼光从上往下垂直扫描就能看到排名情况,更容易抓住关键信息。

五、网络新闻稿件中超链接的运用

在新闻稿件中运用超链接,可以对新闻稿件中的一些内容进行扩展。通常需要加上超链接的对象包括:新闻中涉及的重要或关键人物,新闻中涉及的过往新闻事件;新闻中涉及的重要历史、地理背景等;新闻中涉及的一些重要组织、团体、机构等;新闻中涉及的一些重要的概念、科学名词等;新闻中涉及的一些政策、法规、文件等;其他新闻中没有展开但有必要做进一步解释的对象。

超链接可采取以下方式:

知识性介绍。即通过链接解释说明关键词。有些知识是属于常识之列,而有些知识对于一般读者来说,则是新知。一般情况下,常识无需说明。但是,在特殊情况下,常识也成为帮助读者理解新闻的一个重要手段。例如,在关于巴以冲突的新闻中,有关以色列与巴勒斯坦的基本情况介绍就是有必要的,因为这有助于人们更好地了解冲突的起因。

相关报道。即通过链接提供一个或一组与当前对象相关的报道。

相关网站。通过链接直接将读者带到某个对象的网站。

相关搜索。即受众点击有超链接的关键词后,相关搜索引擎立即搜索出包含该关键词的其他文章。

在使用超链接时应注意以下问题:

1. 注意超链接的度与量

在网络新闻中加入超链接应该注意度与量的问题,这就要考虑以下几个因素:

其一,读者对象的层次。不同网站的读者定位在层次上有所不同,不同层次的读者对于某些知识掌握的程度是不同的。例如,对于一般网站来说,IT技术名词通常可以加入链接来进行解释,但对于IT网站的读者来说,解释也许就是多余的。

其二,形势与时局的变化。如上面提到的,在某些特殊形势下,对于常识也可加以链接说明。例如,在伊位克战争期间,关于伊拉克基本情况的介绍,有助于人们了解战争的背景以及战争的进程,因此,对这些常识性的内容也可以设置超链接。

2. 注意超链接设置的位置

关键词与背景链接,通常是在新闻正文中直接加入的链接,也就是说,它们出现的位置就在正文中。但是,也有一些国外研究者认为,在文中加入链接,容易带来阅读目标的转移。新闻提供者的主要目标是让读者阅读当前新闻，但是链接可能会使读者进入其他页面而不再返回。因此，他们认为关键词链接可以放在文章最后。

3. 注意超链接打开的方式

从形式上看，超链接打开的方式，通常包括三种，其一是在当前窗口中打开，即将新页面代替当前页面。但这是一种最不合理的做法，因为它完全改变了读者当前的阅读目标。在文章中加入超链接时，应当注意避免这种方式。其二是在新窗口中打开，这是最常见的一种方式，在不影响当前阅读页面的情况下，再打开一个新页面，这有助于保持阅读目标的基本稳定。但是，还是难以彻底避免读者脱离既定轨道的问题。其三是在当前窗口中加链接的关键词附近打开一个小窗口，这是现在一些网站采用的做法，相对来说，它可以在一定程度上解决读者阅读目标转移的问题。

六、网络新闻延伸性阅读的配置

利用超链接，可以为网络新闻设置一些延伸性阅读内容，丰富和发展报道内容。延伸性阅读包括“相关文章”、“跟帖”、“发表评论”等方式。这些既可以作为阅读的一种延伸，又可以作为互动的一个入口。

相关新闻通常是在正文之外加入与当前新闻有关的新闻链接。目前，多数网站是利用网络新闻发布系统自动来完成此工作。其程序是，编辑记者输入本文关键词，系统以此关键词为依据，寻找本网站新闻库中其他含有此关键词的新闻。编辑记者根据需要从系统搜寻的结果中进行筛选。但是，如果要使相关新闻与当前新闻形成更密切的配合，还需要编辑进一步挖掘稿件之间的联系。

第二节　网络新闻的结构化整合

网络的海量信息容易使受众在时空中迷失，他们获得了无数信息，却无法理清这些信息的关联，在这种情况下，信息带来的，可能不是对信息理解的加深，反而是对信息意义的更深困惑。而网络编辑的一个重要责任，就是通过对信息关系的梳理，为受众“解读”信息以及信息间的关系，为他们理解新闻事件或社会现象提供一个更有逻辑性的框架。网络新闻的结构化整合正是以此为目标的。

由于网络媒体的容量远远超过传统媒体，这为信息的结构化整合提供了物理空间。而超链接等技术手段，也为结构化整合提供了一种技术性的方式。网络新闻的结构化整合主要体现在两个层面：一是网络新闻报道单元的整合，二是网络新闻专题的整合。

一、网络新闻报道单元的整合

由于稿源以及传播空间较为充分,网络新闻稿件往往可以通过单元化的方式进行整合。

网络新闻报道单元整合,是对日常稿件进行整合的一种手段,这种整合方式常常是围绕一个特定的主题,由不同层次、不同形式的信息和手段等共同组成一个小的集合,通过它们之间相互补充、相互配合,以求达到更好的新闻传播效果。与新闻专题整合相比,它的规模要小得多,而且主要针对各种具有较大新闻价值的日常报道,而不一定是重大新闻报道题材。

(一)网络新闻报道单元整合的作用及特点

网络新闻报道单元整合的作用在于:

1. 网络新闻报道单元是克服新闻碎片化现象的一种有效方式

网络新闻传播的特点,在一定程度上带来了新闻的碎片化,这主要表现在几个方面:

(1) 在时效性压力下形成的新闻碎片。时效性强是网络新闻传播的突出特点,动态写作、实时更新,成为网站处理新闻的一种常规方式,特别是在突发事件或重大事件的报道中。但是,在高度的时间压力下,新闻的写作更注重各个点的状态,注重信息的简单传递,而对于事物发生、发展的完整线索,常常不能在一条新闻报道中加以表现。对于受众来说,从单篇新闻中得到的信息总是片断的、零碎的,这妨碍了受众对一个事物的全面、清晰的了解。

(2) 新闻简单堆积带来的碎片化。网络的海量性特点,使网站可以将有关一个对象的各种相关报道都集成在一起,但这种集成往往只是一种简单的堆积,编辑常常不能对信息之间的关系进行有效梳理,有时信息之间甚至是相互矛盾冲突的。虽然网站提供了很多条新闻,但仍然会使受众在阅读时感觉支离破碎。

(3) 不同形式的新闻缺乏有效整合带来的碎片化。在媒介融合的时代,网站可以获得新闻的形式越来越丰富,除了文字、图片外,也包括音频、视频等形式的新闻,但是,由于机制、技术等原因,以及思维方式的限制,各种形式的新闻往往被分割在不同的频道或栏目中,未能形成一个有机的整体。

虽然在重大报道中,网站会采用新闻专题的方式来加强新闻的整合,但是,毕竟专题只是针对少数报道对象。提倡日常稿件的整合性思维,才是应对新闻碎片化的更普遍、有效的途径。

2. 网络新闻报道单元是体现网络媒体竞争力的一种重要方式

新闻报道单元是对单一新闻稿件的有效拓展,它可以用更长的时间跨度,更多元的视角,更丰富的手段,来完成对一个主题的报道,帮助读者获得对新闻事件更为完整的把握,同时还可通过互动方式来发展新闻报道。网络媒介的特性为新闻报道单元的实现提供了基本条件。而对于传统媒体来说,由于媒体自身的固有限制,是很难在常规新闻中实现这一目标的。因此,在日常新闻报道中用心完成每一个新闻报道单元,是网络媒体与传统媒体竞争的一个重要方式。

与网络新闻专题相比,网络新闻报道单元的主要特点是:首先,它是以某一稿件为骨干的,其他稿件都是以它为中心服务于它,因而报道线索明确。而网络新闻专题在多数情况下都是由若干栏目构成,报道的线索也相对复杂。其次,这种报道的容量相对较小,通常也是不可再延展的,即不会像某些新闻专题那样不断进行更新。最后,这种报道单元往往是对现有新闻素材的被动利用,其新闻稿件可以出自不同的来源。

网络新闻报道单元可以由很多种形式构成,根据目前的网络新闻实践来看,文字报道单元和多媒体报道单元(包括以 Web 页面整合和 Flash 整合两种)比较常见。下文将分别介绍这两种类型的新闻报道单元的编辑方法。

当然,在实际工作中,也可以根据需要将有关信息及手段组合在一起,形成其他形式的报道单元。无论怎样,形式只是实现传播目的的一种手段,创造性地运用网络所提供的各种可能性,以最大限度地满足受众需要,才是报道单元整合所要追求的真正目标。

(二)文字报道单元的组织

文字报道单元主要有如下几种形式:

1. 以层次化信息构成的文字报道单元

虽然很多网站并没有明确采用报道单元这一概念,但在日常稿件的处理中,由于信息的分层处理,一篇稿件已经自然形成了一个报道单元。

前文提到,一篇完整文章包括五个层次。从新闻单元的角度看,在第五个层次中,除了将同关键字的新闻作为相关文章链接外,还可以将与本篇新闻有着直接、紧密联系的稿件作为相关文章。这些文章可以在更大程度上满足人们对新闻事件的来龙去脉、前因后果的了解,起到解读新闻、释疑解惑的作用。

理想的报道单元应该使各篇稿件之间形成一个逻辑整体,通常的逻辑关系可以包括:“事实”+“背景”+“影响”,“当前事实”+“起因”+“进展过程”,“当前事实”+“相关事实”+“共同影响”。

当然,网络编辑应该根据每一新闻事件的特点和读者的需求来决定新闻单元的配置,而不只是机械地套用某一模式。

2. 多角度稿件构成的报道单元

一个新闻主题往往可以有多个报道角度,在传统媒体时代,受到版面空间或报道时间的限制,对于绝大多数题材的报道,一个媒体往往只能从一个角度进行报道。虽然记者、编辑们在选取角度时是充分考虑到媒体受众的需求的，但是，这种单一角度的报道有时仍然难以充分满足受众的需要。

而网络媒体的出现则为多角度报道的同时呈现提供了平台和基础。因此，在构建报道单元时，针对一个特定的主题，将几篇不同角度的报道整合在一起，也成为一种可行且有效的方式。多个角度稿件构成的报道单元，可以由两种方式完成：

其一，记者在采访写作时就将报道分解成若干个小的报道。这意味着，网络传播的特点要求记者需要在思维方式与工作方式上做出调整，在采访乃至策划阶段，就从报道单元的需要出发来分解任务。

其二，编辑将不同媒体或不同记者采写的同一主题的不同角度的报道根据其内在关系组织在一起，便于读者从不同侧面了解新闻事件。

这样一种报道单元中的各篇稿件基本上分量相当，但是，在编辑时，还是需要突出其中一条新闻，例如将与受众关系最密切或人们最关心的一条新闻作为主干新闻，拟定报道单元的标题时以该新闻为主，其他新闻的内容，在标题中可以不体现，或者以副题的方式来处理。

在版面上，最简单方便的处理方式是，将主干新闻放在最前面，其他新闻依次排列。如果版面太长，对于非主干新闻，可以只列出其标题与导语部分，其他内容用“点击详细”或“详情请进”的方式做成链接，读者点击链接后就可以打开完整的稿件。

3. 以时间为线索整合的文字报道单元

新闻碎片化的一个主要表现，是由时间上的点状报道造成的新闻线索的断裂。克服这样的碎片化现象，采用时间线索是对文字报道单元进行整合的一种有效手段。在目前的美国新闻网站，时间线索是一种非常常见的方式。

时间线索的编辑思路是，对于发展中的报道对象，截取其发展进程中的那些重要时间点，以此为线索来组织相关稿件，使这些稿件成为一个有序的整体。它操作简单，但对提高传播效果却有显著作用。

（三）多媒体报道单元的组织

从技术角度看，多媒体报道单元通常分成 Web 页面类和 Flash 类两种。

1. Web 页面整合的多媒体报道单元

网络新闻正在进入多媒体报道时代，虽然理想的多媒体报道应该从策划、采访到制作全程运用多媒体的思维与手段，但是，由于现实因素的影响，目前大多数多媒体新闻是将现有的不同媒体形式的新闻素材进行整合，其中，最常见的方式就是在日常报道中，以文字为中心，将与之相关的其他形式的新闻整合在一起，构成一种简单的多媒体报道单元。多数多媒体报道单元是用 Web 页面整合的，即它们是用某种方式被编排在一个或数个网页中。

对各种单媒体新闻进行编辑、组合构成的多媒体报道单元虽然简单,但也有着重要的意义。它使大量的文字新闻通过其他媒体形式的新闻得到了补充、扩展,使受众可以获得对于新闻事件更多角度的、更丰富的认识。

同时,这种简单的多媒体报道单元使各种形式的新闻稿件得到了反复利用,特别是使音频、视频新闻等人们关注相对较少的新闻有了更多与受众接触的机会,这有助于提升这些新闻的价值。

多媒体报道单元中可以运用各种形式的手段,包括文字消息、文字评论、新闻照片、新闻图表、动画、音频、视频、网络互动等手段。

当然,在实践中,一个新闻事件的报道不一定能获得如此全面的素材,因此,往往只能是上述手段中某几个的组合。常见的组合方式包括:“文字 + 图片”,“文字 + 音频”,“文字 + 视频”,“文字 + 图片 + 视频”,“文字 + 图片 + 音频”。采用什么样的组合方式,考虑的基点是现有的新闻资源状况,目标是获得最佳传播效果,根本原则是各种素材之间的互补性。如果新闻素材彼此是简单的重复关系,那就无需多此一举。

2. Flash 整合的报道单元

Flash 新闻是网络中特有的报道形式,它是利用 Flash 技术,将各种形式的信息有机结合在一起所进行的新闻报道。虽然 Flash 技术也可以用于制作复杂的新闻专题,但更多的时候,它被用于整合一个小的报道单元。总体来看,Flash 新闻的作用包括:形象再现新闻、整合多种手段、提高新闻的互动性。

目前 Flash 新闻的主要类型分为以下几种:

(1) Flash 动画新闻。Flash 动画,即运用 Flash 技术制作的动画,它的运用范围很广,可以用于制作故事片、音乐电视、网络广告、电子贺卡等,近年来在新闻传播中也开始得到运用。

Flash 动画新闻具有较独特的价值。首先,一般视觉新闻,如图片、视频新闻,都需要有相应的原始素材,但 Flash 动画新闻可以摆脱对现场的新闻素材的依赖,因而是一种便捷的模拟或再现新闻现场的手段。对于突发性新闻报道来说,Flash 动画新闻可以在很大程度上弥补第一手素材无法获得的缺憾。例如,在 2001 年美国的“9 · 11”事件中,由于事发突然,恐怖分子劫持飞机撞向世贸大厦北塔楼的影像没能记录下来,但用 Flash 动画就可以模拟当时的场景。现在在很多关于灾难、事故等的报道中,对 Flash 动画的使用已非常普遍。

其次,Flash 动画新闻可以将各方面的素材整合在一起,产生单元式传播的整合效应。在新闻报道中牵涉到一些受版权保护的图片和视频资料时,用 Flash 动画进行再现,也可以较好地解决新闻素材不足的问题。

Flash 动画对新闻事件所进行的再现,通常不是把原场景的所有信息都复制下来,而是进行了筛选,即选取那些最重要、最关键的要素进行传达,因此,它可以排除那些无关紧要的元素的影响，更突出地表现主题。

另外，Flash 动画新闻还具有一种趣味性，编辑者可以为画面配上妙趣横生的解说、生动活泼的音响效果，因而受到广大网民的欢迎。在某些时候，Flash 动画新闻与报纸上的新闻漫画有异曲同工之效。

（2）Flash 幻灯（Slideshow）新闻。Flash 幻灯新闻是一种以图片为主的 Flash 新闻形式，它将多张图片整合成一个连续的图片序列，一般情况下，图片可以自动播放，也可以由用户控制播放进程。有时，在图片旁边，还会加以文字说明或音频、视频等链接。有些幻灯还会为用户投票选择最佳图片提供方便。因此，这也是一种以图片为主的多媒体报道单元，在美国的许多新闻网站，这类新闻就直接称为“幻灯”。

Flash 幻灯可用于制作“七日新闻”、“一日新闻”、“本周图片”等集成性新闻，也可以用于单一新闻事件的报道。其应用场合较为灵活。这些幻灯具有一种时间上的延伸性，它可将本来独立的图片按照一定的意图连接起来，形成“蒙太奇”效果，这可大大提高图片的表现力，使图片之间的联系得到深入挖掘。与视频相比，它在采集上更方便，而且一些具有强烈视觉冲击力的图片更利于传达瞬间的效果，在目前普通网络带宽环境下，也更易于传输。

（3）Flash 互动新闻。在美国的一些网站，如 MSNBC、纽约时报网站等，将较为复杂的 Flash 幻灯称为互动新闻（Interactive News），这表明这些网站对于互动这一要素在网络新闻表现形式中的作用的重视。这种互动新闻通常也是一个报道单元或专题。

本书将 Flash 互动新闻定义为，利用 Flash 技术将文字、图片、声音、视频、互动式图形和图表以及控制菜单（或按钮）等各种手段整合起来，具有较强互动性的网络信息单元。

Flash 互动新闻可以根据已掌握的素材，将不同的信息集成在一起，进行连续播放。在某种意义上，它可以构成连续影像的效果。但由于它又可以使用其他的一些元素，例如使用 Flash 技术制作的图表、菜单等，因此，它比单纯的视频影片更为灵活，并且具有更多的交互性。

与前文提到的其他形式的报道单元相比，Flash 整合的报道单元，内容的逻辑关系得到更好体现，手段更为丰富多样，形式活泼，更容易引起读者的兴趣。当然，Flash 技术除了可以整合各种素材成为一个报道单元外，还可以整合较大规模的专题。

Flash 技术还是一个新生事物，这里介绍的几种类型，只是体现了目前实践中的一些尝试。相信随着技术的发展，以及人们对网络特点认识的不断深入，Flash 整合新闻的方式还会更加丰富。

另外，Flash 新闻虽然形式生动，但由于制作成本较高，且在传播上有一定限

制,所以不能滥用。从目前的实践来看,Flash 新闻适合以下几类新闻的报道:

以图片为主的整合性报道。在网络中,图片的整合有多种形式,其中,利用 Flash 整合图片的做法越来越普遍。这主要包括,同主题的图片整合、同类图片整合(如体育类新闻图片)、某时间段的图片整合(如一周图片、年度最佳图片)等。

重大题材的跟进报道。重大新闻事件的报道,需要一定的气势,这种气势不仅体现为报道的数量与频率,也表现为报道手段的丰富性。在这种情况下,可以考虑采用 Flash 新闻。

需要重新挖掘的老题材。不少新闻题材已经不新鲜,也被报道过很多次,但由于某种原因需要再次报道,如一些重要事件、重大活动的纪念日,需要对相关事件进行回顾。这时,利用 Flash 技术可以从新的视角、新的素材组合方式来重新诠释人们熟悉的题材。

对互动性要求高的题材。与其他形式的新闻不同,互动性在 Flash 新闻中实现较为方便,方式灵活,效果也较直接。由于一些新闻题材需要受众参与才能实现较好的传播效果,这也是 Flash 技术受到追捧的主要原因之一。

当然,随着技术的发展,Flash 新闻的表现形式可能会发生变化,甚至 Flash 技术也可能被其他的技术代替,但是,它的有益成分必然会被新的形式吸纳。

二、网络新闻专题的整合

网络新闻专题是具有网络特色的深度报道方式。所谓深度报道,是对主体新闻的时空维度进行扩展的报道,它通过对主体新闻的生成背景、波及影响和发展趋势进行全面展示与剖析,从而深刻地反映客观环境的最新变动状态。[①] 首先,利用网络的巨大容量、丰富资源,以及多种媒体报道手段,网络新闻专题可以在多个层面、多个视野上展开立体化的报道。它可以更好地满足人们对一个事件或主题在广度上与深度上的信息需求。

其次,网络新闻专题是帮助受众克服时空迷失感的一个途径。网络新闻传播的海量特点,使网络新闻稿件的数量急剧上升,但是,如果不能对这些稿件进行有效的整合,就可能使受众迷失在“信息海洋”之中。好的网络新闻专题可以通过若干稿件的有机结合来加强稿件的联系,提高它们相互配合的能力。使受众对新闻主题有一个更全面、整体的把握。

此外,网络新闻专题还是一种原创性的新闻整合方式,好的新闻专题的选题与角度,出色的专题制作方式,是网站竞争力的体现。在我国网站采访权尚未完全放开的情况下,网络新闻专题整合在网络新闻的竞争中具有重要的作用。

---

① 高钢:《新闻写作精要》,首都经济贸易大学出版社 2005 年版,第 296 页。

（一）网络新闻专题的类型

不同的专题内容,需要用不同的方式去组织与实现。因此,制作网络新闻专题的第一步,是进行专题类型的选择,专题可以从不同角度进行分类。

1. 采访型专题与编辑型专题

一些专题通常是由网站针对一定的选题,组织力量进行采访报道,最终制作而成的。这可以称为采访型专题。采访型专题是网站的重要原创内容。

但目前网络新闻专题更多属于编辑型专题,即在一个特定的主题之下,进行相关材料的组织与整合。也就是说,通常素材是现成的,编辑的任务是按照一定的方式将这些材料组织起来。

之所以会出现这种情况,首先是政策的限制。目前有关部门并没有完全放开新闻网站的采访权。一些新闻网站只能利用自己的母体的资源进行新闻报道,采访力量较为有限。其次,网络新闻还是一个新鲜事物,专业人才也很匮乏,特别是能利用多媒体手段进行采访报道的人才奇缺。这些就是网站还需要利用其他媒体资源的原因。

2. 事件性专题与非事件性专题

事件性专题是指针对某个新闻事件来展开报道,而非事件性专题往往只有一个大致的主题,并不起因于某个特定的新闻事件,当然它在内容中也会涉及一些新闻事件。此外,事件性专题通常具有很强的时效性,而非事件性新闻并不特别强调其时效性。

现在新闻网站的专题多为事件性专题,事件性专题存在的最大问题是,它是被动的,往往由外界条件(例如突发新闻事件)所决定,由于各个网站都会对某一新闻事件作出反应,事件性专题的内容也就容易产生彼此雷同的现象。因此,非事件性专题更能体现网站在选题策划上的竞争力。

3. 集纳型专题与结构化专题

网络信息的海量性,使新闻传播不再受容量的限制,但这也给编辑们带来选稿标准上的困惑:除了新闻价值方面的考虑外,专题稿件选择是否应该诉诸主观评判?网络新闻专题应该做到全面客观,还是应使用带有主观性的评价方式与编辑手法?

基于上述不同的认识,在网络新闻专题制作领域出现了两种做法。一种新闻专题追求的是客观性、全面性,稿件之间只用简单分类的方式加以组织,也就是简单地对内容进行集纳,我们称之为集纳型专题。而另一种新闻专题则更有针对性,内容上讲求稿件之间的严密逻辑关系,整个专题往往像一篇文章一样,有谋篇布局的结构安排,专题有时也带有一定的主观评价,我们称之为结构化专题。集纳型专题比较常见,而结构化专题比较有代表性的是搜狐的“点击今日”、网易的“另一面”、腾讯的“今日话题”等栏目,凤凰网的专题也有相当数量属于结构化专题。

我们不能简单地评价上述两种专题孰优孰劣。应该说，这两种不同性质的专题都有其优势与劣势。不同的专题组织方式，体现了不同网站的新闻理念。不同的专题形式适用于不同的题材。

但是，制作结构化专题相对来说有更大的风险。编辑应慎重选择主题，挑选那些适合进行结构梳理、主观评判的题材。而这也要求编辑人员应具有更缜密的思维与更好的判断力，能够提出公正、深刻的观点。

需要注意的是，制作结构化专题要防止将网站或是编辑个人的观点凌驾于受众的意见之上。要注意专题内容的客观、平衡与中立，只有保持公正，才能获得更好的意见表达效果。

4. 动态型专题与静态型专题

对于动态事件，大多数专题都是伴随着事件的进展而不断更新的，专题始终处于一个开放的过程中，这类专题可称为动态型专题。动态型专题的内容是在不断变化的，这既是它的优势，又是它的劣势。这种动态更新性可以在更大程度上保证报道的时效性，但是，如果编辑方法不得当，又可能给受众的阅读带来困惑与负担。

而有些新闻专题，则是一次性完成的，一旦推出后，便不再更新，这可称为静态型专题。用 Flash 技术整合的专题都是静态型的，一些 Web 页面承载的专题也属此类，特别是非事件性的专题。这种专题的内容相对完整、线索清晰，但灵活性与可扩展性较差。

以上是从不同角度对网络新闻专题所做的分类，但在实践中，一个新闻专题往往同时具有多种特征。例如，一个专题可能同时是采访型的、结构化的、静态型的专题。

从专题的承载形式看，网页、Flash、电子杂志等，都可以成为网络新闻专题的“包装”手段。

（二）网络新闻专题报道的原则

网络新闻专题的报道工作应该在一定原则的指导下进行，这些原则包括：

1. 具有深度报道意识

网络新闻专题不是信息的简单堆积，而是深度报道的一种方式。这种深度一方面要靠内容的选择来体现，另一方面要通过栏目的设置来体现。如果专题中只有“最新消息”、“各方反应”这样的栏目，是很难让人体会到专题的深度的。因此，在进行栏目策划时，编辑人员应该站在一定的高度上思考专题所表现的主题或事件，设置一些反映对报道对象的独特思考的栏目，通过横向或纵向的比较，或通过对事件来龙去脉、长远影响等的思考来深入地表现主题。这些栏目不仅是专题的特色所在，也是它的深度所在。

2. 追求信息客观平衡

无论是集纳型还是结构化的专题,都应该追求信息的客观与平衡,因为这是新闻报道的基本立场。尤其是在结构化专题中,如果以编辑的偏见来选择与组织内容,那么可能会造成误导。

3. 运用多媒体思维

要通过新闻专题体现网络多媒体传播的优势,就需要在选题策划、角度选取、栏目设计、素材采集与编辑等所有环节中,运用多媒体的思维方式,为多媒体能量的发挥提供空间,使每一种媒体形式的新闻素材得到合理、充分的运用。

4. 保持线索的完整性

对于一个处于发展中的事件的报道来说,网络新闻专题集实时性与延时性于一体,这可能会带来一个问题,信息在不断更新,旧的信息很快被新的信息淹没,而网民不可能一点不漏地全程阅读所有内容,如果没有相关的导读手段,他们很难对事件的整体发展线索有清晰的把握。因此,专题中应该设置介绍事件基本发展线索的栏目,如对事件起源的介绍,并且将它们放在专题首页的显著位置。在整体栏目的设置上,也应该用更好的方式体现这种线索的完整性。

5. 讲求结构的逻辑性

专题的结构,如栏目的设置、栏目的安排秩序等,既是一种组织内容的框架,也是引导受众阅读的逻辑框架,同时也是反映编辑认识和编辑意图的一种框架。编辑对于信息间关系的认识,对新闻内容的解读,在很大程度上要靠这种逻辑结构来揭示。专题结构的逻辑性体现在三个层面:内容安排的合理性,编辑意图揭示的明晰性,阅读线索引导的条理性。

6. 提高互动的目的性与有效性

虽然互动似乎是网络新闻专题中一种不可或缺的手段,但是,并非所有互动都能有效展开。因此,编辑应该根据不同主题的需要,设计更有目的的互动方式,而不是千篇一律地提供“调查”与“评论”这两种互动栏目。在一定的情况下,需要通过某种方式来提升互动内容的影响力,如将重要的网友评论推荐出来,而不是让它们被淹没在成千上万的帖子中。

7. 注重界面的友好与美观

专题有自己的独特界面,这主要表现为首页。像网站或频道的首页一样,专题的首页直接影响着受众对专题的第一印象,也影响着受众在专题中获取信息的方便程度与效率,进而影响到受众对于专题的接触深度。注重界面的友好性,有效引导阅读线路,具备形式上的美感,应是专题在形式上的追求。

8. 突出网站的特色与资源优势

新闻专题是网站间竞争的一个重要方式,因此,对特色的挖掘至关重要。新闻专题的栏目策划不仅要为突出其主题的特质服务,还要充分利用与开发网站的资源。特别是对于传统媒体背景的网站来说,原创能力是其新闻专题的一个重要财富,要善于在专题中将这种原创能力转化为竞争力。

(三)几种典型的网络新闻专题的策划

网络新闻专题的策划包括选题、角度、内容及形式等各个方面的谋划与布局。这种策划有利于制作出具有独家性、较有深度的报道。下面是网站中最典型的几种新闻专题的策划思路:

1. 重大突发事件类专题的策划

网络新闻专题启动迅速,在应对重大突发事件上具有自己的优势。此外,凭借大容量、多媒体等长处,它可以为受众提供全面、丰富的信息,满足受众各个层面的需求。重大突发事件虽然是现成的选题,但是,它也很容易造成同质化竞争,因此,往往需要通过报道角度与内容等方面的策划,来更好地发挥网站的资源优势。重大突发事件类专题的策划通常可以有如下几类报道思路:

后果式。即注重突发事件发生后的过程的报道,让受众及时获得各种相关信息,了解事件的进展及其结果。

前因式。即通过报道探求突发事件的起因、背景,以及其他社会环境因素,让受众更深入地理解偶然事件中所包含的必然因素。

影响式。即全方位关注事件所带来的社会影响,为受众释疑解惑。

在突发事件的报道中,一般第一落点的报道是"后果式"的,因为这是受众的首要需求。从网站角度看,组织这样的专题也相对容易。但是,当事件发展到一定阶段后,就需要对受众需求和社会环境的变化进行考察,适时调整报道思路。从新闻的竞争角度看,及早从同质化的报道方式中转向,找到新的报道角度与方式,有利于网站形成自己的特色。有些事件本身没有太长的时间延续,这就更要及早转换报道角度。

2. 可预知重大事件专题的策划

可预知重大事件的报道也是一种"命题作文",因此,相关选题策划要重点考虑的不是报道的对象,而是报道的时机、规模、角度以及报道手段等。

从报道的时机来看,可预知事件的报道通常有如下两种:

先发式。即在重大事件到来之前的某个时间点便启动新闻专题,以此求得先声夺人的效果。但是,提前多长时间开始报道,是一个需要谨慎思考的问题。专题启动过早,一方面与受众的关注点脱节,不容易引起受众的注意;另一方面,也会使网站的报道过程拖得过长,使网站过早疲软,到重大事件发生时,反而没有了气势。因此,网站要在全面衡量的基础上,找到一个合适的时机推出专题。如果能找到一个最新的报道由头来启动专题,可能会带来更好的效果。

同步式。即新闻专题的推出与重大事件的发生基本同步,这样的专题让人感觉时效性强，也容易与受众的需求节奏同步。但是，这种方式容易形成多家网站报道“撞车”的情况，难以凸显网站的影响力。这时就需要编辑通过对专题报道角度的选取、内容的组织、形式的设计等方面来弥补。

从报道的规模与角度来看，可预知重大事件新闻专题的组织主要有两种：

全景式。即全面展现新闻事件的面貌，给受众提供丰富的信息。这种思路与多数受众的需求是吻合的，一般更受欢迎。但是，如果网站的采编力量不足，则有可能造成报道面虽广却缺乏深度的情况，此外，报道内容与其他网站趋同的现象也可能发生。

特写式。即只选取某一个横截面或纵截面反映新闻事件。它的好处是可以将有限的力量集中起来，在一个角度上开掘得很深，也容易形成特色。但是，如果报道角度选取不够合适，也可能适得其反。另外，多数受众仍然需要全面了解事件，专题角度过窄，会影响到他们的阅读兴趣。

此外，对于可预知事件的网络新闻专题的策划，也需要找到好的表现形式。例如，2005 年，在纪念红军长征胜利 70 周年这样一个重大活动的报道中，很多网站都推出了自己的专题，竞争非常激烈。这其中，“四川在线”网站推出的专题别开生面，它以“网上重走长征路”为主题，以 Flash 形式再现红军长征的路线，并让网民在模拟重走长征路的过程中，了解相关知识与历史事件，后文将对此进行分析。

3. 重要的社会现象或问题类专题策划

一些社会现象或问题，具有重要的现实意义，也是媒体重点关注的对象。这些现象或问题，有些已浮出水面，属于社会热点，而有些则还深藏不露。针对不同的社会现象或问题开设的新闻专题，属于非事件性的报道，是对网站选题策划能力的一种重要考验。

在没有具体事件依托的情况下，要找到合适的选题，首先需要高度的新闻敏感和判断分析能力，需要各种信息与知识的积累，而这是一个长期的磨练过程。新闻网站的编辑记者需要在实践中不断提高自己在这方面的能力。

此外，也可以通过一些思维方法来帮助完成选题的开掘。任何一种社会现象都并非孤立的，很多事物间都有千丝万缕的联系。如果从思维角度来看选题的发现，那就是要善于从已知的新闻选题中推演出新的新闻选题，从杂乱的线索中找到清晰的选题目标。在具体操作时可以借鉴下列思路：

(1) 纵向延伸与横向拓展。纵向延伸即从时间的坐标轴上探索某一个已有选题延伸的可能性。突发事件或可预知事件的报道完成后，并不一定意味着这个报道对象的历史使命的终结。编辑可以将它作为一个原点，将其向前或向后延伸，从中寻找可能的新选题。例如，可以将与当前新闻事件直接相关但尚未披露的历史性事件作为报道对象，延伸当前报道；可以将当前新闻事件与以前发生的同类新闻事件进行比较，从其变化规律中寻找新闻选题；也可以向未来的时间点发展，即对某些尚未发生但可能发生的事件做出预测与前瞻性报道。

横向拓展则可以从已有选题出发，搜索与之相邻的、类似的话题，寻找合适的报道对象。它也可以是从事件背景中进行的扩展。例如，近年来，国内矿难事件频频发生，它也是网络媒体要不断面对的报道对象。但是，在结束一次矿难事件的专题报道后，如果对矿难发生的大背景进行深入思考，就会发现"官煤勾结"等问题是矿难不能从根本上杜绝的重要原因，这就寻找到了新的报道话题。这个话题源于矿难报道，但又超越了矿难报道，这种从事件的背景中寻找选题的方式在实践中是较常用的。

（2）多点聚合与单点分解。多点聚合意味着将一些看上去零散出现的现象或事件，用一个主题统领起来作为新闻报道的对象。例如，腾讯网曾推出"我们的城市为何如此脆弱"的专题，将一些大城市在面对天灾人祸时表现出来的脆弱与混乱这些散在的现象，集中在一起进行报道分析。不但找到了好的选题，也可以使读者站在一个更高的角度来认识个别现象之间的联系及其深层原因。

单点分解则是将一个大主题细分为若干个子主题，从中寻找新的报道落点。在形势分析、政策解读、回顾与展望等类型的报道中，单点分解往往是一种可行的思路。

应该注意的是，虽然非事件性专题的选题策划有一定的规律可以借鉴，但选题策划是一种创造性的劳动，并非几种原则就可以概括，在实践中，应该防止机械、生硬地套用某些原则。

从发现新闻选题的渠道来看，除了传统的途径外，新闻网站还要特别注重对网络中各种资源的利用，特别是 BBS、新闻跟帖、受众调查、博客、微博等渠道。一方面，有些网民会将新闻线索直接通过这些途径发布，另一方面，它们也常常能集中地反映网民的意见与态度，可以作为衡量选题价值的依据。而有时网络舆论也会直接推动新闻事件发展，带来新的报道选题。同时，网络是一些新兴文化的"试验场"，不少社会现象与问题最早也是萌芽于网络的。如果网站编辑能及早通过网络这一途径发现有关问题，就能及时通过制作新闻专题来关注这些问题。当然，关注不等于炒作。出于吸引眼球的目的，而对一些问题不加控制地进行"狂轰滥炸"，这不是一个负责任的媒体应该采取的方式，在实践中是应该特别警惕的。

4. 媒体活动类专题的策划

在媒体的报道竞争中出现了一种新的现象，那就是媒体为了推出独家新闻，形成社会影响，会结合当前形势有意识地策划某些活动，媒体作为活动的主体，也作为报道者，来控制整个进程。虽然社会对这种方式还存在一些争议，但如果把握恰当，这样的活动也能产生较好的社会效益。一些网站也开始了这方面的尝试。在策划这类专题时应该注意一些问题：

社会效益。媒体策划的活动一定要将社会效益放在首位，这是媒体社会责任感的具体体现。为吸引公众注意力而进行炒作的做法是不可取的。

活动的依托。媒体策划的活动也应该有一定依托，例如以某个新闻事件为由头，以某个时机为由头等。这样的活动更容易引起人们的关注。

报道空间。有些活动虽然本身有意义，但从媒体角度来看，报道空间有限。在策划活动时，要尽可能考虑到它是否适合于媒体报道，报道能在多大规模、多长时间跨度内展开，活动开展的场所是否便于组织现场报道，是否利于各种媒体手段的应用。

投入产出。媒体组织的活动需要较大的投入，因此，还需要从投入产出比的角度考虑活动及其相关报道的经济效益。

（四）网络新闻专题的结构设计

网络新闻专题的结构设计，是进行内容选择与组织的依据，也是报道角度与报道思想的重要体现。它意味着针对选定的主题与角度，设计相关的栏目并用合理的结构将内容组织起来，同时选择最合适的手段来表现各个方面的内容。

一般来说，网络专题的栏目设置可以在几个维度上展开思考：

以时间为维度。即从事件的发生、发展过程，当前状态、历史背景、未来趋势等方面设置栏目。

以空间为维度。即从地理上划分事件发生或波及的地区，将每一个地区作为报道的一个栏目。

以人物为维度。即从事件中的人物命运、人物的感情状态等方面出发来设置栏目。

以认识事物的逻辑为维度。即从对事物认识的合理线索中寻找栏目设置的依据。

以社会环境为维度。即从新闻发生的社会背景、社会影响、与其他事件之间的关系等方面设置栏目。

以意见态度为维度。即从当事人的态度、相关人物的意见、社会舆论反响、专家的评论等方面设置栏目。

当然，一个专题并不一定要将所有维度中的内容都体现出来。选择哪个或哪几个维度进行表现，与报道的角度直接相关。

在最终形成栏目时，还应该通过栏目名称的设计体现出专题的指向性，一般来说，指向性越明确的栏目，越能体现出事件的特色。

在进行栏目的设计时，要尽量使栏目之间遵循某种线索或者逻辑关系，形成一个有机的整体，而不是随意地将一些材料拼凑在一起。

目前的网络新闻专题通常有以下几种结构方式：

1. 平行聚合式

平行聚合式是网络新闻专题中采用得最多的一种栏目结构方式。它的总体思路是，每一个栏目反映主题的一个侧面，多个角度的栏目集成后，较为全面地反映出全貌或某个突出的局部（见图7－1）。

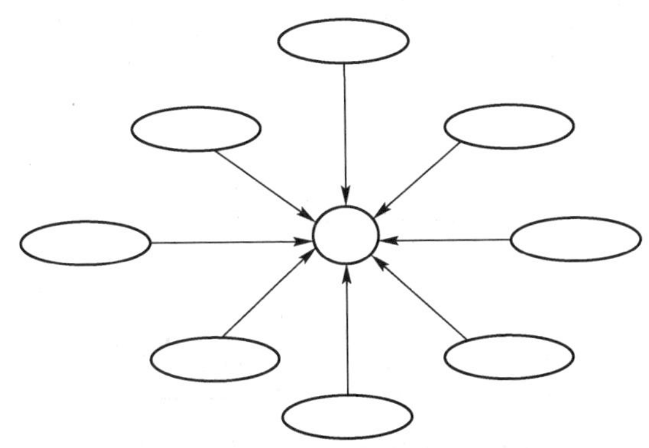

图7－1 网络新闻专题的平行聚合式结构

在平行聚合式的结构中，各个栏目之间的地位是相对平等的，顺序是自由的。平行聚合式结构主要的目标是完整地表现主题或某个特定的角度，它比较适合信息十分丰富、事件处于动态发展中的集纳型专题。

2. 层层递进式

在层层递进式的专题结构方式中，各个栏目之间存在着逻辑上的先后顺序，前一栏目的内容是后一栏目的基础，后一栏目是对前一栏目的发展与深化（见图7－2）。

图7－2 网络新闻专题的层层递进式结构

在层层递进式的结构中，主要的逻辑关系可以是以下几种：

时间上的递进关系。即以时间的顺序来组织栏目，这种方式条理清楚，符合人们的认识习惯。

观察事物的顺序。就像人们观察事物的顺序一样，在一个网络新闻专题中，也可以用“全景”—“中景”—“近景“—“特写”等渐进顺序来表现新闻事件或新闻主题。

认识事物的顺序。人们认识事物往往是由表及里，从认识现象到探究本质的一种发展过程。在构思专题时，可以依据这样一种逻辑来组织栏目。这也是目前国内网络新闻专题中用得较多的一种方式。

从某种意义上看,这种结构的专题更像是一篇经过扩展、整合的长篇新闻稿,每一个栏目是稿件中的一个段落,栏目名称是稿件中的小标题。只是,稿件并非由一个作者完成,因而在内容上更加丰富、深入。

3. 观点争鸣式

不少结构性专题侧重于揭示事件或问题的影响,它们常常是以观点的冲突作为结构内容的基本依据的,即每一个栏目集成一个方面的观点,各方观点同时呈现(见图7-3)。

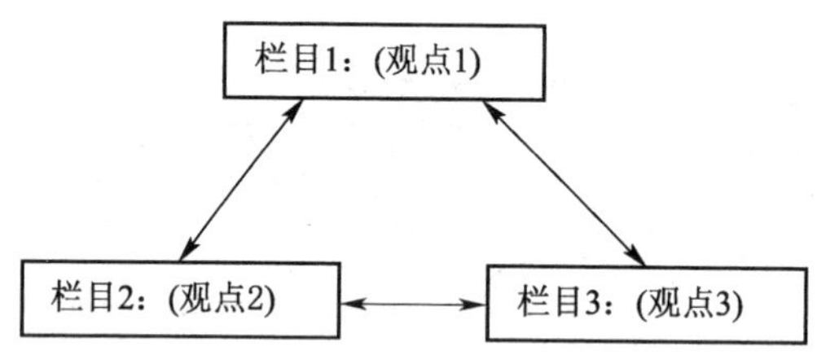

图7-3 网络新闻专题的观点争鸣式结构

这种栏目结构方式内容集中、线索明确,能让读者迅速抓住要点。但同时也可能忽略一些非典型的观点。

当然,除了以上三种新闻专题结构方式,编辑还可以根据题材的需要进行结构规划,不必过于拘泥现有的条条框框。

(五)网络新闻专题的信息手段策划

目前的网络新闻专题常常采取多媒体的形式,它需要用到多种信息手段,并且这些手段的应用不是被动的而是积极的,手段之间的关系不是松散的而是紧密的。在前期策划时,需要考虑每一种手段在当前专题中所起的作用,从选题与角度的需要出发,来组织相应的素材采集和编辑工作。

如前文所述,文字新闻、图片新闻、音频新闻和视频新闻等都是多媒体新闻的构成要素,它们是网络新闻专题中的核心内容。但除了这些新闻手段外,一些非新闻性的素材,也可以作为网络新闻专题中的辅助手段运用。此外,网络新闻专题中还需要考虑Flash技术、时间线索和互动性等网络所特有的手段的运用。

(六)网络新闻专题的版面设计

网络新闻专题的版面,不仅是承载信息的空间,也是引导阅读的手段。好的版面,既要符合一定的审美要求,又要条理清晰、重点突出、方便阅读。好的设计往往可以提升内容的价值,而蹩脚的设计可能埋没了好的内容。

1. 专题栏头设计

大多数网络新闻专题都有一个标题区,点明专题的主题。这种形式在国内网站的新闻专题中运用得尤为普遍。目前它还没有统一名称,本书称其为栏头。

专题的栏头是专题吸引人们注意力的第一个要素，也是烘托专题气氛的一个重要手段。一个精心制作的专题栏头，可以使人们在瞬间形成对于专题的基本印象。专题的栏头设计需要遵循以下几方面的原则：

醒目抢眼。抢眼的栏头产生的视觉冲击力，容易引起人们对专题的阅读兴趣。

文字表述准确。专题栏头中少不了文字，这些文字可称为栏题，也就是整个专题的名称。专题的名称要简洁而准确地说明专题的主题，它的撰写原理与新闻标题是类似的。文字的字数要尽量精简，诸如"专题报道"这样的词可以略去。这样可以使每一个字的字号尽量大，以便显得更为抢眼。

情绪传达到位。每一个专题都有自己特定的情绪与气氛，或者沉重，或者庄严，或者轻松明快……栏头是最直观地传达这种情绪的窗口。如果栏头传达的情绪不够明确、准确，甚至发生错位，就会影响读者对专题的阅读。栏头的情绪传达主要通过两种要素完成。一是栏头所采用的图片。大多数专题的栏头会选用与主题紧密相关或者直接表现新闻事件的图片作为栏头的背景，图片的内容、色彩等都会向读者传递一种情绪。因此，应该在图片的选择与加工上做文章，有些时候，可以用 Photoshop 等软件适当改变图片的色调，以获得更为准确的情绪表达。二是栏头文字的字体、字号与色彩的运用。不同的字体本身也带有一定的情绪色彩，黑体字、宋体字显得庄重，比较适合严肃的主题；楷体字、仿宋体显得秀丽，比较适合文化类主题；行楷、圆体等字体显得较为活泼，更适合于娱乐类专题。当然，在实践中，对字体的运用要灵活、适宜。

2. 专题版式设计

网络新闻专题的版式设计主要体现在它的首页上。因为它是整合专题各种内容的主要载体，内容也相对繁杂，更需要进行专门设计。而正文页可以沿用网站一般页面的风格或专题首页的风格。因此本书重点介绍专题首页的设计。

专题的首页设计是一个创造性的工作，并无成规。但是，一些网站已经形成了一定的专题首页版式风格与特色，这些版式风格反过来影响了受众，使他们形成对专题的阅读习惯。

目前专题首页设计的几种主要版式为："日"形、"T"形、"门"形、"三"形等。其中，国内专题较为常见的新闻专题版式是"日"形。"日"形的版面构成大致是：栏头位于专题最上方的中央，首屏的左边是视频或焦点图片，它们共同构成第一屏中的视觉冲击中心（CVI）。各栏目名称紧接在栏头下，下面的主体位置是最新消息，接下来依次是各个栏目的最新消息。由小幅图片组合成的图片集锦将专题拦腰截断，使人们在阅读了一段文字后有一种视觉上的变化，图片集锦的板块也构成第二屏的一个新的视觉冲击中心，使人们再度进入阅读兴奋状态，图片集锦后又是文字栏目的最新内容（见图 7－4）。

<table>
<tr><td colspan="3">栏头</td></tr>
<tr><td>焦点
图片</td><td>最新消息
主要栏目</td><td>多媒
体信
息或
其他
信息</td></tr>
<tr><td colspan="3">图片集锦</td></tr>
<tr><td>受众
调查

同类
专题
链接</td><td>其他栏目</td><td>背景
资料</td></tr>
</table>

图 7－4 “日”形版式

从整体来看，专题的核心信息被安排在屏幕的中间地带。周边信息和辐射性信息分别位于屏幕的两边。当然，当专题内容十分丰富时，内容的位置安排会有所调整，但整体构图类似于汉字的“日”字，版面被分割成几个清晰的区间。读者在阅读时感觉视觉移动路线比较稳定，有规律可循，易于形成阅读习惯。

有关“T”形、“门”形、“三”形等版式的情况，将在后文的新闻网页设计部分进行专门介绍。除了以上几种典型的专题版式外，专题还可以有各种自由的风格。

例如，图 7－5 的版式就别具一格，它整体做成了一叠卡片的样子，其中一个曲别针上还别着一些纸条，利用 Flash 技术制作的自动播放的图片在这张纸条上交替播出，卡片下方是专题的栏目，点击每个栏目后会打开相应的页面。

3．专题的色彩

专题的栏头、图片、文字等要素中都包含了色彩，一些专题还有一些功能性的色彩，如用以区分空间的色块或背景色等。专题中的色彩主要有以下几方面功能：

传情达意。色彩能直接传达出专题的基本气氛。因此，专题在设计栏头、选用图片及使用其他色彩元素时，应该注意与专题内容的气氛相吻合。

引导视觉。专题中的色彩是一种重要的视觉元素，在引导视觉运动方面具有重要作用。醒目的色彩往往能够引起人们的阅读欲望。因此,专题要利用栏头及图片等的色彩给读者的眼睛以适当的刺激,引导人们点击,同时,也可通过色彩的变化来引导读者视线的合理运动。

图 7-5　自由版式示例①

分割版面。有些情况下,色彩的主要功能是区分空间,使专题内容的分区更为明显,方便阅读。这时使用的主要是色块,如在某些栏目名称下铺加色块,或者在某些栏目所在的区域加背景色块。但对这种色块的运用也不能盲目,一方面要服从于专题整体情绪的需要,另一方面要注意整体色彩调配的和谐。在不少专题中,色彩运用的失败,往往来自于色块颜色的不和谐。

营造美感。虽然美感并非专题所要追求的主要目标,但是,如果一个专题具有和谐的色彩搭配,那么就可以通过形式来提升内容,使它获得更多的关注。因此,在实现了传情达意、引导视觉等基本目标的前提下,应该尽力通过色彩来满足人们的审美需要。

4. 专题中的线条

线条在专题中的主要作用是分隔空间以及突出重点内容。在运用线条时,应该注意它的几个相关要素,即粗细线型和色彩。

一般来说,在网页中,细线条给人眼睛的刺激较为适中,它既能起到强调的作用,又不会喧宾夺主,因此,在图片、文字周围加框时,应以细线型为主。如果

① 资料来源:http://www.newsok.com/military。

不是特别必要,应尽量避免使用过粗、过黑的线条,以免版面显得过于笨重。

黑色的线条在专题中使用较为普遍,因为它不会与图片等其他色彩产生冲突,如网页是深色背景,则常用灰色或白色线条。如果需要使用彩色线条,应该考虑版面的整体色彩安排。

线条在专题中的数量要适中,因为线条同样需占用宝贵的空间,线条过多会影响到主体内容的安排,同时也易造成视觉上的混乱。

5. 专题中的字符

网络新闻专题的页面上往往有大量的文字,文字的外在表现形式如字体、字号、色彩等,都直接影响到专题的传播效果。

除了栏头外,专题中其他文字的选择应该考虑到大多数人的阅读习惯,因此,除非特殊情况,专题中稿件的标题与正文都应以宋体字为主,即与一般的新闻稿件的使用方式一致。因为宋体字的粗细适中、笔画清晰,适于大量阅读的场合。而且,报纸等平面媒体也是采用宋体为主要字体,它们培养了人们的阅读习惯,网络新闻类页面的设计要尽力适应这种习惯。个别重要稿件的标题可采用黑体字以示区别。

在字号方面,专题中一般文字的字号以五号字为常见,也有一些网站采用"10 磅"大小的字号,比五号字略小。各栏目的标题字号可以略大些。

像一般新闻页面一样,专题中的文字多采用蓝色或黑色。有时,也可以根据版面整体的色彩搭配采用别的色彩。但无论用什么样的色彩搭配,首要的问题是文字的易读性,要尽量避免文字色彩对视觉产生强烈刺激,尽可能减少视觉疲劳,在正文的文字设计中尤其要注意这一点。

此外,在新闻页面中还应避免采用斜体字,专题也不例外。因为斜体字占用更多空间,阅读也不方便。

6. 专题中的模板

目前,大多数新闻网站在制作新闻专题时都利用相关模板。模板是专题既定风格与版式的载体。它由设计人员事先设计好版式,并成为网站新闻自动发布系统中的一个部分,当需要制作新的专题时,只要根据需要设置相应的栏目名称、添加相关稿件等即可,而无需重新设计版式。

使用模板的好处,首先是可以在极短的时间内完成专题的制作。编辑只需在已有的版式中对号入座地添加相应内容,对于突发事件的专题来说,模板是实现时效性的一个重要保证。其次,利用模板可以实现网站专题在版式风格上的继承与统一,便于读者的阅读。同时,这种统一的风格一旦被读者接受,就可能成为网站品牌的一个重要组成部分。

因此,在常规情况下,专题的模板要保持一定的稳定性,这就要求网站在制作一个模板前要充分研究读者的阅读心理与习惯,同时考虑信息传达的有效性及审美上的需求,制作出能够长期使用的模板。

某些网络新闻专题也可以抛开模板。因为模板会在一定程度上限制专题的报道思路,容易造成削足适履的状况。

(七)网络新闻专题中的互动

互动是网络新闻专题的重要组成部分。网络新闻专题中的互动通常包括以下几种:

1. 受众调查

在专题中的受众调查是为及时了解网民的意见与看法。从调查目的与主题来看,可以直接针对当前新闻事件与主题收集意见,也可以让受众对与本专题相关的社会现象发表评论,或者征求受众对当前多媒体报道本身的内容、设计、制作等方面的评价。受众调查不仅可以为网站收集受众的反馈,也可以让受众有一个宏观的比较,了解到其他人对某一问题的不同态度。针对新闻事件或社会问题开设的调查也在一定程度上揭示了新闻事件的社会影响,这时,调查已经成为了报道中的一个有机组成部分,某些情况下,调查结果甚至还可以成为一种新闻线索。

由于受众调查具有很重要的作用,因而在制作网络新闻专题时应该精心设计调查问卷,有效利用调查结果,使受众调查能真正服务于专题,而不是成为一种摆设。

2. 受众评论

受众评论在专题中的表现形式,主要是专题中开设的BBS,或者将博客、微博等导入专题。它们为受众表达自己的意见与态度提供了更直接的途径。评论的数量在一定意义上可以反映出人们对新闻事件或现象的关注程度,也可以提升专题的影响力,使更多的人对专题产生兴趣。

除了以上两种常规做法外,在专题中还可以利用Flash等技术在某些报道部分加入互动的内容。

(八)用户生产新闻的专题整合

在公民新闻时代,用户生产的新闻内容越来越丰富,涉及的主题也越来越广泛。如何将那些分散的、碎片化的内容有机组织起来,拼成一幅完整的画面,成为了Web2.0时代网络编辑所面临的一个新课题。

尽管用户生产的新闻也可以与网站策划的专题结合起来,但是,在这样的专题中,用户生产的内容仍然只是作为互动方式而担当配角。而在未来,用户生产的新闻应该越来越多地成为主角,除了现有的专题模式外,还应该有与之相适应的新形式使它们的能量得到更好的开掘。

针对用户生产的新闻组织专题大致有两个层面,一是事件型专题整合,即针对单一事件,将相关内容整合起来;二是主题型专题整合,即针对一个较大的主题,将相关内容整合起来。这两类专题的策划思路与前面提到的一般的专题的组织是相似的。

而从形式上看,除了传统的专题模式外,维基式协作模式是一个比较好的框架,而具体操作方式,一是可以直接借用维基平台的词条,二是可以利用网站自身的平台来设计维基式新闻专题。

1. 基于维基词条的专题

图 7-6 是一个基于维基词条的新闻专题示例。它借用的是维基词条这样一个框架,但是,由于新闻对事件的完整性、准确性要求更高,就需要通过内容的结构设计来对读者进行引导。在此例中,包括了“事故概况”、“事故报道”、“救治安排”、“事故详情”、“毒气检测”等几个方面。当然,这个结构未必是合理的,从字面上看,“事故详情”与“事故报道”存在交叉,这也会影响到人们在更新、编辑内容时的条理性,因此,对这样的新闻专题的结构设计,需要做更认真的规划。

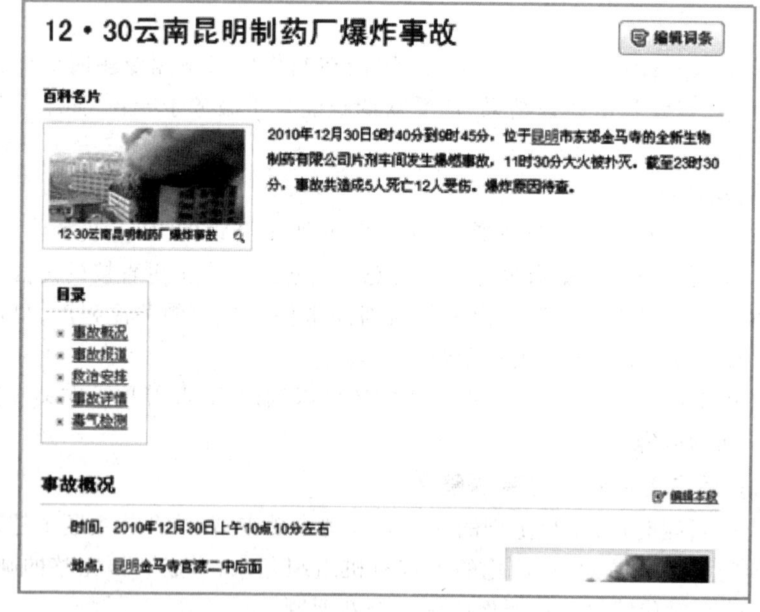

图 7-6 基于维基词条的新闻专题示例①

在维基平台上,词条的内容结构是参与生产的用户自己来设计的,但如果网站把它当做一个新闻专题的模式的话,也可以由网站编辑来设计更为专业的内容结构,以引导用户更全面、完整地参与新闻专题内容的建设。

① 资料来源:http://baike.baidu.com/view/4997471.htm。

2. 基于万维网网页的维基式专题

如果网站没有维基平台，那么也可以利用万维网网页来设计维基式新闻专题。如图 7－7 所示的页面就是一例。这是《中国新闻周刊》网站组织的关于 2010 年舟曲泥石流灾害的专题，但在这里，公民新闻记者是专题内容的主要提供者，为此，专题设计了“公民报道”、“修订细节”、“核实要素”、“完善报道”等四个板块，方便人们上传相关内容。

图 7－7　基于万维网网页的维基式新闻专题示例①

不过这个结构设计虽然看上去条理较清楚，但是在现实中的操作似乎仍不方便，例如，人们难以判断清楚修订细节与核实要素之间的区别是什么，修订的细节和核实的要素如何再反映到公民报道中，也是一个不容易解决的问题。因此，这样一种专题的思路与方向虽然很好，但仍然需要加以完善。

维基式新闻专题的制作思路还只是初露端倪。不管未来的具体模式如何发展，维基式新闻专题的发展目标与结构化新闻专题是相同的，那就是整合多方新闻资源，丰富新闻报道的内容，挖掘新闻之间的内在关联，梳理新闻之间的逻辑，拓展新闻的角度与深度。但不同的地方在于，在维基式新闻专题中，新闻内容的主要生产者是网民，网站编辑的作用更多在于搭建框架、制定规则、管理进程。

---

① 资料来源：http://www.inewsweek.cn/cnw/profundityChina/topic.php? fid = 8774。

第三节 网络新闻的多媒体整合

网络传播为多种媒体的同时传播提供了技术可能。但是,当过去分属于不同媒体平台的不同手段汇聚在一个平台时,它们之间的关系究竟会发生怎样的变化呢?

在当前的实践中,尽管很多网站拥有多种媒体资源,但是,这些媒体资源并没有被有效整合在一起,它们仍然分属于不同频道、以单媒体的方式被使用着。也有一些网络新闻专题中具备了多种媒体资源,但它们的关系仍然是松散的、疏离的。

多媒体整合,不是各种形式的新闻的简单堆积,而是在对各种新闻手段的优势、弱势进行综合分析、权衡的基础之上做出的一种信息资源配置。它不仅要充分发挥每一种手段的长处,而且要使各种不同形式的新闻之间相互呼应、相互沟通,形成一种合力,给受众带来丰富的信息和全新的体验。

要实现上述目标,编辑者既需要对每一种信息的作用有透彻了解,也需要对它们的整合原则和整合方法有深入认识。

一、不同类型信息的作用

要实现多种信息手段的有机结合,需要先了解每一种信息手段的作用及适用场合,由此理解它们在多媒体报道中的运用方式。

(一) 文字

多媒体报道强调多种手段的融合,这其中文字常常是不可或缺的。

在多媒体报道中,文字的作用主要表现为:

及时、全面传递信息。图片、音视频虽然有自己的优势,但它们未必能传达一切信息,而且这些素材的采集与编辑较之文字也更困难、更费时。因此,在时效性要求高、信息需求广泛的情况下,文字仍然是专题中的“主力军”。许多多媒体专题首先是通过文字形式启动的,之后再用其他方式加以补充。

进行深度分析。多媒体整合中,需要利用文字的深度分析能力。目前,国内不少网站是通过其他媒体特别是专业媒体来获得深度报道稿件,但是,从发展趋势来看,网站应该培养出更多能胜任深度分析任务的人才。

评论。许多深度报道离不开评论,而文字在这方面具有不可取代的力量。多媒体报道中的文字评论可以来源于网站编辑或特约评论员撰写的评论,可以是约请相关领域专家写的评论,也可以是网友的评论。

黏合各种素材。如果没有文字,很多时候,图片、音频、视频等内容之间便会处于一种离散的状态,缺乏有机结合。文字可以充当黏合剂,将各种类型的稿件整合起来。

提供背景与知识。在背景与知识性资料中，文字资料通常占有很大比重，因为它较易获得。要完成各种不同主题的专题，网站需要各方面的资料积累。从来源看，资料可以来自网站自身的数据库、各种知识库以及其他网络资源，有些时候，网站也需要借助报纸、杂志和书籍等。

（二）图片

除了新闻照片和新闻图表这些图片新闻素材外，在多媒体报道中利用的图片资料还包括：漫画、采访对象的照片、资料照片、报纸版面照片等。当然，在实践中还需要创造性地利用其他图片形式。图片在多媒体报道中的作用主要有：

传达现场感。让受众获得对于新闻现场的直观感受，记住那些有代表性的瞬间。这不仅有助于加深受众对新闻的理解，也有助于加深他们对新闻的记忆。这时利用的主要是与主题或新闻事件直接相关的新闻照片。

定位报道基调、烘托气氛。受众在接触新闻专题时，第一印象往往来源于专题中的照片，他们对专题的基调的认识也来源于此。因此，应该在专题中选取一张或几张最能反映报道对象特征及报道基调的图片作为页面的视觉中心，让受众在瞬间形成对专题的基本认识。图片也可以渲染报道的气氛，除了专题的焦点图片外，大量小图片的集锦式使用，也可以传达强烈的情绪。

补充、解释新闻信息。虽然文字可以传达大量的信息，但有些信息需要通过图片得到进一步的补充。新闻图表也可以用直观的方式阐释某些文字信息。

提供旁证。图片可以在一定程度上作为旁证材料，增加文字新闻的说服力。

调节视觉感受。图片是影响读者视觉感受的重要因素。当页面上充斥着密密麻麻的文字而造成视觉疲劳时，一张图片的出现可能会引起视觉上的兴奋。图片的大小、位置等对于读者视线的流动也会起到一定作用。因此，在多媒体报道中，图片的运用不仅是报道内容上的需要，也是设计形式上的需要。

消除距离感。当人们通过纯文字信息来接触报道时，因为缺乏直观印象，可能会对内容产生一种距离感。而照片则有助于消除这种感觉，拉近读者与报道对象的距离。

设置导航。如果将图片链接上不同的对象，那么图片就成为一种导航手段。利用 Flash 技术也可以使图片产生导航与内容整合功能，这种功能更多地运用在地图类的图片上。

提供比较。通过一些资料图片，能形成纵向与横向的对比。也有些网络新闻专题会提供多家报纸对于同一事件报道的版面照片，这些照片既可以活跃页面的气氛，也便于读者进行比较。

传授知识。一些与新闻主题相关的图片，也能起到知识介绍的作用，这些知识不仅可以开阔人们的视野，也可以为新闻报道服务。

在多媒体专题中的图片，可以以静止的方式出现，也可以用幻灯的方式连续播出，或者被集成到 Flash 动画中。图片可以单张运用，也可以成组运用。

图片的使用应该是有层次的，对重点图片一定要给予足够醒目的位置与足够大的空间，而一般的图片则可以淡化，有些图片甚至不必在专题的首页出现。在进行图片素材的采集时，就需要考虑到它的重要性与运用方式，以便使采集到的素材最大限度地满足后期制作的质量要求。

需要注意的是，不要在专题中无谓地堆积图片，图片的使用一定要适量、适度。在编辑与制作阶段，要对图片进行认真筛选。

（三）音频

多媒体报道中可以利用的音频素材主要包括：相关的音频新闻、采访录音、录音历史资料、背景与环境音响、音乐等。它的作用主要表现为：

补充信息。音频新闻与其他形式的新闻常常是从不同的角度、不同的侧重点对新闻进行报道，因此，音频新闻可以补充在其他新闻中没有出现的信息。

渲染现场感。利用与新闻事件相关的现场音响，可以让人如临其境，产生感同身受的效果。

加强真实性。当事人的述说、目击者的讲话等，是一种“证据”，可以增强新闻在真实性方面的说服力。这些录音材料，不一定要制作成完整的新闻，而是可以用音频片断的方式，在合适的地方整合到多媒体报道中，例如，当文字稿件出现了某个人讲话的引语时，可以提供一个链接，让受众收听原始录音。

传达报道的基调。与图片一样，音频也可以让人直观感受报道的基本情绪，特别是音乐的运用。一些多媒体专题会加入背景音乐，如果背景音乐选择恰当，则可以形成一种贯穿始终的情绪氛围，让受众沉浸其中。

在多媒体报道中声音运用的主要方式包括：作为链接，由受众点播；作为背景声音，伴随受众的阅读过程；整合进 Flash 动画中。

为了使多媒体报道拥有足够的音频素材，可以考虑在采访时对每个采访对象的讲话进行录音，当然前提是征得对方的同意。此外，网站应该有一个基本的音频素材库，积累一些常见的自然音响、音乐等资料，以备不时之需。有广播媒体背景的网站的过往音频新闻，是很好的历史资料，应该加以充分利用。同时，网站也可以从一些视频中将其音频部分分离出来，作为素材。

（四）视频

多媒体报道中可以利用的视频素材主要包括相关的视频新闻、视频资料等。除了各媒体提供的新闻外，视频资料也可以来源于一些影视作品等，当然，对这类素材的使用一定要谨慎，不能滥用。

视频素材在多媒体专题中往往兼具图片、音频、动画等作用，运用得当的话，可以获得很好的效果。但是,鉴于目前网速的水平,一般受众不会在专题中点播太多的视频内容,因此,编辑在使用视频素材时,应该精挑细选,将最有代表性与说服力的视频内容放到专题里。如果要用到多条视频材料,应该将某一条或某几条作为重点突出。

(五) Flash 动画

Flash 动画既可以是多媒体信息的一种整体整合形式,也可以是更大型的多媒体报道中的一个组成部分。它的作用表现在几个方面:将某些素材整合在一起,形成大报道中的一个小单元;作为替代性材料,弥补报道中需要而又缺乏的影像材料的不足;活跃报道的气氛,使报道更加生动;提高报道的互动程度,目前不少互动手段需要通过 Flash 技术来实现。但是,Flash 动画作为一个信息传播单元,其文件体积可能比较大,过量使用 Flash 动画会增加网页的负担,反而影响受众对信息的接收。

(六) 互动

除了受众调查、评论等互动手段外,多媒体报道中的互动更多的是利用 Flash 技术加强受众在阅读过程中的控制能力,丰富受众体验或增强他们的个性化体验,同时收集受众反馈。

例如,在美国一个地方性网站关于当地市政建设的专题中,网站设计了一个具有互动功能的 Flash 报道,受众不仅可以通过这个报道了解需要进行市政改造的各个地区的状况,还可以通过互动按钮对相关改造工程和筹集工程所需资金的备选方案进行投票。

可以说,互动手段的运用并没有"定律",它的作用与潜力能发挥到什么程度,取决于网络编辑的创造力。

二、网络多媒体新闻整合的原则与方法

总体来看,网络多媒体新闻整合的原则为:

1. 物尽其用

前文分析了每一种信息手段的优势,在多媒体报道中,首先应该根据每种信息手段的特点来考虑它们在整体报道中的作用与位置。要使每一种素材的作用得到相应的发挥,而不是让它们成为摆设。

为了更好地挖掘多媒体素材的潜力,有时需要借用一些技术的手段,例如,运用 Flash 技术使静态图片产生"推"、"拉"、"移"等运动镜头效果,有些时候这些形式本身可以提升信息的价值。

2. 取长补短

多媒体信息传播不仅要考虑每一种信息手段的独立使用效果,还要考虑它们结合以后的效果。运用得好,会使各种手段相得益彰、相互补充、相互映衬,而

运用失败,也有可能使得各种信息手段相互冲突、彼此拖累。一个理想的多媒体报道,应该产生“1+1>2”的效果。

3. 有机融合

一个好的网络多媒体报道,不应该是各种单媒体手段的简单堆积。这些手段应该被结合在一起,成为一个有机整体,相互交融。就像合唱一样,不同信息手段扮演着不同声部,有着自己独特的“音色”,但任何一个声部都不是突兀的、孤立的,而是与其他声部相互配合,浑然一体。

网络多媒体新闻整合的方法主要有几种:一是利用 Web 网页将多种信息整合成一个报道单元或专题;二是利用 Flash 技术将多种信息整合成一个报道单元或专题;三是利用电子杂志、电子报纸技术整合专题。

编辑在实际运作中,并不一定要在一个报道中将每一种手段的所有作用都发挥出来,而应该根据整体安排,有针对性地组织素材。在许多报道中,可以将一种手段作为主角加以突出,例如突出图片或突出视频,这样可以更好地表现专题的个性。受众在阅读时,也容易找到重点。

需要说明的是,运用 Flash、电子杂志等技术整合的多媒体新闻相对来说制作成本较高,周期也较长,因此,并不是在所有的报道中都一定要运用这些手段,在成本与效果之间找到平衡是非常重要的。

此外,还要特别注意,如果在多媒体报道中应用的各种素材存在版权问题,一定要妥善解决,防止侵权。

三、网络多媒体新闻整合案例

多媒体新闻整合的原则并不复杂,但是,要真正实现前述目标,在实践中多学习、多体会,反复观摩、研究经典案例,是不断加深相关认识、找到制作多媒体新闻“感觉”的重要途径。

案例1:“亲历:伊拉克战争这五年”——战争题材下的人性视角

此案例是路透社在伊拉克战争五周年时制作的一个专题,“亲历:伊拉克战争这五年”(Bearing Witness:Five Years of the Iraq War)。它以在伊拉克前线亲历战争的路透社记者的自述这一视角,来反映战争的影响(见图7-8)。

伊拉克战争举世瞩目,五年间已有太多关于战争的报道,如何回顾这五年,又如何向人们提供认识战争的新视角,路透社这个多媒体报道做了有益的探索。

这个报道没有采用惯常的宏观视角,因为那样的报道在此前已经很多,它选择了亲历战争的记者的更微观的视角,让三位在伊拉克有过较长报道经历的记者(包括一位女记者)讲述他们在战场上的所见所闻,从日常生活、平民视野来反映战争的影响,同时也表现了记者勇于为自己的职业理想献身的精神。这样的视角选择也更具人性化色彩。

图 7-8 "亲历:伊拉克战争这五年"专题界面①

报道以"亲历"为题,从标题上便强调了各种感官元素在报道中的位置,也为多媒体素材的运用作了铺垫。

视觉材料是这个多媒体报道的主体。伴随着三位记者的讲述,专题中出现了大量图片与视频,这些视觉元素反映了战争血淋淋的一面,同时也再现了伊拉克人民在战争时期的生活景象。战争的残酷与人们的乐观和希望,两者交织在一起,传达出十分复杂的情绪。

整个报道中出现的图片数量是惊人的,但每一张图片都是经过精心挑选的,具有极强的震撼力。有些图片虽然在各种媒体上出现过,但是当它们被组织在一起并配上音响效果后,仍然能给人带来前所未有的冲击。视频和图片被有机地结合在一起,虽然总体数量比图片少,但是记录的都是最经典的瞬间。

此外,这个报道还专门设置了一个"时间线",将图片组织起来,这些图片依据最简单的逻辑线索——时间排列,但是这个最简单的逻辑在这里却是最合理且最具张力的,当人们把光标放在"时间线"上时,一张张图片从人们眼前走过,

---

① 案例来源:http://iraq.reuters.com。

使人们有一种时空倒流的感觉。

在这个专题中，音频素材的运用也十分成功。编辑将记者的讲述与现场的各种声音有机组合在一起。例如在专题开头的简介部分，画面中出现了一位记者，他用一句话"对记者来说，伊拉克战争是史上最危险的战争，但我认为我们冒这个险是值得的"引出了整个新闻专题，他的话很平静，但是却蕴涵了一股强大的力量，使受众在瞬间产生一种复杂的感受。紧接着，刺耳的枪声响起，这既是对那位记者的话的回应，同时也奠定了整个专题的基调。在简介的其他部分，与画面中各种震撼人心的图片、视频片段相配合的，是各种具有强烈现场感的新闻音响，它们让人们产生了一种与记者感同身受的紧张情绪。

这个报道中也充分运用了地图、图表等多媒体背景资料，除了战区图外，编辑还针对石油资源分布、人口分布、战争中的伤亡情况等制作了更个性化的地图。由于这个专题涉及参与报道的记者，因此，还有一个关于战地记者安全指数的地图，它形象地告诉人们，在关于伊拉克战争的报道中，有多少记者殉职，什么地区是对记者来说风险最大的地区等信息。

文字在这个专题里是次要的，除了图片说明和简单的提示外，几乎不见文字的痕迹，这更凸显出专题制作者的"多媒体思维"。

案例2："纸袋与塑料袋的战争"——互动之旅

此案例是美国 MSNBC 制作的一个多媒体新闻专题，其主题是"纸袋与塑料袋的战争"(Battle of the Bags)，它所探讨的是纸袋与塑料袋哪个更环保的话题(见图7-9)。

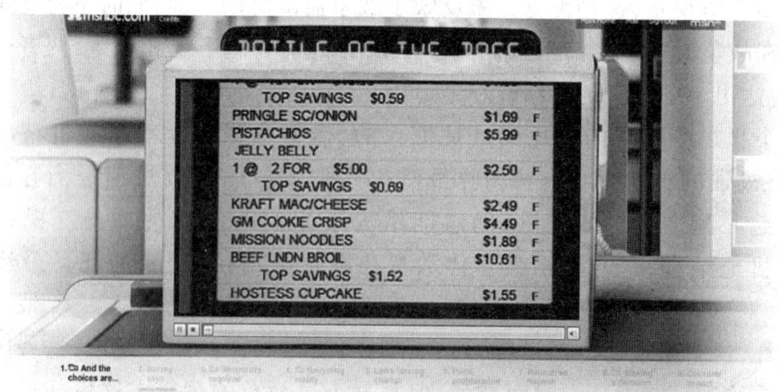

图7-9 "纸袋与塑料袋的战争"专题界面①

① 资料来源：http://www.msnbc.msn.com/id/23358591/。

这个专题综合运用了图片、视频、录音、文字、调查等多种手段，但它们之间是无缝集成的，整体构成了一个类似电视片的报道，而这其中又有很多电视片无法实现的“互动”。

这个专题自称为互动之旅，它的意图是更多地将受众作为这个报道中的主角，让他们自己去探索、体会，并做出自己的判断、选择。在新闻开头的视频中有对普通人的采访，他们或选择纸袋，或选择塑料袋，并有着各自的理由，这种采访也像一个小型的抽样调查。但报道并没有停留于此，接下来，它设计了一个让每一个受众参与的调查，每人都可以根据自己的情况填写问卷，而且马上可以看到总体的统计结果。这一调查显示了在人们没有观看这个新闻报道的情况下所作的选择，以及社会整体的状况。它也成为了新闻的重要背景资料，这个背景不是静止的，而是随着受众的参与在不断发生变化，每一个受众都成为了背景资料的贡献者。

在这样一种背景下，专题不断展开、延伸。它从能源消耗、回收利用情况、相关法规、专家观点等几个方面把两种包装袋各自的优缺点做了比较，这既是一个新闻的展开过程，也是一个引导人们作出判断与决定的过程。报道最后，编辑用一个“那么”把最终的选择推向受众——在掌握了这些信息之后，你们的决定是什么？

受众作出最后的决定的环节也是由一个调查问卷完成的，但它不是简单地让人们选择是用纸袋还是塑料袋，而是让人们具体指出使用不同种类袋子的数量，系统也会根据这种选择来进一步计算，告诉人们他们的决定将如何影响地球，比如帮助减少了多少树木的砍伐，对保护环境做了多少贡献等等。

这是一个把互动作为新闻的发展线索而不是“配饰”的多媒体新闻专题。人们在阅读专题的过程中，自始至终都在参与、思考。

除了互动思维的成功运用外，这一专题对文字、图片、声音、视频等不同手段的运用方式也是值得学习的。

文字在这个专题中所占比重并不大，这是与多媒体新闻的特点相适应的。编辑把文字用在了“刀刃”上，即把美国各个州有关包装袋使用的相关法规用文字呈现出来。因为相关法规很多，每个人感兴趣的法规也不尽相同，而且理解法规需要花一定的时间，这些因素都决定了文字是最合适的载体。除此之外，这个报道中很难看到大段的文字。

图片在此报道中运用得很多，并与视频有机结合在一起，一些静态图片被加上了镜头运动的效果，这使图片中的一些细节得到强调，看上去与视频的风格也更为统一。

专题对音频素材的运用也富有特色。在此报道中，有四种音频素材，一是电视采访中的声音，二是解说，三是音乐，四是专家的采访录音。整体来看，新闻音响占多数，音乐是为了活跃气氛、调动情绪而加的，它是配角，只要有需要，它会让位于解说或新闻本身的声音。最值得一提的是对专家录音的处理。报道选取了两位意见不同的专家,一位支持纸袋,一位支持塑料袋,她们的意见可以为受众提供不同角度的参考,她们每个人的录音并不是作为一个整体直接放在新闻中,而是根据要点切分成不同的段落,作为点播的对象,受众可以点击按钮听到某个专家在某个要点上的回答,而不必将一个采访录音从头听到尾去寻找要点,这样可以给予受众更自由的选择。

专题还运用了大量视频素材,包括各种资料性素材和外采的视频。这些视频串起了整个报道,使报道整体更具有现场感、流动性。而且也与人们喜欢看电视节目的习惯相吻合。

除此之外,这个多媒体新闻专题的界面设计也别具一格,它模拟了超市收银台,因为这是与包装袋使用关联最多的场合。整个新闻共分为九个段落,一个个段落就像收银台传送带上的货物,从人们眼前"走"过,新闻的流程在这样一个既生动又很贴切的情境中展开。此外,人们也可以通过按钮在不同的段落中进行切换,自由地快进或回放。

尽管这样一个复杂的"互动之旅"并不合适一切题材,但是,它的制作思路值得借鉴。

案例3:"网上重走长征路"——老题材的新色彩

本案例(见图7-10)是四川在线网站在2005年制作的纪念红军长征胜利70周年的一个专题。这个报道面对的是一个老题材,也是各个新闻网站都需要完成的"规定动作",如何让这个"古老"的题材产生新的生命力,怎样让年轻的网民对这样一个题材产生兴趣,都是这个专题需要重点解决的问题。

图7-10 "四川纪念红军长征70周年"专题界面①

① 资料来源:http://chinanews.cnhubei.com/plus/view.php? aid=336。

这个报道最终从形式的突破中找到了解决问题的答案。它以Flash技术支持的互动地图为框架,设计了一个“网上重走长征路”的活动,人们要沿着红军长征经过的路线,重温相关信息与故事。在每一个长征途中的主要地点,都设有关卡,除了介绍相关知识外,网民要进行答题,只有答题成功才能进入下一关。这样就促使网民认真阅读或收听、收看相关内容。对于年轻网民来说,这也是了解对他们来说相对陌生的一段历史的一个机会。那些顺利通过所有关口的网民还有机会参与实地重走长征路的活动。网站用类似游戏的方式,将网上互动与网下活动结合起来,使这样一个看上去并不新颖的题材,有了新的活力。

对于这样一个题材来说,Flash地图这样一种形式是再合适不过的,它既是展现长征路线的手段,也是整合多媒体新闻的框架。同时,专题中也运用了文字、图片、电影片段、解说等素材,只是整体看内容略显单薄,深度不足。

当然,以上这几个案例并不能代表网络多媒体新闻专题的全部形式,未来的多媒体新闻整合手段和形式也必将更为丰富。我们学习与借鉴它们的目的是为了最终超越它们。

第四节　新闻网页的设计

新闻网页是一种更大层面的新闻整合,是从形式上完成网络新闻的最终整合与呈现。

无论有多少新的网络信息发布技术正在兴起,目前最主流的信息发布方式仍然是万维网网站,本节将从网站的规划与设计角度说明如何通过万维网网站实现有效的新闻发布与传播。由于篇幅所限,本书不再介绍HTML、XML和Dreamweaver软件等具体技术的应用细节,而只对设计原则加以说明。

一、网站的结构规划

网站的结构规划包括网站的频道、栏目的规划以及层次关系的规划等。

(一)网站的层次树结构

一般网站的内容组织多采用层次树结构,在这样的结构里,网站的主页设立若干主要频道(或栏目),每个频道(栏目)里的信息再分成一些子栏目,依此类推。同时,用导航系统将所有内容组成一棵由主页出发的“树”,用户的浏览过程是沿着树上下流动的过程(见图7-11、图7-12)。

通常设计者也会将首页称为一级页面,将不断延伸出来的页面分别称为二级页面、三级页面等。

在进行网站结构规划时,设计者首先应该根据网站的频道或栏目设计,画出整个网站的结构图,这便于在进行具体的网页制作时,能清晰地设计出导航系统,以及在页面中进行合理、准确的链接设置。可以说,结构图是进行网页设计与制作的前提。

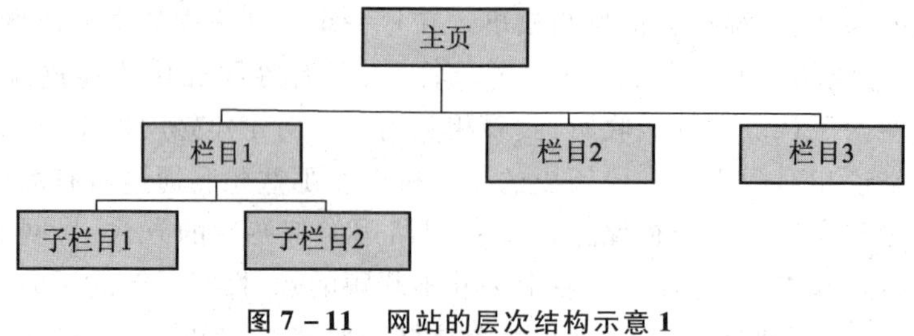

图7-11 网站的层次结构示意1

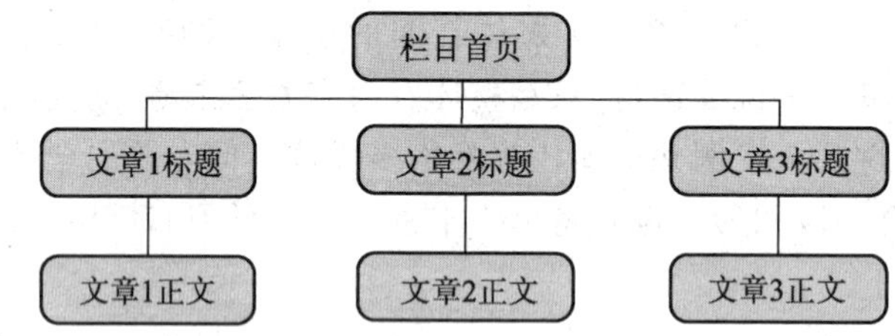

图7-12 网站的层次结构示意2

(二)网站的栏目设计

网站的栏目(有些大型网站将第一级栏目称为频道)设计是实现网站结构的最终手段。除了逻辑上的结构考虑外,网站栏目设计还需要考虑网站的功能与内容规划等方面的因素。

"网站功能"即网站的建设者试图通过网站达到什么样的目的。目前网站的功能主要有:

用户服务。即通过提供各类信息与服务来满足访问者的需求。这是网站的核心功能,也是其他功能的基础。

关系建设。一个网站的持续发展,依赖于建立良好的用户关系,因此,网站应提供各种交互式手段,来为用户与用户之间、用户与网站之间、用户与其他服务者之间架起沟通的桥梁。这些方式可以包括电子邮件、BBS、博客、微博等。

用户分析。在法律允许的范围内,用合理的方式收集、储存与分析用户资料,是把握用户动态的一种有效手段。网站可以使用自动监测软件来了解用户的访问习惯、兴趣点,也可以用问卷调查方式来了解用户的背景资料等。这可以为网站的进一步发展和网络营销活动的开展提供可靠的依据。

市场开拓和调研。利用网站进行市场开拓与调研,也是网站的重要任务。对于媒体网站来说,市场调研主要指对内容市场的调研,例如观察用户对内容需求的变化,以便为下一步的内容发展提供指导等。

社会公关。一个网站不能仅仅把眼光盯在用户身上。利用网站的各种内容进行社会公关,以便与政府有关部门、商业伙伴、社会各界建立起良好的关系,是网站的另一重任,这将有利于网站的长远发展。

以上这些网站的功能,需要通过它所提供的内容去实现。一个网站的内容都是用栏目组织起来的,通常网站的栏目应该包括以下几大类:

核心服务类栏目。任何一个网站都有自己的主要服务目标。对于媒体网站来说,这个核心服务是新闻内容。对于专业网站来说,则是它的专业信息或产品。因此,网站的主要栏目应该围绕这些核心服务展开。

特色服务类栏目。尽管每个网站有自己的定位,并以此来形成自己的核心服务,但核心服务是面向一个较广的目标用户群。因此,网站需要对这些目标用户群进行进一步细分,并将其中某个或某几个群体作为自己的"政策倾斜"对象,为他们提供额外的特色服务。

互动类栏目。互动是网络的主要特点之一。因此,在网站设计中,应该尽可能体现互动性,并在此基础上形成稳定的社区。

自我推介类栏目。任何一个网站都是一个公关的窗口。与传统的公关手段相比,这种方式既廉价又有绝对的自主权。网站完全可以决定拿出多少篇幅、花费多长时间来介绍自己。因此,在网站的栏目中,一个最基本的栏目是"关于我们"。这是进行自我推广的一种重要方式。

设计者在根据网站定位和目标规划出一级栏目后,还可以根据不同需要及每个栏目的性质设计出它的子栏目。

除了进行合理的栏目划分外,设计者还需要进行栏目名称的设计。栏目名称的设计应该遵循以下原则:

简短。这既是为了便于制作导航系统,也方便人们记忆。

明确。栏目名称应该平实,不晦涩,含义明确。避免人们因为不理解栏目名称的含义而失去访问兴趣,或者增加他们寻找特定内容的障碍。

统一。同一级标题在文字风格、字数上应该尽可能统一,便于导航条的制作。

栏目的规划以及栏目的名称的设计,直接影响到受众的访问效率,以及网站内容的传播效果。它不应该是设计者个人意志的表现,而更多地要考虑到受众的心理与认知结构等因素。要完成一个好的设计,最好是请一些网民作为受试者进行测试,以便及时发现问题,做出调整。

二、网站规划中的二维布局

报纸的版面编排遵循的是"平面思维",即将所有内容组织在一个一览无余的平面空间中。而网站的页面设计遵循的是"平面 + 立体思维",既要考虑一个平面中内容的组织,又要考虑页面与页面之间的层次与递进关系,还要考虑一个网站的纵深程度。因此,它是一种"平面 + 立体"的二维布局。

正是因为这种二维布局,网站在内容组织中,产生了“广度”与“深度”的矛盾,是把尽可能多的内容都放在导读页上,还是把它们分门别类、按等级放在不同的层次中? 这种矛盾如果不能很好解决,就会影响到网络信息的阅读率,如果导读页上的新闻量过多,那么没在导读页出现的新闻可能永无见天日之时;或者反过来,网民在一个栏目中走得很深,但对其他栏目则不闻不问。

从目前看,网站的结构表现方式有两类主要思路:

一类是我国网站较常采用的方式,它可以称为“平面主导式”,即网站(频道)的导读页强调内容的广泛。在导读页上推荐的新闻数量较多,有些甚至可以达到几百条(例如新浪、搜狐等商业网站新闻频道的首页)。导读页面一般长达多个屏幕。这种方式的优点是,受众在一个页面中可以进行较大范围的选择,以决定重点阅读对象。同时在此过程中,又可以通过标题获知一些主要新闻,因此获取主要新闻的效率较高。但是其问题在于,页面过于繁杂,受众的阅读负担较重,此外,它可能导致受众点击进入各栏目的几率下降,受众的阅读深度会有所不足。

另一类是美国网站主要采用的方式,它可以称为“立体主导式”。这些网站的导读页相对来说信息数量较少,有些甚至只有几十条,但是多数重要新闻除了标题外,还有新闻内容提要。导读页只有一到两个屏幕大小。受众如果要获得较为全面的新闻,需要点击进入具体栏目。这种方式在一定程度上提高了受众获得新闻时的成本。但是,它会促使受众做一些深度的阅读。另外,对于提高网站的点击量也是有好处的。简单清爽的导读页设计,也可减少受众做阅读选择时的困惑。

对于以上两种不同思路,我们不能简单地判定孰优孰劣。这两种方式都有其产生的背景。例如,中国网站的平面式思路,在一定程度上与中国用户上网的成本有关。在高成本的情况下,用户都希望一个页面提供的信息能更多些。此外,中国网站在整体新闻数量上的追求,也必然会在导读页上反映出来。

衡量哪种方式更行之有效,最主要是看受众的接受与适应程度。实际上,由于中国网站大都采用平面主导式的做法,因此,一般受众已经逐渐适应这种方式。而网络阅读的较高成本,容易让受众形成一种固定的阅读习惯,即每次阅读的屏幕区域会相对固定,甚至鼠标的移动也会有一些固定的线路。这样做,可以降低由搜索、寻找过程带来的时间与金钱的代价。因此,对国内网站来说,无论“平面主导式”是不是最好的方式,都不应轻易地去改变它。

三、网站设计与受众阅读习惯和需求

与报纸的版面设计不同,网站的版式并不是每天都要更换,一般会保持几个月的时间,有时则长达几年。除非是网站整体结构改变的需要或网站发展思路的调整,否则,网站一般不进行改版。

出现这种现象的原因,除了技术、制作成本与网速等方面的考虑外,受众阅读习惯的制约也是一个重要因素。

网民阅读网站内容是利用电脑显示器这样的电子设备,这样的阅读条件一方面可移动性相对较差,另一方面显示设备对眼睛的刺激较强,容易产生视觉疲劳。此外,上网阅读通常需要考虑联机时间带来的费用。这些因素综合作用的结果是,网民在阅读网页时,喜欢保持稳定的习惯,这可以减小获得信息的成本,减轻眼睛的负担。

虽然还没有全面的实证研究作为支撑,但是,从实践中可以发现,网民容易形成稳定的网上阅读习惯,且习惯一旦形成,会维持较长时间。在网站的设计上这是一个需要认真研究的问题。

(一) 网页浏览中受众习惯的几个方面

具体来说,在网站的阅读中,受众的习惯可从以下几方面进行研究:

1. 受众视线在页面中的第一落点

网民在打开某个网页后,一般视线会立即落到页面中的某个区域,这个落点是网民阅读的起点,通常也反映了他们对该网页中某一内容与服务的依赖程度。对于某个特定的受众来说,浏览不同页面时,视线的第一落点不尽相同,但是,在某一个页面中,这个第一落点可能是相对固定的。

受众视线第一落点的形成与以下因素相关:

受众在网页中最关心的内容或服务。例如,如果网民在某个网站最常用的服务是邮箱,那么,其视线一般都直接落在邮箱链接这一区域。

网站的编排手段。如果网站编辑对某一区域进行了强势处理,那么,这个区域比较容易成为第一落点。

虽然不同网民的视线第一落点可能有所不同,但是,网站应该尽量让自己重点推荐的内容成为多数人视线的第一落点,这就需要对网民的需求进行调研,并通过编辑手段的强化来达到自己的目标。可以说,受众视线的第一落点是可以通过网站的编辑手段来控制的,正如报纸的“头条”一样。

2. 受众视线扫描的核心地带

在网页浏览中,人们的视线虽然会有横向扫描和纵向扫描两种运动,但通常纵向的扫描式阅读更为明显,尤其是在阅读正文页时更是如此。而在纵向扫描时,人们视线移动会形成一个核心地带,在这个核心地带之外的信息多数是被人们眼睛的余光扫视,除非有某些特殊的内容,否则人们不会过多关注。

因此,在设计网页时,应该尽可能地将主要新闻集中放在一个垂直延展的区域中,避免横向扩张。多数网站的新闻频道首页分成三栏,中间一栏是不断更新的新闻,这是重点内容,而旁边两栏的内容的重要性相对较弱。而在正文页中,主要内容基本上都被安排在版面的中间,两边往往有大量留白。这种版面分割方式应该是在研究了受众阅读习惯以后形成的。

3. 受众视线移动的速度

受到阅读环境的影响,受众在网络中的阅读速度通常比报纸要快,往往是从上至下进行快速扫描。导读页主体内容的栏宽,正文页的正文段落每行的宽度,都需要在考虑受众视线扫描的速度基础上加以安排。而这种宽度实际上反映的是信息量的多少。宽度太宽时,可能使受众的眼睛扫描时漏掉一些信息,而太窄则会使内容在纵向扩展过多,使页面显得过长。只有合适的宽度,才能较好地适应受众的阅读习惯。

4. 不同类型信息吸引受众视线的能力

网络是一个多媒体的信息环境,受众在这样的环境中,对不同的信息符号具有什么样的接收心理,这是一个值得关注的问题。目前这方面研究在国内还不多,但国外已获得了一些成果。

(二) 眼动仪实验的相关发现

关于受众对网页阅读习惯的研究,目前较为先进的研究手段是眼动仪。眼动仪是认知科学、心理学和医学研究中的一项主要设备,它通过观察人的眼球的活动来对人的心理、认知状况等进行分析。因为,眼动可以反映视觉信息的选择模式,对于揭示认知加工的心理机制具有重要意义。

眼动仪可以记录三种基本眼动方式:注视、眼跳和追随运动。通过对这三种不同方式形成的数据进行分析,能够获知人眼注视的区域及注视时间,对物体各部分的注视次序,看物体时瞳孔大小变化等情况。通过这些,研究者可以分析出人们看物体时的关注点,其兴趣所在、理解难点和浏览习惯等信息。

眼动仪可以对独立的被试进行观察与记录,通过眼动轨迹对他进行个人心理的分析,也可以将多个被试的眼动轨迹叠加起来,形成"热区图"(Heatmap),这样可以更好地了解人们行为的一般规律。

美国的波伊特研究所从1990年开始就开展了基于眼动设备及分析方法的研究,1990—1991年,他们开展了称为"眼动1"的研究,研究对象为报纸。1999年,波伊特研究所与斯坦福大学联合进行的"眼动2"实验(见图7-13),是首次运用眼动仪对网络界面进行的研究。那时网络业刚刚兴起,"眼动2"实验给人们带来了一些惊奇的发现,例如,研究者发现网络新闻的读者打开网页后首先看的是文字(特别是提要和图片说明),而不是图像。这一点与报纸读者是不一样的。另外,研究还发现,网页中的旗帜广告的确能抓住人们的视线,在测试中,大约45%的旗帜广告被受试者注意到,他们的视线平均在每个广告上停留的时间为1秒,广告受注意的程度超过了网页中的图片。①

---

① Eyetrack:A History of News Consumer Behavior, http://www.poynterextra.org/eyetrack2004/history.htm.

图 7-13 20 世纪 90 年代末期波伊特研究所等进行的“眼动 2”实验的场景①

这项研究还通过对视线规律的分析，总结了不同群体网民的阅读偏好，研究者发现：

相比 60 岁年龄段和 20 岁年龄段的被试，30 岁年龄段的人更愿意看地方新闻。20 岁年龄段的人与其他年龄段的人相比看科技和体育类新闻更多。各个年龄段的人都会看评论文章。

80% 的被试阅读了犯罪和灾难类的报道。而女性阅读这些栏目的比重略高。但男性在该类栏目中阅读新闻的条数更多。

让人意外的是，女性和男性阅读体育新闻的比例相当，都是 70%。但女性的阅读相对“浅”，而男性的阅读更“深”。

48% 的被试阅读地方新闻，女性阅读地方新闻的比例高于男性，在这个栏目中，女性阅读的深度也略高于男性。

67% 的被试阅读了全国性新闻，其中男性的比例高于女性的比例，在阅读的条数方面，男性也略高。②

2003 年年底，波伊特研究所联合埃斯特劳新闻与新媒体研究中心以及 Eyetools 公司共同进行了“眼动 3”的研究，这项实验有 46 位被试参与，他们主要的任务是浏览新闻网站和实时的多媒体内容。这次实验的发现也具有一定启发意义：

实验表明，被试的视线通常最早落在页面的左上角，在那个区域“盘旋”一阵后，再从左向右移动，在顶端停留一段时间后，再往下移动。

醒目的标题往往在页面中更容易吸引网民视线，当这些标题在左上角或右上角时更是如此。尽管人们预期图片会是人们在网页中视线的第一落点，但实

---

① 图片来源：Eyetrack：A History of News Consumer Behavior，http：//www. poynterextra. org/eyetrack2004/history. htm.

② Eyetrack：A History of News Consumer Behavior，http：//www. poynterextra. org/eyetrack2004/history. htm.

验证明并非如此。这与波伊特1990年运用眼动设备对印刷报纸进行的实验结果也是相反的。

小字号更能带来人们的专注阅读。因为小字号看起来更费劲,要认清它们,人们必须更专注。而大字号的内容更多被人们扫描而不是阅读。

人们的视线通常只扫描一个标题的前1/3,也就是说主要关注标题的前几个字。当很多标题排列在一起时,人们习惯在左侧对这些标题进行自上而下的扫描。如果某条标题的头几个字有吸引力,人们才会把这条标题读完。一条标题平均吸引人们眼球的时间是1秒钟。总体来看,一条标题要吸引人,就要把开头几个字写得精彩。

放在页面顶端的导航条最有效。

短段落比长段落更能吸引人们的眼球。实验表明,短段落吸引读者的注意力是长段落的两倍。

对于正文页来说,标准的一栏模式比其他网页格式更受关注。当然,这与人们的习惯相关,如果人们习惯了一栏模式,那么网页突然转换成三栏格式,可能会令他们不适应。①

实验人员根据被试的视线扫描规律总结出了新闻页面各个区域的重要程度的排序(见图7-14)。当然,这只是依据接受测试的新闻页面得出的结论,并不一定适合所有网站。

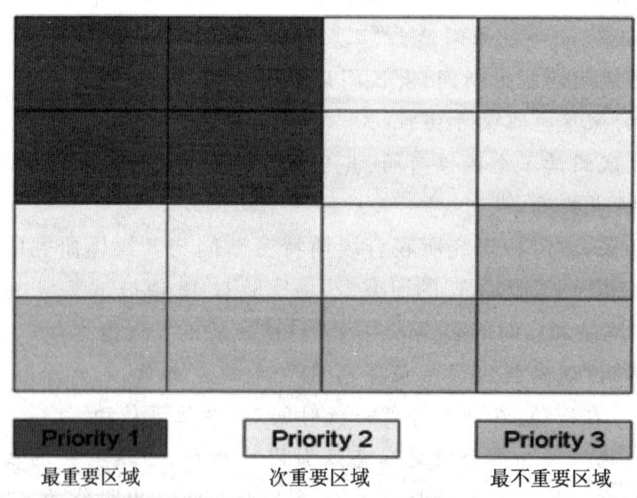

Priority 1 最重要区域　Priority 2 次重要区域　Priority 3 最不重要区域

图7-14 "眼动3"实验总结的网页区域重要性排序图②

① Steve Outing and Laura Ruel, The Best of Eyetrack III: What We Saw When We Looked Through Their Eyes, http://www.poynterextra.org/eyetrack2004/main.htm.

② 图片来源:http://www.poynterextra.org/eyetrack2004/main.htm.

另一项利用眼动仪研究网页设计与网民视觉规律的代表性研究，是由雅克布·尼尔森等人在2006年进行的。他们在实验中发现，被试阅读网页时常常会呈现“F”状的模式。用户视线通常会先沿水平方向移动，多是在内容区的上部，这个视线扫描活动形成了字母“F”上面那一“横”。然后，用户视线向下移动一些，继续作水平扫描，形成了“F”的第二“横”。最后，用户的视线沿着内容区的左侧做垂直扫描。有时这种扫描相对较慢，且有规律。从记录的热区图来看，形成一个实线的竖条。也有些时候，用户视线扫描得较快，在热点图上看是虚线的竖条。这个竖条部分形成了F的那一“竖”（见图7-15）。

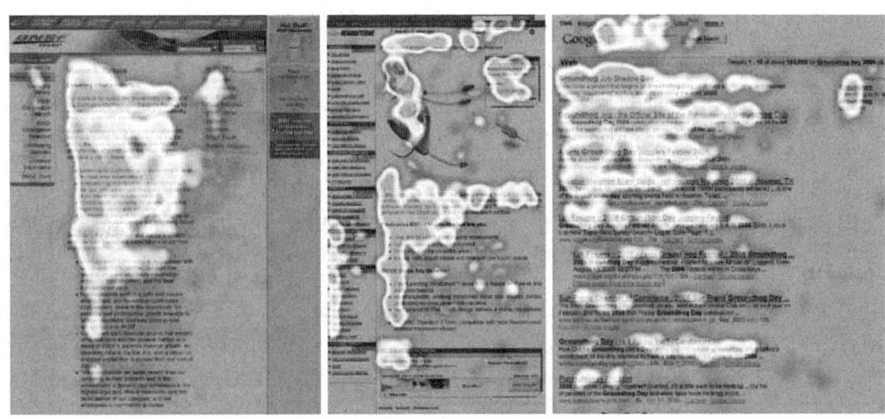

图7-15 雅克布·尼尔森等人总结的网页视觉的“F”模式①

经过对不同的网站测试，研究者认为，被试者的视线扫描规律在不同的站点和任务中保持着很高的一致性，总体来看都像英文字母“F”。这个“F”模式的实验结论对网页设计具有一定的启发意义。

除此之外，眼动仪也被用于对不同受众群体、不同网站进行比较性研究。

戈德·霍奇基斯等人曾进行了Google、MSN与Yahoo的比较研究及Google与百度的比较研究。② 在Google与百度的比较研究中，研究者以50名年龄在18岁到25岁间的中国学生为被试。在有关Google的实验部分，这些被试被要求完成若干任务，包括自由的搜索和指定的搜索，指定的搜索任务包括寻找有关某一数码相机的信息。这一指定搜索任务在美国用户的研究中也曾涉及，研究者试图以此比较中国用户与美国用户在行为模式上的差异。

实验结果表明，中国用户的搜索行为模式与美国用户有很大不同，中国用户在Google搜索后的热区图，并不是“F”形，尽管他们视线的起点也是始于页面左

① F-Shaped Pattern For Reading Web Content，http://www.useit.com/alertbox/reading_pattern.html.

② Chinese Eye Tracking Study：Baidu Vs Google，http://searchengineland.com/chinese-eye-tracking-study-baidu-vs-google-11477.

上部分，但在垂直方向的扫描没有出现“F”中的那一竖的效果。他们眼球扫描的水平范围要更宽，而美国用户的热区图则是一个典型的“F”。

中国用户会将4至5个搜索结果作为一组来进行扫描，而美国用户通常先沿着屏幕左侧扫描，从中发现自己需要的线索，找到线索后，就会进行水平的扫描，来阅读标题。这可以说是一种“考虑集合”(consideration set)①的模式，而且这种模式在美国用户中是比较稳定的，而中国用户的行为方式似乎没有这种一致性。

而在对百度与Google的对比试验中发现，对于同样的搜索任务，用户在Google中获得自己需要的内容的时间差不多是在百度所需时间的一半(Google30秒，百度55秒)，在Google他们差不多只扫描到第四个结果就够了，而在百度要一直到页面的底端。这种扫描模式与搜索结果的质量是相关的。

眼动仪的研究不仅可以说明用户在某些网页上视觉的运动规律，同时也可以和网站的其他数据综合起来解释用户对于网站的体验。

网络是一个海量信息的载体，当人们进入一个网站时，能否轻松找到自己所需要的内容，与网站的用户体验或者说可用性有关。通过眼动仪的测试，可以了解用户需要经过几次眼跳找到自己所要进入的栏目，视线经过怎样的移动能停留在自己所需要的内容上。视线移动的轨迹，可以揭示出用户在网站体验的舒适度与便捷度。通过相关研究，可以确定影响网站用户体验的因素。而当用户出现流失的情况时，眼动实验也许可以在一定程度上说明，是哪些因素造成了体验的不方便，从而导致用户流失的情况。

网页浏览中的视觉规律的研究，与网站用户体验研究，实际上是一枚硬币的两面，两者是相辅相成的。研究受众的视觉规律，可以更好地依据他们的行为模式来优化网页设计。

当然，上面介绍的几个眼动仪试验结果，都未必具有普遍性，但是眼动仪的研究方法对于优化网页设计的作用是值得重视的。

(三) 网站页面风格与受众习惯的互动关系

网站页面设计之所以要研究受众习惯，主要因为网站的页面风格与受众阅读习惯之间是互为作用的关系。一方面，网站的页面风格会影响到受众的习惯，另一方面，当受众习惯反作用于网站时，网站的页面风格会不断延续下去。

当然，这并不意味着网站绝对不能改变版式风格，但是，改版应该是在尊重原有的版式框架基础上的改革。其中，一些重要栏目、网民常用的服务(如电子邮箱等)等内容的起始位置，应该尽可能保持不变，栏目名称也应尽可能保持稳定性。

除了受到阅读习惯的影响外，网民在浏览网站时，还有一些特点，也是页面

---

① 考虑集合是营销学中的一个概念，通常指消费者在选择商品的过程中会考虑购买的品牌的集合。

设计者需要关注的：首先，网民的阅读环境不尽相同。与传统媒体不同，网民在接收网络信息时，条件可能千差万别，电脑硬件的性能、安装的软件、上网的地点等因素，都会影响到网民在信息获取时的效果。其次，网民的阅读需求不尽相同。有些网民偏爱文字信息，有些网民则喜欢多媒体内容。但是，如果网页设计者只考虑某一类网民的需求，便意味着可能会给另外的网民带来不便。第三，网民接收信息的时间不尽相同。与广播电视不同，网络信息的发布与接收并非同步，很多网民可能在新闻发布很长时间后才上网。同时，也有些网民出于各自目的，需要查询过往新闻。

针对这些特点，在设计新闻页面时，最好设立多个版本，例如区分纯文字版与多媒体版，这样，受众可以按需点击，以相应的成本获得相应的报偿。此外，新闻页面应该有方便查询过往新闻的功能，包括关键词查询、标题查询及按时间查询等。

四、网站设计的易用性

与其他媒体中的信息消费相比，网络信息消费需要更高的技能，例如，消费者要熟悉电脑与网络的基本操作。而且，网络中不同的服务，所要求的技能层次也是不一致的。另外，人们上网时，费力的程度越大，他们付出的时间或金钱的代价也就越多，所以，易用性不但对于技术水平较差的网民是必要的，对技术水平很好的网民也是必要的。

网站设计的易用性，强调的是给用户最方便、舒适的体验。易用性主要表现为以下几个方面：

1. 网页信息传输与打开的速度

在网络上，信息传播速度的快慢主要取决于网络带宽。这是对硬件的要求。作为一个网站，在条件允许的情况下，能够为用户提供高速访问，当然是十分重要的，但是硬件上的不足，也可以用“软”的方式来解决，而这就是网页设计者要考虑的问题。

一个网页文件的大小，直接关系到用户调用该页面时的速度。所以设计时，应该尽可能使文件大小控制在一定数量级内。但并不是说一个页面文件越小越好。在一个网站内容总量固定的情况下，一个网页文件越小，意味着网站内容划分越碎，也就是说，用户调用一个页面的时间可能较短，但如果要访问完某些特定内容，就需要多次调入页面，这同样增加了用户的负担。因此，设计者只有结合整个网站的结构设计与栏目划分，考虑每一个页面的具体情况，才能找到一种比较合理的页面分割方案。

影响页面文件体积大小的另一个主要因素是图片，图片数量多且质量高，就必然会带来较大的传输负担。但是对于网站来说，图片又是必不可少的。这时，设计者常常采用的一种办法是，在页面上先用一张分辨率较低、尺寸较小的图片作为示意图，而把它与一张质量更高的同内容图片作链接，用户看到示意图片以后，可以根据自己的喜好决定是否需要继续查看质量高的图片。在许多新闻网站页面中部的图片集锦便是采用这种做法。此外，在制作时把一张大的图片切成若干小图片，也是一种常见的做法。

在网站中使用动画、音频、视频等媒体手段时，同样需要考虑到传输速度问题，必要的情况下要降低文件的质量，以减小体积。当然，这些文件的质量仍然要在用户可以接受的范围内。

2. 界面设计的简洁性与稳定性

前文提到，网页设计应该充分考虑到受众在电脑显示器这样一种载体上阅读的心理习惯，总体而言，对于多数网民来说，简洁的界面是他们的偏好。简洁并不简单体现为内容数量的多少，而在于页面板块分割的清晰和分割原则的统一。合理的分割可以使用户的视线快速定位于某个板块，从而找到他们所需要的内容或服务。

界面设计还需要特别重视稳定性。因为它与用户的习惯是一个互动的关系。过于频繁的改版，不利于用户习惯的养成，也会增加他们获取信息的成本。有时改版也会造成受众的流失。

3. 网站结构与导航系统的合理性

一个网站内容越多，往往结构也就越复杂，但是，如果能用合理的方式来组织，同样可以带给用户良好的体验。

结构的合理性首先体现为各个栏目之间逻辑关系的合理性，栏目应该根据一至两种逻辑关系进行划分，例如，网站的有些栏目是按信息和服务的性质进行规划，而有些栏目则是面向不同用户群体进行规划的。但网站的栏目不能在过多的逻辑标准下进行划分，以免造成混乱。某一标准下分割的栏目之间要尽量避免内容的交叉，否则可能会使用户感到困惑。按不同逻辑关系分割的栏目应该在导航系统的外在形式上进行明显区分，以便用户根据自己的需要来进行选择。

其次，网站的层次应该适中，过多的层次会使一些信息“沉没”，使之被受众接触的几率减少，而层次过少，则可能使一个层次上内容过于繁杂，给页面设计与布局带来困难。

4. 栏目名称的准确性与指向的明晰性

前文已经提到栏目名称设计的原则，从易用性角度看，栏目名称的准确是易用的前提，同时，要尽可能通过栏目的文字名称产生一种明确的指向，让用户知道哪个栏目可以找到自己需要的内容，减少他们获取特定内容的代价。

5. 页面色彩的舒适度

页面色彩搭配有一定的美学规律，但是美观并不是网页色彩的唯一目标，舒适在某种程度上比美观更重要。除非是特殊需要，否则一般情况下页面色彩不应给用户的眼睛产生强烈的刺激。让用户的眼睛尽可能少受刺激是网页色彩舒适度的目标。

6. 用户参与的便捷度

很多网站都有互动功能的设计，如调查问卷，还有一些需要用户提交的内容，如申请注册成为成员等，这些功能意味着用户的额外付出，为了使用户愿意参与，在设计网页时，应该提供尽可能多的便捷手段，例如，在可能的情况下，应多提供可以用鼠标选择的菜单项，减少用户的键盘输入工作量。

7. 附加功能的方便度

在一些网页中有一些附加的功能，如文件下载、动画和流媒体播放等。但这些功能比一般的网页浏览需要更多的技能或更高的软硬件环境要求。在设计时，应该为那些“最低”（即技能或软硬件配置最低）用户提供相应的辅助条件。

在网页设计中，无论是哪个层面的设计，都需要将易用性作为一个重要的前提来考虑。而且以上几方面的因素并不是孤立的，需要结合起来考虑。

五、导读页的版式设计

通常网站的页面可以分为两类：一类是导读页，包括首页和各个频道或栏目的首页，它们相当于杂志的封面。另一类是正文页，即每一条正文的页面。这两类页面的功能不同，在版面空间的组织上也有所不同。

导读页主要发挥着导读的功能、“容器”的功能和审美的功能。导读页的作用非常重要，用户阅读方便的程度往往与导读页相关，用户的阅读习惯也往往是由导读页培养起来的。

一个网站的导读页主要可以分为以下几个级别：网站首页（一级导读页）、频道首页（二级导读页）、栏目导读页（三级导读页）。它们的设计原理大致相似，但也有一些区别。

导读页的版式设计仍是一种平面设计。它的总体设计原则应体现实用性与审美性的统一。实用性，既指网页内容易于阅读，又指编辑意图能得到充分表达。审美性则表现为在运用文字、色彩、图像、动画等多种手段后产生的综合美感。这种美感不仅能更好地烘托内容，也在潜移默化中培养着网站的亲和力。

（一）导读页版面布局的主要模式

网站设计虽然是一个全新的设计样式，但是人们在实践中，形成了一些共同的规律。总的来看，网站导读页的版面布局有三种大的模式：垂直式、水平式、格子式。这些模式与新闻专题的首页设计有很多共通的地方。

1. 垂直式

垂直式网页布局,指的是从视觉上看,网页内容形成一种纵向切割、延伸的效果。通常又可分为“T”形布局、“门”形布局、“川”形布局等几种。

(1)“T”形布局。在这种布局结构中,通常将页面分成三大区域,这几个区域安排的内容分别是导航条、特别推荐内容、主体内容等,它们之间通过色彩和线条来加以区分,形成一个水平板块(导航条)+两个垂直板块(特别推荐内容+主体内容)的格局,通常垂直的两个板块占页面大小的1/5~1/4,主体内容比例较重。布局总体看上去像一个英文的字母“T”(见图7-16)。

图7-16 “T”形版式示例①

(2)“门”形布局。在这种布局结构中,通常将页面分成四大区域,这几个区域安排的内容分别是导航条(水平板块)、特别推荐内容(左、右各一块)、主体内容(也可以根据需要进行调整),它们之间通过色彩和线条来加以区分,形成一个水平板块+三个垂直板块的格局,整体布局类似于一个“门”字(见图7-17)。

① 资料来源:www.sina.com.cn。

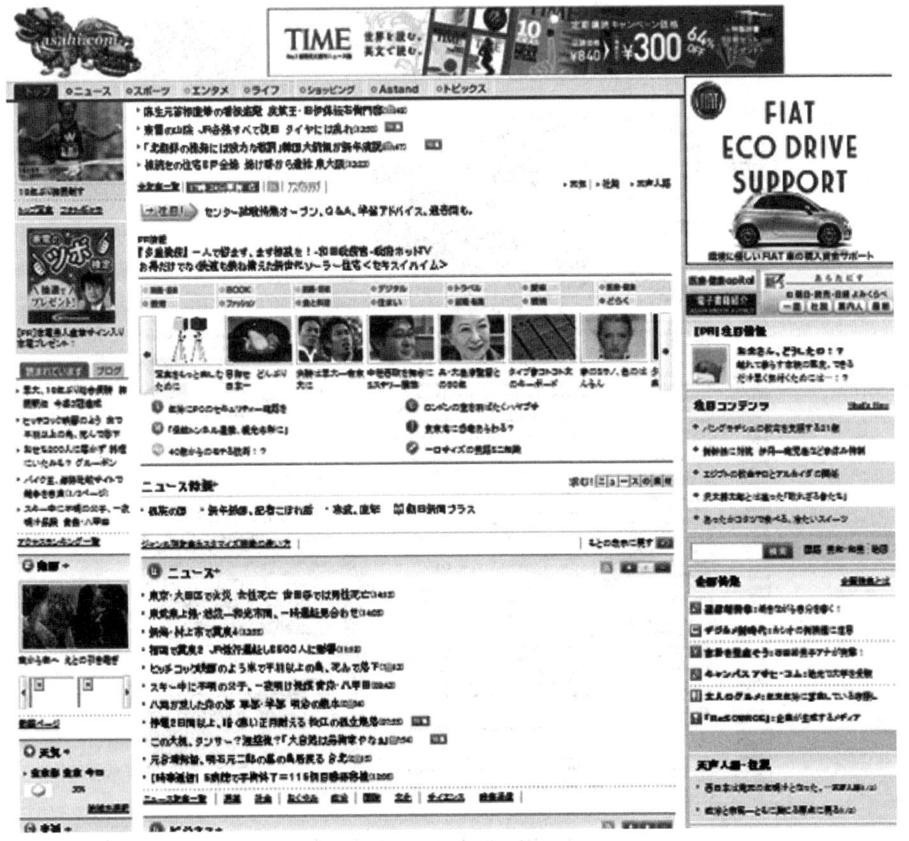

图 7－17　“门”形版式示例①

“T”形和“门”形版式实际上是比较相似的，只是在“门”形版式里，中间那一栏（主体内容）的比例更大，显得更为突出。

（3）“川”形布局。在这种布局模式中，功能模板是按垂直分割的若干区域来区分的。无论内容是分成两块、三块或四块，全部是纵向分割。导航条也不是水平放置，而是放在左边或右边的垂直区域里（见图 7－18）。

2. 水平式

水平式布局指的是从视觉上看，网页内容从上至下被若干水平线分成了几个版块。

有时这种布局恰好将屏幕分成三块，这种模式可称为“三”形布局。一般来说，这适合于页面大小为一个屏幕的版面（见图 7－19）。但这种模式通常只适合于相对简单的网站。

---

① 资料来源：http://www.asahi.com。

图 7－18 “川”形布局示例①

图 7－19 “三”形布局示例②

① 资料来源：http://www.nytimes.com。

② 资料来源：http://www.musarium.com。

但更多的时候，可以依据内容的需要来从上至下分割页面，不必拘泥于三个板块（见图7－20）。

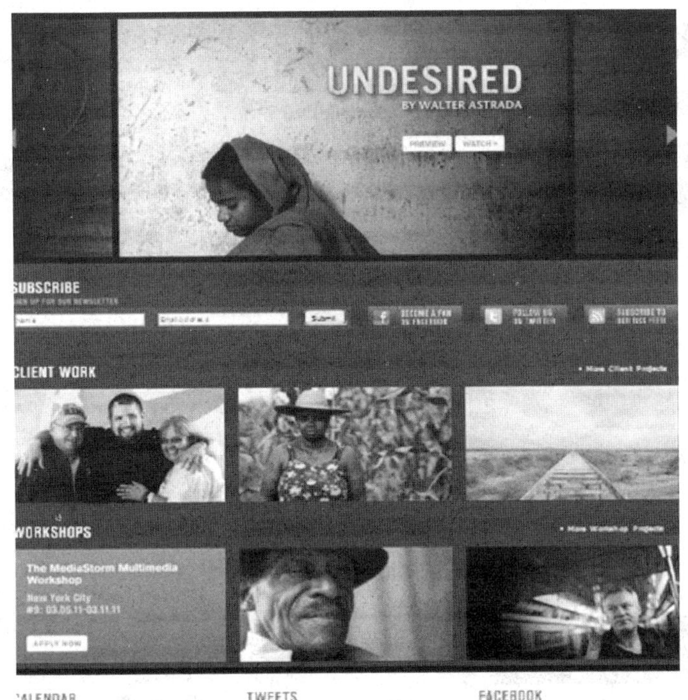

图7－20　水平式布局示例①

3. 格子式

这种模式不是简单依水平或垂直方向进行版面分割，而是将页面分成若干个有序排列的格子，将相关内容分别放到格子中（见图7－21）。

当然，以上这些版式风格的区分都是相对的。各种版式风格之间也并非有着截然清晰的界限，很多设计者会将它们混用。未来的导读页设计一定还会出现其他的模式，而其方向就是导读更为清晰、阅读更为方便。

（二）版面布局的基本原则

文无定法，任何设计者都可以根据网站的特色和自己的喜好进行创意。但是，无论版式如何变化，一些基本设计原则是不可违背的。

从一般意义上讲，网页与报纸的版面有很多相似之处，因此，它所需遵循的原则也与报纸版面设计原则相类似。根据视觉传达设计的理论，版面的设计应体现对比、统一、平衡、节奏的原则，并处理好主次与聚散、图与地（即背景）、群

---

① 资料来源：http://www.mediastorm.com。

组与间距、四角与对角线、空白与版面率等关系。[1] 那么,这些原理在网页的设计中,如何通过相关手段来体现？下面将就其中主要方面进行分析。

图 7－21　格子式布局示例[2]

1. 对比

对比关系被认为是产生视觉刺激的基础,对比包括明暗对比、方向对比、大小对比、横直对比等。在网站页面中,主要对比关系体现在栏头与其他文字部分的大小及色彩的对比,文字与图像的对比,不同层次级别的字符(如栏目标题、文章标题、正文)的大小色彩对比等。因此,完全没有图像的网页也就失去了对比,往往会显得平淡如水,提不起人们的精神,整个页面上只有一种色彩也会造成枯燥乏味的印象。

---

① 张福昌、王延羽:《视觉传达设计》,山东美术出版社 1995 年版,第 45～74 页。

② 资料来源:http://www.bbc.co.uk。

2. 统一

版面中各种元素的统一不仅是方便阅读的需要,也是产生视觉美感的需要,这一点在网页的设计中比在报纸版面的设计中显得更重要。因为网页最终是通过显示器来呈现的,看显示器比看纸张更容易产生视觉疲劳,过多的变化只能进一步给读者加重负担。在报纸版面中,虽然可以将所有标题的字体统一起来,但一般不会把它们的字号也统一起来。但是,网络版文章标题的字号与字体甚至色彩往往都是一致的,同样,所有正文部分在以上几方面也是统一的。从视觉效果来看,这样能体现更强的秩序感。

3. 平衡

网页中的平衡一般来说可以通过网站标志、栏目导航区、图片(包括广告)几部分的大小位置关系来获得。这几个部分一般来说具有比较醒目的色彩,占有较大的面积,并且可以从文字中凸显出来,所以如果能处理好它们之间的关系,页面就会获得平衡。例如,现在大部分网页都把网站标志放在正上方,栏目导航部分放在左方,图片放在中间或偏右位置,这样使页面看上去显得比较稳固。

有时,页面中的留白也可以与页面中具有重量感的内容相呼应,形成一种平衡感。另外,页面中各板块的分割比例,也是影响平衡感的一个重要因素。但无论是水平式、垂直式,还是格子式对页面的分割,往往都不是采用均等式的分割,因为过于均衡的分割,会带来页面的呆板感,缺乏生气。网页真正的平衡感,是在对比与变化中产生的,是一种富于流动性的、具有生机的平衡感。

4. 节奏

节奏指同一现象的周期反复。在印刷报纸版面上,标题的位置对节奏感形成起着重要作用。例如,一般好的报纸版式会让多个标题呈梯形排列,使得版面产生音乐般的效果。在网页中,由于屏幕的限制,不太可能通过标题的位置来体现节奏,这时,把文字分成不同级别,如栏目标题、文章标题、正文等,给予不同级别不同的风格,并使它们相互交融,就能得到视觉上的节奏变化与反复。事实上,在网页中,节奏是对比与统一结合后的产物。

(三) 导读页设计的视觉要点

除了以上基本原则外,导读页的版式设计还需要考虑以下几个问题:

1. 视觉冲击中心

视觉冲击中心(Center of Visual Impact,CVI)是指一个平面中视觉冲击力最强的地方,也是首先吸引读者视线的地方。"视觉冲击中心"是美国心理学家斯金纳提出的概念,他认为一个有创造性的、和谐的版面设计,就是要在版面上安排一个强有力的视觉冲击中心。

同样,在导读页的设计中,最好也要有一个视觉冲击中心,它通常是由图片形成的,现在网站普遍采用的"焦点图片",就往往是一个视觉冲击中心。除此之外,图片和文字的组合,也可以作为视觉冲击中心。

2. 分栏设计

在导读页的版式设计中,合理的分栏是十分重要的。从形式上看,分栏的合理指各个栏的宽度比例的协调。过于均衡的切分会使版面显得死板,而反差较大的分割,也会使版面失去平衡。从内容上看,分栏的合理意味着每栏的宽度与其承载的内容相吻合,不至于因形式而损害内容的完整性。

多数网站会将主要内容放在网页中间的一栏中,这主要基于对受众视线移动线路习惯的判断。当然,这种习惯实际上是由网站培养起来的。也有些网站在首页的设计中将主要内容放在靠右的一栏,这是因为人们需要用鼠标拖动滚动条,视线也容易落在右边。

无论将最重要的内容放在哪一栏,都需要用相应的方式引导受众的视线移动。如果不能成功地引导,可能会造成读者在阅读时感觉不舒服、不适应。

3. 视线引导

网页往往比报纸等版面中的内容更复杂,前文提到受众视线在网页中有一个主要的流动区域,但如果网页的内容布局与这个区域不完全吻合,就需要用一些手段进行受众视线的引导,这主要包括:

栏宽。一般宽度较大的栏目更容易引起受众的注意。

色彩。色彩本身吸引视线的能力不同,例如通常深色更容易吸引人们的目光。此外,大面积的色彩也往往更容易吸引视线。因此,一些具有"强势"效果的色彩往往能引导视线的自然流动。当然这里所说的色彩并不一定是单纯的色块,而是包括文字的色彩、图片的色彩、线条的色彩等各个方面。

线条。在网页设计中,线条除了可以进行内容分割外,还可以在一定程度上暗示视线的移动方向。

除此之外,图片、字符的表现形式等,也会在人们的视线移动中起到一定的引导作用。在实践中,需要综合考虑各种因素,使之相互配合、共同作用,为受众的阅读形成一个有序的导向。

六、正文页的设计

正文页是新闻或信息进行完整展示的页面,直接关系到新闻与信息传播的质量。虽然它的设计相对来说较为简单,但也是不可忽视的。

(一) 页面的长度控制

一个网站的稿件的长度不可能整齐划一。过长的页面,会使读者失去耐心,也会令他们在阅读过程中必须使用鼠标来控制屏幕,从而带来一定的麻烦。

在设计页面时,可以通过将一条稿件分割成若干个页面的办法,来对页面的长度进行控制。但是,一个页面占几个屏幕大小较为合适,不能一概而论。过去一般认为,一到两个屏幕大小是合适的。但是以这样的单位来进行页面分割,会将稿件变成过多的“碎片”。就像很多人在读报纸时遇到转页就会放弃一样,有些受众并不喜欢不断地点击链接。另外,一条稿件放在一个页面中,可以下载一次就获得全部内容,这便于离线浏览与打印。因此,不能过分强调页面的短小。只有找到一个合适的分割比,才能更好地满足读者的需要。

如果一篇文章分成若干页面,最好在页面上部显著的位置注明本篇文章有几页,并且将每一页的标题显示出来,以引起读者的注意。

(二) 页面的字体与字号、色彩

正文页最重要的是阅读的舒适度与信息传递质量,而字体、字号、色彩等这些基本的设计元素,正是影响以上效果的重要因素。

从目前的实践来看,中文字体中,最合适的字体是宋体。有些设计者喜欢用圆体字,但是圆体字的拐弯处呈圆弧状,这使字迹看上去不那么清晰。不如使用宋体的效果好。从字号上看,10~12 磅大小的字,是比较适合阅读的。在色彩搭配方面,白底黑字或白底蓝字都是比较合适的。

在正文页的设计中,要以满足一般读者的阅读习惯而不是以彰显自己的个性为目标。因此,在这里,无个性的设计可能反而是最理想的。

(三) 页面的空间处理

正文页内容构成简单,空间处理起来也就较为容易。一般来说,导航条位于页面的顶部,文章标题与正文位于其下。正文之后,也可能还有附加内容,如相关文章等。

但是,不要把文章正文占满整个屏幕的宽度。那样一行文字太长,就会造成阅读时的混乱。合理的宽度是屏幕的 1/2 到 3/4 之间。剩余的空白,可以用来放置附加内容,例如相关文章、推荐内容、广告等。但无论有没有附加内容,都应该留出一定空白。除了减少阅读负担外,也可以增加页面的美感。

目前,国外的一些网站正文页,页面留白相当多。读上去比较轻松舒适,这种做法值得借鉴。

(四) 页面的附加内容

正文页除了承载文章的正文外,通常还有一些附加内容。这些内容虽然不一定与主体稿件有直接的联系,但是,它们充分利用了正文页的空间,使网站想要推荐的内容有更多展现的区域。这些附加内容主要包括:网站重点推荐的文章、网站重点推荐的专题、网站重点推荐的博客或热帖、广告等。

在进行页面设计时,既要给这些附加内容以相应的空间,又不能让它们过分冲淡了正文,例如,对于广告,应该用明确的方式标识出来,以免与主体内容相混淆。此外还要特别注意内容之间的协调,例如,如果主体内容是严肃的,而周围充斥着庸俗的小广告，那么就会让人产生不舒服的感觉。

七、导航系统的设计

导航系统是网络信息发布中的一个特殊手段，它是关系到受众能否进退自如地在网络中遨游的一个重要因素。导航系统主要由以下几种对象组成：导航条、图片映射链接、目录、表格。

（一）导航条

这里的导航条专指那些承担固定的导航功能的按钮或链接。它是体现网站结构、实现网页间联系的主要手段。

导航条要实现的目标是，保证浏览者知道自己在哪里，保证浏览者知道如何返回主页或上层，保证浏览者可以在高层与低层之间自由切换。因此，导航条的功能包括：上、下级页面间的链接功能，同级页面之间的链接功能，与首页的链接功能。

为了完成这些功能，通常网站至少需要三套导航条：

1. 一级栏目导航系统

它链接到本网站的所有一级栏目，可以保证随时返回主页及进入一级栏目。这样，即使浏览者迷失了方向也可以回到起点，从头再来。一级栏目导航系统，通常做成按钮的形式。

2. 本级栏目导航系统

它链接与当前内容处于同一层次级别的内容，便于读者进行同类阅读。这套栏目导航系统，通常也做成按钮的形式。

3. 本页面的路径系统

每一个正文页应该显示出到达该页处经过的路径，并加上相应链接，这样，可以随时退回到该路径中的任一层。这个系统的实现方法通常是这样的模式：首页 > 一级栏目 > 二级栏目 > 三级栏目……

有些情况下，如页面过长时，还应加入“页内导航”功能。如在恰当位置加入“回页首”的功能，以方便浏览。

从外观上看，导航条可以是图片、文字，也可以是表格中的一个单元格等。生成导航条，可以利用相关软件中的专门功能，也可以通过在图片、文字上直接加入链接来完成。

（二）图片映射链接

从导航的角度看，只要在图片上加入链接，都可以使其起到导航的作用。图片链接的方式可以是图片链接图片，也可以是图片链接文字。此外，还有一种特殊的链接方式，即图片映射链接。它的思路是将图片分为若干热区进行链接。例如，在一张地图中，对于地图中的每一个区域加入链接，点击不同区域，就可链接到不同的内容。

（三）目录

目录是将一组导航链接集中在一起，类似于菜单，在早期的网页设计中，这种方式是主要的导航手段。在目前的网站设计中，通常用于“站点地图”的实现。所谓站点地图是将一个网站中的所有栏目（有时也包括子栏目），集中在一个页面中展示，它可以帮助受众了解网站的复杂结构，也可以帮助他们最快地定位于特定的页面，因此它也是一种高效的导航系统。一个好的网站应该有“站点地图”的功能，并在首页上明确指示其入口。

在一些网页设计软件中，系统可以自动生成各种层次的目录，这些目录可显示出指定的层次结构，并实现对所有指定层次页面的链接。

（四）表格

表格也是一种简洁方便的导航手段。利用表格可以将各个对象集成起来，每一个表格单元中加入一个链接。表格导航在早期的网页中运用得很多。此外，在一些展示类的网站中也常见。

需要注意的是，从外观看，以上这几种导航方式的界限并不是那么清晰，有时是需要交叉应用的。上述分类主要是从它们的功能上来加以区分的。此外，文字加入链接也是使页面之间产生联系的重要手段，但多数文字的导航功能可以被包含在导航条等功能中，在此不再详述。

导航系统虽然看上去是网页设计中的一个细节问题，但是，它的好坏直接影响到受众在网站获取信息的方便程度与成本高低。因此，在设计中需要特别加以注意。

八、网页设计中的色彩

色彩是网页设计中的重要元素，它不仅是美感的基础，还可以起到传情达意、分割版面、表现个性等作用。掌握色彩搭配的基本知识，对于成功的网页设计十分重要。

（一）网页的配色

在网页配色中，应该注意以下两点：

重视网页整体色调。网页的色彩是由整体色调决定的。特别是色彩的面积大小，对于整体色彩效果有直接影响。如果两种色彩面积同样大，那么，两种色彩之间的对比强烈，但是如果面积不一，那么小色块会成为大色块的补充，也就是说一般人不会注意到小色彩的存在，而只会注意到大色块。故在网页设计中，首先应该选定面积最大区域的色彩，即网页的主色彩，再根据需要选择合适的对比色彩并确定它们的面积大小。

重视色彩搭配的易读性。有些色彩搭配本身可能是美的，但是，网站毕竟是以文字展示为主。不合理的色彩搭配可能带来阅读上的障碍或增加眼睛的负担，因此，要防止形式对内容的破坏。一般来说，白色的背景与蓝色或黑色的文字搭配是网站中较常见的搭配，它们对于眼睛的刺激适中，符合多数人的阅读习惯。而有些网站采用黑色背景加红色文字的搭配，对于眼睛的刺激过分强烈，很容易造成视觉疲劳。通常情况下，新闻的正文页可以不要背景色，即使要，也以浅色为宜，通常不应用深色。

（二）网站色彩的个性

个性化的色彩是个性化的网站的一部分。色彩带来的视觉记忆效果，对于网站整体形象的确立与推广是非常有益的。

网站的色彩个性，通常是网站的整体形象设计的一部分。在选择网站的标志色彩时，通常要注意以下几方面：

1．色彩的独特性

色彩的独特性凸显网站的个性，对于网站形象的推广也很有帮助。例如，可口可乐公司网站主页的标志色彩是红和白，这种色彩形象已经深入人心。

2．色彩的美感

色彩的美感是网站色彩让人接受的前提。网站色彩的美感通常是指色彩完美搭配所产生的美感，从美学的角度看，没有不美的色彩，只有不美的搭配。

3．色彩与网站定位的吻合度

一个网站所运用的色彩应该最大限度地与它的性质和定位相吻合，这主要是针对色彩所引起的心理联想而言。如果一个有关婚姻的网站采用黑色为主色调，势必会影响人们对它的认同与接受程度。

4．色彩与特定时段的契合度

一个网站的色彩并不一定是一成不变的，在不同情绪的时间段上，它需要做相应的色彩调整。如喜庆时间段，整个网站的色调可以是热烈、欢快的，而在一些重大灾难发生后，为传达悲伤、哀悼的情绪，也可以临时将网站色彩做相应调整，如改成黑白两色。

第五节 网络编辑思想的传达

网络新闻编辑对于稿件不是被动的，他们需要用各种手段，表达自己对稿件的价值判断，并将这种判断体现在稿件的编排中。体现编辑意图的方法包括：

1．推荐手段

最直接的表达编辑的意图的方式，就是推荐新闻。在网站中，推荐手段有以下几种：(1) 用弹出式窗口推荐重要新闻。由于许多网民的电脑中都安装了屏蔽弹出窗口的插件，这种方式的作用越来越受到限制。(2) 设立推荐类栏目，将重点新闻放在其中。(3) 设置头条。与报纸一样,头条常常是编辑重点推荐的新闻。但是网络新闻的头条不像报纸那样受到固定的出版周期的限制,一个头条新闻的生存期不一定是一天,可以更长,也可以更短。(4) 通过排行榜推荐新闻。排行榜可以依据点击率、评论数等指标形成。这种方式往往容易引起人们的关注,推荐效果明显。

2. 时间手段

网络新闻发布在时间上是开放的,因此,时间手段可以用于表达编辑的态度。主要方式有:(1) 新闻的更新频率。同一事件或主题的新闻更新频率越高,越表明这个事件或主题受到重视。(2) 新闻在网页中的驻留时间。如果一条新闻在频道首页或栏目首页的驻留时间越长,通常表明新闻越重要。

3. "强势"手段

在报纸的版面语言中,"强势"是一个很重要的概念,它指版面吸引读者注意力的方式或能力。报纸的强势与空间位置、空间大小、标题或正文的字体大小、排列方式,色彩、线条、图片以及稿件集合等多种手段有关。在网页设计中,"强势"仍然是一个十分重要的概念,因为在网页中,标题与内容是分离的。如果没有一定手段对读者进行提示,读者往往就只能以标题的内容是否吸引人为标准进行选择,倘若标题与内容偏离,就会对读者产生误导。因此,网页上的强势不但可以体现编辑的意见,还可以帮助读者分清主次,以便尽快获得重要信息,在这种情况下,研究网页的强势手段就具有重要意义。

传统报纸的一些强势手段有的还会在提供网络新闻的网页中起作用,有些则被弱化。被弱化的手段包括:字符的大小、字体、文字排列方式、色彩、线条等,这是因为网页的设计与报纸版面的设计有很大不同,为方便读者的阅读,以及不使读者产生过度的视觉疲劳,网页的字符、色彩、线条的运用会尽量简单、统一,即使有所变化,也不可能像报纸那样丰富。而色彩、线条的主要作用已变成装饰或分割而不是强调。当然,这些手段并非完全不能用。例如,也有一些网站利用字号与字体的特别,来强调重要新闻。在一些特殊时刻,色彩也会成为表达编辑情绪的重要手段,例如,在 2008 年 5 月 12 日四川汶川发生强烈地震后,很多网站将网页改成了黑白色,以表达对遇难者的哀悼。

网页设计中,体现强势比较有效的方式是图片,用给稿件配图片的方式,可以吸引读者的视线,并促使他们阅读正文。

此外,用动态方式呈现的内容也比较容易吸引视线。例如一些最近更新的新闻,可以用滚动字幕的方式加以突出。当然,静与动是相对的。如果网页中动态的元素很多,那么"动中取静"反而更容易引起关注。

过去在报纸版面中起重要作用的"空间位置"因素在网页中还有一定作用,一般来说,处于屏幕上方的信息强势明显,因为那里的信息是最先出现在受众眼前的。其中,第一屏的左上角强势更明显。

另外,屏幕右方也是一个强势空间,因为网民总是需要拖动屏幕右边的滚动条来扩展屏幕大小,这时,视线更容易在屏幕的右边移动,因此,屏幕右边的内容更容易被受众注意。

当然,有时编辑者把一些信息放在网页相对"劣势"的位置,不是因为它们不重要,而是出于对整体页面安排的考虑。另外,当一个页面上出现多条信息时,我们不能简单地把上方的信息当成最重要的新闻。这一点与报纸是有所不同的。

4. 结构手段

网站是由很多网页组成的,不同网页之间由一定层次结构组成。一些页面会先被读到,而另一些页面则只能较晚出现。主页是第一个被访问的页面,所以一般新闻网站都在主页上设立重要新闻一栏,给予重要新闻最早被读者访问的特权。在某些特殊情况下,甚至可以临时打破网站的原有结构,突出重要内容。例如,在 2003 年 3 月 20 日伊拉克战争爆发后,新浪和搜狐等网站都将首页改换成了美伊战争的专题页面,让网民一登录网站就可以直接进入战争专题,这种方式现在越来越常用。

5. 标题手段

在网页中,文章的标题文字也有较大的作用,因为当读者看不到正文时,只能通过标题文字对新闻内容作出判断。这时,放在印刷报纸上不起眼的新闻可能由于标题做得好而会在网页上显得抢眼。

标题手段首先体现在标题的内容上。因此,网络新闻编辑应该提高标题的生动性、准确性,并使标题能恰当体现内容的重要程度。也就是重要新闻标题浓墨重彩,而一般新闻标题则可适当轻描淡写,不要喧宾夺主。其次,标题的表现形式也是体现其重要程度的一个方式,利用相关编排手段可以突出或淡化某些标题。

6. 集合手段

在传统报纸上,稿件的集合不但可以形成版面上的强势,还可以产生"1 + 1 >2"的效果,因为它更好地挖掘了稿件之间的内在联系。在网页上,相关稿件的集合仍然是形成群体优势的一个行之有效的方式,它不仅可以更好地提高信息服务的质量,还可以增加某些稿件的吸引力,使人们对此给予更多关注。前面介绍的报道单元以及专题整合等都是有效的集合手段。

本章学习提示

本章从几个角度介绍了网络新闻编辑的主要特色业务。这些业务是在十多年的积累中发展起来的,它们既有对传统媒体的继承,也有对传统媒体的发展。

有很多业务形态还在不断发展之中。今天的读者也许就是未来新的业务形式的创造者。因此,对于本章所介绍的各种形式与方法,读者不能生搬硬套,还需要批判性地思考。

限于篇幅,本章介绍的案例并不多,读者在学习时可以结合网站的实践,在更多的案例中进行学习与思考。各类新闻网站才是活生生的教科书。

除了国内的新闻网站,也建议读者放眼世界,对国外的一些新闻网站做些探索,从中一定会发现与国内新闻网站不尽相同的业务模式。当然,这些模式也许不能照搬,但是,它们可以为我们的相关实践提供一些参照。

思考与练习

1. 目前新闻稿件的层次化写作模式是否还有改进的空间?你的理由是什么?
2. 你如何看待目前我国新闻网站存在的“标题党”现象?
3. 网络新闻的正文写作要注意哪些问题?
4. 你如何看待正文中链接的作用?如何才能把握好运用它的量和度?
5. 结合案例分析网络新闻单元的意义。你认为网络新闻单元还可以采用什么样的模式?
6. 对不同网站制作的同一主题的专题进行对比分析。
7. 试结合具体案例分析结构化专题的优点和可能出现的问题。
8. 根据当前社会形势与热点,策划一个网络新闻专题。
9. 试结合具体案例分析如何更好地实现网络的多媒体整合。
10. 你最喜欢哪个新闻网站的首页?为什么?

第八章 移动终端的新闻编辑

移动传播代表着数字传播的未来,因此,利用移动终端促进业务的迅速发展,已成为各主要媒体的共同追求。

手机是目前最主要的移动终端,在前文中,我们已经对手机的传播特性进行了分析。本章将介绍手机因这些特性而形成的业务模式及操作规程。

尽管 Ipad 还不能被称为一种独立的媒体,但它对未来移动传播的影响是可以预见的,它与手机虽然在某些方面具有相似性,但二者还是存在较为明显的区别的,因此,本章也将对 Ipad 平台上的新闻编辑规律进行介绍。

需要注意的是,作为目前主要的移动终端的手机与 Ipad 的发展还远未定型,基于这两个平台的新闻业务还处于发展中,更多业务模式的形成有待人们进一步探索。

第一节 手机终端的新闻编辑

手机终端的基本特点是小屏幕、低容量、碎片化传播。因此,在手机新闻的编辑过程中,要在遵循传统媒体的基本原则的基础上,借鉴网络媒体的模式,结合手机自身特点,在传播手段与传播思维上做出一定的调整。

一、手机文字新闻的编辑

利用手机传播文字新闻可以通过多种渠道,例如短信、WAP 网站和客户端应用等。在不同渠道中,文字新闻的容量有所不同,短信新闻最好控制在一条短信容量内,而通过 WAP 网站传播或通过客户端推送的新闻,容量可略大。但是,无论在哪种渠道中,手机文字新闻的编辑都有共同的规律。

(一) 手机文字新闻的选择

尽管 WAP 网站和“应用”等方式,大大提高了手机文字新闻的总体数量,但是，这并不意味着手机文字新闻可以“有闻必录”。手机文字新闻以推送为主，相比其他媒体，它所传播的文字新闻是更需精选的。

手机文字新闻的价值判断标准，与其他媒体是一样的，但是，由于手机的特殊性，使得编辑记者在进行新闻的筛选时更需要注意以下几方面。

1. 时效性强的新闻优先

手机平台被视作时效性最强的媒体，因此，重大、突发事件新闻的第一落点往往是手机，时效性就成为手机文字新闻选择的最重要标准。对时效性要求不太高的新闻往往要让位于那些对时效性要求高的新闻。

由于时效性强的新闻多数也处于不断变化、发展中，因此，对这些新闻往往需要动态跟踪报道，手机新闻编辑应该具有这种跟踪意识。

2. 具有接近性的新闻优先

手机是一个兼具人际传播和大众传播功能的平台，手机文字新闻的传播过程，第一阶段是“点对面”的大众传播，但要让它产生更好的传播效果，需要充分利用人际传播渠道，也就是促进用户之间的相互转发。而用户转发新闻，更多是看这条新闻与自己或朋友有无关系，所以接近性是手机文字新闻选择时需要重点考虑的。这种接近性既可以表现为心理上的接近性，又可以表现为地理上的接近性。

3. 能触发人们进一步接触媒体兴趣的新闻优先

前文已经提到，在传播新闻方面，手机短信很多时候只是触发人们的兴趣。而在媒介融合时代，手机也不是一种孤立的媒体，它与其他媒体是相辅相成的，因此，手机文字新闻除了传达信息外，另一个功能是将人们引导到其他媒体平台中。当然，并不是所有新闻都具有这种能力，通常突发事件新闻、具有争议性的新闻等更具有这种潜力。

除了以上筛选标准外，对手机文字新闻的选择还要从体裁上进行考虑，手机文字新闻多是消息类新闻，可以适当采用评论类新闻，而通讯类、特写类等新闻，都不适合手机媒体。

当然，在选择手机文字新闻时最重要的是对新闻的真实性进行判断，尤其是对那些来源于用户的内容，在这方面更应谨慎。

（二）手机文字新闻标题的制作

手机文字新闻标题的制作，与网络新闻标题制作基本上是一致的，在某些方面则更为严格。

1. 手机新闻标题的字数控制更为严格

手机屏幕宽度有限，为了能在一行中将标题完整放下，且保证整个屏幕规则有序，多数手机媒体对于标题的字数限制是十分严格的。因此，为手机制作新闻标题，除了要将新闻要点凸显出来，还要注意符合字数的相关规定。标题的结构基本上也是单一型的，即只有主题，而没有引题和副题。

2. 手机文字新闻标题应该传达足够的信息

手机文字新闻像网络新闻一样，也是分层的，人们也可以通过点击标题阅读正文，但是，人们对第一层次也就是标题的依赖是很强的，所以，手机文字新闻标题应该让人们在不阅读正文的情况下，也能掌握最关键的新闻要素。

（三）手机文字新闻的编辑加工

手机文字新闻要求文字简短，风格平实，信息传达明确。如果记者直接为手机新闻写稿，那么，应在写作阶段尽可能按照手机媒体的传播规律来撰写，避免编辑后期的改写过程，以提高传播速度。除此之外，还有很多手机文字新闻来源于网站或传统媒体，对此也要针对手机媒体的特点对新闻内容做些编辑加工，而不能将网站或报纸上的新闻直接搬到手机平台上。

手机文字新闻的编辑加工主要包括以下几方面。

1. 简化

有些网站或报纸上的新闻较长，用户未必有耐心读完，所以可以适当地对其进行简化处理。

通常，报纸的新闻正文分为导语、主体、背景等部分，而在手机文字新闻中，背景部分通常可以略去。如果是用手机短信方式发送的新闻，需要尽可能把一条新闻压缩在70个字之内，这时可以把导语与主体合为一体，形成一段话新闻。新闻的内容主要包括新闻的“5W”，由于手机新闻标题已经揭示了部分新闻要素，因此，在正文中，与标题重复的内容可以略去。

如果是通过手机WAP或“应用”等方式发送的新闻，字数上的限制相对宽松，但也可以将原文中不需要的一些内容去掉。如果新闻是用倒金字塔结构写的，可以将后面一些次要内容删去。

2. 拆分

如果一条新闻篇幅很长，但内容都很重要，那么可以对其进行拆分，将其化整为零，变成若干篇新闻，每一个部分拟一个标题，然后再用超链接的方式将它们整合在一起。

3. 加链接

手机新闻中也可以有链接，有时也需要为某一新闻加上新闻背景或是相关新闻的链接，其具体操作方式与网络新闻相似。

4. 整合

一些手机媒体也将网络新闻专题的整合思想引入到手机平台中，对于人们特别关注的内容，在手机上以专题的形式来展开报道。以下为一则手机新闻的

样例：[1]

山东泰安发生警匪枪战

1月4日中午，山东泰安市发生一起歹徒持枪杀人案，先后有3名民警、1名协警殉职。[详细][图集]

【最新消息】

山东泰安袭警案中案成功告破

殉职警察被追认烈士|群众送行

山东袭警嫌犯最爱看破案书籍

泰安袭警案殉职人数已增至4人

山东袭警：牵出雇凶杀夫案中案

【殉职名单】

>>当场牺牲

李良（协警），男，汉族，1986年3月出生

夏波（民警），男，汉族，1974年6月出生，中共党员，山东省宁阳县人

齐洪海（民警），男，汉族，1962年4月出生，中共党员，山东省泰安市人

>>抢救无效

肖斌（民警），泰安市公安局泰山区分局岱宗坊派出所民警

【案件细节】

警方缴子弹187发

围堵全是无枪交警

民警开车撞歹徒车后中弹

【剖析歹徒】

系亲兄弟|均有犯罪史

干部子弟|爱看破案书籍

【悼念】

山东泰安将为殉职警员公祭3天

泰安万人送别枪击案牺牲警察

泰安提请追认3殉职警员为烈士

山东泰安全城悼念牺牲3名民警

【反思】

这是一场无法演习的战斗！

---

① 资料来源：http://www.3g.cn。

图片报道:山东发生警匪枪战

【对此袭警案你有何看法?】

发表

以上案例,将相关内容以栏目的方式组织起来,从不同角度对这一事件展开报道,同时也有与用户的互动手段。尽管它的内容远不如网站专题那么丰富,形式也较简单,但也不失为一种有益的尝试。

对于新闻价值较为重大,特别是与用户接近性强的新闻,使用这种方式可以更好地满足人们的信息需求。当然,这样的专题的规模不宜过大,因为毕竟手机平台是有所限制的,所以,栏目的设置、内容的选取,都应该以精炼为要义。

二、手机多媒体新闻的编辑

除了文字新闻外,图片、音频、视频等多媒体新闻在手机新闻中的比重也越来越高,对于这些新闻的选择与加工,也成为手机媒体编辑的重要任务。

(一) 手机多媒体新闻的选择

从技术层面看,手机已经具备传输图片、音频、视频等多媒体新闻的能力,但是,多媒体新闻毕竟会消耗用户更多的流量,在目前手机上网资费较高的情况下,人们对多媒体新闻的下载会更为慎重。因此,多媒体新闻的选择显得尤为重要。

1. 手机图片新闻的选择

在手机媒体中,新闻图片对于传达现场感、补充信息、渲染气氛具有重要作用。

首先,要对手机图片新闻进行真实性考察。只有确认它是真实的新闻图片才能采用。其次,在手机图片的选择中,新闻性也是重要的选择依据,那些能反映真实的现场、某个代表性瞬间或者人物的某种强烈情绪的图片,往往更能吸引人。

其次,对手机图片还需要从技术角度进行一定选择。成像清晰、曝光准确、反差适中、构图合理、色彩还原正确等是一张好的手机图片的基本技术要求,当然,某些新闻价值重大但技术上稍有瑕疵的图片(例如手机用户在第一时间第一现场拍的照片),也可以采用。

2. 手机音频新闻的选择

目前的手机新闻中,音频新闻所占比例不高,这可能是因为手机媒体从业者对手机音频新闻的理解还不够深入造成的。事实上,由于音频传播不占用人们的眼睛,所以如果运用得当,可以对文字新闻等产生有益的补充作用。

对于音频新闻来说，适合于手机传播的主要有如下几类：

能传达现场感的音频。有些新闻用纯文字难以传达现场感，而音频新闻就可以在一定程度上弥补这一缺憾。

对文字新闻起到补充、“证实”作用的音频。例如，在文字新闻中提及的对某一当事人或专家的采访，限于篇幅不便于展开，这时采访录音就可以起到补充作用，同时，也可以将被采访者的原话直接呈现，避免由于文字传达不充分、不准确带来的误解。当然并非所有采访录音都适合在手机平台上传播，只有具有重要新闻价值的内容才适合。

评论类新闻。在移动状态下人们更偏重于阅读事实性新闻，但这并非表明新闻评论就完全不适合手机传播，将新闻评论做成音频，甚至直接采用广播“脱口秀”的方式，都可以为新闻评论的传播提供较好的途径。

3. 手机视频新闻的选择

手机比较适合于下列几种视频新闻的传播：

突发事件的现场报道。对于突发事件来说，手机文字新闻往往是新闻报道的第一落点，但是，人们往往希望看到更多来自现场的视频，因此，适当地提供现场的影像画面也是必要的。

实时的天气或路况类新闻视频。手机用户在移动状态中更需要了解某个地区的天气或路况情况，因此，这类视频新闻的受众也较多。

具有“证实性”或“证伪性”画面的视频新闻。当人们对一些新闻将信将疑时，如果有相关视频提供佐证，那么将有助于人们对新闻的真实性做出更好的判断。

具有人情味或趣味性的视频新闻。人情味的新闻可以打动人心，而趣味性的新闻可以调节人们的心情，两者通常都适合用视频来传达。

当然，符合以上条件的视频新闻并非随手可得，因此，为了维持视频新闻的日常运营，更多的时候可以根据新闻的重要性、显著性、接近性等原则，来选择视频新闻。

除了以上新闻类视频外，实时的体育赛事视频等时效性很强的视频内容和一些娱乐类内容，也是手机用户特别关注的。

（二）手机多媒体新闻的编辑加工

1. 手机图片新闻的编辑加工

手机图片新闻加工中最关键的问题是文件的体积大小。通过对图片格式的转换、像素的调整可以达到给图片文件“减肥”的目的。

当然，由于现在的手机在图像显示方面的性能越来越好，如果图片尺寸过小，也会让一些用户觉得不“解渴”，所以提供高清大图与一般示意性小图的组合，是一种较为合理的作法。用户下载内容时，先看到小图，如果有必要，他们再选择下载高清大图。但手机上的高清大图比起网站上的图片来说,通常其像素与体积也要偏低、偏小一些。

对于技术上不够完善的图片,也可以用图像处理软件进行适当处理。但是必须遵循前文所提到的新闻照片的数字加工原则。除了对单张图片的加工外,如果一条手机新闻中包含若干张图片,也可以用幻灯方式将它们组合起来,以方便人们观看。

2. 手机音视频新闻的编辑加工

目前,手机支持的音视频格式主要包括 WMA、MP3、AAC、MIDI、AVI、MP4、WMV、3GP 等。手机音视频新闻的初级加工,是将相关素材转换成适合于手机平台的格式。在转换时还需要选择适合于手机的分辨率、压缩比等参数,以便将文件体积控制好。手机音视频新闻的进一步加工,主要体现为剪辑。短小精悍,要点明确,适合点播,是手机音视频新闻剪辑的要义。

手机音视频节目的剪辑首先要考虑节目的时间长度。在传统的广播、电视中,音视频新闻是以一条完整的新闻或一个节目为单位的。但是,在手机平台上对一条新闻的时间控制应该更为严格,原来适合在广播、电视中播出的新闻,有时要经过再次剪辑,去掉一些可有可无的素材,使其更为短小,才能够在手机上播放。而一个较长的节目,则需要将其剪辑成若干段,每一段传达一个独立的意思。例如,在一个电视"脱口秀"节目中,嘉宾的谈话涉及五个方面的问题,在作为手机节目时,需要将这个节目剪辑成五个小节目,并为之配上相应标题,这样手机用户可以迅速定位他们最感兴趣的内容。

在进行段落式剪辑时,除了控制好时间长度外,还需要注意每一个小单元的独立性和完整性,不能妨碍信息传达的完整性,重要信息不能缺失,同时,也不能因为剪辑而破坏相关语境,使受众误解。因此,剪辑并不是将素材进行简单的切割,保持前后段落语境的完整性是十分必要的。

目前的手机音视频新闻,很多是电台、电视台新闻的缩减版或"切割版"。但是,随着手机媒体地位的上升,未来会有更多直接为手机平台制作的音视频新闻,这样的音视频新闻就需要更深入地考虑如何与文字、图片等手段相互配合。

第二节 Ipad 终端的新闻编辑

Ipad 兼具电脑与手机媒体的一些特点,本节将基于这些特点对 Ipad 终端的新闻编辑与产品策划进行一些分析。

一、Ipad 对媒体的意义

作为一种新的信息接收终端,Ipad 已经在一些人群中逐渐普及,许多传统媒体也开始纷纷推出自己的“应用”,以扩大传播面,抢占市场先机。

报纸与杂志对Ipad的热情尤为突出,有些报刊甚至将Ipad视为自己的救星。尽管报纸、杂志在此前都有自己的网站或网络版,但是,不少报刊在传统媒体时代的品牌优势并没有完全在网络平台上得到体现,报刊的重要形式——版面,也在网络中被肢解。在数字时代如何保留版面,一直是报业的一个探索方向,而Ipad让报业看到了新的可能,把报纸、杂志版面搬上Ipad,让报刊的生命通过这个平台延续,成为很多报纸与杂志制订其Ipad战略的原始动力。尽管Ipad的发展方向未必如其所愿,但至少它们进入Ipad意味着一种新的可能。

媒体对Ipad的热情,还因为Ipad在移动传播方面具有手机不能比拟的某些优势,这主要是由其较大的屏幕尺寸带来的。如果说手机解决了人们在移动状态下的“信息温饱”问题,那么,Ipad则正在将这种信息消费水平推向“小康”。而Ipad在高端人群中的普及,也使很多媒体看到了新的内容与服务拓展的空间。

对于媒体来说,Ipad也为它们提供了一个新的竞争舞台,在这轮竞争中,媒体的传统品牌优势也许能起到一定作用,在互联网上处于不利地位的传统媒体有可能通过这一新产品扭转局面。

Ipad未必是适合一切人群、一切场合的终端,它只是很多新终端中的一种,把拯救传统媒体的希望全放在这一终端上是不切实际的。但是,它毕竟代表了一种新的终端发展方向,对这一终端的传播特性及其适用人群进行研究,并开发出合适的产品,不仅有可能为媒体找到新的发展空间,也能促使媒体面向未来做出更多元的探索。

二、Ipad平台上媒体“应用”的设计

如智能手机平台一样,在Ipad上使用“应用”来获取各种内容,是较为普遍的方式。尽管在Ipad上也可以通过浏览器访问常规的网站,但个性化的“应用”可以更好地利用Ipad的屏幕特点,改善阅读体验。

Ipad是一个新事物,在这个平台上的“应用”与网站的设计思维是有所不同的。

(一)Ipad平台上媒体“应用”的总体设计

在Ipad平台上设计一个媒体的“应用”,除了技术方面的考虑外,更需要从新闻内容的表现力、传播的效率、界面的友好性等方面进行综合考虑。以下几个方面更是重点。

1. 阅读的网络环境

目前的Ipad有不同版本,有用WIFI上网的,也有用3G上网的,WIFI上网并不能做到随时在线,而3G上网的用户出于资费方面的考虑,也不一定会随时

在线。因此,如果媒体的相关“应用”能够做成可脱机浏览的,则可以方便人们在没有上网条件的情况下阅读。但是,如果做成可脱机版,对“应用”的大小就需要做充分的考虑,如果“应用”太大,下载过程太长,可能会使用户失去耐心而放弃下载。另外,可脱机版的更新周期也是一个需要研究的问题,如果每天更新一次,时效性就会受到影响,在与网站竞争时也会处于劣势。

一个可能的思路是,将媒体的精华内容做成可脱机浏览的“应用”,而对一般性内容则提供在线阅读,对时效性较强的内容随时更新,这样就可以满足不同用户的需求。

2. 阅读的界面

Ipad 上的界面,是沿用报刊版面的思路,还是沿用网页的设计思路,或是一种全新的界面?这也是媒体开发 Ipad 平台特别需要重视的问题。

3. “应用”中的互动

Ipad 并不是一个信息的孤岛,就像电脑和手机终端一样,要使媒体在这个平台上的影响力不断扩大,就需要将用户作为一种重要力量引入,因此,“应用”的设计必须考虑互动元素的应用。

互动元素除了评论、转发、与微博关联等常规手段外,还需要考虑到 Ipad 与手机的相似性,即它的移动性,让人们在移动中参与互动,并且把移动的情境与互动结合起来,这对于提升 Ipad 版媒体的服务水平,具有重要意义。

4. 个性化服务

Ipad 要超越传统媒体和网站,就需要更充分地考虑其个性化服务的问题。像手机一样,Ipad 上的个性化服务既与用户的人口指标(如年龄、性别、学历、收入、社会阶层等)相关,也与用户所处的特定时空(如地理位置、参与的活动等)有关,还要考虑用户的心理变量、行为变量等因素。

(二) Ipad 平台上媒体“应用”的界面设计

媒体“应用”的界面设计需要考虑版式与页面扩展等两个方面的问题。

1. “应用”的版式设计

尽管有很多媒体希望将 Ipad 作为其转型的平台,将报纸、杂志的版面特质传承下去,但是,传统报刊的版面是否可以在 Ipad 中简单继承,还是需要不断研究的问题。

尽管 Ipad 的屏幕与报纸、杂志的页面比例相似,但是,一个完整的报纸或杂志版面放到 Ipad 上仍然要进行缩小,用户要看清版面上的文字,需要放大。虽然 Ipad 上的放大操作很简单,但不一定总是能精确控制放大的倍数,而且让用户在不断地放大、缩小中阅读文字,也不是一种好的用户体验。

另外,有些“应用”是将报纸的版面直接转成图片,这样造成“应用”的体积较为庞大,下载耗费过多的流量与时间,对于读者来说,也是一种负担。

报纸和杂志版面的价值,在于通过版面语言来传达编辑的思想,这本身是一个优点,这种思路也是可以被Ipad继承的,但是,这并不意味着一定要把报纸或杂志的版面完全搬到Ipad上。因此,根据Ipad屏幕的尺寸来确定合适的版式,关注Ipad用户的阅读方便性,更为重要。

此外,在Ipad平台上,各种媒体之间的界限也在淡化,报纸、杂志的多媒体内容也在发展,如果完全搬用报刊的外壳,多媒体内容的表现也会受到影响。

目前,除了少数完全照搬报刊版面外,大多数媒体的Ipad"应用"界面都是经过专门设计的,开发的思路有两种:

偏网页型。即界面上有专门的导航条,文章在第一个层次出现时以标题为主,用户点击标题就可看到正文。

偏报纸版面型。每一页是一个简化的报纸版面,容量比报纸版面容量要少,有些版面中有突出的头条,文章在第一层次出现时,既有标题,也有内容提要,用户点击后可以进入正文阅读。

此外,还有一些界面是将网页与报纸版面两者的特点结合起来制作的。

不管采用什么思路,Ipad的界面设计需要考虑以下原则:

主次分明。即重要文章应该适当突出,次要文章则可以淡化。让读者在一瞥中能抓住重点。

字号适宜。即对大多数用户而言不需要频繁地放大或缩小屏幕。

层次简单。报纸版面是单层次的,标题和正文在一个页面中出现。而网页是多层次的。虽然Ipad界面很难做到一个层次,但应该尽量简化层次。

导航清晰。Ipad的应用界面中,有若干种导航的方式,可以在版面中直接放置明确的导航条,也可以通过点击某些地方打开导航条。无论如何,导航的设置需以尊重用户的习惯为基础,同时要让所有人都能便捷地找到和运用导航系统。

页面美观。尽管版面最主要的功能是承载内容,但是,视觉上的美观对于媒体的品牌形象以及激发用户阅读兴趣也是重要的。图片、色彩、对比等都是在视觉效果处理中需要考虑的。有些Ipad的界面过于单调,只有文章标题,这样虽然从阅读方面来说是便利的,但是,没有图片、没有色彩变化,也会让人们在阅读时产生倦怠。

2. "应用"的页面扩展方式

由于Ipad屏幕较小,一个屏幕长度的页面有时不能完全容纳一个版面,一篇文章有时也不能在一个屏幕中放下。因此,常常需要对其页面进行扩展。

对于这种情况而言,扩展屏幕只需要用手指在垂直或水平方向拖动屏幕即可。但是拖动方向的设计,需要首要考虑用户使用的方便。如果所有的拖动都是单向度的(或者全水平或者全垂直),这通常有利于用户阅读时手指操作的简单化。但也有些媒体会采用两种向度的拖动,这时一定要让不同方向的拖动对应着不同层次，例如，频道或文章间切换时用水平拖动，一篇文章翻页时用垂直拖动。总之要让用户能很快找到拖动规律并适应它。

另外一种情况也需要进行页面扩展，那就是文字、图片的放大。有些 Ipad 媒体“应用”可以做到用手指实现无级放大，而有些则只能用放大按钮将文字或图片进行有限级别的放大，从用户角度来说，无级放大应是更方便的。

（三）媒体“应用”导航系统设计

就像网页一样，媒体“应用”的界面中，也必然有导航系统，导航系统是影响用户体验的关键要素之一，需要精心设计。

媒体“应用”的导航系统包括两大类：指向频道（或栏目）的导航和指向特定内容的导航。一个媒体的 Ipad 版可以由很多频道（或栏目）组成，而首页上不可能将它们的所有内容都放上去，所以需要在不同的频道（或栏目）间切换。这需要专门的导航条。像网页一样，每个频道或栏目也会有自己的首页，从这一级页面转到每一个具体的内容，也需要导航。通常这一级导航是直接由每一篇文章或图片上的链接来实现的。

导航系统的设计，需要注意以下问题。

1. 导航系统的清晰可辨

导航系统是用户在 Ipad 上对“应用”进行阅读时的引路者，但如果寻找导航系统本身是一件困难的事，那么用户体验一定不太好。如果导航系统非常清楚地放在版面的突出位置，显然使用起来会很方便。但有些设计者为了将版面空间留给主体内容，会将导航系统放在一些不太显眼的位置（如屏幕下方），或者用动态的方式显示，这时，必须给用户以清晰的提示，使他们能很快发现导航系统。

2. 导航系统的双向性

导航系统并不只是用于把用户引入下一个层次的页面，还需要将用户带回到上一个层次。因此，导航是双向的，对于“返回”这个方向，一定不能忽略。

三、Ipad“应用”平台上新闻的选择与加工

尽管 Ipad“应用”不像手机平台在内容容量上有太多限制，但它仍然受到上网条件、流量等因素的限制，因此，在“应用”中推送的新闻，还是需要进行相应的选择与加工。

“应用”平台上的新闻选择，是报纸与网站编辑思想的一种综合。“应用”对报纸编辑思想的继承，在于它对内容的“精选”。只有具有较高新闻价值的新闻才能放到 Ipad 版中。但 Ipad 可连接到网上，对信息的及时更新能力强，如果完全照搬报纸的思维，每天只更新一次，那么它的优势将无法体现，因此，重大新闻随时更新，这又是 Ipad 需要从网站借鉴的思维。

Ipad不是简单的文字载体，而是一个多媒体平台，因此，它对传统报刊的另一个发展，是将单媒体内容扩展为多种手段有机结合的多媒体内容，因此，Ipad需要充分借鉴网站在多媒体整合方面的思维与手段，有较大价值的新闻，可以整合成多媒体单元或多媒体专题，而整体设计也可以从电子杂志中吸取有益的营养。

Ipad版媒体，也需要在栏目设置上突破原有媒体的局限，体现多种媒体手段的综合传播思维。例如，报纸的Ipad版可以开辟音频新闻、视频新闻栏目等。并通过链接等方式，将不同栏目下的内容进行有机结合。

本章学习提示

本章介绍了手机和Ipad终端的新闻信息编辑。由于这两种移动终端产生和发展的历史还不长，因此，目前在其上能看到的新闻传播手段与模式还不多，而本书只是针对现在的实践做了总结，所以内容相对简单。但实践还在发展，因此，读者在掌握现有规律的基础上，也不妨放眼未来，对将来可能出现的一些新的手段做出预测。

事实上，数字媒体平台上的新闻业务模式，都处于“现在进行时”，但无论是哪种模式的产生，都基于三个方面的基础：一是传统新闻业务的经验，二是新平台的特性，三是受众的需要。

创新能力对于数字媒体发展至关重要，它也应是数字时代新闻传播人才培养的一个重点。数字平台的发展还存在很多未知或空白，手机、Ipad之后还将有更多的新平台出现，它们将是未来的传媒人一展身手的舞台。

思考与练习

1. 试将一则报纸的消息改写成70字以内的手机新闻，并为它拟一个标题。
2. 手机终端适合哪些多媒体内容？
3. 对Ipad上某一媒体的“应用”进行分析与评价。

第九章 数字媒体中的互动组织

互动是数字媒体的重要特性，因此，与传统媒体不同的是，互动的组织与利用，在数字媒体工作中占有很高的比重。

数字媒体的互动组织，既包括互动产品的设计、开发，又包括互动平台的组织、管理，同时还包括媒体在新闻传播中对于这些互动形式的利用等。

充分开展互动既是新闻传播的需要，也是网站建设与经营的需要。从另一个角度看，网络互动不仅是维系网站与网民关系的手段，更是网民之间交流沟通的手段，是网络社会得以存在与发展的基础。

数字媒体中的互动可以从很多角度来认识，限于篇幅，本章主要从各种互动平台与新闻传播的关系的角度来分析如何对互动平台进行组织管理。

第一节 网络论坛与新闻传播的互动

网络论坛是网络社区的一种主要形式，也是网站最关注的互动手段之一，对它进行有效的管理是十分重要的。

一、网络论坛的形式

网络论坛，通常是指以各种话题讨论为主的 BBS。它是利用网络手段所开展的一种多对多的交流方式，是网民意见表达的主要渠道，也是网民评论的主要“栖息地”。

从技术手段看，网络论坛以 BBS 为主，但在组织方式上又有区分。主要包括：

专题式论坛。即基于某个特定事件或话题开设的论坛，例如，新闻跟帖就是一种专题论坛。这种论坛往往是临时性的，成员构成也不稳定。

综合式论坛。大多数网站所采用的都是这种方式，如人民网的“强国论坛”、新华网的“新华论坛”以及“天涯论坛”等。当然，这些论坛里通常又可进行类别区分，形成分论坛，但总体来说，每一个分论坛的内容仍然是综合的。这类论坛是长期存在的，讨论话题可以随时改变，但这种改变是取决于论坛中的网民的。相对来说，在这些论坛里，网民的构成是比较稳定的，常常会有一批较为忠实的成员。

专业式论坛。此类论坛通常专注于一些专业性较强的领域。这类论坛的人员构成同样是较为稳定的。

从论坛的管理方式看，又可分为以下几种论坛：

有限制式论坛。它通常是一些较为稳定的论坛，特别是小型的论坛。在这里，无明确身份的人通常只能阅读别人的意见，而不能发表自己的意见，也就是说，所有发言者都需注册，拥有明确身份。

半限制式论坛。这样的论坛既提供身份注册功能，也允许无身份的人发言，但所有这些无身份者的标识都是一样的，例如统称为“过客”。

无限制式论坛。该类论坛允许随意发言，发言者无须事先注册身份，可以随时为自己确定一个代号或者完全匿名发言。

限制的大小，不仅代表了意见表达的方便程度高低，也意味着人们自由真实地表达意见的可能性的大小。在有限制的论坛中，人们一般会对自己的言论更加谨慎，因为他们的言论是与他们在这个论坛中注册的网络身份（ID）联系在一起的。这种网络身份对于不同人的意义可能不同。当人们花费一定的时间注册一个身份进入某个论坛时，往往是基于对这个论坛的一种基本认同。因此，从总体看，要求所有发言者都注册身份的论坛，所吸引的大多是对这个论坛有明显兴趣的人，这就比较容易形成一个稳定的圈子。在一个相对稳定的论坛里，ID 是个体被论坛中其他人接受并成为这个群体中的一员的一个主要标识，因此，为了保持自己在论坛中的地位，人们一般会避免发表不利于自己形象的言论。在这样一些稳定的论坛中，个体可以通过 ID 来塑造自己，即使这个形象与现实生活中的自我有所不同，但也是个体的一种自我表现形态。经营这样一种自我并不容易，因此人们不会轻易地毁坏它。

在半限制的论坛中，对于有固定身份的人来说，情形与上面提到的限制性论坛类似，但是对于以过客身份发言的人来说，就等于无限制。且所有非注册用户都只有一个身份，这就容易造成意见表达的混乱。

在无限制的论坛中，所有人都可以随时为自己设定一个 ID 来发言，或者完全匿名发言，这使得人们的身份形成与转换异常方便，因此，意见表达的方式会更加灵活与复杂化。一个人甚至可能自己演起“双簧”，即“分身”为若干人来发言，甚至让这些不同的自己相互冲突。当个体这么做时，其动机可能很复杂，有时是为了增加帖子的数量、活跃论坛的气氛，有时也可能是为了让自己的主要意见凸显出来。

二、网络论坛的功能

网络论坛是网络传播中的一个重要组成部分，从整体上看，它的功能主要体现在以下几方面：它是民意表达的主要渠道；它是维持网民间关系的一种重要方式；它是维系网民与网站间关系的重要方式；它是网站了解自己的网民构成，确立自己的定位的一个重要依据；它是形成网站品牌的一个重要方式。

而从与新闻报道配合的角度来看，新闻论坛的作用主要体现在：它是新闻报道的一个传播渠道，在一些时候，新闻在论坛的不断转发，有效地扩大了新闻的传播面；它是新闻报道的一种反馈渠道，也是对新闻报道的效果进行监测与评估的一个方面；它是网民评论的一个形成空间，因此也是深化、拓展新闻报道的一种重要手段。

三、网络论坛管理的一般原则

论坛的管理，意味着既要利用各种手段发挥网民的能动性，又要使互动朝着健康有序的方向发展，这的确是一件具有挑战性的事。无论面对什么样的互动形式，都应该掌握管理的基本原则。这主要包括：

张弛有道、松紧适当。论坛是网民的意见与态度的表达渠道，同时也是网民情绪释放的渠道。如果用过于严格的方式进行管理，就可能抑制了民意的顺畅表达，也不利于网民情绪的改善。但放任自流、不加管理，又会使论坛中出现各种混乱，这不利于网站的长远发展。因此，在进行互动管理时，应该有张有弛，有松有紧。对于一些枝节性的问题可以放宽，而对于原则性问题的管理则应该相对较严。论坛管理中的“松”与“紧”并没有一个明确的标尺，网络编辑需要结合实际不断提高自己的理论与政策水平，从而不断加强自己在实践中的管理能力。

审时度势、灵活把握。网络论坛的管理，在不同的时期，有不同的管理重点，管理的尺度也有所不同。网络编辑应学会对形势进行正确的分析与判断，在不同时期采取不同的管理策略。

制度化管理与人性化管理相结合。网络论坛管理需要各种制度做依据，但同时，在执行管理制度的过程中，网络编辑又需要根据具体的环境、具体的对象，进行人性化的管理。网络编辑不应是冷冰冰的“删帖机器”，而应是网民的朋友，在工作中应该以真诚的方式与网民进行沟通，这不但有助于建立良好的论坛秩序，增强网络互动的有效性，也有助于集聚网站的人气，维护网站社区的稳定。

四、网络论坛管理的具体任务

网络论坛是一种网上社区，对其进行管理的任务包括成员管理、内容管理等方面。

（一）论坛的成员管理

成员管理是论坛管理的核心，其目的是满足成员的需要，促进成员的积极参与，维护论坛的良好秩序。成员管理主要包括如下 8 种机制。

1. 进入机制

前文已经提到了论坛的几种进入方式。根据论坛的性质来决定论坛的进入机制，是管理的起点。此外，管理者需要让用户了解注册成为论坛正式成员的好处，并且提供方便快捷的注册方式。

2. 保护机制

为了保护成员的利益与积极性，论坛应建立一定的保护机制，这种机制应达到以下要求：

利益共享。如果成员从论坛中不能得到自己所期望的利益，也许就不会对论坛持续进行关注。成员期望的利益包括切实的物质利益，也包括了解有价值的信息、与志趣相投者的交流、获得心理满足等多方面内容。

开放性。应努力使论坛形成一种人人畅所欲言的、自由平等的氛围，避免少数人独霸论坛的现象。对于在交流中的违规行为，管理者应该坚决制止。

3. 激励机制

为了激励成员的积极参与，论坛的组织者可以采取一定的措施。积分制就是一种鼓励成员参与的常见方式。例如，根据一个帖子的点击次数和回帖数量来奖励帖子的创作者相应的分数。在一些论坛中，还可以通过等级制来进行激励，即设置某些指标，当成员达到一个新的指标量级时，可以实现身份的升级，这种升级有时虽然不包含物质上的奖励，但给成员带来的精神上的满足仍然是有效的刺激。此外，在节日或成员生日等重要日子，管理者还可以为成员送上电子贺卡或其他形式的祝福，使成员进一步感受到论坛的温暖。

4. 惩戒机制

论坛难免会出现成员言行违规、扰乱秩序等现象，必须建立一定的惩戒机制。国家有关网络以及对 BBS 等管理的法规是建立惩戒制度的依据，此外，根据论坛的现实状况，制定行之有效的惩罚措施也是必要的，常见的惩罚措施包括删帖、禁止某个成员在一段时间内发帖、封锁特定 ID 等。

5. 关系协调机制

论坛管理的一个重要方面是维持成员间关系的协调与稳定。一个经过较长时间磨合的论坛，成员由于性格和需求的不同，会渐渐形成一定的角色分工。例如有些成员扮演领导者或倡导者的角色,他们的帖子总是能引起广泛关注,回帖也多。也有一类人会成为协调者,他们热衷于在论坛中矛盾的各方之间周旋、调解。还有些人可能属于跟随者,他们对各种论题都产生兴趣,并且附和领导者的一些观点。

成员的角色分工,还可体现为他们根据自己的职业、兴趣等特点,形成不同的交流领域。

如果论坛组织者能通过有效管理,使成员找到适合他们自己的角色并各得其所,那么论坛在整体上就会比较稳定。

6. 资料分析机制

网络论坛具有营销的价值,从这个角度看,论坛成员的资料是网络论坛宝贵的财富。管理者应重视论坛成员资料库的建设。

要建立成员资料数据库,就需要成员进行注册登记。在登记时需要告知成员,注册登记之后能得到什么权利并应承担什么义务,要让成员知道他们的用户资料将如何被使用。不加解释地要求成员填写一些敏感的私人信息,这样的做法是不可取的。

在收集完成员资料后,管理者还应运用数据库软件对这些资料进行管理,定期对资料进行分析,只有这样,才能充分发挥这些资料的作用。

7. 发展机制

论坛需要通过不断地吸引新成员来增加活力。新成员可能是那些经常以“游客”身份“参观”论坛的网民,如果论坛对他们有足够的吸引力,他们就有可能从旁观者转变成参与者。发展新成员的另一种方式,是发动现有的成员将自己的朋友拉入到论坛中。

当新成员加入论坛时,论坛管理者和其他核心老成员应该主动与他们建立联系,向他们介绍论坛的基本情况以及论坛的规则。对于他们在初期可能犯的错误,应该有足够的容忍,并帮助他们迅速适应论坛的环境。

8. 活动机制

尽管网上论坛提供的主要是一种“虚拟”的交流,但很多成员实际上希望将虚拟的交流发展成现实的交流。因此,论坛的组织者或网站,可以为论坛成员在现实生活中的交流提供一定的机会。这有助于成员关系的进一步牢固化。

(二) 论坛的内容管理

论坛是网民参与网站内容建设的重要平台。对于网站来说,论坛成员提供的内容,也是网站的重要资源。加强论坛的内容管理,不仅能提高论坛成员的积极性,促进论坛的发展,也有助于网站的整体发展。论坛的内容管理包括以下几个方面。

1. 内容的审查

尽管论坛的内容来自于网民，但是，网站也负有一定的监管职责。根据国家相关法规，对论坛的内容进行必要的审查，是论坛内容管理的一项常规任务。通常它是由版主等论坛组织者来完成的。在进行内容的审查时，需要掌握松紧适度的原则。

2. 内容的提升

对于一些具有较高质量、或具有代表性的成员创作的内容，网站可以采用提升的方式，使之更引人注目，传播面更广。通常情况下，网站可以通过以下方式来提升论坛成员创作的内容：在论坛中，对一些有代表性的内容，运用一定的编辑手段将其突出出来，如字体、色彩以及放置的位置等；设立排行榜，使点击量高或回复率高的内容能被人们更多关注；将一些论坛成员创作的内容放到网站的其他频道中，促进其传播；采取分级制来突出高质量的创作。例如，人民网“强国论坛”设立有“深水区”，使之与“浅水区”相区分。“浅水区”所张贴的是那些字节数在 1 000 字节以内的帖子，而“深水区”则与之相反。

3. 内容的整合

论坛成员创作的内容，不仅是为成员自娱自乐服务的，也是网站内容的重要组成部分，因此，对论坛成员的内容进行整合，也是论坛内容管理的一部分。主要的整合方式包括：

设立专门的论坛内容整合频道。网站通常有多个论坛，为了让论坛的内容成为一个整体，同时突出论坛内容的精华，吸引更多网民的阅读与参与，网站可以设立专门的频道，将多个论坛的内容整合起来。这些频道的组织、编辑等与网站的其他频道思路是一样的，它也可以设置各个类别的栏目，只是它的内容源泉来自网民，而不是网站自身。当论坛内容过多时，还可以随时设置更多的细分频道。

设立专门的论坛内容整合专题。有些话题是各个论坛共通的，但是可能不同论坛成员创作的内容角度不同、表现方式不同，因此可以在一个共同的主题下整合各个不同的论坛的内容。例如，可以就奥运这一主题，来设立专门的论坛内容专题。这种专题与网站的一般新闻专题组织方式类似，但内容会更丰富。

将论坛内容与媒体内容整合为专题。在网站编辑的专题中，不仅可以整合媒体的资源，也可以加入论坛内容资源，通常主要手段是加入类似“网民观点”这样的栏目。这样可以使专题视野更开阔，媒体的视角与网民的视角、观点相互补充、相得益彰。

五、网络论坛组织者的素质

在很多论坛中,都设立了版主或主持人等组织者。组织者是一个群体的象征。他的存在,可以更好地增强人们对一个群体的认同,也可以在人们交流的过程中,起到组织、引导和协调的作用。组织者可以由网站工作人员担任,也可由热心的、有号召力的网民担任。

论坛组织者是一个论坛中举足轻重的人物,其素质高低很大程度上关系到论坛运营的好坏。从论坛管理的角度看,论坛组织者的素质应当包括:

1. 人员管理能力

论坛的核心是人以及人与人之间的关系。因此论坛管理者的首要能力,是人员管理能力。人员管理的主要任务,是人际关系的协调。

一个网上论坛也像一个现实的团体一样,存在着各种矛盾与纠纷,要让大家和平共处,组织者的协调能力是很重要的,这包括用幽默的语言来化解矛盾的能力等。

组织者需要学会察言观色,了解成员的各自性格和情绪变化,掌握他们的需求,并用适当的方式来为他们排忧解难。因此,对组织者来说,学习必要的心理学和社会学知识,将会大有裨益。

组织者需要学会与每一个成员打交道。特别是在新成员加入时,组织者需及时与他们联系、沟通,这会让新来者有"宾至如归"的感觉,从而对论坛产生好感与信赖。

对于论坛中的扰乱秩序者,组织者也应该有进行及时处理的能力,必要时应该采取强硬措施"开除"害群之马,以维护论坛的稳定。

组织者虽然在论坛中有一定的管理权力,但不能高高在上,组织者也是论坛的一个成员,需要用平和的方式参与论坛建设,赢得大家的好感与亲近。

总之,组织者在论坛中进行人员管理,既要靠合理的管理手段,也要靠自己的人格魅力,或偏或倚都将影响管理效果。

2. 内容甄别能力

组织者往往也是论坛内容质量的直接控制者。对于违反国家相关法律法规的内容,组织者应该果断删除。对于成员发布信息的真伪,组织者也应该具有一定的判断、甄别能力。

3. 话题管理能力

没有活跃的讨论话题的论坛,不会聚集起稳定的成员。没有不断出现的焦点话题,也不能使论坛成员保持长期的兴趣。论坛组织者一方面需要对论坛中自发出现的热点话题进行推动,另一方面也需要通过策划,使论坛不时出现话题焦点,从而活跃论坛气氛。

焦点话题的确定,应该注意以下几方面:

明确具体。过于含糊或抽象的论题,很难让人们比较快地进入角色。

有所依托。如果能以一些现实事件为依托来提出话题,更容易迅速引起人们关注。

有普适性。要避免曲高和寡的现象,尽可能选择具有普适性的话题,最大限度地调动更多成员的参与。

有开放性。话题本身应具有往多种方向开放、拓展的潜力。已有明确结论的话题,往往不能激起人们的讨论兴趣,也很难提高讨论的层次。

除了能策划出好的话题外,组织者还应该具有推动话题不断发展与深入的能力。有些情况下,组织者应该亲自参加讨论,甚至可以用不同身份扮演不同角色,发表不同观点,以活跃与促进讨论。

4. 活动组织能力

网络论坛有时也需要实质性的活动。论坛常见的活动包括各种形式的网下聚会、文集出版、公益活动等。论坛组织者要善于策划此类活动,也要善于进行活动的组织与实施。

5. 文字能力

文字是网上论坛最主要的交流方式。组织者要在论坛中形成号召力,也需要通过文字来展示自己的才华与魅力。在这里,文字还包含另一层含义,即文字中蕴含的思想与见解。华丽、空洞的文字很难形成长久的吸引力。除非是网站有特别限制,否则论坛的组织者也应该身体力行,经常推出有影响力的作品。在论坛交流中,一个没有独到见解的版主,很难成为论坛的领袖。

六、新闻传播中网络论坛的利用

网络论坛与新闻传播的关系一直很密切,虽然博客、微博等的出现,对论坛的发展形成了一定冲击,但是,直到今天,网络论坛仍然在新闻传播中扮演着重要角色。

(一) 网络论坛在新闻传播中的作用

从新闻传播角度看,对于网络论坛的利用主要有三种方式。

1. 利用网络论坛扩大报道影响力

利用论坛扩大报道影响力常见手段有两种。其一是在论坛中转发报道。网络新闻传播是一种多渠道、多层次的传播,一条新闻的传播途径是多样的,而论坛是其中重要的一个渠道。如果要扩大新闻报道的影响力,就要设法使新闻报道渗透到论坛中,引起人们更多的关注。论坛中的新闻,也可以成为网民进一步转发的来源。

虽然一些引人注目的新闻,往往会有网民自发进行转贴,但是,网站编辑也可以有意识地将一些需要重点传播的新闻贴到相关论坛中。这样可以更好地体现编辑的意图。当然,并非所有转贴的新闻都能成为人们关心的焦点。只有编辑意图与网民需求和兴趣点相吻合时,才能最大限度地产生共鸣。

其二是在论坛中引发讨论。网络新闻影响力的另一个表现是,它能引起广泛的讨论。这种讨论反过来又会对新闻的传播面与影响力起到进一步的促进作用。因此,采用某些编辑手段,使新闻成为讨论热点,也是扩大报道影响的一个有效的方式。

引发讨论的手段之一是开设跟帖功能。大多数网站在常规新闻后面都设有"评论"、"点评"等跟帖的入口,使新闻报道与网民讨论自然成为一个整体。当然,如前文所说,也有某些事件不宜开设跟帖功能,对于这类事件,编辑应尽早做出判断,从一开始就停止跟帖功能。如果在评论热潮爆发之后再突然关闭此功能,反而会引起网民的猜疑或不满。

引发讨论的手段之二是通过突出热帖来引导讨论的展开与深入。当论坛自发的评论进行到一定的程度时,论坛可能会形成几种有代表性的意见,编辑可以将其中有代表性的帖子或热门的帖子发布在论坛中显眼的位置,使更多人参与到讨论中来。

引发讨论的手段之三是网络编辑有意识地在论坛中发表一些有针对性的评论,引起网民的关注,从而影响网络意见的走向。

2. 通过在线交流提升新闻影响

尽管有些网站有专门的在线交流平台,但也有不少网站的论坛发挥着在线交流的通道作用。针对一些需要重点报道的对象,组织事件当事人、有关机构负责人、专家等在论坛中与网民进行在线交流,不仅可以释疑解惑,也可以提升新闻事件的受关注程度,因而这也是论坛与新闻报道相配合的一种重要手段。

3. 利用网络论坛发展新闻报道

网络论坛并不只是被动地传播报道或发表评论,在某些情况下,它也能成为发展报道的一种手段,甚至论坛中的一些现象、活动,可以成为事件发展的一部分,进而成为报道的对象。

2005 年 4 月,中国国民党主席连战访问大陆,在新浪等网站的论坛中,掀起了一股"赋诗热",人们纷纷用这样的方式来抒发对两岸统一的期盼之情,其中,新浪一网友所做的《娘,大哥他回来了》一诗更是在网络中广为流传。新浪编辑敏感地注意到这一现象,于是与《竞报》联合发起了寻找该诗作者的活动,使作者钮保国浮出水面,同时网站还邀请作者到新浪与网友进行在线交流,此后,著名音乐人吴颂今为此诗所作的曲谱在新浪网首次发表,新浪又组织了"中国第一首真的网络歌曲"征集演唱者活动,吸引了一些专业歌唱演员和许多名不见经传的业余歌手参与。此外,新浪还将网友的诗作和评论整理成册,赠送给国民党访问团。

在这一案例中,新浪较好地挖掘了论坛中网民参与所产生的能量,并通过策划一系列活动来进一步激发这种能量。虽然“策划新闻”这样的方式在现实中存在一些争议,在实践中需要慎重使用。但是,敏感地发现新闻论坛中的现象并加以合理的利用,以延伸与发展新闻报道的这种能力,是网络编辑需要具备的。

(二) 新闻报道与论坛结合的编辑手段

通常情况下,新闻报道与论坛在网站结构与版面上是分开的,新闻有自己的频道,而论坛常常属于社区。如果要使两者相结合,充分进行互动,需要采用一定的编辑手段:其一是在新闻正文页的相应位置,设立去论坛的入口,如“跟帖”功能等,使网民在阅读完新闻后很容易进入论坛;其二是在一些重要新闻的内容提要后设立一个进入“评论”的链接;其三是在新闻频道的首页设立相应的板块,将论坛的内容导入;其四是在新闻频道设立热帖排行榜等功能,使网民可以及时了解论坛中的动态。这类排行榜可以放在新闻频道或相应栏目的首页,也可以放在新闻的正文页内。

第二节　博客与专业新闻传播的互动

虽然博客一开始只是一种个人表达的手段,但是,它同样可以产生广泛的社会影响。正是基于此,博客与专业新闻传播之间产生了越来越密切的关系。利用博客来补充专业媒体的新闻报道,也成为网络互动的一种重要方式。

一、博客个体参与新闻传播的方式

虽然以新闻报道为职业的博客写作者微乎其微,但是,不少博客写作者已经有意或无意地参与到新闻传播活动中。作为个体的博客参与新闻传播的方式是多样的,下面是其中的一些主要方式。

(一) 博客介入新闻报道

博客可以用各种方式介入新闻报道,最主要的方式有以下两种:

1. 博客提供新闻线索

由于博客的写作者分散在各个地域、各个阶层、各个行业,他们往往能直接接触到一些突发事件或媒体尚未关注到的事件,因此,他们可以成为一种敏感的“触角”,为媒体的报道提供相关线索。

例如,2005 年 11 月 26 日 8 时 49 分 38.6 秒,江西九江、瑞昌间发生 5.7 级地震,余震波及南昌、宜春等县市地区,以及湖北、安徽、湖南、江苏、浙江等周边省区。由于此次地震之前没有官方的预警,对此突发事件第一时间作出反应的不是传统的网站或媒体，而是博客。地震发生后，博客网的一个武汉博友“寻找东海岸”在9时4分发出消息：“2005年11月26日9时整武汉发生地震，有较强震感。”这是最早对此次地震事件作出反应的文字消息。此条博客发出15分钟后才有专业媒体报道此事。

博客写作者提供新闻线索，有时是有意识的，他们可能会通过一定的方式引起网站或他人对这些新闻线索的关注。但有时博主们是无意识地提供新闻线索的，如不及时发现，好的新闻线索可能会在博客中“沉没”。所以网站或其他媒体需要制订一定的机制，及时发现博客中的新闻线索。

但是，由于博客传播的特点，网络编辑在利用博客的新闻线索时，需要进行严格的把关，特别是对线索的真实性进行把关。

2. 博客从多角度记录新闻事件

2004年7月7日，英国伦敦发生多起爆炸案，许多网民利用手机拍摄了爆炸现场的照片，并将它们传到网上。其中，“Flickr”作为全球最好的图片博客网站，更是集中了有关此事件的几千张博客照片，这些照片给人强烈的身临其境的感受。

而整个爆炸过程里的第一张即时照片也是由非专业记者拍摄的。现场目击者之一亚当·斯塔西在King Cross地铁站内，用手机不停地拍摄即时照片，并将它们发给他的朋友阿尔菲·丹恩，丹恩将照片发到了moblog这一博客网站。在这之后短短几个小时，斯塔西拍摄的第一张照片已成为各大电视网竞相播放的画面。

由于手机、数码相机、数码摄像机、数码录音笔等设备的日益普及，普通人在新闻现场时可以利用各种方式进行第一时间的记录，而博客则为这些普通人采集的新闻素材提供了发布平台。

除了照片、视频等手段外，文字也是博客记录新闻事件的一个重要方式。在美国的“9·11”事件、印度洋海啸、我国的汶川地震、玉树地震、舟曲泥石流等恐怖事件或自然灾难发生后，一些博客写作者用文字真实、生动地记录了现场的情形及人们的感受。这些第一手材料，为人们认识这些突发事件提供了宝贵的资料。

虽然博客的报道一般不会像专业媒体的报道那样专业，但是，它们往往能提供专业媒体报道中不会涉及的视角或细节内容，这与博客写作者在新闻现场的位置、观察视野以及个人的价值判断相关。这些多角度的报道，不仅可以弥补专业媒体在新闻素材采集上的不足，也可以为受众提供更为鲜活、直接而丰富的信息。

（二）博客进行新闻评论

博客写作者身处新闻第一现场、直接发现与体验新闻的几率毕竟不高。而且由于相关政策的限制，对于一些领域的新闻报道，个人博客也不便涉及。因此，更多的博客参与新闻报道的方式，并非原创的新闻，而是对新闻进行评论，尽管这种评论并不一定是完全规范的新闻评论稿件。

博客进行新闻评论，通常有两种形式。一种是偶尔发表的新闻评论，在一些重大事件或特别事件发生时，很多博客会做出反应，博主利用博客平台这种便捷的手段，及时发表自己的意见，表达自己的态度。这些评论反应迅速、针对性强、意见多元。其中一些评论，可能产生重大影响力。另一类是将评论作为自己博客的特色，长期发表评论，这类博客的评论往往又会集中在某一个特定的领域中。例如，国内一位名为“KESO”的博客作者，他开设的“对牛乱弹琴”的博客以IT业的评论为特色。由于其视野开阔、信息丰富、见解独到，这一博客已经形成了广泛的影响力。类似的博客在网络世界里越来越多。

未来以评论见长的博客，也许会日益成为网络空间中的“意见领袖”，他们将在局部或大范围内影响网络意见的走向。

（三）博客进行新闻整合

许多博客作者不会总是进行新闻的报道或评论工作，但他们会将自己感兴趣的新闻转发在自己的博客上，并根据自己对社会环境与新闻事件的理解，对各种不同来源的新闻稿件进行整合。这种整合中包含了博主的价值判断，而这种价值判断又会在一定程度上影响到博客的受众的认识视野与角度。因此，进行新闻整合也是博客参与新闻活动的一种方式。这更类似于专业媒体的编辑角色。

美国博客作者麦特·德拉吉以首次在网上披露克林顿性丑闻案闻名。他的“德拉吉报道”便是以新闻的整合为主的，原创新闻只是少数，多数新闻仍来源于传统媒体，特别是主流媒体。德拉吉在写作博客时具有强烈的编辑意识，他不仅仅在选择新闻，还在对新闻的重要性进行判断，并通过博客的版面语言来表明自己的倾向性，这种倾向性无疑具有强烈的个人色彩。

在博客发展之初，有人曾称“博客吃的是信息的草，挤出来的是信息的奶”，或称博客是“人工搜索引擎”，是“专家过滤器”[①]，这些观点都较好地揭示了博客在信息整合中的作用。

这类导航式的博客之所以会产生并为人们所需要，是因为在网络世界信息过载的情况下，越来越多的人感觉不堪重负。他们更需要有人为他们在信息的海洋中去粗取精。尽管这也是专业新闻网站的一个主要职责，但是，网站的力量毕竟是有限的。从事信息整合工作的博客，在一定程度上可以起到辅助作用。

---

① 方兴东：《何为博客？（更详细的定义和解释）》，见 http://vip.bokee.com/2004070736419.html。

二、博客与公民新闻

近年来,人们越来越多地将博客与“公民新闻”这一概念挂上了钩。与“公民新闻”(Civic Journalism 或 Citizen Journalism)相关的一个概念是“公共新闻”(public journalism),这一提法始于20世纪90年代的美国,最早提出“公共新闻”理论的学者是纽约大学新闻学系的杰·罗森教授,他认为:“新闻记者不应该仅仅是报道新闻,新闻记者的工作还应该包含这样的一些内容:致力于提高社会公众在获得新闻信息的基础上的行动能力,关注公众之间对话和交流的质量,帮助人们积极地寻求解决问题的途径,告诉社会公众如何去应对社会问题,而不仅仅是让他们去阅读或观看这些问题。”①

公民新闻是在公共新闻的概念基础上发展起来的,与公共新闻不同的是,公民新闻的主体变成了普通人。目前对公民新闻尚没有一个普遍认同的定义,从博客方面理解公民新闻,也有其特殊的角度。例如,有研究者将其定义为“公民(非专业新闻传播者)通过大众媒体、个人通信工具,向社会发布自己在特殊时空中得到或掌握的新近发生的特殊的、重要的信息”。或者把它称为“来自业余新闻工作者的第一手新闻报道”。② 但是,从博客实践以及公民新闻的内涵来看,博客中的公民新闻活动不应仅仅是第一手报道,也应包括新闻评论、新闻整合等其他方式。

尽管由于种种原因,博客参与新闻传播的深度与广度都会受到限制,但是,博主们的种种新闻传播活动,对于专业媒体仍然产生了一定的冲击,这表现在对专业媒体的报道选题、素材来源、报道方式、报道视角与深度等各个层面的影响。今后,博客与专业媒体的新闻报道活动的深层结合也将越来越多。

三、网络媒体对博客的利用

越来越多的网络媒体意识到博客在新闻传播中蕴含的能量,因此,已不满足于仅仅给博客活动提供一个平台,而是更多地利用博客,将博客与网站的新闻报道活动进行有机结合,充分挖掘两者互动的潜力。

(一)通过博客获得新闻线索

前文已经提到,不管博客作者是否有主动意识,一些博客的文章或图片等,能为媒体的报道提供新闻线索,博客所能提供的新闻线索主要包含两类,即事件

① 蔡雯:《“公共新闻”:发展中的理论与探索中的实践——探析美国“公共新闻”及其研究》,载《国际新闻界》2004年第1期。

② 赵志立:《公民新闻:人人可以作记者》,载 http://blog.mediach.com/user1/zzll/archives/2006/609.html。

性线索与现象性线索。

事件性线索。这类线索直接反映了某一个新闻事件的发生，利用它，媒体可以展开相关的报道活动。尽管新闻网站不具备采访权，但可以将博客的新闻线索提供给传统媒体。

现象性线索。这类线索虽然不直接与某一新闻事件相关，但是它们能反映当下社会中的某一热点现象或问题。如果善于以此为思考起点，就有可能找到适合于做网络新闻专题的选题。

虽然博客中可能蕴含大量的新闻线索，但是，博客是分散的个人平台。要及时发现博客中的新闻线索，网站需要建立一定的博客观测机制，例如，可以对新更新的博客内容进行抽样阅读。此外，也可以利用博客自设的"标签"，重点观察某些领域或与某些人物、事件相关的博客文章。当然，网络编辑不可能每天观测所有的博客，这有可能错过一些重要的新闻线索。因此，网络编辑也可以采取一些更积极的方式来搜集新闻线索，例如，设立"新闻线索推荐"的功能，并采取相应的激励机制，使更多网民主动地参与到新闻线索的提供中。也可设立一些博客圈，培养那些有一定新闻素质的博客作者，使他们成为常规的新闻线索来源。

（二）通过博客核实新闻

博客的内容，有时可以为媒体的报道提供一种旁证。例如，新闻事件当事人的博客，也许会提供一些更为直接、真实的信息。所以，在一些情况下，如果需要对新闻稿件中的事实或观点进行核实，可以在一定程度上利用相关博客。但此时，对博客本身内容的核实也是重要的。

（三）利用博客开发评论资源

前文提到，发表评论是博客参与新闻传播的一种重要方式。充分利用博客中的评论资源，可以与网站的新闻稿件形成有效的配合。博客中可以利用的评论主要包括：

普通博客中的代表性评论。一些普通博客作者虽然没有任何媒体工作背景，但是，他们博客中的一些文章，具有典型性或普遍性意义，将它们与新闻稿件结合起来，可以在一定程度上反映民意或网络中的意见走向。

媒体从业者博客中的评论。由于媒体的容量有限，越来越多的媒体记者、编辑会利用博客来发表他们不能发在媒体上的评论，更新速度也更快。媒体从业者的评论往往更具有新闻性，有时直接与某些新闻稿件相关，可以加以充分利用。

专家博客中的评论。一些领域的专家的博客，可以从专业的角度提供对新闻事件或现象的评析。这些专家往往也是网站博客频道的专栏作家，他们的文章也是新闻评论的一个重要来源。

（四）利用博客资源组织专题

在政策允许的范围内，利用博客中的丰富资源来组织专题，也是一种开发与应用博客的方式。

在这样一种专题里，本来分散的博客力量被集中起来，形成一种强大的合力，这不仅可以形成更大的声势，提高专题的人气与影响力，同时也可以给网民的博客活动以更积极的反馈，促进他们的参与。而博客内容的丰富与生动，又可给专题带来更多的活力。

当然，利用博客资源开发新闻专题，在选题上需要格外慎重，要对博客参与的影响有充分的估计。通常这种做法主要限于体育、娱乐等领域。此外，在专题的组织方式上，也需要做周密的策划。

有时，也不一定采取整个专题完全依赖博客资源的做法，可以在一些专题中部分地导入博客文章。

（五）博客事件引发新闻报道

博客世界也是现实世界的一部分，博客内容是对现实世界的一种折射，博客引发的一些事件，也会成为新闻报道的对象。

2006 年 2 月，网民胡戈将自己制作的名为《一个馒头引发的血案》的短片发布在博客上，短片以陈凯歌执导的大片《无极》为蓝本进行“恶搞”，结果在网络上迅速走红。陈凯歌对此十分愤怒，指责胡戈作品侵犯了《无极》的版权，法律界和网民对此也议论纷纷。这一事件，一时间成为媒体报道的热点，也成为网站的一个热门专题，并由此带来关于“网络恶搞”这一现象的更深层思考。

博客传播很容易引发一些轰动性的事件，并由此在网络与现实世界中引起一系列的震荡。但是，网络媒体应该时刻牢记自己的社会责任，对博客事件进行不负责任的炒作，虽然可能一时会增加网站的点击量，但却可能破坏网站长久的形象与声誉。对于博客事件，报道与否，如何报道，是一个新闻价值判断的问题，更是一个新闻伦理与道德问题。对于一些敏感事件，网站即使要进行相关报道，也要找到一个与法律及道德相符的合适的切入点。

第三节 专业媒体对微博平台的运用

当微博对网络信息传播以及整个传媒格局产生越来越大的影响时，专业媒体必须主动出击。将微博作为媒体报道的辅助、延伸手段，以及新的传播和营销平台，是媒体机构利用微博的主要方式。

这是另外一种形式的互动。在论坛、博客等平台的互动中，网站编辑代表网站来组织相关的活动，网站编辑具有一定的管理权力。但在微博平台上，专业媒体更多是作为与网民权利平等的主体，与其进行互动，专业媒体过去的“光环”

在这个平台上显得很微弱,有时甚至完全不起作用。这样一种互动,对于专业媒体,是一种全新的挑战。

一、专业媒体运用微博的基本目标

专业媒体运用微博的目标是多种多样的,主要包括两个层面。

(一) 微博在媒体新闻报道层面的运用

对于媒体的新闻报道活动来说,微博可以在各个环节发挥作用。

1. 利用微博发现新闻线索

微博平台上每天有大量的信息,其中不少具有公共价值,有一些还具有很强的时效性和独家性,如果媒体能尽快发现这些线索,并将它们纳入自己的报道体系中,那么,媒体在新闻报道的反应速度和覆盖面等方面的能力将不断增强。

要做到这一点,媒体的微博就必须设置合理的关注对象,以便给自己足够多的触角,能敏感捕捉微博平台上的各种重要信息。关注微博平台一些关键的意见领袖,特别是与媒体相关的领域的意见领袖,关注一些相关的政府机构、企业、组织以及其他媒体的微博,都可以提高自身的灵敏度。

2. 利用微博核实新闻

微博平台不但有助于发现新闻,在某些时候,也可以为报道内容的核实提供可能。例如一些当事人也会开设微博,通过他们发布的信息,来核实新闻的一些要素与细节,对于提高报道质量是有帮助的。当然,对于当事人的话,媒体不能盲目轻信,必须冷静地核查,排除当事人个人偏见等因素的影响。除了当事人,其他相关人员的微博,在必要的时候,也要充分利用。

3. 利用微博拓展新闻报道

微博对于拓展新闻报道也有一定作用。例如,微博中有关某一事件的评论,是事件的社会反应的一个侧面,分析这些评论,可以帮助记者拓宽报道思路,更深入地认识事件发生的深层背景与社会影响。有些评论或者人们补充的信息,也可以成为报道中的背景素材。

4. 利用微博扩大报道影响

对于一个具体的报道来说,微博也是一个再传播的平台,将专业媒体平台上发布过的报道,用某种形式再传播,例如将其中重要的部分发在微博上,或者在微博上发起相关讨论,都有助于扩大报道的影响面。

无论在哪个环节运用微博,专业机构都不能对微博采取"临时抱佛脚"的方式。利用微博的前提是"耕耘"微博,没有日常的沟通和关系积累,专业媒体很难在微博平台中收集到有用的资源,在关键时刻也很难发现有价值的内容。所以,在这个层面运用微博,也是以平时与其他用户的互动为基础的。

（二）微博在媒体发展层面的运用

微博对于媒体的另一种价值体现在媒体发展的层面。

1. 利用微博塑造媒体品牌

微博是媒体塑造其品牌的一种新手段。尽管很多传统媒体已经形成了自己强大的品牌，但是在新媒体时代，原有的品牌效应会受到一定冲击，要保持自己的品牌优势，需要在新的平台上，运用新的思维和手段再塑品牌。而对于以往品牌不够强大的媒体来说，这也是一个新的机会。

2. 利用微博开辟新的传播平台

微博不仅是某一个报道的再传播平台，也是整个媒体的新传播平台。在这个平台上的内容，不是媒体传统内容的简单重复，它应是对媒体传统内容的一种补充，这既包括内容上的补充，也包括风格上的补充。尽管开辟新的传播平台是媒体的一个重要诉求，但是，在这个方面不能急于求成，它需要一定的时间。

二、媒体的微博生存策略

媒体要通过微博完成上面提到的各种目标，实际上是要基于微博化生存这样一个基础，而这是一个渐进的过程。在这个过程中，媒体首要的任务，不是将微博简单地作为一个信息传播的渠道，而是要将形象的塑造与关系网络的建设作为“基础设施”的建设来对待，在打好基础的前提下，再针对微博用户的需求与微博传播的特点，全方位运用微博。

因此，媒体微博有三个主要功能，即形象塑造、关系建设和公共服务。为实现这三个目标，可以在以下策略中进行相应的选择与组合。

（一）形象塑造策略

如前文所说，微博所营造的是一种社交性信息传播，社交活动与信息传播活动紧密结合，甚至彼此融合。但在很大程度上，社交是信息传播的前提，如果没有好的关系，再好的信息都不能实现有效的传播。

就像现实社会中的社交一样，微博中的社交，也是一种形象塑造的过程。正像美国社会学家戈夫曼的“拟剧理论”所揭示的那样，人们的社会互动过程，是一个类似表演的过程，其目标是在他人心目中树立起自己的理想形象。

在微博空间中，这种形象塑造变得尤为重要。因为用户对某个微博的关注、认同，首先是基于这个微博的形象、气质、风格等外在的特质。

对于媒体机构来说，过分相信自己已有的品牌，而忽略微博世界的形象经营或者说“印象整饰”，是一个大的误区。尽管专业媒体的品牌的确会使多数媒体在微博平台初始时处于较为显著的位置，但这种天然优势未必会一直保持下去，孤芳自赏、漫不经心等，都可能消解其原有的品牌价值，甚至可能产生负面的影响。

对于一部分媒体来说，微博还承担着修复或改善其形象的作用。传统媒体在现实世界的品牌影响，可能到了网络世界会成为一种障碍，一些媒体过于庄重、严肃的形象，使得他们在网民心目中产生刻板印象，而微博可以为这种形象的改变带来机会。

在微博平台上进行媒体的形象塑造，需要有一种基本思维，那就是，媒体应该把自己想象为一个活生生的“人”，而不是冷冰冰的机构，只有用“人”的方式与网民进行互动，才能在这个社交空间中游刃有余，因为社交是以人与人之间的关系为基础的。

当然，媒体机构毕竟不等于自然人，它的微博毕竟代表了媒体的定位、立场，因此，在某些方面，它的信息发布活动需要更为谨慎，尤其是在一些重大的问题上。但是过分拘泥于传统媒体的一些习惯，也很难在微博空间中立足。因此，媒体的微博既要保持机构的“形象”，又要有“人”的“温度”，要在两者之间找到一个平衡。

在微博平台上的形象塑造，需要充分利用以下手段。

1. 精心设置个人信息

微博用户有很多个人信息需要设置，媒体微博也不例外，要充分利用这些细节，来传达媒体的自我形象定位。例如，微博的ID号和头像是用户的最基础的标识信息，绝大多数情况下，用媒体的名称和标志（LOGO）作为ID号和头像，是一种有效的做法，因为这较易实现品牌的辨识，但如果媒体机构知名度过小，也不妨用更为生动的用户名和头像代替媒体名称和标志，可能会有意外的收获。为了让微博与媒体的网站、博客等其他平台连通，在用户自我介绍中，需要加入相关链接信息。

微博页面的背景图，也是彰显个性、塑造形象的一个手段，媒体机构的微博最好自行设计背景图，而不要采用微博平台自带背景，但背景图一定要简洁，避免繁复的图案干扰人们阅读，背景与正文的色彩搭配也要重视“可读性”——即令用户阅读文字时感觉轻松自然。背景图可以根据季节、社会环境的变化等做适当轮换，这样可以让用户能常有新鲜感，同时也能体会到微博经营者的用心。

微博平台通常会有“标签”的功能，标签不仅是标识媒体身份、定位的手段，也是扩大关系圈的方式，因为微博系统通常会根据标签来进行用户间的相互推荐。因此，媒体微博要针对自己的目标用户认真选择标签，一般来说，多设置一些标签，对于扩大被推荐的范围是有好处的。

2. 定位微博的个性

微博虽然以社交为基础，但是，为了能被更多的人关注，微博也应该形成自己的鲜明个性，甚至是不可替代性，这样不仅有利于形象的塑造，也有利于信息的广泛传播。

微博的个性可以从其内容的个性、语言的个性等方面表现出来。尽管媒体微博不必拘泥于某一个领域的话题,但是,将自己最擅长的领域作为主线,保持这个领域话题的高比重,是形成稳定风格的基础。"打一枪换一个地方"的做法是不可取的。

创造出有个性的语言风格,也是形成个性的重要手段。尽管每条微博的字数有限制,但是,这并不意味着这个小小的舞台上就没有施展个性的机会,相反,只要在实践中认真体会、认真总结,就有可能找到自己的语言个性。例如,《新周刊》的微博每天都用"早安"、"晚安"方式向粉丝打招呼,但它并不只是简单的两个字,而是每个"早安"或"晚安"前都带有一段格言、语录,这就形成了它的个性化的、"招牌"式的语言方式。由于格言等在微博中也格外受关注,转发率很高,因此,这些看上去程式化的内容,对于《新周刊》微博形象的提升,却起到了重要作用。

3. 注重交流沟通

对于媒体的微博来说,交流沟通是其首要任务。微博的交流沟通基于信息传播,但并非所有的信息传播都能实现交流沟通的目标。单向的、自说自话的信息传播不仅无助于媒体形象的塑造,反而会给媒体的形象减分。

要进行有效的交流沟通,媒体微博首先就要放下架子,与自己的关注者(它们也可以被看成媒体的用户)进行平等的、人性化的交流。

在遇到一些重大新闻事件、社会问题时,媒体更应该积极参与,当然,它不能简单地顺应微博中的用户情绪,而应发挥媒体的自身优势,以客观、中立、理性的方式来参与交流讨论。在大事上发出自己的声音,表达自己的立场,对于树立媒体的微博形象,也是有帮助的。

4. 持之以恒

微博中的形象塑造不是一件一蹴而就的事,它需要持之以恒的经营。这种持之以恒,既表现为在时间上的坚持,也表现为在自身定位上的坚持。

时间上的坚持意味着不能因为一时得不到理想的回报就放弃。微博的成长需要过程,但是,在微博上机会也是永恒的,因此,只要有耐心,不断探索,不断寻找适合微博的交流内容与方式,媒体微博就会不断发展。

从定位方面看,在微博平台上媒体不一定能马上找到自己的定位,所以在初始阶段,可以用不同方式去探索,但应该尽快形成一个较为稳定的风格,并且将这一风格维持下去。

(二) 关系建设策略

与传统媒体的传播模式不同的是,微博信息传播是以关系网络为基础的。因此,要让自己在微博平台上形成传播的影响力,就需要认真地维护与各方的关系,精心经营关系网络。

上文提到的形象塑造是关系建设的基础,因为关系的形成多数情况下是基于用户之间的相互认同。但在这方面仅仅依靠形象是不够的。

1. 设定合适的关系圈

微博上的关系圈,主要是由两个方面的因素决定:关注谁和被谁关注。在这两个方面的经营,决定了微博关系圈的大小。

微博的关注对象,具有双重作用:一是成为自身的信息源,二是帮助自己发展社会关系。从信息源方面看,关注对象的质量,直接决定了获得信息的广度、深度与准确度等。因此,媒体微博在选择关注对象时,应该根据自己的需要,精挑细选。有些微博用户(特别是名人),虽然在直接生产公共信息方面的贡献有限,但是他们是微博中的关键性节点,有些时候可以通过他们来发展自己的关系网络,或者借助他们推动某一特定信息的传播,所以选择性关注与自己领域相关的一些名人也是需要的。此外,其他媒体、专业机构、企业、政府部门等的微博,也是较为可信的信息源,关注其中与自己相关的微博,也是需要的。

当然,并非关注的人的数量越多,就意味着关系圈越大,社交圈的质量越高。如果众多关注对象过于同质化,也会限制视野。在这方面,一个合理的关注结构是必要的,媒体也可以根据情况适时做出调整。

而被谁关注是相对被动的,在微博平台上,除非采用"拉黑"等方式来屏蔽某些用户,否则,不能选择什么人关注或不关注自己。通常关注者数量越大,信息的传播面就越广,但是不能盲目追求其数量而不注重其质量。通过与关注者的积极互动,来发展"强关系",形成"黏性",比单纯获得数量更重要。至于用钱买关注的方式,则会对媒体形象造成损害,是绝不可为的。

2. 认真经营关系

除了少数名人,在关系建设方面,微博用户的收获程度取决于他们的耕耘程度。关系是需要经营的,对媒体微博来说,尤其如此。

评论、转发等互动方式,是关系的润滑剂,也是扩大关系圈的重要手段。对于已有关注关系的微博用户来说,评论、转发可以加深彼此的交流、联络感情。同时,评论、转发可以让微博加入到公共传播的链条中,这样,随着某些公共信息的传播,微博也得以更多地进入他人的视野,这样得到关注的几率也会增加。

(三) 信息推送策略

与媒体微博的三个目标相对应,媒体微博中的信息大致有三类:

形象塑造类信息。用于传达媒体微博的特定定位与形象的信息;

关系维护类信息。这些信息并不一定具有新闻性,但是,对于维护微博的社会关系具有意义;

公共服务类信息。新闻是其主体,但除了新闻之外,一些时效性不强,但具有公共价值的信息也具有传播价值。

当然,这三者并不是截然分开的,有时一条信息同时具有三个方面的功效。但是,总体来看,三者是有差异的。在合适的时候,发出合适的信息,才能达到较为理想的效果。但过分强调公共服务性信息传播,而忽略了另外两类信息的经营,就可能会出现“事倍功半”的结果。

微博中的信息传播范围有几种可能:第一种可能是由关注者群体接收,这是微博信息发布的最基本范围。第二种可能是微博平台会按照时间顺序滚动显示所有用户发出的信息,因此,即使不是关注者,也可能会在一个特定的时间点上,在微博的公共首页中通过这种方式看到某条微博内容。但由于绝大多数用户只看自己的首页内容,所以这种方式的信息传播通常效果不会太好。第三种可能是微博平台会有一些热门话题聚合,如果发出的信息中包含热门关键词,那么将进入这个聚合中,这对于信息传播范围扩大也是有好处的。

在微博中,每一条信息的发布都是一个“推送”过程,是需要一定的努力的,这种努力既包括事先的形象塑造与关系建设努力,也包括每一次信息发布的策略选择。从单纯的信息发布策略方面,需要注意以下几个方面:

1. 掌握“微博体”

“微博体”并不是一种严格意义上的文体框架,也没有明确的规则,它更多体现的是人们在微博平台上进行文字交流的一种“感觉”,是微博文化的一种体现。所谓掌握“微博体”,强调的是与微博的传播特性相吻合,与整体文化氛围相契合。在此前提下,微博写作者完全可以根据自己的特长,创造出自己的文字风格。

绝大多数微博平台对一条微博的篇幅是有限制的,如 140 个汉字或 163 个汉字,因此,“微博体”首先要简洁、明晰、准确。这就要求微博内容是“高浓缩”的,需要较高的凝练能力,以及引人入胜的写作技巧。对于新闻信息的传播来说,用一条微博传达一个新闻事实是最佳方案。尽管要完整传达一个新闻事实或信息可以采用几条微博,但是,那样常有可能分散人们的注意力,不容易形成焦点,也容易让人漏掉一些重要信息,从而对新闻内容产生理解上的偏差。在一条微博中传递完整信息,有些情况下不一定要用完整的句子,可以用一些标点符号作辅助来简化句子结构,只要不影响人们对关键信息的理解。必要时,也可以在微博中加上图片、视频等,几者配合能产生更好的效果。

要掌握好“微博体”,网络语言和网络流行词的运用也较为重要。使用网络语言和网络流行词,除了容易与网友形成共鸣外,也体现着一种对共同文化的认同。此外,有些流行词反映了重大的新闻事件或社会问题,对它们的运用也表达着媒体的某种立场。当然,滥用网络语言或流行词,也可能给人“随波逐流”的印象,所以要把握好运用的度。

2. 把握信息发布的节奏

人们不可能一天 24 小时在微博上活动,他们在微博上的活动时间与其工作生活的节奏紧密相关。例如,通常每日早晨,微博用户活动较少,因为大多数人正在上班路上。即使上班途中人们可以用手机看微博,但评论、转发的几率较小。这时发出的信息,传播面相对较小。当上午人们工作一段时间后,他们可能会到微博上调剂一下,这时微博活动进入第一次高潮。同样,在下午、晚上的时间段,也会有较为明显的用户活跃期和平淡期,媒体需要根据微博关注者的活动规律来制定微博信息的发布节奏,这对于信息的传播是十分重要的。

当然,对于时效性很强的信息,必须于第一时间发布在微博上,之后通过多次推送的方式来扩大传播面。一条重要的信息如果第一次发布后传播效果不太理想,可以进行再次、多次发布,以便能不断地引起人们的注意。

从总体来看,一个媒体微博需要保持较高的更新频率,这是保持其活力的基础。当然,过密的更新,一是成本较高,二是可能让粉丝产生反感,所以也不宜频繁"刷屏"。每天在用户活跃期有两三条主信息,再围绕这几条信息展开有效互动,这样的发布方式效果更好。

3. 精心选择话题

微博上的信息虽然每天数以万计,但是从微博的相关统计来看,热门的信息却相对集中,而这些信息通常有一些共性。

从话题的属性来看,公共性、争议性、趣味性、语录格言等方面的信息较容易引起人们的评论与转发。具体而言,下列几类信息更容易在评论和转发榜上胜出:

公益信息。例如寻人、帮人、救人、捐助等方面的信息。

公共新闻。能引起人们普遍关注的新闻信息。

名人动态。当红名人特别是娱乐界名人的动态会受到一部分用户的关注。表面上看,这些属于私人信息,但对明星的关注者们来说,它们也是公共信息。如果这些名人的动态中有一些戏剧性的言行,更容易成为焦点话题。

人性故事。打动人心的、充满人情味的故事,通常受关注的几率大。

人生语录。尽管动态新闻是微博信息的主流,但是一些能引起普遍共鸣的人生语录,常常也被广泛转发。

总结盘点。对一些现象进行规律性总结,再加上数字编号,通常可以吸引人们。

实用知识。实用知识虽然没有新闻性,但是,它们在微博上常常会广受关注。如果能够结合天气、环境等的变化,提供针对性的实用知识,效果会更好。

当然,除了这些较为热门的信息,只要善于造势,其他方面的信息也有可能被广泛关注。

4. 积极互动

要让自己的信息传播得广,就需要积极组织评论、转发等方式的互动,这既是维护关系的需要,也是传播信息的需要。

通过对评论的回复,媒体可以对自己所发布的信息进行进一步解释、补充,消除信息可能在用户端产生的误读。

别人对自己信息的转发,媒体微博可以通过增加附加信息和评论的方式进行再转发,这可以提高信息的曝光率,也可以促成新的关注点的形成。

参与对别人的信息的转发,也是重要的。转发是微博中最简单也是最有效的互动方式,但转发也是有风险的,每一次转发都会带来信息传播面的扩大,如果转发的是虚假信息,那么就可能扩大其负面影响。因此,转发也应被看做是一次把关的过程,对于媒体来说,在这方面更应谨慎。如果媒体微博的管理者能及时发现虚假信息并提出质疑、进行证伪,这不但能够中止一个虚假信息的传播,也会给媒体自身的形象塑造加分。

5. 适当运用图片、视频

微博信息是以文字为主的,但是图片、视频等多媒体手段也是常用的手段,而且给微博加入图片、视频后,往往会提高人们对特定信息的关注度,对于扩大信息的传播面是有效的。

在新闻类的微博中,图片、视频可以对文字新闻形成补充,因此,媒体微博应该更充分地利用这些手段。

6. 呼叫特定用户以实现定向推送

微博的信息不仅可以发送到关注者群中,也可以通过一定的手段向特定的用户进行推送,人们把这种方式称为“呼叫”,目前最主要的手段是“@”。在一条信息后,加入“@”符号,再加入希望推送的对象,这条信息就将被系统用“@提到我的”提醒方式,发给相关用户。

呼叫特定用户的手法,可以让某条信息到达明确的目标,收到呼叫的用户通常也会做出相应回应,从而形成一个互动过程。当然,滥用呼叫,可能使呼叫对象产生反感,因此,需要有所节制地使用这种方法。

7. 合理运用主题词

为了让某些特定的信息与微博中的同类话题信息汇聚在一起,形成规模效应,在发出的信息中可以设置一些主题词(不同微博平台上设置的具体方式可能不尽相同),有时会收到很好的效果。

(四) 意见领袖策略

意见领袖是那些可以影响别人的观点、态度甚至行为的人。有稳定的、强大的传播能量的微博用户,影响他人的能量也较大。

从个人特质方面看,微博平台上意见领袖的产生与个体已有的地位与名声、个体的信息拥有水平、个体的专业知识水平、个体的网络传播能力、个体的社会关系、个体参与网络活动的频率与深度、个体的社交能力等都有直接关系。

从大的环境方面看，网络环境与社会环境都可能成为天时地利，造就特定时期的意见领袖。

意见领袖并不一定限于政治性话题，在各种专业领域，都可能有意见领袖出现。

对于媒体的微博来说，要不断提高自己的影响力，一方面是要争取成为微博平台上的意见领袖，另一方面是要借力已有的意见领袖。

要成为意见领袖，需要在形象塑造、关系建设和信息传播等各个方面不断努力。另外，在微博平台上常常会出现一些临时性的“热节点”，即由于某些特殊的事件或话题人气突然上升的微博。如果能抓住一些机会，使自己的微博成为临时性的“热节点”，则可以在瞬间形成较大的吸引力，然后趁热打铁，将优势保持下去。

而借力意见领袖，则意味着要关注微博平台上的传播格局，了解意见领袖的分布情况，在必要的时候，借力特定的意见领袖，帮助自己的微博扩大影响力。与意见领袖之间的日常关系维护，是借力意见领袖的重要前提。

（五）事件营销策略

媒体微博要不断扩大自己的影响力，也需要一定的“营销”。信息传播活动本身是一种营销，但有时也可以通过事件营销来实现短时间内的影响力提升。微博中事件营销的第一种方式，是利用现成的事件。例如，针对微博中的求助信息发起公益活动，通过这个活动来提升自己的形象。微博中事件营销的第二种方式，是策划相关事件。在微博平台上策划的事件一定要与广大网友相关，事件的主角多数情况下应是网民而不是媒体，同时参与成本低，这样才能引起广泛的共鸣。著名作家郑渊洁在微博中十分活跃，他通过微博策划的几个活动都富于创意。例如，他发起的“见郑蓝天”活动，其初衷是将每天北京的天空拍下来，以统计北京一年中的蓝天数量。这个活动发起之后，网友反响热烈，全国各地的网友都参与到这个活动中。后来，他又把这个单纯反映环境状况的活动发展为“见郑北京”，更多地从人文的角度来反映北京市的发展变化。他策划的“郑在寻找”系列活动，则是利用微博的力量来寻找几十年前给他写信的小读者，通过这一活动，他不仅在很短的时间内找到了当年的小读者，而且让人们充分地体会到了网络社会的力量。与此同时，这一活动也受到传统媒体的关注，成为媒体的报道对象。郑渊洁在微博上策划的活动，应该说是事件营销的成功案例。

在微博平台上策划事件有时未必需要多大的成本，例如，微博中有一个普遍现象，那就是人们对气候变化、季节变换等十分敏感。如果媒体的微博能做到“知冷知热”，利用这些最基本的环境变化策划一些活动，也可能会有意外的收获。例如，在北京出现极端高温天气时，某微博平台的运营者推出了“报温度”的活动，由于参与这个活动的门槛很低，所以活动吸引了大量网友，取得了不错的效果。

当然,媒体策划事件并通过网络来传播,一定要把活动的社会影响放在首位,单纯追求吸引注意力,造成轰动效应,而忽略活动可能产生的负面影响,对于媒体形象的塑造也是不利的。

第四节 手机平台上的互动组织

手机不仅是一种独立的媒体,还是其他媒体的一种延伸平台,因此,手机平台上的互动往往表现为两个方面,一是人们利用手机与传统媒体互动,二是手机用户之间在数字平台上的互动。当然,这两者之间并不是截然分开的。

一、手机用户与传统媒体的互动组织

对于传统媒体来说,由于它们自身属性的限制,与受众的互动在广度与深度方面都有限。而手机的出现,在很大程度上改变了这种状况。

(一)手机用户与传统媒体互动的意义

对于传统媒体来说,推动受众通过手机来与其进行互动,促进受众的参与,具有重要意义。这主要表现在:受众的参与可以扩大传统媒体影响;受众的参与可以丰富传统媒体内容;受众的参与可以延伸传统媒体价值。

2004—2006 年湖南卫视推出的“超级女声”节目,就是传统媒体利用手机展开互动的成功案例。在这个节目中,手机互动甚至不仅是一个延伸节目的手段,还成为了这个节目的必要元素之一,是节目不断发展的基础。公众通过手机的投票直接左右着选秀的进程与结果。应该说,手机使这样一个节目实现了真正的全民参与。

(二)手机用户与传统媒体互动的方式

从现实来看,手机用户与传统媒体互动的方式主要有以下几种。

1. 手机投票

受众通过手机参与传统媒体发起的一些调查,进行投票,这可以在一定程度上将受众的意见与态度收集起来,为媒体提供参照。

手机投票操作方法相对简单,但是,也并非是万能的,如果在主题设置、选项设置方面出现偏差,也可能会产生误导作用。手机投票与网络投票有相似之处,关于网络受众调查的相关原则,也适用于手机投票。

此外,手机投票并不适用于一切场合,尤其是在新闻性的题材方面,一定要谨慎运用。例如,国内某电视台曾以预测国外一人质事件将造成的伤亡人数为题开展手机投票。这样的做法,违背了媒体职业道德,也使媒体自身的声誉受到

很大损害。

2. 通过手机参与讨论

通过手机将受众引入到节目的讨论中,也是广播、电视等媒体经常采取的互动方法。发起手机讨论,需要注意讨论主题的适宜性,讨论主题不能过于深奥,因为人们多是通过手机短信来参与讨论,短信容量有限,不适合探讨深刻问题,而且过于深奥的问题,参与者也会有限。应该尽可能提供通俗、开放,与每个人都可能相关的话题,这样才能获得效果。

3. 通过手机提供线索或素材

鼓励受众通过手机来提供新闻线索、新闻素材或节目创意等,也是一种有效的互动方式。当然,对于受众提供的线索,媒体需要核实、甄别,不可轻信。

二、手机用户在数字平台上的互动组织

手机用户之间的互动可在网络和手机两种平台上实行。从网络平台看,手机用户间的互动更可能在视频分享网站、博客、SNS、微博等平台上展开。从手机平台上看,用户间的互动形式包括手机论坛、手机交友社区、手机游戏等。

手机社区与网络社区之间有差异,但有时又是互相连通的。而理想的社区,应该是将两者打通的。例如,SNS、微博间有很强的关联,如果能将两者融合起来,就可以实现更新、更好的用户体验。

从新闻传播的角度看,除了手机交友社区、手机游戏外,其他各种形式的互动都可能对新闻传播产生直接影响。

与手机用户有关的社区的组织与管理,与一般的网络论坛有很多相通之处。下面几个任务是最主要的。

1. 促进交流、增强黏性

尽管与手机用户相关的社区对于信息内容生产具有重要的作用,但是大部分用户加入社区首要的目标并不在内容生产,而是为了社交,是为了通过自己发布的内容获得社会关注,拓展社会关系。

因此,与手机用户相关的社区管理,不能急功近利地把挖掘用户生产的内容作为唯一目标,只有让用户在社区中有归属感,有自己的关系圈子,让用户间的关系成为社区对用户的黏着力,才能将用户资源长久地蓄积起来,成为取之不尽、用之不竭的能量。

此外,在开发与手机用户相关的社区产品时,需要特别注意针对用户的移动性特点。

2. 刺激原创、推动共享

不可否认,手机用户间的互动,会带来大量的原创内容,这些内容对于网络与手机平台的繁荣是重要的。

手机用户生产的内容,不太容易进入传统媒体,但可以更加自主地进入网络平台,例如在视频分享网站、博客、播客、微博中,且这些内容的传播面可能更广,传播速度可能更快。

手机用户对于手机平台的内容生产也有着重要的作用。但是,与电脑终端不一样的是,手机平台的原创文字相对受限,因此,要刺激用户在手机社区中的活跃度,促进他们提供内容,需要针对手机的特点,倡导"微"型的内容。为此,可以提供一些创作"模式",如手机"段子"、微型小说等,让用户有章可循。因为手机在图片、音视频内容的原创方面具有优势,在手机社区中,可以更多地鼓励这些内容的生产。

手机用户既希望通过内容生产来发展社会关系,也希望得到一些成就感和实际报偿,因此,在社区管理中,需要制订一系列激励机制。推荐好帖子、积分奖励、甚至某些实际的奖励等,都是可以采用的方法。

作为手机用户社区的管理者,还需要用某些技术手段或传播机制,使用户生产的内容得到更广泛的传播,这既能扩大社区影响力,也能使用户获得更大的成就感。

当然,在与手机用户相关的社区管理中,需要对用户提供的内容进行审核、把关,这与前文谈到的网络论坛的管理规律是一致的。

第五节 网络受众调查的实施

在数字传播时代,"受众"一词已经有些名不副实,因为网民这样的受众不再是被动的信息接受者,而是可以积极地参与到信息传播中,反映自己对信息传播的需求,表达自己对新闻事件的意见与态度,甚至有些时候可以直接参与到新闻与信息的传播过程中。网站要更好地服务于网民,就需要用各种方式来了解自己的受众。

了解受众,可以有多种方式,网络受众调查是其中最常见的方式之一。

一、网络受众调查的意义及局限

网络受众调查的意义主要体现在下列方面:

首先,受众调查是网站了解网民的一个基本渠道。一个网站的网民构成情况如何,他们在网站上的活动习惯怎样,他们对网站的哪些内容感兴趣,他们还有哪些需求没有得到满足……这一系列问题,都是网站应该做出调查的。

在网站做出重大的战略决策之前以及之后,受众调查的重要性更加突出。受众调查可以为网站战略的调整提供依据,例如,网站在改版之前,可以通过受众调查来更好地明确网站的定位,了解受众的需求及网上活动习惯。而在战略调整之后,受众调查则可以作为检验战略实施情况的一种辅助性手段。

其次,受众调查也可以为受众提供一个表达自己要求的渠道,使受众在网络信息传播中占据更加主动的地位。例如,当前网站的受众对哪个方面的内容感兴趣,对哪些新闻事件感兴趣,这些都可以在受众调查中得到体现。

对于新闻传播来说,受众调查的意义在于:

在重大新闻事件发生时,受众调查可以迅速了解受众对该事件的主要意见与态度,有时,这些意见与态度也可以在一定程度上反映社情民意,便于新闻传播机构更好地了解舆论的走向,并及时调整自己的传播策略。

受众调查可以成为新闻报道的一种手段,或者为媒体的新闻报道提供资源。从20世纪90年代以来,在国内兴起了“精确新闻”这样的新的报道样式,“精确新闻”就是运用调查手段来报道、分析新闻事件。它借助抽样调查、统计分析等社会科学研究方法,以计算机手段为辅助来进行数据的收集、挖掘、加工处理,在此基础上进行合理科学的分析研究,将原本是零散的社会现象、意见与态度集中起来加以体现,并揭示那些隐藏的、潜在的规律,或预示事物未来的发展变化规律。也有人将这种报道手段称为“调查报道”。

受众调查在一定程度上也可以烘托气氛,使受众更关注新闻报道。目前,无论是传统媒体,还是网络媒体,都在越来越多地利用受众调查这一手段。

网络为开展受众调查提供了一定的便利条件,但是,也由于网络自身因素的影响,网络受众调查目前在科学性和有效性上还有所欠缺,很多调查程序还需要进一步改进。

此外,网民参与受众调查会受到很多因素的影响或干扰,例如,问卷的投放位置、调查方式等,因此,网络受众调查并不总是能够准确反映网民的意见与态度。归根结底,重视受众调查的作用,但又不盲目夸大它的作用,这才是科学的态度。

二、网络受众调查的类型与方式

网络受众调查有不同的目的,网站会在不同的时期、为不同的目的、运用不同的调查手段。网络受众调查通常可分为受众情况调查和受众意见调查两类。

如果是为了解受众的情况开展调查,调查的项目通常可以分为几大方面:

了解本网站的受众的构成情况。如年龄分布状况、职业分布状况、受教育程度分布状况、地区分布状况等。

了解网民的网上行为特点。如网民上网时间分布、网民上网地点、网民上网的费用等。

了解网民对本网站的内容与服务的意见。如网民最喜欢的频道或栏目、网民最不满意的频道或栏目、网民最满意或最不满意的服务等。

了解网民对网站的表现形式的意见。如网站对网页整体设计的评价、对某个具体频道的栏目设计的评价等。

除了网站可以进行这样的网民调查外,网站里的某一频道或某一栏目也可以针对自己的受众开展类似的调查,由于规模小且调查对象更精确,因此,在设计调查项目时也可以更具体、更有针对性。

如果网站是为了解受众对某个社会问题或新闻事件的意见而开设调查,通常基于两种情况:一是重大的或突发的新闻事件发生时,网站通过受众调查更好地了解受众的观点,为进一步的报道提供参照;二是针对当前社会热点,通过受众调查将潜在的、分散的社会意见与态度揭示出来。

受众调查是社会调查中的一种,因此,社会调查中可以采用的各种方式,在受众调查中都可以使用。但目前网络受众调查主要采用问卷调查的方式,并且主要通过网页来发放问卷。在这种情况下,问卷发放的位置直接决定了调查问卷所涉及的调查对象。这样的方式虽然操作起来简便,但从调查的范围及调查对象的代表性方面看,是有一定缺陷的。如果在程序上出现偏差的话,会对调查质量产生重大影响。因此,在采用这类问卷调查方法时,要特别注意调查的实施环节。

在有些情况下,网站也可以通过电子邮件等方式来发送问卷,这样做的好处是可以由网站来进行调查样本的选择,但通常问卷回收率较低,回收问卷所需要的时间也较长。

为了使抽样更科学,也可将电话调查与网络调查结合起来,例如,先用电话方式确定调查对象,再通过网络发放问卷。

三、配合新闻报道的受众调查

虽然网站可以根据不同需要开展不同类型的受众调查,但是,在多数情况下,受众调查是与新闻报道相配合的,是一种延伸与发展新闻报道的方式。因此本书只介绍这一类型的受众调查的具体实施方式。

(一)受众调查的策划

并非所有的新闻报道都要辅以受众调查。是否开设受众调查,首先取决于新闻事件自身所具有的价值。通常,开设受众调查所针对的是那些具有典型意义或普遍意义,并为人们广泛关注的新闻报道。

开设受众调查的目的,一方面是进一步吸引受众的注意力,提高新闻的受关注度;另一方面,也可以作为新闻报道的一个补充或发展。有时受众调查可以直接印证报道中的一些判断，而另一些时候，调查可能会对报道中的判断提出冲击，从而引发媒体进一步的报道与分析。

有些调查虽然不是直接围绕某一特定的新闻事件，而是针对某一个热点现象或话题进行的，但是，调查的结果也会为媒体提供新闻报道的线索。

受众调查并不一定滞后于新闻报道，它也可以先于新闻报道，为新闻报道选题与角度的确定提供参照。虽然网络媒体现在还不能进行原创的新闻采访，但是，在新闻专题的策划方面，受众调查的结果也是可以作为一种参考依据的。

（二）受众调查的问卷设计

根据具体的调查选题来进行科学的问卷设计，是调查顺利实施的一个重要环节。

下面是关于问卷设计的一些基本知识[①]：

一个完整的问卷一般包括前言、主体和结语三个部分。前言是对调查的目的及有关事项的说明，其主要作用是引起被调查者的重视和兴趣，争取他们的合作与支持。主体包括调查的问题、回答的方式及其说明的内容。结语是几句简短的话，对被调查对象表示感谢，也可以顺便征询被调查对象对问卷设计及调查本身的意见。

问卷中设计的问题大体有四类：背景方面的问题（主要是被调查对象的个人情况）；事实或行为方面的问题（包括已经发生和正在发生的各种客观情况等）；观念、态度、情感方面的问题；检验性问题，即将一个问题分成两组，使之出现在问卷中的不同地方，以检验回答的真实与否。

在设计问题时，要注意以下方面：内容要具体，不要太笼统抽象；问题要单一，不要将两个或两个以上的问题合在一起；用词要通俗，避免使用生僻词语、专业术语；问题的用语要准确，而不要使用模棱两可、含混不清或有歧义的语句；提问的态度要客观，不要使用有诱导性或倾向性的词。

在问题的组织结构上，可以采取以下几种方法：按照问题的性质或类别排列；按照问题的复杂程度或困难程度排列；按照问题的时间顺序排列。无论哪种方式，都要注意问题排列的逻辑严密性。

问卷提供给被调查对象的回答有两种：封闭式和开放式。

封闭式指将问题的一切可能答案或几种主要的答案都列出，由被调查对象从中选取一项或几项。这种方式的好处是有利于被调查者正确理解问题和回答问题，节约回答时间，提高问卷的回复率和有效率，也便于对回答结果进行统计与定量分析，有利于询问一些敏感问题。但是这种问卷通常设计起来较困难，回答方式机械，在调查质量上也不容易保证。

---

① 参见水延凯等《社会调查教程》，中国人民大学出版社 1996 年版，第 237～252 页。

开放式指对问题不提供具体答案，由被调查对象自由填写。这种方式灵活性大、适应性强，但是回答的标准化程度低，在问卷的回复率和有效率方面可能不够理想。

目前，网站在进行问卷调查时，常常采用两种问卷形式。

1. 完整问卷调查

这类调查采用较为规范的问卷形式，内容较全面完整，包含了各类问题，提问的方式也比较多样，这一形式的问卷多用于了解网民的基本情况。这类问卷调查可以获得参与调查者的背景信息，有助于使得到的结果更可靠，也有助于对调查信息进行进一步分析。但是，由于程序上较复杂，网民参与调查耗费的时间较长，通常能吸引到的网民不多。

2. 投票式调查

这是一种较为简单的问卷，一般这类问卷只设一个调查的问题，在一个问题下列出若干个问题的备选答案，网民可以用单选或多选的方式来参与调查。这种调查方式通常也称为“投票”。这种调查一般快速简单，网民参与的积极性较高。但是调查效果有时并不能完全真实地反映受众的意见。

在设计“投票式”问卷时，备选答案的设计十分关键。科学的问卷，应该考虑到社会意见的各种可能性，给出正面、负面及中性等各种不同的回答方式，使持不同意见的人都有表明自己真实态度的可能。但是，通常公众对一个复杂事件的态度是很难用几个答案来简单概括的，因此，网民投票的结果只能作为一种参照，体现部分网民意见的大致分布，在引用调查数据时，不能将这些数据的价值过分夸大。为了完善问卷，也可以在其中设计一个“其他”选项，并让网民在此选项中自由发表不同的意见。

在备选选项的设计中，还有一些具体问题需要注意，下面将以一些有问题的例子来加以说明。

例 1：对鼓励大学毕业生自主创业，你的总体态度是：

A. 是一条解决就业问题的路子，赞同

B. 创业比就业难多了，反对

C. 不好说

上述调查问题的三个选项中，A 和 B 的设计都有一定问题，A 选项强调的是态度为“赞同”，但前面加上了一个限制性的前提，这个前提在备选答案中是唯一的选择，但现实中人们可能的态度是，既赞同大学毕业生创业，但又不认同此选项中设置的前提，那么，人们在进行选择时就会为难，调查结果也会产生偏差。B 选项也有同样的毛病。

例 2：很多大学生创业失败，您认为关键因素是：

A. 缺乏创业精神

B. 缺乏创业教育和培训

C. 缺乏资金

D. 大环境限制

E. 刚走出校门还不成熟,不是创业的年龄

上述设计,只给了5个选项,但如果人们不认同以上任何一个选项,就无法完成调查。应该加上一个“其他”选项,并让人们注明“其他”的具体所指。

例3:您的身份是:

A. 老师

B. 学生

C. 学者、专家

D. 政府官员

E. 企业领导或职员

F. 其他

例3的选项设计,存在着典型的选项内容交叉的毛病,A选项的“老师”与C选项的“学者、专家”是明显有交叉的。而D、E选项也可能与C有交叉,因为“专家”是一个表义不明确的词。在一些与数字有关的区间设置中,也常常可能出现这类问题,例如,“收入500~1 000元”和“收入1 000~1 500元”这两个选项就有交叉。收入1 000元属于哪个选项?人们无法做出判断,那么最终的调查结果一定有缺陷。

(三)受众调查的实施

前面提到,问卷调查是目前网站最常采用的一种调查方式。在实施调查阶段,主要应注意以下几方面的问题。

1. 调查问卷的发放对象与方式

对于在网页中设置的问卷调查来说,问卷的发放对象是直接受问卷投放位置影响的。首先,要选择合适的网站,有些调查可以在自己的网站投放,也有些调查需要有更广泛的投放渠道。其次,要注意调查问卷在网站的具体位置,例如,是放在网站的首页、某一频道或栏目的首页还是网站论坛等其他页面中。投放在什么位置时问卷会被什么人接触到,他们对调查内容的关注度会是多大,他们参与调查的态度会是怎样,这些问题都应该事先考虑周到。只有经过比较,才能找到较合理的选择,这与传统问卷调查时抽取样本的重要性是一样的。虽然目前在网站投放问卷时还很难保证网站可以主动地进行样本选择,但是问卷发放的位置,在一定程度上决定了调查样本的选取。

如果是通过电子邮件发放问卷,那么就需要注意调查对象抽样的合理性。同时,为了获得较为满意的问卷回收率,应该采用一定方式了解问卷到达受众的情况,有时需要多次发送问卷,以使更多人参与。

2. 受众参与调查的方式及问卷调查结果的显示方式

有些网站设计的调查方式是,受众必须先参与调查,才能看到别人的调查结果,这种方式的好处是,可以迫使更多的人参与调查,在他们参与调查之前,也不会受到别人的意见的影响。但是,这样的方式也可能使很多网民对调查失去兴趣,或是使一些人为了看到调查结果,而随意投票,甚至出现一人多次投票的情况,从而直接影响调查结果的精确度。另一种方式是,不需参与调查可以直接看到结果。这样,受众可以更好地看到调查的整个进展。但是,这种方式也容易使受众在参与调查之前受到他人意见的影响。

(四)受众调查的数据处理与分析

数据处理即利用回收的问卷来进行加工处理,获得调查所需要的结果。通常我们可以利用相关计算机软件,例如 Excel、SPSS 等来进行调查数据的处理。进行复杂的调查数据的处理,通常需要统计学的相关知识,因此,这项工作需要由专业人员来承担。网站也可将数据处理工作交给专业调查公司完成。

简单的投票问卷在调查过程中就可进行数据处理,并且可以实时地显示最新的调查结果。在结果统计中,需要点明调查主题、参与调查人数、各个选项的内容及投票的票数与比例等。通常可以设计一个表格,来进行直观的结果统计与显示。

由计算机生成调查结果后,网站的编辑还需要对这些数据进行进一步的分析,主要包括:

调查结果的有效性分析。即根据参与调查的人数及人员构成等情况,分析调查结果是否有效。

调查结果的可用性分析。有些调查虽然从统计方法上是有效的,但其结果不一定真实可靠,这样的结果只能作为内部参考,应该避免公开。在判断结果是否可用时,可运用综合分析、推理等手段。

调查结果的意义分析。对于有效又可用的调查结果,应该进一步分析它的意义。如对于新闻事件的受众态度的分布,反映了什么样的社会舆论或社会思潮,这背后的深层原因是什么,都需要做出进一步分析。同样,网站所做的网民调查,反映出的网民对网站内容或经营上的意见,也需要做出分析与评价。

(五)受众调查结果的应用

在对调查结果进行分析后,可以将科学、有效的调查结果用不同的方式加以利用。从服务于新闻报道角度来说,调查结果的运用主要有两种方式。

1. 根据调查结果撰写相关报道

根据调查结果撰写的报道主要有两类。一类是全面说明调查结果,并进行深入分析。另一类是根据调查结果中最具有新闻价值的某一个或几个方面,或最值得关注的某些观点，提炼出特定的报道角度，以便形成更有深度和特色的报道。在这类报道中，为了说明调查的科学性，应简要说明调查的时间、对象、程序等要素。

2. 将部分结果用于有关报道中

这时，调查结果是新闻报道的一种资源，运用它们可以突出报道的背景，或增加报道说服力。如果调查的结果具有重大价值，也可形成调查分析报告，报送有关部门。调查分析报告通常应该包含以下几部分：

调查方法简介。说明调查的目的、调查对象、调查时间及实施方式等有关程序性的问题。

调查数据分类统计。将各调查项目的数据统计结果进行分门别类的说明。可以用表格、柱形图、饼图、折线图等方式来直观地显示统计结果。

调查数据分析。对调查中得到的数据进行分析，对这些数据所揭示的意义或反映的事物发展的趋向做出分析与预测。

相关建议。如有必要，可在数据分析的基础上，向有关部门提出对策与建议。

在具体报告中，调查数据的分类统计、数据分析及相关建议等内容，也可以融合在一起。

本章学习提示

数字媒体中的互动组织与管理是数字媒体时代的新业务，它既包括互动产品的设计、开发，又包括互动平台的组织、管理，同时还包括媒体在新闻传播中对于这些互动形式的利用等。这是拓展媒体发展空间的一个重要方向。

未来的新闻传播业不仅需要擅长基础新闻业务的人才，更需要能应对互动平台各种新挑战的新型人才。在这方面，长期浸染于网络各种互动应用中的新闻传媒业的后生们（包括新闻传播学子们），更具有优势。当然，要在未来成为一个互动空间的组织与管理者，不仅需要用户角度的深层体验，也需要掌握更宏观的管理思维与技能。

本章与第三章、第四章是遥相呼应的，这两章从理论上对数字媒体中各种传播形式进行了分析，而这些传播形式大多是互动的重要平台。理解了这些传播形式的特点，就可以更好地理解人们在这些平台上的需求，也就能理解怎样才能在满足用户需求的同时，让互动成为网站的重要资源。在学习本章时，可与第三章、第四章内容相对照，将相关内容结合起来阅读、思考。

当然，数字媒体中的互动组织与管理不仅需要理论上的依据，还需要具体的策略与方法，本章从操作层面说明了几种主要互动形式的实施方法，特别侧重于从新闻传播角度来分析对这些形式的利用与管理。同样，这些介绍是起点，不是终点。互动空间的能量取决于未来的传媒人的进一步开掘。

思考与练习

1. 选择一个你最喜欢的论坛进行观察，分析其特点，并对其版主的管理方法与水平进行评价。

2. 试分析一个博客对于新闻传播产生重要影响的案例。

3. 新浪博客在进行推广时采用了“名人战略”，即邀请大量名人开博，以扩大影响。你是否认同这种做法？为什么？

4. 你最喜欢谁的微博？为什么？

5. 试观察一个媒体的微博，对其成功经验或需要改进的地方做出分析。

6. 试分析一个手机社区的案例，观察它与网络社区的关系与差异。

第十章 数字媒体的社会影响

数字传播技术不仅在改变着传播业,也在深刻地作用于社会发展的进程。本章将从公民新闻、舆情与舆论以及数字社会的公民素养等几个角度,来探讨这种影响。

第一节 数字媒体的公民新闻实践及其影响

数字媒体的重要贡献之一,就是推动了公民新闻的形成与发展。

如前所述,目前对公民新闻尚没有一个普遍认同的定义,但是,从总体来看,人们在关于公民新闻的研究中有两个共识,一是强调公众在新闻报道活动中的参与,二是强调新技术对于公民新闻发展的作用。

对于公民新闻活动的认识,不能仅限于新闻的发布或传播这个层面,而应该把公民的各种新闻信息生产行为综合在一起考察,包括新闻的采集、发布、整合、传播,也应包括与之相关的评论和其他活动。

对于公民新闻的认识,也不能局限于新闻业务层面。公民新闻生产与传播的基础,是数字空间中“社会网络”的发展,以及人们协作意识与能力的增强。公民新闻的心理动力,是公民对社会归属感和社会资本的追求,而其精神意义,是人们在社会参与中自我意识与自觉意识的增强。它的社会意义,也不仅仅在于提升了新闻传播的水平,还在于它对社会协作的推动,对全社会的民主意识和民主能力的促进,更长远的意义则在于对社会结构变迁所起的作用。而从传媒发展的角度看,它不仅推动了传媒格局的改变,还将使专业媒体的角色与功能发生改变。

一、公民新闻的作用机制

公民新闻的作用机制,可以从“社会网络”、“自组织”以及“意见领袖”等不同角度来认识。

（一）公民新闻与“社会网络”

公民新闻活动是由分散的网民自发进行的一种新闻传播活动，与专业媒体不同的是，普通个体往往不能掌握像网站这样可以自上而下地完成点对面传播的发布平台，他们更多是在某些网络的“节点”中发布信息，这些信息要能产生强大的社会影响力，必须依靠一种传播的网络。如果深入研究网络中公民新闻的传播过程可以发现，这些节点上的信息的扩散，很多时候依赖的是人们的“社会网络”。

1. 社会网络的含义及公民新闻活动中的社会网络

在社会学中，社会网络指的是社会行动者及其之间关系的集合。也可以说，一个社会网络是多个节点（社会行动者）和各节点之间的连线（行动者之间关系）组成的集合。社会网络分析方法是社会学的一个重要理论，它主要通过研究行动者及其之间的关系来研究社会的结构，以及人们之间的相互影响。

通俗地说，个体的社会网络在很大程度上就是他的人际关系网络，是与他有各种交往、互动关系的其他个体与他自身构成的一个集合。在网络中，每个网民都可能有自己的社会网络，例如，在论坛中的交流对象、即时通信平台的好友、博客平台上有相互链接关系的博友、SNS 中的好友、微博平台的关注对象以及关注者等。但传统的 BBS 型论坛的交流方式使人的关系网络显得不是那么清晰，而即时通信工具、SNS、微博等使个体的社会网络变得清晰了，因此，在这些平台上的信息传播受社会网络的影响也更为突出。

每个个体在互联网中都有自己的社会网络，而所有个体的社会网络交织起来又构成了一个巨大的社会网络。一个个体发布的信息，要受到其自身的社会网络规模以及直接联系对象的社会网络规模等各个方面的影响。

各种平台上的公民新闻，多数时候是利用社会网络来实现信息扩散的，而反过来，公民新闻活动又会丰富与拓展个体的社会网络。例如，由于某人在微博上发布的信息引人注目，获得了很多关注，这些关注者就是新的社会网络的节点。

2. 社会网络上的信息传播机制

社会网络是人的关系网络，信息是如何通过这个网络来传播的？人际关系的强度、节点的性质是如何影响信息传播的？解决这些问题，有助于人们更深入地认识社会网络对于信息传播的作用。

基于社会网络的信息传播，是以一个个节点为基础的，信息传播是沿着人际关系网络的路径来扩散的，每一个节点都在起着把关的作用，传与不传，每个节点做出的每次选择，都直接影响信息传播的广度与效果。

（1）“强关系”节点的影响。从总体来看，每一个社会网络上的个体，都是一个“节点”，理论上来说，任何节点之间都有可能通过某个路径连接起来，但是，节点之间的关系有“强关系”和“弱关系”两种。能够直接联系的节点之间是

“强关系”,而其他节点之间的关系则是“弱关系”。

对于一个特定的个体在某一节点发出的信息来说,信息是否能有足够的传播动力,除了信息本身的属性外,还在很大程度上与其拥有的强关系的节点的数量以及这些节点的能力相关。数量越大或者某些联系对象在社会网络中的地位越高,越有可能对信息传播产生积极的推动作用。

强关系的形成往往与以下几个因素相关:

现实生活中的关系。如朋友、同事、同学等。

互动频率。通常频繁的互动更容易带来牢固的关系。

认同关系。有些强关系,如微博平台上关注者与他所关注的对象,并不一定有频繁的交往,而是因为有一种相互的认同关系。

但无论怎样,强关系是一种需要付出代价去维护的关系。如果不做出努力,个体的社会网络中的强关系就难以发展,甚至已有强关系也会逐渐变弱,相互之间的联系链条可能会消失。

强关系节点对于信息的传播,有时是出于对信息价值的认可,但有时,则是出于维护关系的需要,所以,人际关系的因素在这里面起着较为明显的作用。

(2)“弱关系”节点的影响。“弱关系”节点与信息发布者的关系不那么紧密,所以在信息的初级传播中不起作用,但是,他们的呼应以及由此形成的次级传播,对于信息传播也是有重要意义的,如果一条信息能够激起很多弱关系节点的响应,那么信息传播的效果也会得到提高,如果在这些弱关系节点中的“意见领袖”能够起作用,效果会进一步加强。在某种意义上说,弱关系节点的认同度,对于信息传播的范围起着更重要的作用。

对于弱关系节点来说,是否转发某一信息,完全基于对信息本身价值的判断,而没有人际关系的因素起作用。因此,这一层级的传播是对信息的公共价值的一个有效检验,它形成的优胜劣汰机制,对于少数信息从“信息海洋”中凸显出来,进而成为社会热点,具有关键性作用。

(3)“权力中心”的作用。社会网络中存在着权力关系。一些成员由于种种原因,会处于强势地位,而另一些成员则会处于相对弱势的地位。而权力关系对于信息的流向是有明显作用的。处于权力中心的人,对于信息传播的规模、走向以及相应的意见等,都会产生比别人更大的作用。

按照社会网络的分析方法,社会网络中权力的测量主要有以下几个指标:

点度中心度。这个指标的考察角度是,如果一个行动者与很多他者有直接的关系,该行动者就居于中心地位,从而拥有较大的权力,这种权力可以称为点度中心度。

中间中心度。通俗来说,中间中心度这个指标衡量的是某一个点对网络中其他点之间的交往的控制能力。如果一个行动者处于多个交往网络的路径上,可以认为此行动者居于重要地位,因为他处于其他点发生联系的"要塞"上,因而具有控制其他行动者之间交往的能力。

接近中心度(整体中心度)。一个点的接近中心度的值越低,也就是说它越接近网络的中心,它的影响力越大。①

限于篇幅,在此不展开介绍这几个指标的具体计算方法。但社会网络的分析方法,不仅认定了社会网络中权力关系的存在,而且可以计算出某些节点对于他者的控制能力的大小。这些计算方法,也完全适用于互联网社会网络分析。

社会网络上的权力中心对于某一个信息发布者或者其信息的价值认同程度,会在较大程度上影响着信息的传播,这些人也常常被称为"意见领袖",后文将专门对意见领袖的作用做出分析。

总之,基于社会网络信息的传播,与传统的大众传播,具有完全不同的机制,其中最本质的变化,是它把人的社会关系引入信息传播中,使社会关系成为影响信息传播效果的一个重要因素。

由于公民新闻更多地依赖社会网络这一传播基础,因此,公民新闻传播活动也就不是一种单纯的信息传播活动,它体现了网民的社会关系及其背后基于价值观、心理状态等因素所体现出的各种不同层面的文化认同。公民新闻活动也成为网民发展社会网络、获得社会资本的一种重要方式。

(4) 节点间信息流动机制的作用。除了社会网络中的人这样的节点的作用外,节点之间的信息流动机制,也会对信息传播产生影响。每个个体在互联网中都有一个自己的社会网络,但这个网络是基于多种技术平台共同编织的。在有些技术平台上,节点间的信息流动较为困难,例如在博客平台上,转发相对困难,对于很多普通人而言,其博客内容被大范围的网民获知也困难。而在另外一些技术平台上,信息流动则较为方便,例如,在微博平台上,转发非常容易,信息的推荐机制也较有效。不同平台上的机制不仅会影响到人的关系网络的扩展(因为很多关系链条是依靠信息流动而逐步建立的),也会影响到信息传播的效果。

值得注意的是,社会网络不仅是公民新闻活动中信息扩散的一种基本机制,也正在成为人们网络信息消费的一种结构基础。传统的以门户网站为主体的"中心式"传播模式的地位,正在由于各种新技术的出现而逐渐被削弱,越来越多的网民会以某一个 SNS 或微博平台为"个人门户",将自己所需要的各种信息、服务嵌入这种个人门户中,在这样一种个人门户里,社会网络成为他们获取信息的底层结构基础,他们的社会关系的广度、深度等会直接影响到他们获取信息的广度与深度。这种模式对于传统的新闻网站的传播模式是一个重要挑战。

---

① 刘军:《社会网络分析讲义》,社会科学文献出版社 2004 年版,第 112 ~ 141 页。

(二)公民新闻与"自组织"

网民参与新闻传播活动,起初都是随机的、个人性的,但是逐渐地,一些人会和另外一些人产生联系,甚至在某些时候、某些空间里会出现网民间的协同工作,这种协同也有可能变得有序。

这样一个从无序到有序的过程是如何形成的?除了前面提到的"社会网络"视角外,"自组织"这样一个理论视野,可以帮助我们找到另一种研究思路。

1. "自组织"理论简介

从系统论的观点来说,"自组织"是指一个系统在内在机制的驱动下,自行从简单向复杂、从粗糙向细致方向发展,不断提高自身的复杂度和精细度的过程。换句话说,所谓自组织,即指没有外界干预,仅仅只有控制参量变化,通过子系统间的合作,能够形成宏观有序结构的现象。① 尽管自组织理论最早研究的是自然界中的自组织,但是,后来人们也开始用它来研究人类社会的现象。

自组织理论主要由三个部分组成:耗散结构理论、协同学、突变论。

耗散结构理论可概括为:一个远离平衡态的非线性的开放系统(不管是物理的、化学的、生物的乃至社会的、经济的系统)通过不断地与外界交换物质和能量,在系统内部某个参量的变化达到一定的阈值时,通过涨落,系统可能发生突变即非平衡相变,由原来的混沌无序状态转变为一种在时间上、空间上或功能上的有序状态。②

德国科学家哈肯于1971年首次提出"协同"概念,后来又提出协同学的概念。协同学研究的是系统中各个子系统之间的协同作用如何使系统从无序向有序转变。它的中心议题即为系统宏观尺度上自发产生的自组织。

突变论则致力于研究一个系统发生突变的条件,并用定量的方式来揭示出突变发生的可能性。应用突变论可以设计出一些解释模型,如"经济危机模型"、"社会舆论模型"、"战争爆发模型"、"人的习惯模型"等,来揭示一定的社会现象发生突变的规律。

对网络信息传播这样一种社会系统,还难以运用自组织理论用定量的方式进行精确测量与计算,但是,自组织的相关理论对我们的启发是,我们可以从揭示这样一个系统内部的关系形成及与外界的能量交换过程入手,来研究其运行机制。

公民新闻活动绝大多数起源于公众无意识的行为,起初往往处于混沌状态。但是,一些传播活动却会逐渐显现出有序传播的趋势。在公民新闻的某些平台,例如维基,或者是某些特定的传播过程,如"人肉搜索"等,在某种意义上都可以

---

① 资料来源:http://thns.tsinghua.edu.cn/jsj00005/kaifa1.htm。

② 《自组织与耗散结构》,见 http://www.swarmagents.com/complex/nonlinear/index.htm。

看到自组织的痕迹。

2. 公民新闻活动中的自组织机制

在公民新闻实践中,主要有两种自组织的作用机制,一种为常态性自组织,一种为应急性自组织。

(1) 常态性自组织机制。在论坛、维基等公民新闻平台上,可以看到一些相对稳定的自组织,在常态下,它们也能呈现出一定的自组织特点。也就是说,在运行一段时间后,内部的分工逐渐形成,成员之间基于各自角色与特长形成较为稳定的互动关系。

常态性自组织,在很大程度上与社会学意义上的群体是一致的。社会学意义上的群体,通常具备以下特征:有明确的成员关系,有持续的相互交往,有一致的群体意识和规范,有一定的分工协作,有一致行动的能力。[①]

因此,网络中常态性自组织的形成,主要基于以下几个要素:

人群的类聚。论坛、维基、博客圈等平台的特点,有利于形成一些稳定的社群。但这些社群得以形成并发展,其关键还是因为成员有相似的背景、兴趣或需要等。物以类聚、人以群分,成员之间基于各种需要而聚集在一起的愿望越强烈,他们之间的关系也就可能越持久和稳定。

长久互动的角色分工。网络平台上的自组织的形成,都需要一定的时间,因为只有经过一定时间的互动,成员才会相互了解,成员间才能依据各种特点,自然形成某种“分工”。这种分工不一定是为了完成某个任务而进行的工作分配,它也可以是成员间的角色分化。角色分化是更基础的,因为,当一些特定的任务出现时,成员的角色常常会自然决定他们所担负的工作。

调适机制的作用。一个自组织的成员要能协调一致,要有一定的调适机制。这种调适机制用于解决内部的矛盾,应对外界的挑战。网络中的自组织的自我调适机制主要来自于两个方面:一方面是外部规则的约束,如网站制定的规则,相关部门的管理规定等;另一方面是内部契约的约束,这种契约有些是成文的“公约”,有些则是长期互动中成员形成的心照不宣的一些共识。

常态性的自组织在公民新闻实践中的作用,不仅在于个别新闻传播活动中所显现出来的能力,更重要的在于,它们为网络中的信息传播与舆论的形成,提供了更为重要的基础性单元,这个基础性单元是一个群体而不是个体了。

当网络新闻传播的主体单元是一个群体而不是个体时,不仅传播声势更浩大,也会有更丰富的手段和更强大的传播能力,同时还会在一定程度上减少个体传播的随意性和无目的性,自组织为达到传播目的而付出的努力,往往会比个体更大。

---

① 郑杭生等:《社会学概论新修》(修订本),中国人民大学出版社 1998 年版,第 190 ~ 191 页。

而不同群体在网络中的力量对比，又会进一步影响整个网络中的信息与意见的走向。尽管并非所有群体都有明确的主导话语权的意识或努力，但自觉或不自觉地，网络中一部分具有更强话语能力的自组织或群体，在整个传播格局中的“权重”会越来越大。

（2）应急性自组织机制。应急性自组织机制是因为某一次传播活动而产生的临时性网民力量聚合和协同工作，也就是说这样的传播激活了自组织机制，这可以看做一次“应急响应”的过程。一旦这一传播活动完成，网民之间的关系也就消失。

“人肉搜索”是最能体现网民协作的一种应急性自组织机制。但除此之外，能引起广泛社会反响的公民新闻，往往也都依赖于网民间的一种默契的协作、配合，特别是在完成一个复杂事件的真相揭露方面。虽然每一个个体网民在这样一个过程中的贡献是有限的，甚至在某些阶段，某些个体提供的信息是错误的，但网民之间会自然形成一种相互协作、相互验证、相互纠正的关系，并由此不断调整目标，校正信息传播中的偏差，逐渐将一个复杂事件的真相揭露出来。虽然并非每一个事件的网络传播都能取得完美的结果，但是在大多数重大事件的网络传播过程中，网民间自发形成的自组织机制，都起到了突出作用。网民的协作，使得对事件真相的挖掘比专业媒体的报道更为全面、丰富，有时甚至更为深刻。

应急性自组织传播过程大致分为如下几个环节：

公共话题在某个节点出现。应急性的自组织机制，往往是由于某些事件或话题的出现而引发。能够引起“应急响应”的话题，首先要具有公共性，即受到社会普遍关注；其次，它能引起人们参与传播的愿望，例如转发、评论等，某些话题还能唤起某种行动，例如寻找某个人、挖掘某个事实、核实某些信息等。

传播力量通过社会网络实现汇聚。正如前文所分析的，公民新闻之所以在网络这一平台上更容易发展，不仅是因为这一平台的平民化特色，还因为互联网所形成的强大的社会网络。也就是说，人们之间形成了丰富多样甚至可以无限扩展的联系。这样一种社会网络在平时主要表现为人际关系功能，但是，在一些特定的新闻传播活动中，它们又会立即转化为信息传播的渠道，也可以说，它成为传播力量聚集、激发的空间。一旦一些具有价值的公共话题出现，本来分散的传播力量就会沿着各种关系网络管道，向这一话题所在的节点进行汇聚。

正反馈效应凸显焦点。一个新闻话题引出的相关话题和讨论往往不止一个，有时是多条主线并存的，但是究竟哪一个会成为焦点，这取决于正反馈效应。网民力量的集聚过程，也是一个再传播的过程。网络再传播的重要特点，就是会形成强者越强、弱者越弱的正反馈效应。因此,当一个事件或话题的传播进入一定阶段后,焦点内容会慢慢凸显出来。网民的再传播行为,是协同工作的一部分,它也会为工作目标的确立提供基础。

自然分工的形成。自组织的一个重要特点,就是在没有外力干预的情况下,完成内部的分工和协同工作。在常态性的自组织中,成员之间有长时间的互动,因此,实现分工是比较容易的。但对于应急性的自组织来说,要完成这样的一个目标,似乎是不可思议的。但是事实上,这一目标的确能自然实现,这得益于以下几个方面的基础:首先,共同的目标推动。尽管在应急的自组织机制中,人们可能彼此并不相识,但是,他们有共同的目标,这一目标可以推动人们向着共同的方向努力。其次,网络成员的多元化构成。网民中存在着各种不同背景、不同性格和不同需求的人,当一次应急机制启动时,不同背景的人都有可能向某个目标靠拢,他们根据各自特长,来扮演不同的角色,担负不同的工作,彼此取长补短,共同推动一项复杂任务的完成。再次,社会报偿的刺激。网民之所以要主动参与网络中的一些自组织传播活动,从外在来看,是某种目标的推动,而从内在来看,是因为社会报偿的需要。有些网民通过这些参与获得了社会地位与影响,有些网民则获得了社会认同或支持,也有一些人通过参与获得社会归属感。尽管人们所需要的报偿有所不同,但是,没有这些报偿的刺激的话,这些参与也就难以坚持下去。

以上两种机制更多地说明了自组织内部的"协同"关系。但除此之外,我们还需要关注自组织与外部的关系以及突变的可能。

自组织理论中的耗散结构提示我们,一个系统要从非平衡状态变成平衡状态,其基本条件是开放系统与外界之间的物质和能量交换。

在网络中的自组织运行中,同样也在发生频繁的能量交换。一方面,自组织的目标是要在社会中实现其行动效果,它的内部能量蓄积最终目的是向外界释放,因此,许多自组织的影响达到一定程度后,会对社会产生影响,并引起主流媒体和社会的关注,自组织的能量转化为社会能量;另一方面,主流媒体、社会外界的影响也会渐渐渗透到自组织里来,引起自组织的某些变化。

在网络的自组织运行中,有时也会发生突变,例如自组织自身的突然分化、解体。大多数自组织并非都是完全和谐的,但在通常情况下,由于共同的目标的制约,以及社会心理的作用,人们会求同存异,但是,当在内部或外部力量的作用下,人们之间的差异和分歧达到一定程度时,突变就可能会发生。

从自组织机制的分析中,我们可以看到,自组织的出现,使个体的力量被集合起来,成为一种群体性力量,这有助于提高公民新闻的传播效果,也提高了网民参与公民新闻活动的积极性。一方面,对于绝大多数网民来说,只有加入群体中，他们才能在公民新闻活动中实现自己的价值。如果仅仅靠个体的力量，他们是无法对网络新闻传播产生影响的。另一方面，这种机制也可以使公民新闻活动更加制度化。但同时，自组织的存在，会使群体的态度、意见、行动等形成强势，对个体的态度、意见等形成抑制作用。

我们也应注意到，并非所有的公民新闻活动中都存在着自组织，大量的公民新闻行为，是自发的、松散的，无组织的。但是，对于社会能产生广泛影响的，往往是那些存在着自组织机制的活动。

3. 网络中自组织形成的心理基础

网络中为什么会出现自组织，特别是应急性自组织？从社会心理学方面看，社会归属感是其心理基础。

社会归属感是人类的心理需求之一。以马斯洛的需求层次理论来看，它属于人类的安全需要的一个方面，也是最基本的需求之一。在网络中，社会归属感的获得有多种方式，加入一些稳定的社群，以及加入某些特定的议题，是其中两种主要的方式。而这为自组织的形成提供了基础。

加入社群以获得社会归属感不难理解，但加入议题是如何获得归属感的呢？"议程融合"理论有助于我们认识这一现象。

"议程设置"理论的提出者麦库姆斯和唐纳德·肖等人在近几年又提出了"议程融合"的理论，他们认为，媒体设置的议程具有一种聚集社会群体的功能，这是源于人们都有一种对于"群体的归属感"的需要。具体地说，人们有一种加入社群的需要，这时他已经掌握的有关社群的信息量的多少将决定他们的媒介使用行为，在寻找信息时他们会产生对"定向"的需要，这种需要导致他们去利用大众传统媒体、人际传统媒体或其他媒介，而对于媒介的使用导致了议程设置的第一个层次或第二个层次发生作用。

议程设置的第一个层次指的是媒介议程影响某些对象的显著性，从而影响人们的关注对象及人们对事物的重要程度的判断。议程设置的第二个层次指的是媒介议程影响人们对某一对象的某些属性的判断，从而影响人们思考问题的框架，而这是由信息本身的结构来影响的。例如，伯哈曼在1981年所做的实验表明，当一条消息中几个段落的顺序调整时，人们对信息的解读也发生了变化。肖认为，这可以称作"议程中的议程"。[①]

人们加入一些自组织传播过程中，实际上是为了加入某些社会议题中，这是人们感知社会、感知自己在社会中存在的一种方式。因此，在很大程度上，他们传播的信息、表达的观点，他们在自组织中扮演的角色，都只是手段，而不是终极

① Donald L. Shaw, Maxwell McCombs, David H. Weaver and Bradley J. Hamm: Individuals, Groups, and Agenda Melding: a Theory of Social Dissonance, Journal of Public Opinion Research, Volume 11, 1999.

的目的。

在“应急性”自组织中，正是议程的融合作用，使素不相识的人组成一个有序的“组织”并在其中找到自己的角色分工。

从这方面看，为了保持自己在自组织或社群中的地位，人们有可能传播一些自己并不认同的信息或观点，也可能对某些观点采取屈从的方式。所以自组织在某种意义上也会成为压抑个体的态度与意见的一种方式。

总之，自组织机制不仅在推动着公民新闻活动，也在推动着整个网络的信息生产方式和人的关系的变化。

（三）公民新闻与意见领袖

公民新闻活动是平民的信息权利得到尊重的体现，从整体上看，它对于专业媒体在新闻传播上的垄断地位产生了冲击。但是，也应该看到，并非每一个个体在公民新闻活动中都有同等的地位。

本书前文已经从社会网络的角度说明了“意见领袖”在网络信息传播结构中的存在，下面将从传播学角度对这一现象进行进一步分析。

1. 意见领袖在公民新闻中的表现

在网络中的确存在着少数人，他们作为个体的力量，便能对网络中局部抑或整体的传播格局产生影响，这些人可以被称为“意见领袖”。传播学理论中，意见领袖是指在人际传播网络中经常为他人提供信息，同时对他人施加影响的“活跃分子”，他们在大众传播效果的形成过程中起着重要的中介或过滤作用。

网络是复杂的多级传播，在这个传播过程中，意见领袖明显存在且作用强大。公民新闻活动更是进一步促进了意见领袖的产生。网络中的意见领袖不仅推动着信息的多级传播，还有很多人凭借其原创内容对他人产生影响。

在网络中，论坛、博客、微博是目前意见领袖最容易形成的空间。例如，在国内具有重要影响力的强国论坛中，意见领袖的存在就是非常明显的。例如，2005年，网友投票选出“强国论坛十大网友”，他们的 ID 分别为：“偶尔喝多不算坏”、“Nopro”、“酒半仙”、“千重山”、“湖底潜龙”、“安平”、“千僖海涛”、“爱你一万年”、“少玉”、“常思量”。网民投票推选出这十大网友，是对他们的影响力的认可，这“十大网友”是强国论坛意见领袖的典型代表。除了他们，强国论坛还曾评选过“十大最受欢迎原创帖文”等，这些帖子的作者，有一些也具有意见领袖的特点。

在专业领域，意见领袖的影响更为明显。例如，在新浪博客访问量前十位中（见表 10－1），前六名均为财经股票类博客。在搜狐博客访问量前十位中（见表 10－2），有七个为股票类博客。

表 10－1 新浪博客访问量前十名①

排名	博客名称	访问量
1	徐小明的 BLOG	1 315 760 000
2	wu2198——的 BLOG	934 080 000
3	封起 De 日子	819 890 000
4	首席理财分析师:凯恩斯	660 920 000
5	股市风云	631 860 000
6	淘金期货　淘金股海	476 400 000
7	韩寒	443 090 000
8	坏人也温柔 de 陈词滥调	435 840 000
9	老徐的博客	303 480 000
10	李承鹏	258 160 000

表 10－2 搜狐博客访问量前十名②

排名	博客名称	访问量
1	老沙博客	335 104 320
2	丁铁的投资博客	209 335 953
3	徐文明	205 275 651
4	占豪的投资博客	155 196 046
5	时寒冰	146 430 388
6	展锋	145 806 921
7	庄尼	131 679 982
8	赵薇空间	130 141 198
9	王国强	100 354 608
10	PK 亚健康	125 663 433

尽管访问量并不是决定意见领袖形成的唯一因素,但是,访问量是意见领袖形成的基础。与此相关,这些排名前列的博客上,单篇博文的阅读量、评论数也都远远超过普通博客,一篇博文阅读量超过十万甚至百万都已司空见惯。而这

① 数据来源:新浪博客,2011 年 1 月 2 日。

② 数据来源:搜狐博客,2011 年 1 月 2 日。

些博客被转发、订阅、链接或收藏的数量也与其访问量成正比，而这些共同表明了这些博客作为意见领袖的存在。

目前，意见领袖现象，也正在延伸到正在兴起的微博世界里。表 10－3、表 10－4 说明了这一点。

表 10－3 新浪“微博”关注度前十名①

排名	微博作者	粉丝量
1	姚晨	4 547 418
2	小 S	4 397 697
3	赵薇	4 131 311
4	蔡康永	3 920 940
5	谢娜	3 517 726
6	何炅	3 422 226
7	李冰冰	3 221 739
8	黄健翔	3 217 903
9	潘石屹	2 929 991
10	陈坤	2 915 590

表 10－4 腾讯微博听众量排行榜前十名②

排名	微博作者	听众量
1	刘翔	9 508 882
2	李开复	8 147 188
3	郭敬明	8 027 175
4	段暄	7 769 130
5	张亚勤	7 367 461
6	朱德庸	7 106 882
7	余华	6 811 066
8	马伊琍	6 543 146
9	韩乔生	6 361 896
10	麦家	6 128 053

① 数据来源：新浪微博，2011 年 1 月 2 日。

② 数据来源：腾讯微博，2011 年 1 月 2 日。

尽管被关注量并不完全等于话语影响力，但通常情况下，两者是呈正相关的。关注度高的用户，一般情况下其内容的转发量、评论量也会高。关注度的差异常常也会导致影响力的差异。前文社会网络分析方法所提到的测量权力中心的指标也说明了这一点。因此，高关注度与意见领袖的形成是直接相关的。

种种现象和数据显示，在网络中各种公民新闻平台上，的确存在着意见领袖，网络中强者越强，弱者越弱的正反馈效应，更是强化了少数意见领袖的地位。

意见领袖的存在，有助于从整体上提升公民新闻的影响力。因为这些意见领袖在一定程度上扮演了专业媒体的角色，这使公民新闻与专业媒体的抗衡能力得到提高。在某些特定的新闻传播活动中，意见领袖的加入，可以使传播的声势更大。

意见领袖也会在一定程度上影响到网络新闻传播的内容以及相关的意见、态度走向。作为最有影响力的把关人，意见领袖的把关比一般网民的把关效果更为明显。

当然，意见领袖对于网络新闻传播的影响并不总是正面的，但是只有承认了意见领袖的存在这一现实，才能对其影响及其作用机制进行深入研究。

2. 公民新闻活动中意见领袖形成的要素

意见领袖在各种网络空间中出现，常常是基于以下几方面的因素：

（1）个体自身的特质。意见领袖是那些可以影响别人的观点、态度甚至行为的人。意见领袖的产生，个体自身的特质是主要因素，这包括：

个体已有的地位与名声。这是个体在网络中引起注意力的一个基础，既有地位或名声较高的人，往往在网络中一开始就处于优势地位。名人通常更容易在网络中成为意见领袖。

个体的信息拥有水平。个体拥有的信息来源越广泛，信息量越大，就越容易在信息传播中处于受人关注的地位，成为意见领袖的可能性也越大。

个体的专业知识水平。具有较高专业知识水准的人，其意见更容易受到关注，也更具有成为意见领袖的潜质。

个体的网络传播能力。网络是以文字等符号为中介进行的传播，个体运用文字、图片、声音、视频等符号进行表达的能力越强，更容易成为意见领袖。

个体参与网络活动的频率与深度。网络影响力的形成是以互动为基础的，人们参与网络活动的频率与深度是衡量互动水平的主要指标。有时频繁、深层的互动与参与，可以在一定程度上弥补个人在其他方面的不足。因此，意见领袖往往是网络互动中的活跃分子。

个体的社交能力。尽管参与的多少及介入的深浅，关系到影响力的形成，但是交往能力本身也是一个重要因素。较高的社交能力，可以以较小的成本获得较高的回报。

某些个体因为具有了上述一种或多种素质，所以能更好地满足一部分网民的需要，获得他人的信赖。

（2）社会网络的影响。前文提到的社会网络，对于意见领袖的出现，也是具有一定作用的，如果不是社会网络将人的各种关系连接起来，并将某些个体的社会资源优势凸显出来，那么意见领袖的社会资本就难以得到体现和拓展，他们的社会能量也难以得到充分发挥。

（3）网络环境的助推。一个个体能成为意见领袖，常常还与他们所处的网络环境有关。例如同一社区中其他成员的性格、需求等以及整体的社区环境，会决定什么样的人能从这个社区中脱颖而出。

一些网站利用传播手段所进行的调控，也会影响到意见领袖的产生。例如，当网站把某些网民的文章推到网站首页或频道首页时，会提高这些文章的访问量，使这些网民的传播“势能”更大，从而成为意见领袖的可能性更大。

网络环境中容易形成马太效应，这也是推动意见领袖形成的一种环境因素。马太效应，指强者愈来愈强、弱者愈来愈弱的现象，与“正反馈”效应是同一现象的不同表述方式。在网络传播中，马太效应也是非常明显的。话语权越大的人，越容易受到人们的广泛关注，网站和其他传播者的助推动力也就越强，其话语权也会进一步提升。而弱势的人，会越来越弱势。

此外，网络环境中的从众心理，也会使意见领袖一旦形成后，地位会愈加稳固。

（4）社会环境的影响。社会环境是决定意见领袖产生的“天时”，特定时期的社会环境决定了社会的信息需求，迎合这些需求来进行传播的网民会更容易被凸显出来。例如，正是2007年的金融形势以及这些年来中国经济发展的阶段性特点，使一大批金融、股票类博客作者成为中国网络中的明星，成为这一领域内的“意见领袖”。

3．意见领袖与公民新闻精神是否冲突

进入公民新闻实践特别是博客实践后的中国社会，一直存在着一种争议，那就是，名人参与是否与公民新闻的精神相冲突。当新浪网以名人博客作为其博客平台的营销策略时，就曾引起各方面的质疑，很多人认为这与博客的草根性是相违背的。

当我们研究意见领袖这样一种现实存在时，也会遇到同样的问题：公民新闻强调公民的平等参与，而意见领袖则使某些个体的话语权力凸显，这种权力会不会对一般人的话语权形成制约作用？意见领袖与公民新闻精神是否有冲突？

当我们看到网络中的意见领袖有很多是现实世界里的名人时，这种疑虑就会进一步加深。

但是，如果将名人与公民、意见领袖与公民新闻等简化为对立的矛盾双方，可能会陷入非此即彼的泥潭。尽管公民新闻的出发点是强调普通公众或平民的参与，但是，当它发展到一定阶段后，应该转化为全民参与而不仅是平民参与。因为从长远来看，公民新闻在很大程度上会改写整个传播格局，但其更重要的意义，是让个体成为新闻传播活动的基础单元之一，与专业媒体形成融合共生的关系。这样的个体单元，显然不应局限于平民。也就是说，公民新闻不等同于"草根新闻"。

在这样的前提下，公民新闻参与的主体，既应包括过去没有话语权的普通公众，也应该包括过去有一定话语权的名人。即使是明星，在借助于网络之前，他们的话语权也需要经过大众媒体的"中介"才得以实现，而传媒所传达的未必是他们真实的信息或他们真正的意见。所以明星同样需要通过网络来真正地行使自己的信息传播和意见表达权利。因此，以公众的话语权为由来剥夺名人的话语权，未必真正体现全民参与这样一种公民新闻的发展方向。何况名人的参与，可以丰富网络传播的内容和视角，他们拥有的社会地位，所占有的各种信息资源，都可能使他们完成平民所不能完成的任务。

从另一方面看，即使名人不参与公民新闻活动，在网络中照样会出现意见领袖。无论人们在进入网络空间时的门槛是多么的一致，权利是多么的平等，网络中总会出现权力的分化。这种分化常常并非外力干预的结果，而是网民活动的一种自然结果，就像一个生态系统内的"优胜劣汰"的自然竞争一样。

意见领袖之所以在网络中出现，实际上是大众选择的结果。尽管网站的编辑手段可以对某些人成为意见领袖产生一定的作用，但这种作用并不是至关重要的。最重要的因素还是意见领袖自身的素质，只有这种素质与网民的需求相呼应，才能使某些个体脱颖而出。

公民新闻倡导的平民的平等参与，更多是相对于过去专业媒体的垄断而提出的一种新的理念。但在现实中，绝对的人人平等是不存在的。公民新闻只能是以一个整体的力量来与专业媒体相抗衡，这种整体的能力越强，公民与专业媒体之间的力量对比也就会越趋平衡。而意见领袖在某种意义上有助于加强这样一种整体能力。

当然，意见领袖也可能会产生一些负面影响。一方面，当某些个体的权力被一再强化时，他们滥用权力所造成的后果也就会越严重。而且因为公民新闻中的意见领袖，不像专业媒体那样可以受到一些行业规范的制约，因此，对他们的管理也更困难。另一方面，如果网民过分跟从意见领袖，他们的行为也会出现更多盲目性。同时，意见领袖也有可能造成公民新闻活动中的意见的过分一致，造成更多的"沉默的螺旋"现象，由此带来的社会影响值得关注。

但是，意见领袖是在网络中必然会出现的现象，对它也很难用简单的管理手段来干预。只有承认它的现实存在，研究它对于公民新闻产生影响的机制，才能对可能出现的问题进行预测。而加强网络社会公民素养的教育，是应对可能出现的问题的一种方法，关于这一点后文将做专门分析。

公民新闻实践，使其作为网民参与的新闻传播活动更加制度化，在某种意义上也更有组织性，网民这一极力量在网络新闻传播格局中的地位得到进一步提高。公民新闻既推动着新闻传播手段与方式的变革，推动着专业机构的角色变革，也影响着整个传媒格局的变革。

二、公民新闻作用下传媒力量对比的改变

公民新闻不是独立于专业媒体的新闻活动之外的，而是与专业媒体的新闻活动相伴随、相呼应甚至相融合。公民新闻不仅在整体上改变了新闻传播的某些观念与方式，也在一定程度上影响着传媒格局中的力量对比关系。这表现在如下方面：

1. 公民新闻成为专业媒体的参照系

公民新闻所涉及的事件、话题、新闻素材等，都可以成为某种参照系，受众可以以此为依据对专业媒体新闻报道的时效性、客观性、全面性等进行评判。公民新闻也在一定意义上代表着受众的需求与兴趣，能与公民新闻形成呼应的媒体，更容易得到受众的认同。

公民新闻的活动，在一段时间后，会形成某种价值取向，这种价值取向虽然不会完全决定专业媒体的报道活动，但会在一定程度上影响专业媒体的价值取向与判断。

2. 公民新闻的“伴随性传播”形成“正反馈”效应

公民新闻在很多情况下是专业媒体报道的伴随性传播，即对专业媒体报道的扩展性、跟进性报道，这些传播活动会形成正反馈效应，这种效应是一种调节机制，对于专业媒体的传播效果形成影响，这种影响累积起来，也会在一定程度上决定影响专业媒体的力量对比。

3. 公民新闻力量的取舍方向成为专业媒体角力中的砝码

公民新闻的力量与哪一种专业媒体相结合，或是与哪一种专业媒体相抗衡，都是一种砝码，影响着媒体的力量对比关系。

4. 公民新闻影响平台提供者的力量对比

公民新闻总是通过一定的平台来实现的。不同平台所聚集的公民新闻参与者的数量与质量、公民新闻的水准等因素，都会影响到平台提供者的影响力。而在我国，公民新闻平台的提供者很多就是专业媒体，因此，如何为公民新闻实践营造更好的平台，如何将更多的优秀的网民吸引到自己的平台来，成为新闻竞争之外的另一种竞争。

从目前来看，在中国，公民新闻实践在商业新闻网站得到了更多的重视与应

用,两者之间的契合程度也较高,因此,公民新闻实践进一步增强了商业新闻网站在新闻传播特别是网络新闻传播中的力量。媒体网站之所以在公民新闻实践方面稍显落后,除了体制、观念等方面的问题外,还和它们给人们留下的“刻板印象”有关。一些网民为了显示自己的独立性,会有意与传统媒体保持距离。因而,如何改变自己给受众留下的“刻板印象”,更好地实现自身与公民新闻实践的结合,就成为传统媒体必须面对的一个问题。

三、公民新闻推动下专业媒体的角色转化方向

人们或许会有这样的疑问:在博客、维基、微博技术支持下的“信息公社”面前,在公民新闻时代,专业媒体是否会被边缘化,进而由此走向消亡?笔者相信,这两种情况都不会发生,但这会不可避免地推动媒体的业务结构和运营方式发生改变。专业媒体的角色转化将向着两个方向进行:

第一个方向是专业媒体作为一种标杆,成为公民新闻的参照坐标。公民新闻在初期必然存在良莠不齐的局面,这甚至会使人们无法判断新闻的真伪。在这样纷繁复杂的情况下,专业媒体的报道将成为人们判断公民新闻所提供信息的真实性、客观性、全面性等的参照。要完成这样一种标杆的任务,专业媒体需要进一步提升自己的专业水准,并且不断改革业务模式,以适应公民新闻时代新的传播需求。

即使如此,专业媒体也不能视公民新闻为自己的对手,它也同样需要对公民新闻的价值进行挖掘,将公民新闻的能量导入自己的系统中并实现它与自身能量的结合。因此,对公民新闻提供的信息、意见等进行辨识、整合的能力,将成为专业媒体必备的能力之一。

第二个方向则是专业媒体成为公民新闻的组织者与协调者。这时,专业媒体将从信息的主体提供者,变为信息的网际组织者;从信息的单向发布者,变为信息的全程管理者。其具体作用表现为①:

议题设置。由于媒体的职业功能、从业人员的专业素质、与社会各界的联系等因素,媒体仍然具有对社会重要变动状态的前端感知能力,特别是具有对于量变过程中呈现的质变征兆及意义的前沿感知能力。这就使得媒体在新闻的辨识与捕捉中占据了优先位置。媒体有责任也有能力提供需要公众关注的议题种类和议题方向。

组织协作。维基等公民新闻形态形成的关键是大规模协作的组织。媒体需要设计协作的形式,制定协作的规则、协作的进程与环节,全面协调资源、技术为其基础支撑的网际能量,以完成信息收集、信息编辑、信息整合、信息发布、信息

---

① 高钢:《谁是未来新闻的报道者——维基技术的本质及影响》,载《国际新闻界》2008 年第 6 期。

运用的全程管理。

工具提供。专业媒体将根据自己的目标定位，建设媒体所需的公民新闻形态下的公共应用技术平台和内部管理技术平台，以保证信息生产和信息共享过程所需技术工具对于传播目标的支持。

安全维护。信息运行过程中，系统将受到复杂因素的干扰，从而使其安全性受到各种各样的威胁。媒体需要保证海量信息流动过程的稳定与安全，需要防止出于各种目的的对于网络系统安全的侵害。

在现阶段，专业媒体更多的是在第一个方向上实现自己与公民新闻的共同繁荣，而从长远来看，专业媒体则将更多地在第二个方向上发展。也许未来能充当标杆的，只剩下少数几家具有极高水平的专业媒体，更多媒体是在公民新闻的推动下，逐渐转型，完成与公民新闻的融合。

四、公民新闻推动的"公共领域"建设

公民新闻的意义，并不仅仅在于对传媒格局的影响上，它的其他社会影响同样是不容忽视的。这也是我们关注它的现状与走向的更重要的理由。

公民新闻活动不仅包括新闻信息的报道，也包括对公共事务的讨论，这些讨论在一定程度上推动着网络中的"公共领域"的建设。

"公共领域"(Public sphere，或称公共空间)是德国哲学家于尔根·哈贝马斯重点研究的一个理论，他认为，公共领域"首先意指我们的社会生活的一个领域，在这个领域中，像公共意见这样的事物能够形成。"①它是"介于私人领域和公共权威之间的一个领域，是一种非官方公共领域。它是各种公众聚会场所的总称，公众在这一领域对公共权威及其政策和其他共同关心的问题作出评判。"②它既可以整合和表达民间的要求，又能使公共权力接受来自民间的约束。

哈贝马斯认为，公共领域应该具备三个要素：首先，公共领域需要这样一个论坛：它对尽可能众多的人开放，可以在其间表达和交流多种多样的社会经验。其次，在公共领域中，各种论点和意见可以通过理性的讨论来展开交锋。这意味着，只有在公共领域首先对于一个人可能作出的各种选择方案有一种明察的情况下，"理性的"选择才有可能。与此同时，传媒应该提供尽可能宽的解释框架，以便使该公民也能够知晓他没有选择的方案是什么。第三，系统地和批判性地检验政府的政策是这种公众领域的首要任务。

网络时代到来后，人们普遍关心的一个问题是，网络能否承担理想的公共领

---

① 汪晖、陈燕谷:《文化与公共性》，生活·读书·新知三联书店1998年版，第125页。

② 何增科:《公民社会与第三部门》，社会科学文献出版社2000年版，第45页。

域的功能？不同的研究者得出的结论不尽相同，但总体而言，人们对网络作为公共领域的可能性是持较为积极的态度的。

应该看到，网络本身的构成是十分复杂的，网络社会也像现实社会一样，存在着参差多样的形态。有些空间是相对平等、开放的交流空间，更接近哈贝马斯对于公共领域的要求，而有些空间，则是松散的人群聚集，人们之间也难以形成完全平等自由的交流。

尽管哈贝马斯提出的公共领域的概念是受到国内研究者关注最多的，但是，哈贝马斯之外的学者关于公共领域的研究，可以为我们认识网络作为公共领域的作用提供更丰富的视角。

1995 年，英国学者约翰·基恩提出了他的公共领域理论。他认为，过去那种由广播、电视、报纸、书籍等媒介所构成的基于国家结构、受制于地域界限的公共生活正在受到冲击。突破地域界限的多元化的网络传播空间将打破哈贝马斯所提出的国家或民族框架之下的单一型公共领域。取而代之的是由大小不同、彼此交叠、相互连接的公共空间，以“马赛克”方式拼贴而成的复合型公共领域。这种结构性变化促使我们对于公共领域以及与之相关的公共意见、公共利益、“公”与“私”的区分等概念做出新的思考。基恩指出，公共领域可以有微观公共领域、中观公共领域和宏观公共领域等不同层面。微观公共领域过去以咖啡馆的聚会、小镇会议、文学圈等方式存在，而今天更多的是体现在社会运动和各种日常聚会中，甚至存在于儿童的电子游戏活动中；中观公共领域可以通过大型报纸、广播、电视等媒介手段来实现，它们通常是以国家或民族为基础，但有时也可以超越国界涉及邻国；宏观公共领域以跨国媒体集团、互联网等为基础，它们是全球性的或者地区性的。①

尽管基恩当时更多地将互联网与宏观公共领域联系起来，但事实上，今天我们已经可以看到，网络中同时存在着宏观、中观、微观等各个层面的公共领域，它们在网络环境下也实现了“马赛克”式拼贴。在不同层面上的公共领域中，参与的网民有所不同，人们所关注的事务也有所不同。但是网络提供的各种传播、交流手段，使不同层面的公共领域都可以发挥作用。

因此，如果要认识网络以及公民新闻在社会民主政治中的作用，我们就不能局限于哈贝马斯的公共领域概念，而应该看到网络对于公众的权利意识、社会参与意识的启蒙与培养，以及网络所提供的公共表达和公共对话的各种可能。这是推动民主政治更重要的因素。当然对其中可能出现的问题，也需要有清醒的认识。

---

① John Keane：Structural Transformations of the Public Sphere. The Communication Review. Volume 1 (1)，1－22.

第二节 数字时代的舆情与舆论

作为现实社会的一个晴雨表,数字社会中的信息和人们的言行,在一定程度上反映着现实社会的舆情与舆论。作为现实社会的一个构成部分,数字社会本身也在形成自己的舆情与舆论。认识网络、手机等平台上舆情、舆论的产生、发展规律,以及它们与社会舆情、舆论之间的关系,对于认识数字媒体在社会中的作用,具有重要意义。

由于目前网络在反映舆情、形成舆论方面的作用更为强大,因此本节的探讨重点是网络,其中有些规律也适合于手机中的 WAP 网站等。由于手机短信在形成舆情、舆论方面也有一些特点,本节也将有所涉及。

一、舆情与舆论的关系

舆情通俗地讲就是社情民意,即一定时期一定范围内社会公众对社会现实的主观反映,是群体性的思想、心理、情绪、意志和要求的综合性反映。

可以说,舆情是社会的晴雨表,它反映了一定时期、一定范围内公众的关注焦点,反映了公众对某些问题与现象的意见与态度,反映了社会现实中的矛盾、冲突,也在一定程度上揭示出社会中潜在的危机。

与舆情相关的一个概念是舆论。关于舆论,不同学科研究的出发点是不同的。在政治学者看来,舆论代表着“公意”,是民主政治的基础;社会学者则将舆论视为社会互动的有机整体;行为科学将舆论看做是个人意见的简单相加,即多数意见被看做舆论;社会心理学则将舆论看做社会控制的机制,认为舆论未必是事实上的“多数”意见,但至少是表面上的或人们感觉中的“多数”或“优势”意见。[①] 如果简单而言,舆论是指在一定社会范围内,消除个人意见差异,反映社会知觉和集合意识的具有相对一致性的公众意见。

可见,舆论是舆情的一个重要组成部分,也是舆情在某一方面的集中表现。而舆情不仅包含公开的舆论,也包含一些隐含的公众态度与情绪等。舆论总是在一定的舆情的背景下产生的,但反过来,舆情并不一定通过舆论表现出来。舆情具有常态性表现,即在日积月累中体现出一种民意倾向,同时又会有爆发性表现,即通过某些特定事件集中体现出来的舆论。

网络和手机媒体都可以反映舆情与舆论。网络舆情是在互联网这样一个媒介中体现出来的社情民意,它不是个别网民的个别意见,而是网民作为一个整体所表现出来的态度与意见的综合状况。各种观点意见、各样社会情绪、各

---

① 郭庆光:《传播学教程》,中国人民大学出版社 1999 年版,第 222 页。

类社会思潮乃至各式牢骚怨言都可以通过互联网展示出来。互联网也因此成为一个崭新的"意见集中地"和"舆论自由场",成为了解社情民意的一个窗口。

在特定时期或特定的事件发生时,网上会爆发性地形成一些舆论热点,在某种意义上,这些网络舆论热点是网络民意的风向标。研究网络舆情,应着重研究这些舆论热点的形成规律,并透过这些热点问题研究网民思想与心理动向,以及在这背后隐藏的社会问题。此外,通过网络调查等手段研究隐含的网络舆情,也是十分必要的。

而在手机媒体中,舆情、舆论也会通过短信、WAP 网站等得以体现。与此同时,手机媒体往往又和网络媒体进行着互动,影响着舆情与舆论的发展。

网络、手机媒体所反映的舆情虽然不能等同于社会整体的意见与情绪,但是,它具有一定的代表性,反映了某些社会群体或阶层的意愿,因此,也是社会舆情的一个重要组成部分,是社情民意的一个重要表现窗口。

另一方面,在某些情况下,数字社会的舆情也反映出现实社会的一些消极、不良情绪。及时了解数字空间中的舆情,把握数字空间舆论的走向,采取科学的手段来消除其消极影响,对于维护现实社会的稳定,也是十分重要的。德国社会学家伊丽莎白·诺尔-诺依曼认为,舆论在双重意义上是"我们的社会皮肤":它是个人感知社会"意见气候"的变化、调整自己的环境适应行为的"皮肤",同时,它又在维持社会整合方面起着重要作用,就像作为"容器"的皮肤一样,防止由于意见过度分裂而引起社会解体。① 同样,数字空间中的舆论也具有以上双重意义。

二、网络传播与网络舆情

网络是社会舆情的一扇窗口。了解网络舆情,需要了解它的信息形态、依存渠道、表现特点、影响因素等各个方面,只有这样,才能充分了解网络这一特定空间在反映社会舆情方面的特性。

(一)网络舆情的信息形态

网络舆情是通过网络传播中的各种信息体现出来的,从这个角度看,网络舆情由两种信息构成,即事实性信息和意见性信息。

事实性信息是对事实的描述,信息发布者的主观意见没有直接呈现出来。但是这样的信息并非就是绝对客观的,它们同样可以用某些方式来反映信息发布者的主观判断。

例如,发布或不发布信息本身就是一种评价。在一段时间内暴风骤雨似

① 郭庆光:《传播学教程》,中国人民大学出版社 1999 年版,第 222 页。

地发布关于某一事件的相关信息，表明了发布者对它的高度关注，这是一种主观意见的反映；相反，如果某一事件发生了，但是媒体却不予报道，这同样表达了一种主观态度。可以说，报道量的多少、报道发布的时间与频率、报道发布的版面位置（报纸、网络等媒体）、时间顺序（广播、电视等媒体）等，都可以传达出意见。

对于某一事件的报道，披露哪些信息，隐藏哪些信息，如何组织相关信息，同样也是主观意见的一种反映。对于同样一个事件，不同媒体的报道可能给人截然不同的印象，这就可能源于在报道中对事实构成要素的选择、组合上的不同。

运用传播方式与手段将意见与态度隐含在事实性信息中，不仅是媒体可以采用的策略，也是个体在信息发布时常常采用的。

意见性信息则是主观意见的直接表达。在网络中，它可以通过各种渠道表现出来。了解网络舆情，不仅应该注意在各种渠道中表现出来的意见性信息，还要关注那些事实性信息中所隐含的意见与情绪。

（二）网络舆情的表现途径

网络舆情是网民意见、态度与情绪的综合体现，它可以通过不同途径表现出来。下面是常见的一些途径：

网络新闻。网络新闻是事实性信息与意见性信息的集合。网络新闻报道的内容与方式，都可能与舆情民意有着一定程度的关联。网络新闻报道的热点往往反映了社会的焦点，而一些网络新闻评论更是会与网络舆论热点产生直接互动。

新闻跟帖。新闻跟帖是在网络新闻报道后开设的供网民发表意见的 BBS，它们常常是一事一设，讨论的主题明确。它集中反映了网民对于某一事件的意见，并由此传达出对于某一类社会现象或问题的网络舆情。

论坛贴文。除了新闻跟帖外，网上论坛大都是相对稳定的，大多数论坛也由相对固定的网民群体组成。这些论坛中的贴文虽然话题较为分散，但是，它们从各个侧面反映了网民的思想动向与意见倾向。在某些重大事件发生时，许多论坛的讨论也会集中在这些焦点上，并与其他网络舆情渠道形成互动。

电子邮件。电子邮件虽然是一种人际交流的手段，但是，它也可用于舆论的传播。采用群发邮件的方式，更是可以较为迅速、广泛地影响舆论的形成。

网上调查。网上调查是网站针对某一社会问题或事件开展的网民调查活动，常常是采用简单的“投票式”，即给定几个预设答案，由网民进行单选或复选，以表明其态度。网上调查既是事实性信息，又是意见性信息。一方面，它是网民意见分布这一事实的直接呈现；另一方面，它又反映了网民的主观评价。由于网上调查的局限性,网上调查结果并不一定总是科学的,但它在很大程度上反映了网络舆情的基本走向。

网上签名。网上签名是针对某一事件或问题号召网民响应的活动,它可由网民自发组织,也可由网站组织。网上签名的价值取向非常鲜明,只表达一种态度。它所表现出来的网民态度的主流取向,是舆情的一种直接表现。

即时通信工具。网络即时通信工具(如 QQ、MSN 等)原来只是人际传播的一种手段,但是,随着这些工具功能的扩充,它们在形成与反映网络舆情方面的作用也日益增强。意见、情绪与态度等,可以通过即时通信方式所构成的庞大的人际传播网络迅速传播,从而产生强大的声势。

博客。随着从事博客活动的网民数量日益增加,博客的影响力也与日俱增,博客网站的关注热点以及由此传达的网民态度,也是网络舆情的一个组成部分。

维基。维基是一种多人协作的写作工具,同一维基网站的写作者自然构成了一个社群,在这样的社群的交流中,也能反映网民的思想动向。

SNS 网站。SNS 虽然以小圈子交流为主,但是,它也能传播一定的公共信息,此外,在一些特定人群中,某些时候也会形成一些代表性的意见或情绪。因此,SNS 既能反映全局性的舆情,也能反映局部性的舆情。

微博。自 2009 年在中国广泛普及以来,微博也成为一种重要的舆情渠道。微博虽然与 SNS 网站有相似之处,但是,它在公共信息传播方面的作用更为突出,因此,在反映社会舆情方面的作用也更为明显。

应该指出的是,虽然在特定的事件上,某一种或几种渠道对于网络舆情形成的作用更加突出,但是,从总体来看,网络舆情是各种渠道、各种方式的信息的融合与相互作用的结果。

此外,随着网络技术的发展,网络舆情的形成与表现渠道还会进一步拓展。

(三) 网络舆情形成过程的特点

网络舆情虽然是社会舆情中的一部分,但由于它是在网络这样一个特殊环境里形成的,因此,在形成过程中表现出自己的特性:

1. 开放性

与其他渠道形成的舆情相比,网络舆情形成中的开放性表现得较为充分。这首先表现为空间上的开放性,网民进行意见表达时,不再受到地域上的限制,他们可以轻易地与远隔千里的人进行意见交流。而网络这一公共对话空间可以将来自各个地域的意见集结起来,使之形成公众舆论,因此,网络舆情的容量与能量是相对较大的。

其次,这种开放性也表现为个人表达的开放与自由性。由于网络的匿名特点,多数网民在网络中会更自然地表达自己的真实观点,或者表达出自己的真实情绪,这种个人的开放性使网络舆情可以在各个层面上反映现实社会的矛盾。

2. 迅捷性

由于网络媒体在传播速度方面的优势，网络舆情特别是网络舆论在形成、发展的速度上也十分迅速。一方面，当一个事件发生时，个体可以立即在网络中进行意见表达，同时个体意见可以迅速地汇聚起来形成公共意见，另一方面，各种渠道的意见可以迅速地进行互动，从而造成强大的意见声势。

3. 直接性

网络是舆情形成与表现的一个直接渠道，了解网络舆情不再需要经过其他渠道的中介，因此，网络舆情能直接且较为真实地反映网民的意见与情绪。

4. 互动性

网络舆情形成中的互动性表现为几个方面：

一是网民间的互动。网络舆情是在网络这样的互动环境中产生的，网民之间通过论坛、博客、即时通信工具等多种渠道产生千丝万缕的联系，网民的意见，往往不是孤立地产生的，而是在与他人的互动中形成的，因此，更多时候它体现的是群体氛围下的情绪与态度。

二是网络媒体与传统媒体的互动性。网络舆情虽然是在网络环境中形成的，但它不是孤立的。网络媒体与传统媒体的互动，在很大程度上会影响到网络舆情的发展，特别是在网络舆论热点的形成过程中，传统媒体的作用仍然是十分强大的。传统媒体可以为某些网络舆论热点推波助澜，也可以削弱某些网络舆论的力量。

三是网上社会与网外社会的互动性。尽管网络社会常常被称为“虚拟社会”，但它与现实社会是一脉相承的，是现实社会的一部分。网络舆情是网上社会与网外社会共同作用的结果。它既反映了现实社会的一般矛盾，又反映了部分网民的特殊诉求。

5. 局限性

网络舆情虽然在一定程度上反映了社情民意，但是，不能简单地将它等同于整个社会的舆情。这一方面是由于网民群体的特殊性以及网络中参加意见表达的网民的有限性；另一方面是因为网络这一平台的特性，使意见表达与舆论形成容易受到各种因素的影响，未必总是能全面真实地反映民意。对于这种局限性，本书将在后文做进一步分析。

（四）影响网络舆情形成的因素

网络舆情虽然是通过网络这一渠道反映的民意，但是，它的形成不是孤立的，而是受到许多因素的影响。主要影响因素包括：

1. 现实社会环境

网络舆情是社会的一种现实反映，无论其作用积极与否，网络舆情的形成都具有现实的依据。网络舆论热点的产生、舆论的最终走向，都与现实环境有着直接关联。近几年中国网络的舆论热点都与政治、经济体制改革，社会转型、全球化等大的时代背景密不可分，是现实矛盾的集中体现。这些热点问题中的民意取向，也体现了近年来人们价值观的发展动向，反映了中国意识形态的变化动向。

2. 网络社会环境

网络舆情的状态，也与网络社会环境有关。在网络中的人们的态度与行为，往往都不是孤立的，它们都可能受到他人的影响。网络中的社会结构、人们的社会心理都会影响到个体的态度与意见的形成。

一般而言，在网络中越是稳定的群体或社区对个体的影响也越大，个体在社区中的既有地位、派别之间的关系等对于个体发表意见时的作用十分明显。

因此，网络舆情是对网络社会关系的一种综合反映，是一种集体行为而非个人行为。要科学、合理地引导网络舆情的走向，就应该充分利用那些可以影响网上意见形成的社会结构性因素，如意见领袖等。

3. 媒体信息环境

媒体报道是对现实的反映，但它并非对现实生活的全面、真实反映。媒体只能用信息传播活动的方式再现现实生活，它构成了一种信息环境，这种环境也被称为“拟态环境”。这种拟态环境在很大程度上影响着社会舆情，包括网络舆情。网络舆论热点的形成，更容易受到媒体信息环境的影响。

传播学研究认为，大众传播具有一种为公众设置“议事日程”的功能，传媒的新闻报道和信息传达活动以赋予各种“议题”不同程度的显著性的方式，影响着人们对周围世界的“大事”及其重要性的判断。① 一般而言，经过媒体强化处理的新闻更容易引发舆论热点。

另一方面，如果媒体特别是网络媒体对于某一事件的报道出现了失误，就可能影响到社会公众对事件的判断与态度，也容易产生舆论热点。

从报道的过程看，缺乏必要铺垫、过于突兀的新闻报道，容易造成人们心理的瞬间失衡。特别是在一些与国计民生相关的政策与法规的酝酿过程中，如果事先不做充分的铺垫工作，便容易触发各类人群的不满，刺激社会上非理性情绪的滋生，网络舆情便会出现相应的状态。当然，一些政策法规出台时缺少必要的宣传，并非仅仅是媒体的问题，而是与政府工作做得是否充分有关。

从报道的内容看，过于简单、暧昧的新闻报道，往往使网民心中产生很多疑团，网络便会成为流言与小道消息传播的途径，2003 年年底关于黑龙江“宝马撞人案”的报道便是一个反面的例子。

从报道的方式看，一边倒的新闻报道容易带来逆反心理，从而引发网络舆论

① 郭庆光，《传播学教程》，中国人民大学出版社 1999 年版，第 214 页。

热点。从传播心理看,“两面提示”(将正反两方面的信息同时提供)往往比“一面提示”(只提供有利的信息)的效果更好,特别是对于文化程度较高的受众而言。我国网民的整体文化素质较高,如果在网络新闻传播中仍然采用旧的宣传模式,很容易使效果适得其反。

从报道强度与节奏看,过强或过弱、过密或过稀的报道,都有可能带来不良影响。有些时候,媒体高密度的强势报道,会人为地刺激网民对某些事件的关注程度并引发不良情绪的宣泄。有些时候,则可能由于媒体的不作为,导致人们的不满与猜疑,从而引发舆论热潮。

4. 舆论政策环境

舆论政策环境,指的是影响人们进行公开的意见表达的相关政策因素构成的环境。随着我国政治体制改革的深入,舆论的政策环境越来越宽松,人们可以通过各种渠道对社会事务发表真实意见,在网络等渠道所表现的舆情也更能反映现实生活。当然,相关管理政策的“松”与“紧”仍然会影响到网络舆情的形成与发展。

三、网络传播与网络舆论

网络舆论是网络舆情的一种显性表现,是特定时间舆情的外化。网络舆论的运动规律,既遵从着社会舆论的一般规律,又受到网络这种特定环境的影响。

(一)网络舆论与社会舆论

网络舆论是社会舆论在网络这一特殊社会环境中的集中体现。但是,将网络舆论与社会舆论等同,是不可取的。网络舆论在反映社会舆论时并非总是完整、全面的,它在很多方面表现出局限性。这主要表现在:

1. 民意代表的有限性

尽管网络舆论能在一定程度上反映社情民意,但是,不能把它等同于民意。

这首先是因为网民毕竟只是社会中的一个特殊群体。从中国互联网络信息中心历次调查的数据看,目前中国网民中,18~35 岁年龄段、男性、具有大专以上学历、生活在经济发达地区、专业技术人员等,是主流人群。即使网民群体在趋向多元化,但也尚未覆盖社会的所有阶层。

其次,网络舆论的形成是基于个人的意见表达,但在网络中积极主动表达自己意见与态度的并非所有网民。2005 年北京市外宣办组织的关于互联网新闻跟帖的调查研究发现,18~24 岁、25~32 岁以及 33~45 岁等 3 个年龄段的网民不仅是现在网民中的主力军,也是在新闻后进行跟帖的主要力量。此外,网民的性格等因素也会对其是否在网络中积极表达个人意见产生影响。

因此,网民意见不能代表所有社会群体的意见,网络舆论只能被视做社会民意系统的一个重要参数。

2. 意见表达的情绪性

虽然网络为社会个体自由表达个人意见、参与公共事务讨论提供了很好的渠道，但是在实践中，由于各种因素的影响，网民的意见表达并非总是理性的，这其中情绪的影响十分明显。这既表现在个人情绪的干扰，也表现在网民间情绪的相互感染。个体所受到的现实压力会直接影响到其在网络中的意见表达。而意见表达的环境因素，如群体的关系、派别之间的论争等都会造成情绪的相互影响。因此，在很多时候，网络舆论是个人情绪与群体情绪相互作用的一个结果。有时它们是真实意见的反映，有时也会与人们原有的意见产生一定程度的偏离。

3. 舆论形成的易控性

在网络中围绕某一问题进行讨论时，网民间会产生相互作用，从而影响到意见的总体走向。在有些网络空间中，意见领袖对于舆论的形成所起的作用十分明显。由于网络舆论具有渗透性，因此，在小圈子中的意见领袖的影响可能扩大到更广的区域，从而对整个网络舆论的发展形成影响力。

此外，一些网民可以运用某些手段来凸显自己的意见，例如，反复发帖，用多个 ID 发帖，这样也可能营造出一个非真实的“意见环境”，从而影响其他网民的判断与态度形成。有些情况下，一些网上热点问题看似是所有人共同关注的焦点，但事实上只是个别人操纵、反复“灌水”炒作的结果。可以说，网络意见的形成并非总是全体网民意愿的自觉反映，它们在某些情况下会受到少数人的影响，甚至可能受到某些人的有意控制。

（二）网络舆论的主要作用

网络舆论的主要作用表现在以下几方面：

1. 意愿声张

网络舆论是一部分社会成员意愿的直接反映。特别是在一些重大事件发生时，它直接反映了一部分网民的态度与心声。无论它的作用是否积极，网络舆论所传达的民意都是不容忽视的。当然，正如前文所指出的，网络舆论不能代表社会整体舆论，也不能代表全部网民的意见，但是它从一个侧面反映了社会成员的思想动向。

2. 意见整合

在舆论形成的过程中，由于害怕陷入孤立状态，越来越多的人会接受并支持主流意见。网络舆论也具有这样一种功能，它使人们具有相对一致的关注焦点，在这些焦点问题上最终形成一种主流意见。网络舆论的形成过程产生了一种整合力量，使大多数人的意见达成一致，这就可以避免因意见过分分散而造成的混乱。

3. 行为导向

网络舆论是社会中的一种“意见气候”，它给人们提供了一种参照，使人们以此为依据来调整自己的态度与行为，就像人们通过天气预报来安排自己的活动一样。尽管有时这种导向会产生消极影响，但它的作用是客观存在的。

4. 社会监督

网络舆论也是一种社会监督力量。与传统媒体的舆论监督相比，网络舆论体现的不仅仅是专业传媒机构的监督能力，还体现了网民的力量。专业传媒对于某些事件的报道，会推动舆论焦点的形成，而网络舆论的走向，也会影响到专业传媒机构的报道取向。可以说，在舆论监督方面，网络舆论是一种复合性的力量，它将专业传媒与网络公众结合在一起，两者互动，从而形成一种强大声势。

5. 情绪宣泄

网络看上去是虚拟的，但其实质是现实世界的一种反映。人们在网络中的各种活动，都有其现实依据。人们在网络中进行意见表达，并非总是为了参与社会事务，有时仅仅是为了宣泄个人情绪。特别是在社会转型期，人们的工作、生活压力加大，社会矛盾日益复杂，在现实世界中，出于各种因素，不少人需要伪装自己，但是网络环境有助于他们放下伪装，尽情地发泄自己、舒缓情绪。网络的这种“泄压阀”的功能是不可忽视的，但由此也应该认识到网络舆论的复杂性。

（三）网络舆论的产生及发展规律

网络舆情最集中、最强烈的体现是在一定时期或特定事件中所形成的网络舆论。网络舆论的形成与发展过程，直接反映了网络舆情的状况，因此，对网络舆论的形成与发展规律是需要重点研究的。网络舆论的形成与发展规律十分复杂，下面介绍的只是其主要的发展线索。

1. 网络舆论的形成

按照传统的政治学和舆论学的观点，舆论是一种社会合意（social consensus），它的产生是一个“问题出现—社会讨论—合意达成”的过程。[①] 这一观点只强调了舆论对于民意的体现而没有看到它对于个人和群体的强大约束力，因而并不全面，但是其中对于舆论形成的过程的概括，仍然可以作为一种参照。网络舆论的形成，也有类似的规律。

（1）网络舆论形成的起点——导火索性对象引起关注。虽然网民每时每刻都可以在网上发表意见，但网络舆论的形成，往往源于某些事件的发生，也就是说它们是以某些具体对象为依托的。一般来说，专业媒体机构的报道有助于事件的广而告之，因此，媒体的报道往往是引发网络舆论的直接动因。少数情况下，虽然专业传媒没有报道，但是，一些信息通过网络的人际传播等渠道发布，也可能引起舆论热潮。

---

① 郭庆光：《传播学教程》，中国人民大学出版社 1999 年版，第 219 页。

下列几类事件往往是我国网络舆论关注的热点:

关系国家民族利益的事件。两岸关系、中美关系、中日关系等与国家民族利益紧密相关的事件,一直是网络舆论的热点。

中美关系成为网络的一个持久话题,首先起因于近年来中美之间不断的冲突与摩擦。但在有关中美关系的网络观点的大交锋的背后,还有着更深刻的思想背景。中美问题成为舆论焦点的另一个原因,是因为它一直与敏感的两岸关系息息相连。而台湾问题也始终是网络舆论关注的一个热点。

由于日本发动侵华战争曾给中华民族带来的深重灾难,以及日本长期以来对于历史问题的态度与立场,中日关系一直是中国普通百姓难以释怀的一个心结。在网络中,与中日关系相关的敏感事情,例如侵华日军遗留毒气弹事件、日本申请成为联合国常任理事国等,都会成为舆论爆发的导火索。

灾难性事件。近年来,由于政府在处理灾难性事件方面采取了更为公开、透明的政策,媒体在报道方面也更为开放,对于灾难性事件的评论也成为网络舆络的一个热点。网民在表达自己的同情心的同时,也在反思"人祸"背后的原因。有时,对于灾难性事件的关注会逐渐演变为对相关社会问题的讨论。

与国计民生相关的政策、法规出台。显然,政策法规涉及的社会阶层越广泛、人数越多,参与网络讨论的人数也就越多。缺乏必要宣传与铺垫的突然式政策出台更容易成为舆论热点,例如北京市曾酝酿世界遗产景点门票涨价一事,就曾在网络中激起热烈的讨论。

反映当今社会主要矛盾的事件。当今中国社会是一个价值观多元化的社会,不同社会群体的利益往往是不一致的,甚至有时会存在不同程度的利益冲突。黑龙江"宝马撞人案"在网上之所以备受关注,是因为在很多人看来,它集中体现了社会上的主要矛盾。这类事件往往会成为一种载体,引发人们对自身生存环境及个人利益的许多联想,有时也不免会成为人们情绪宣泄的一个出口。

与弱势群体相关的事件。弱势群体的存在一定程度上是社会矛盾的一种体现,因此,关心与弱势群体有关的话题,也就表明人们对社会问题的关注,它们也会引起人们关于自己生存处境的联想。此外,同情弱者,是中国网民中常见的一种思维定势。

反映社会道德困惑的事件。处于转型期的中国,人们的价值观与道德观也在经历着一次激烈的震荡,许多人面临着道德的困惑。因此,与之相关的新闻事件也容易引发激烈的网络讨论。这些事件往往成为全社会范围内进行道德问题思考与讨论的契机。

不同类型的事件,引起公众关注的首要渠道可能有所不同。有些事件容易引发新闻跟帖热,有些事件容易成为论坛的关注焦点,有些事件最早在博客网站产生影响,而对有些事件的关注则可能首先通过网络即时通信工具或微博所形成的人际网络扩散。公众对有些事件的关注是从网络中少数几个“点”开始，逐渐扩展到网络的其他空间，有些事件则是从网络中的多个点同时开始形成强烈关注，进而从这些点全面辐射到网络。

（2）网络舆论形成的中间环节——网上讨论的扩散。无论对于热点事件的关注最初是源于网络中的少数几个点还是多个点，它们都不会在原地停滞不前。因为热点问题总是能引起网民的广泛关注与热烈讨论，这种关注会通过各种方式传播开来，形成更强大的力量。

网上讨论扩散的主要渠道是网络，包括网络中的人际传播、群体传播、组织传播、大众传播等各种途径。从具体手段来看，包括网络新闻报道、新闻跟帖、论坛、即时通信工具、博客、微博、电子邮件、手机短信等。

从传播的模式来看，由于渠道的多样性和各渠道间的连通性，网上讨论的扩散往往是从一个点辐射到多个点，再由这些点向更多的点辐射（见图 10－1）。因此其传播速度十分迅速，影响面也十分广。

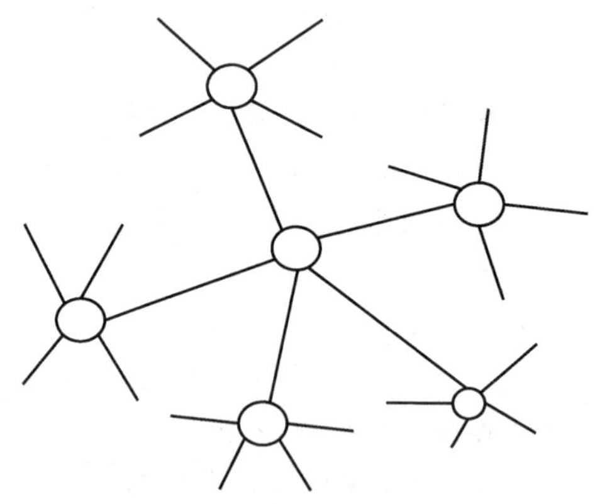

图 10－1　网络讨论扩散的主要模式

网上讨论扩散的过程，是事实与意见的共同传播过程。在网络中，事实的传播可能出现信息的保真、衰减或变形等不同结果。进行事实传播的主要方式是信息的转发，无论通过何种渠道进行转发，网站或网民都可能出于自己的主观需要对信息进行处理。如果对于信息源的信息不加任何修改，则基本可以实现信息的保真。如果对信息中某些要素或细节进行了删减，则信息发生了衰减。如果对信息进行了一定的修改，则会出现信息的变形情况。

事实传播中的信息变化情况，对于舆论的形成有着直接影响。例如，如果出于主观需要有意在事实传播过程中扭曲事实，将某些信息放大、某些信息减少，就可能对舆论的走向形成误导。

同样，网上意见的传播也并不是一个“照单全收”的过程，意见的传播与意见的交锋是交织在一起的,交锋的结果是优势意见得以继续广泛传播,而处于劣势的意见逐渐从主流传播渠道中退出。

事实的传播与意见的传播也绝非泾渭分明,传播什么事实、如何传播事实本身就表明了一种意见,而很多时候,网民在传播事实时,也直接加入了自己的评价。

网上讨论的扩散速度、扩散面以及讨论的复杂程度都是在传统舆论的形成过程中无法企及的,这也是研究网络舆论时需要重点关注的。

(3) 网络舆论的最终达成——意见的整合。舆论最终达成的标志是消除个人意见差异、反映社会知觉和集合意识的多数人的共同意见的产生。对于某些问题或事件,网民的意见并不一定在一开始就达成一致。相对一致的舆论形成需要通过一定的机制。

根据德国社会学家诺依曼的观点,一致的舆论的形成是由于“沉默的螺旋”的作用。虽然其研究的主要是大众传播对于舆论形成的影响,但是,在其他一些传播情境下,“沉默的螺旋”也是可以起作用的。在不少情况下,“沉默的螺旋”对于网络意见的整合是具有明显作用的。

在网络空间中,人们常常处于群体氛围中,群体的压力也是意见整合的一种影响因素,其中比较明显的是意见领袖的作用。意见领袖由于在社会阅历、社会地位、信息来源、知识面、人际关系等方面处于优势地位,因此常常能够对他人施加影响。在网络中的许多稳定的社区里,意见领袖是存在的。他们不仅在日常交往中能对他人产生影响,在一些重大问题上,也能在一定程度上起到整合意见的作用。

网站在传播手段上的运用,也可以起到整合意见的作用。网站对于事实性信息或意见性信息的选择及编排手段的运用,可以在一定程度上影响到舆论的走向。此外,网站将某些网民的帖子置于网站或论坛的显著位置,可以使某些意见得以凸显,从而影响到他人的观点。网站在进行调查时,预设的答案也起到了一种整合的作用,使网民的意见向某几个方向集中。

以上几种因素的作用,都可以在一定程度上使原本参差多样的意见逐渐趋向一致,这种意见整合过程不仅发生在网络的个别区域,也通过类似机制使整个网络空间形成主流意见,最终形成了一致舆论。

网上讨论的扩散过程与舆论达成过程并非是截然可分的,它们往往同时发生。在讨论的扩散过程中,同时在进行着意见的整合。当某一种意见的优势地位得以确立时,相对一致的舆论已经达成,而这个一致的声音又会继续在网络中进行传播,影响着更多的人。

2. 网络舆论与外界的互动

网络舆论在形成、发展过程中,也在与外界进行着互动。

与传统媒体互动。网络舆论的形成并不是在网络这样一个封闭的空间里完成的。事实上,它不断地在与其他传播媒体进行着互动,特别是报纸、广播、电视等传统的大众传播媒体。网络舆论焦点往往会成为传统媒体报道的热点,而传统媒体的大篇幅、高频率报道则促使更多的社会公众开始关注相关事件,促使更多的人参与到网上讨论中,网络舆论的影响力就此不断扩散。

与网下舆论互动。网民是社会中的一分子,人们在网上在与其他人进行交流时,也会在网络空间之外与他人进行交流,这使网上意见与网下意见相互交织、相互作用。网络舆论的形成,会在一定程度上受到网络之外的公众意见的影响,网络舆论也可能对网下的意见走向起作用。

3. 网络舆论的发展

网络舆论形成后,通常都会与现实社会发生关系,甚至对现实社会中相关事件的进展起到一定推动或阻碍的作用。在与现实产生互动的过程中,网络舆论会以不同的方式发展。

(1) 网络舆论的继续高涨。网络舆论形成后,一种情况是声势越来越浩大,力量越来越强,舆论不断高涨。舆论得以高涨,往往源于以下几种因素:其一,舆论所涉及的问题具有普遍性和重要性,能引起网上网下社会各界的高度关注,网络舆论与网下舆论相互影响,加强了舆论的力量;其二,舆论所涉及的问题一时没有得到解决,导致舆论进一步发展;其三,出现了新的相关事件,掀起舆论的新高潮。

(2) 网络舆论的迅速萎缩。有些舆论形成后,并没有经历太多的增长,声势便逐渐减弱,直至完全消失。这常常是由于以下原因:舆论的诱因事件很快过去,人们的注意力自然发生转移;相关问题已经得到解决,舆论的使命已经结束;新的事件发生,冲淡了人们的注意力。

当然,任何舆论在形成、发展后,最终都会萎缩。但舆论"生命周期"的长短,以及发展的方式,往往反映了舆论所涉及问题的重要程度,以及舆论与现实社会的互动程度。

(3) 网络舆论的波动。网络舆论的发展过程并非总是直线式的上升或下降。某些时候,它会呈现出波浪式的发展轨迹,即舆论发展到一定高潮后,会经历一定时期的萎缩或沉寂,但进而又出现新的舆论高潮,这样的波动过程甚至可能反复数次。这往往是由于在舆论发展的过程中,出现了一些新的情况,例如,出现了强大的外界阻力,或有新的舆论焦点产生,它们暂时阻止了舆论的进一步高涨,但是,由于舆论所涉及的问题并没有得到彻底解决,一段时间后,由于新的诱因出现,它又会重新成为热点。

(4) 网络舆论的冲突。对于有些问题,网络中并没有出现一种占绝对优势的舆论,而是出现了几种不同的意见,它们在声势上旗鼓相当,但彼此间又存在矛盾或对立,因此,舆论的发展过程,始终是几种意见的相互斗争过程。这种包含着内部冲突的舆论同样可以对现实生活产生影响。

某些情况下,围绕一个主题的网络舆论形成后,会遭遇另一个主题的网络舆论,它们之间存在着不协调,这也会形成舆论的冲突局面。这种冲突可能会改变其中一种舆论的走向,也可能同时对两种舆论的发展都形成影响。

(四) 网络舆论发展中的几组关系

在我国网络舆论的发展中,有几组关系是值得深入关注与思考的。

1. 网络舆论与网络暴力

近年来,越来越多的案例将网络舆论与网络暴力联系在了一起。尽管有人认为,"网络暴民是伪命题,如果我们把注意力过分集中在这个词汇本身,不但偏离解决问题的方向,而且我们自己也容易陷入以暴易暴的尴尬境地"①,但是,网络舆论中所表现出来的暴力现象是客观存在的。

网络舆论中出现的暴力现象主要表现为以下两个方面:其一是一些网民意见表达中的语言暴力,其二是网络舆论对于某些当事人形成的直接或间接的伤害。

除了对个体的权利形成直接伤害的网络暴力外,还有就是多数人的声音对少数人意见的压制,虽然这种意见上的压制并不会造成现实的伤害,但是,从影响来看,这种现象也具有一定的暴力特征。

网络暴力形成的基本"土壤"是网络舆论中的非理性因素。网络舆论形成的非理性,首先是由于网络舆论形成环境的复杂性。网民的意见表达往往不是在一个孤立的环境中深思熟虑的结果,而是在一个复杂的互动环境中完成的。它所表现出来的意见,是其既有倾向与当下情境等各种因素相结合的产物。在很多情况下,人们往往很难始终保持理性。

此外,人们参与网络交流和意见表达的动机也是十分复杂的。虽然多数情况下,人们都是怀着善良的愿望参与各种渠道交流的,但是,在某些时候,人们的表面动机下还隐藏着动机。例如,他们需要通过网络发泄自己在现实世界中积蓄的不满等情绪,释放自己的压力,或者他们需要通过意见表达来实现自己在网络中的价值,赢得某些地位。这时,意见表达成为了一种手段而不是目的。

此外,人们也并非能在所有情况下对事件做出正确的判断。理性的观点的形成,有赖于一定的知识与信息的支持,但是,并非所有人都拥有相关的知识和信息。在网络中,当人们就一个事件、一个主题进行讨论时,同时会流传着许多与此相关的说法,真真假假、虚虚实实,这就难免在一定程度上影响人们的判断。而在很大程度上仍然在网络中起着作用的"从众心理",将加快这种非理性认识

---

① 李方:《直斥网络暴民相当于以暴易暴》,载《南方都市报》2006年6月16日。

的传染。

网络暴力大多数时候表现为“集体暴力”，这说明，网络暴力与网络中的“群体”直接相关。网络社区等空间，容易形成各种“群体”。社会心理学的研究表明，群体互动环境会对个体心理以及态度、意见的形成带来很大的影响。例如，有关“群体极化”的研究指出，群体讨论往往会强化其成员的最初意向，使偏激者更偏激。而法国心理学家古斯塔夫·勒庞在他的《乌合之众——大众心理研究》一书中，对群体心理做了系统研究，他指出：群体是冲动、易变和急躁的；群体易受暗示、轻信；群体情绪夸张、单纯；群体偏执、专横、保守；群体既可能表现出极低的道德水平，也可以表现出个体根本达不到的崇高。①

网络这样一种环境，使群体成员的相互作用更为频繁，其效果也更为明显。在网络舆论的形成中，群体心理的影响也就格外突出。

我国网民之所以更容易受群体的感染，是因为他们有更强的寻找集体归属感的需要。这源于我国文化的集体主义传统。在跨文化研究中，一些学者认为，东方文化与西方文化的一个重要区别在于，东方文化强调集体主义，而西方文化强调个人主义。集体主义以紧密的社会结构为其特征，在这个结构中，人们对内群体和外群体加以区分，人们期望他们的内群体（亲属、氏族、组织）来照顾他们，作为这种照顾的交换条件，他们对内群体拥有绝对的忠诚。

尽管在现实社会的结构没有原样复制到网络社会中，但是，新的结构仍然不会完全脱离原有的社会传统，我国网民对于群体的心理需要，对内群体与外群体的区分仍然是强烈的。他们不满足于网络中的独来独往，也不满足于在网络中随机互动，而更多地希望在稳定的群体中找到自己的心理归属感。对于群体的依赖，使他们受群体内的权力关系、情绪感染等的影响更强，受群体压力更大。

承认网络舆论与网络暴力之间存在联系，并不意味着否定网络舆论的积极意义，更不意味着由此而限制网络的表达。网络暴力在某种意义上，就是网络舆情的一种体现，它本身不仅反映了网民的素质高低，更反映了现实社会的某些矛盾与困境。

网络暴力是社会现实压力的一种表现。人们在一些事件中表现的暴力行为，看上去是针对某些特定的当事人，但实际上，它是人们针对普遍社会压力的一种泄压行为，特定事件或人物只是一个启动阀门。而网络表达的相对自由性，为这种压力释放提供了可能。当然，从本质上来说，任何人的内心都或多或少隐藏着暴力的倾向，而我国网民的暴力倾向更容易被激发出来，也许与社会转型期的各种复杂矛盾及生存压力有关。因此，有人认为“并不是网络造就了‘暴民’，

---

① ［法］古斯塔夫·勒庞：《乌合之众》，冯克利译，中央编译出版社 2005 年版，第 21 ~ 41 页

而是中国社会在转型过程中遇到了道德真空乃至需要道德重建的问题”。[①]

另一方面，网络暴力在一定程度上体现了网民社会参与的不成熟性。虽然有一些网民是有着主观的攻击动机的，但也有不少网民并没有明确的攻击动机，他们仅仅是为了参与到某些公共事务中，但是，他们更多的只有社会参与的热情，而没有社会参与的经验，这个过程中感性的行为多于理性的行为。很多网民在追求民主、法治社会的过程中，思维与行为方式却仍然受到“人治”时代的影响，在某些时候，这表现为简单的道德声讨、审判，集体暴政，置法律于不顾。

网络虽然赋予了人们更多的自由表达和民主参与的机会，但并不会在一夜之间提高人们民主参与的素质。一个真正民主的社会，有赖于高素质的公民。在网络舆论影响力日益增强的今天，应该将理性、平等、宽容等精神作为高素质的网民乃至公民的重要要求来看待，在网民的媒介素养的培养中，也应该包含这些培养内容。

以网络暴力为由阻止网民的自由表达与社会参与是无益的，一些网络暴力事件也许是我国网络社会逐渐走向成熟的必然代价。在这个过程中所积累的经验、教训，可以为相关法治的健全，为网络公民素养的培养，提供宝贵的借鉴。

2. 网络舆论与司法独立

随着网络舆论力量的日益强大，网络舆论与司法独立的关系也日益受到关注，因为，网络舆论另一个令人担忧的暗礁是舆论监督力量的越界。

人们关心网络是否会带来新的形式的媒体审判。大众媒体一直是被作为“第四种权力”看待的，也就是说，它终究只是一种监督力量。在某些情况下，传媒可能会超越自己的权力范围，也因此，媒体审判一直备受争议。网络媒体同样如此。现实案例也显示，网络舆论审判的力量，在一定程度上对司法机关和相关工作人员造成了干扰。

尽管从表面上看，网络媒体的舆论在一定程度上代表了民意，但民意能否代表一切，凌驾于一切之上？民意与法之间的关系应该如何平衡？

在震动全国的邓玉娇案中，对于邓玉娇是否有罪，法院的判决与公众的观点产生了较大的分歧。法学家谢晖认为：“邓玉娇案在中国引起如此大的反响和争议，恰恰可以看出，在当下中国的司法过程中，存在着民意与法意发生矛盾并纠缠的情况。”谢晖指出，民意和法意二者产生矛盾时，历史上的处理显示出三种不同的方式。一种是以古希腊对苏格拉底的审判为典型代表，坚持民意至上，强调公众广泛参与的广场式审判。每个人的意志都会考虑，最终遵循一种少数服从多数的原则。但这种模式的一个问题是走向民粹主义，让公众根据义愤来审理案件。中国目前正在推行的，是民意和法意协调的模式。谢晖认为，最重要

① 《六成多网友认同主观恶意是网络暴民首要特征》，载《中国青年报》2008年9月18日。

的民意和法意的博弈不应当在司法阶段,而应当在立法阶段。谢晖表示,自己倾向主张的则是第三种:法律至上论的协调模式。即当民意和法意出现冲突之后,坚持法意至上。“当一个国家的公民、政府都不遵守法律的时候,谁还把法律当回事。那种结果反倒变成有法律不如没法律。”①

尽管谢晖所主张的模式只是一家之言,但不可否认,对于中国民主化的进程来说,健全的法律体系和公民的法治意识,应当是一个重要的保障。

也有人认为目前司法独立的最大干扰力量并不来自民间,而是来自行政力量。② 这种观点不无道理。但是承认行政力量对司法独立的干扰,并不等于要无视舆论力量对司法独立形成的另一种干扰。

当然,在中国法治体系不健全,人们对司法部门、权力机关的信任度不够高的情况下,网络舆论至少能对司法机关形成一定的监督,促使它们更加慎重地行使自己的权力。

邓玉娇案发生后,资深媒体人曹景行认为:“互联网上的舆论倾向有没有干预司法或扭曲司法公正?就邓玉娇案来说,迄今为止,互联网的最重要影响是有力地促使司法部门较为公开透明地查案办案,特别是还原案发真相。同时,在地方法治并不完善的现实环境中,网上舆论有效地遏制了地方权力干预司法的可能,起到了一种特殊的制衡作用。”③

然而,从公众角度看,我们需要意识到的是,事实的真相,未必总是与公众的判断一致,也与道德判断无关。

当然,强调司法的独立性,并不是要走到另一面,即对公众的自由表达进行约束。在尊重民众自由表达权利的基础上,坚持司法独立,提高司法的公正性,才是更为理性的方向。

3. 网络舆论与道德困境

在中国网络舆论的发展过程中,出现了一个自我纠结的道德困境。

首先,这种道德困境表现为道德审判这样一种网络舆论的普遍模式所带来的矛盾,那就是目标的正义性与过程及手段的非理性之间的冲突:一方面,用集体的力量形成道德上的审判,成为网络舆论的一种思维基调,在任何问题上,网民似乎都会习惯性地建立起一个道德框架,并以此形成简单的价值判断,从而对当事者进行道德上的讨伐或声援。网民群体看上去是正义的化身,网络舆论的道德审判也往往在某些方面产生了正义的效果。另一方面,网络舆论形成过程

---

① 谢晖:《法意与民意应在立法阶段完成博弈》,载《南方都市报》2009年8月3日。

② 盛大林:《舆论不会“影响”反而“凸显”司法独立》,见 http://www.cat898.com/Infolook.asp?bclass=90&id=2989。

③ 盛大林:《舆论不会“影响”反而“凸显”司法独立》,见 http://www.cat898.com/Infolook.asp?bclass=90&id=2989。

所伴随的攻击性，以及它们对当事人带来的伤害性结果，又使网民自身的道德问题被作为一种社会现象所讨论。

传统的道德观，往往只重视目标上的道德，而忽略过程、手段上的道德，“以暴制暴”等正是这样一种体现。在现代法治社会中，过程、手段的道德与目标的道德同样重要。公民的道德重建，不应仅是简单的正义感与是非观的培养问题，还应包含与现代社会相适应的思维与行为方式的培养问题，尊重他人、宽容异己等，应该是现代道德观中的重要组成部分。

其次，网络舆论一方面依赖于道德框架，另一方面，传统道德体系的某些方面也在网络社会中发生了一些动摇。这种动摇不是表现在舆论本身，而是表现在网民的行为中。色情内容与活动、边缘内容在网络中的泛滥，便是一个迹象，它表明，网民的传统道德观在无形中受到侵蚀。两性关系、家庭、婚姻中的伦理道德是首先受到冲击的领域。网民的道德困惑，还表现为中国传统的“集体主义”文化传统受到西方价值体系中的“个人主义”价值观的冲击。“范跑跑事件”所激起的争论，正是这样一种困惑的体现。

许多中国网民正是陷入这样一种道德框架下而产生了自我矛盾。而这种矛盾实质上反映了中国传统文化体系在现代化、全球化进程中所面临的困境，网络放大了这种困境。

研究网络舆论发展中的几对关系时，可以看到，网络舆论无疑在社会进步中具有积极意义，但也不要指望它解决一切问题。在复杂的社会运行系统中，舆论只是一种意见，网络舆论也是如此。

以个别事件中出现的逆流来否认网络媒体的舆论作用，是不公正的，但将网络舆论的功能无限放大，也是不理智的。网络提供了一种舆论生长的土壤，但是，最终影响舆论的，还是发表意见的民众，在他们的意见背后，则是社会中各种看得见或看不见的冲突。

四、手机传播与舆情、舆论

手机与网络常常是相互联系的。有些时候，手机平台中的舆情、舆论，是网络舆情、舆论的一种延伸。也有些舆情、舆论则是发源于手机媒体，再向网络渗透，并在网络中发展的。两者的结合，会加快舆论的传播速度，并进一步放大某些舆情与舆论。

中国社科院社会学研究所发布的2010年《社会蓝皮书》中的《2009年中国互联网舆情分析报告》中指出，2009年影响力较大的社会热点事件有30%是由网络“爆料”而引发公众关注的。尤其是手机和网络互动，使得网络舆论更有

"杀伤力"。①

(一) 手机平台中的舆情表现

手机平台中最有特色同时也是最值得关注的舆情渠道是手机短信,具体来说,手机短信的下面几种形式是舆情的重要表现途径。

1. 手机传言

一些未经证实的信息有可能通过手机短信等方式迅速传播,并在一定程度上引起社会恐慌。有些传言最终被证实,也有些传言实际上是谣言。但无论最终被证实或证伪,这些传言都反映了某种全局性或局部性的社会动向,因其传播引起的社会情绪,也成为舆情的表现。

2. 手机"段子"

手机"段子"往往是民间的自发创作。它们或表达一定的思想,或传达某些公共信息,在中国,手机"段子"往往与政治话题相关,因此,有不少"段子"都在一定程度上反映了社会舆情。

3. 手机动员

像即时通信工具一样,手机也具有社会动员的可能性。例如,2005 年 4 月在国内一些大城市发生的"反日游行"、2007 年的厦门"PX 事件"中的散步运动、2008 年的"抵制家乐福"事件等,都与手机的传播分不开,几条短信便引发了规模不小的群体事件。

除了短信外,手机社区也是舆情的观测点。它与网络社区有时也是互通的,网络舆情往往也可能通过手机社区漫延。

手机平台中的 WAP 网站与互联网站有相关性,很多 WAP 网站也是互联网站的延伸,所以在这一渠道中的舆情往往与网络舆情相关。

而手机广播电视、手机"应用"等,多与大众传播相关,相对而言它们目前在舆情方面扮演的角色并不突出。

(二) 手机短信舆论传播的机制

在舆论的形成与传播中,手机短信与网络的作用机制有所不同。

1. 手机短信舆论的形成机制——"站队"式表态

网络舆论形成过程会有较多的意见公开碰撞的过程,而手机短信的传播特点,使得舆论形成更多地基于一种"站队"式机制。

手机短信传播是以点对点的传播为基础的,它没有社区那样的多对多的互动环境,人们无法用短信方式进行广泛的讨论,因此,手机短信在舆论形成过程中的作用,更多是某一种信息与态度的传播,人们转发短信时,并不是直接在表

---

① 《中国社科院互联网舆情报告认为今年网络舆论最大变化在于互联网与手机结合速度超过政府反应更有杀伤力》,载《南方都市报》2009 年 12 月 22 日。

达意见，而只是在传达态度。

这种态度可以在两个层面表现出来：一是对某个事物的事实认可或价值判断，这个层面的态度往往只有“是”与“否”两个极端，这个态度是由短信内容来表达的，这些短信也就是舆论形成的基础；二是对承载这个事实判断或价值判断的短信的态度，也就是转发还是不转发。

这两个层面的态度当然是相关联的。通常转发意味着对短信内容的认可，也就是对短信中所表达的态度的认同，反之则是不认同。因此，转发或不转发，也是一种“站队”式表态过程。如果多数人选择转发，则表明某一短信中所反映的事实或价值判断成为大家的共识，从而转化为舆论。

因此，最终在显性的舆论中，大家的意见是一致的。即使有不同的声音，也不能在短信这样的渠道中得到表达。

2．手机短信舆论的传播机制——病毒式传播

在形成与传播舆论的过程中，手机短信传播的结构基础是人际关系网络。这一点，与即时通信工具非常相似。这个网络很容易带来病毒式传播，也就是一传十、十传百呈几何级数增长的效果。这也使得手机平台上舆论的传播格外迅速。

相对于论坛、博客、微博等网络应用中的舆论传播，手机短信的舆论传播更为隐秘，人们往往也是只了解自己这个节点的情况，对于舆论传播的广度并不能做出全面判断，而一旦人们察觉到舆论形成时，其影响已经相当大了。

当然，在手机短信平台上，舆论的形成与舆论的传播，并不是在时间上一前一后的两个阶段，而是同时发生的两个进程，舆论在形成中传播，在传播中强化，这也是其效率高的原因之一。

3．手机短信舆论的能量扩张机制——交叉式互动

手机平台中的舆论，虽然多与短信传播有关，但是，它并不会止步于短信传播。手机短信往往会与传统媒体、网络、手机社区以及现实中的人际传播渠道形成交叉互动，从而使舆论的能量不断扩张。

第三节　数字社会的公民素养

数字媒体也是一个数字社会。数字社会的建设主体是普通个体。数字文明不仅表现在技术、内容、产品、服务等物质层面，也表现在数字文化等精神层面。因此，数字公民的素养或者说数字社会的公民素养，是数字社会建设的关键。高素质的数字社会公民，不仅可以提高数字信息的传播水平，改写数字信息传播的格局，更能营造出一个健康、平衡、可持续发展的数字社会。

提到数字公民素养，人们往往首先会想到越来越受到关注的“媒介素

养”一词。

关于媒介素养,有人认为包括公众的媒介素养和媒体从业者的素养两个方面,但研究者通常是从一般公众的角度来关注媒介素养的。本书也将在此语境下来探讨网络社会的媒介素养问题。

1992年美国媒介素养研究中心对“媒介素养”给出了如下定义:媒介素养是指人们面对媒介各种信息时的选择能力、理解能力、质疑能力、评估能力、创造和生产能力以及思辨的反应能力。[①]

在国内,一种有代表性的认识是,媒介素养是指媒介受众对各种媒介信息的解读批判能力以及使媒介信息为个人生活、社会发展所应用的能力。[②]

这些定义,更多是针对传统媒体时代的受众,也就是作为纯粹的消费者的受众。因此,它所涉及的更多的是受众对于信息的选择、理解、判断和解读的能力。但是在数字媒体中,受众不仅是消费者,更是一种媒介活动的积极参与者,甚至是内容的生产者,因此,对于数字社会的媒介素养的认识,需要从建设者或生产者这样一个角度加以扩展。

随着公众在现代媒介活动中参与范围的不断拓展和参与程度的不断加深,人们对于媒介素养的认识也越来越深入。在国外,媒介素养的研究至今经历了四代范式的变迁。第一代研究将大众媒介视为“下九流”的“带菌者”,媒介素养教育的职责是给公众打预防针,防止侵害。第二代范式强调提升公众对媒介内容的选择和辨别力。第三代范式的重点在于加强受众对媒介文本的批判性解读能力。而第四代范式的内涵则是参与式的社区行动,即由对媒介的批判性思考转为通过“赋权”促成健康的媒介社区,而非仅仅指责媒介的不是。[③] 从这四代范式的变化中可以看出,媒介素养的研究已从简单的作为媒介消费者的公众的素养研究,开始转向作为媒介的建设者的公众的素养研究。

加强媒介素养教育,其意义不仅在于提升普通公众积极利用媒介的能力,还在于提高他们对社会的作用。正如有研究者所指出的,“在庞杂的媒介信息面前,提升受众自身的选择、批判、使用能力,成为建构健康媒介生态必不可少的一环。”而更重要的是,“媒介素养不仅被视为公众一方制衡媒介不良表现的力量,而且,作为公民权利和责任的组成部分,媒介素养旨在强化公众的传播权,以及公众对大众传播媒介在民主机制中发挥正面作用所担负的责任。”[④]

对网络、手机来说,用户既是数字内容的消费者与生产者,又是数字社会的

---

① 张玲:《媒介素养教育——一个亟待研究与发展的领域》,载《现代传播》2004年第1期。

② 胡莹、项国雄:《传者素养:媒介素养教育的根本》,载《传媒观察》2005年第8期。

③ 陆晔:《媒介素养的全球视野与中国语境》,载《今传媒》2008年第2期。

④ 陆晔:《媒介素养的全球视野与中国语境》,载《今传媒》2008年第2期。

最基本的构成单位，因此，用户在这样一种特定环境中的素养，不仅表现为一种媒介素养，还会表现为一种社会素养，或者说公民素养。

根据数字文明世界建设的要求，只有将媒介素养与公民素养结合起来，才能全面界定数字公民素养。在这样的一种思路下，我们可以看到，数字公民素养主要体现在以下几个主要方面：

一、数字媒体基本应用素养

网络、手机可以满足人们的信息传播、人际交往以及工作、生活等多方面的需求，但与传统媒体不同的是，网络、手机等媒体对于使用者的技术能力要求是较高的。要对数字媒体加以有效的利用，使之为自己的工作、学习、生活等目的服务，用户需要掌握一定的网络、手机使用技术。数字技术的应用能力，直接影响到用户的其他素养，因而它应该是数字公民素养的基础。

但是掌握了技术，并不必然意味着人们就可以对数字媒体加以积极利用。作为一种技术，数字媒体是中性的，它只是一种工具，为人们提供了信息传播、人际交流以及其他方面的服务。但是，就像其他技术一样，数字技术可能被滥用或误用。在这方面两种突出的表现是，数字技术带来的犯罪和对数字社会的沉迷成瘾。

因此，数字媒体的基本应用素养，还应该表现为对数字技术和数字应用的合理、合法以及有节制的使用等。

二、数字媒体信息消费素养

对数字媒体的受众来说，信息消费是其主要的活动，相关素养的培养也是必要的。

1. 在数字媒体中获取有效信息的能力

传统媒体是推送式的信息服务，是在有限的时间或空间中进行信息发布，受众获取信息是相对被动的，但这也意味着受众自身的素质与能力对信息获取所起的作用相对较小。而网络、手机等是以受众主动“拉”出信息为主的媒体，而且也是一个信息超载的媒体，对于用户来说，在信息海洋中寻找自己所需要的有效内容，是需要一定的经验、技能的，这种能力对人们信息消费活动的基本质量会产生突出影响。

尽管有搜索引擎等工具的帮助，但是，人们的搜索技巧仍然存在差异，而这种差异也会影响到他们获取信息的质量。除此之外，人们所掌握的与己相关的网址资源、人脉资源的多少，也影响到他们获取信息的广度与深度。

2. 对数字媒体信息的辨识与分析能力

传统媒体时代的媒介素养教育就强调培养受众对媒体信息的分析、判断能力。而数字媒体是更开放的媒体平台，传播主体的多元化、传播渠道的多样化都使这个平台中的信息构成更加复杂，因而数字媒体更强调个人把关。对信息的真实性、时效性、权威性等的辨识与分析，成为人们信息消费过程中自我把关的基本表现。

而更高层次的辨识与分析，在于对内容的品位、价值所做的判断。这样一种判断与选择，不仅有着一种“即时”的作用，更会有着“延时”的影响，即对于个体的价值观、思维方式与行为方式等，将产生长远影响。在网络这样一个“去中心化”的媒体中，这样一种高层次的判断、分辨能力，显得尤为重要。

数字媒体是社会化的信息消费环境，人们的信息消费在很多时候受到他人的影响，他们对信息的分辨，不仅要排除信息环境所带来的干扰，还要排除社会环境所带来的干扰。对于数字媒体的用户来说，这是一个很大的挑战。

3. 对数字媒体信息的批判性解读能力

数字媒体是一个更复杂的媒体环境，它的内容不仅仅来自专业媒体，也来自各种机构、组织和个人。信息发布者的动机各不相同，提供的信息也纷繁复杂。尽管这可能改变单一的主流意识对受众的麻痹状况，但是，多元的信息环境，未必会带来更具判断力和批判精神的明智的受众。有时，反而会引起受众更大程度上的困惑与盲从。

数字媒体为人们提供了一个挑战主流思想、主流价值观的途径，但是，并不是对主流进行一味反抗就可以成为一个积极的受众。提高人们对数字媒体信息的批判性解读能力，不是单一地提高人们对主流媒体、主流思想的分析与解读能力，而是要加强人们对各种传播主体与传播模式的认识，理解信息、媒体与人的关系，理解对媒体与传播产生影响的各种因素，在这样的基础上，才会形成更具判断力和批判精神的受众。

三、数字媒体信息生产素养

由于普通人已经可以广泛而深入地参加数字媒体信息的生产，而且这种生产的影响力也越来越大，因此，过去只是针对媒体从业者开展的媒体工作原则的教育以及技能的训练，也应该逐步扩展到普通公众。并且，这种教育不是让公众仅仅作为受众去了解媒体工作的机制，而是要加强他们作为信息传播者的责任意识，使他们具备传播者应该具有的素养。具体而言，这种素养表现为如下两方面：

1. 负责地发布信息和言论的素养

任何人都可以在数字媒体中发布信息和言论，但与过去的私人话语空间相比，作为一种公共话语空间，数字媒体大大提升了普通个体的信息和言论的影响力。在这个意义上，每个个体都有对自己发布的内容进行把关的责任。这种责任既体现为对信息的真实性把关，也体现为对自己的信息和言论的社会影响进行评估，避免它们对他人权利的侵害或对社会公共利益的危害。

2. 负责地进行信息再传播的素养

数字媒体传播的一个重要特性是复杂的再传播过程，正是再传播过程极大地放大了某些信息的影响力。而在这个过程中，普通用户所起的作用是最明显的。因此，人们不仅要对自己发布的信息与言论负责，还要对自己所进行的再传播负责。对于不能验证真实性的信息，以及有损他人权利、危害社会安全的言论等，不予转发。否则，转发者可能无意中会成为谣言或诽谤的帮凶。如果每个用户都能审慎地对待自己的再传播权利，那么数字媒体的信息和言论环境将有可能得到有效的净化。

四、数字交往素养

互联网、手机提供了一种新的社会交往网络，它有可能拓展人际交往的广度，也有可能加强人际交往的深度，而这种交往的拓展与深化有可能带来新的社会文化。但是，能否将数字媒体提供的这种可能性转化为现实性，取决于人们的数字交往能力。

数字交往有不同形式，例如，从联系关系的直接性方面可以分为强联系（直接联系）和弱联系（间接联系），从联系关系的时间性方面可以分为长期联系和临时联系等。人们也正是通过各种不同形式的网络交往来满足自己的不同需求。

数字交往能力是以相关的技能为基础的，不同的交往方式需要不同的技能。从邮件、聊天室、BBS、短信等技术，到即时通信、博客、SNS、维基、微博等，数字交往的技术在不断拓展。只有掌握某一特定技术，才能进入某一特定的交往圈子及其文化中。也就是说，人们在数字社会中的群体归属与文化归属，往往与其掌握的技术相关。

数字交往素养的一个基本方面，是对个别的交往对象的判断、选择与关系的维持。即交往关系的单一链条的构建。而更高的层面，则表现为有效的人际关系网络的构建与维护能力，即利用数字媒体来有效扩张自己的交往网络的能力。当然，人际关系网络并不一定是越大就越好，人际关系需要维护成本，否则就不能产生有效的作用。而当人际关系网络超过一定程度时，它的维护成本可能成为一个极大的负担，这会影响到人们的正常工作与生活。过于沉溺于网络人际交往，滥用人际关系网络，就像过于沉迷于数字媒体一样，其结果也会适得其反。

数字交往素养的最高层面，是对自己的社会归属的选择及其获得归属的能力。多数人不仅在数字空间中经营自己的个人关系网络，更希望借此进入某种社会阶层或群体中。如前所述，技术的差异可能使人们的社会关系产生差异。

数字交往是一种平等的互动，每个人都希望在这种交往中得到尊重与报偿。因此，尊重他人权利，也是数字交往素养的一个重要方面，这包括尊重他人的表达权利、隐私权、知识产权等。

五、社会协作素养

数字媒体技术开启了全新的社会协作模式，未来的信息传播是以广泛的社会协作为基础的。因此，社会协作的思想和素养，是未来数字公民必须具备的素养。

今天互联网中出现的各种自发的网民间的协作，例如维基、人肉搜索等，在某种意义上都可以看做自组织。未来的数字技术应用，将带来更多样化的自组织，基于数字空间自组织的协作在社会中也将扮演更重要的角色。

数字媒体一方面为各种组织内的协同工作提供了新的途径，另一方面则为各种非正式组织甚至自组织的形成与运转提供了条件。人们正是在正式的、非正式的组织乃至自组织中，参与着各种不同形式的社会协作。他们一方面从中感受到合作与创造的乐趣，另一方面也借此去体验自己的社会归属感。

作为社会协同工作系统中的一分子，或一个最小的子系统，数字公民的社会协作素养应该表现为如下方面：

1. 与协同工作的其他人达成一致目标的能力

一个正式组织的形成，其标志之一是其内部达成了一致的目标。对于非正式组织和自组织来说，一致目标也是其协同工作的起点。但共同目标的达成，是基于成员的协商，因此，人们要参与数字空间中的协同工作，首先就要能够与别人达成共同目标。这既包括初级目标的达成，也包括在协同工作中目标的调整与修正。这要求个体在某些时候要服从整体目标而放弃一些个人目标。

2. 为自己在协同系统中定位的能力

社会协作形成的是一个较大的工作系统，每个个体都只是这个系统中的一个子系统，各个子系统的分工合作才能使协同顺利进行。每个个体需要根据自己的特长和系统的整体要求，找到自己的定位。定位合适，才能使个体在协作系统中发挥更积极的作用。

3. 执行协同任务的能力

参与社会协作，不仅靠个人兴趣和热情，还需要相关的知识与能力，例如，参与“维基百科”的创作，就需要一些专门的知识。个体执行协同任务的能力是数字社会协作能否成功的关键。

4. 与协同工作者进行有效沟通的能力

协同工作过程也是一个沟通、交流的过程，目标的达成与调整、分工与合作、执行与反馈等，都离不开沟通，因此，沟通能力是完成社会协作任务的重要保障。

六、社会参与素养

网络、手机等数字媒体一直被认为将对社会民主的进程起到重要作用。但要达到这一目标，其基本保障之一是公民的自由平等和理性参与。数字媒体在一定程度上提高了公民的自由平等的权利，但并不必然提高公民的社会参与素养。因此，提高数字公民的社会参与能力，不仅关系到数字世界的和谐稳定，也关系到整个社会的发展与进步。从数字媒体角度看，数字公民的社会参与能力主要体现在以下几个方面：

1. 积极参与数字社区建设的能力

数字社会的基本社会单位是各种形式的数字社区，很多情况下，人们是通过社区这一平台来实现社会参与的。数字社区的和谐，直接影响着数字社会的安定。除了通过社区来参与公共事务讨论、形成公共意见外，一些数字社区已经具有了一定的民间组织的性质，一些社区也成为基层民主的实践场所。因此，参与数字社区建设，也可能成为参与公民社会建设的一种方式。

数字社区的建设，既包括内容的建设，也包括社区关系建设、社区文化建设等多个方面，这就意味着成员的社区建设能力，不是简单表现为发帖的多少与质量，还表现在知识素养、文化素养以及人际沟通、社区内的合作等其他方面，所以，社会参与能力与上文提到的社会交往及协作能力是相辅相成的。

2. 理性参与公共事务的能力

除了社区，数字媒体还为公民的社会参与提供了跟帖、搜索、博客、微博等多种多样的平台与手段。对绝大多数普通公民来说，数字媒体令他们的社会参与范围与权利达到了前所未有的高度。但是，在很多情况下，由于内因与外因等多重因素的影响，人们的社会参与并不是理性的。网络暴民、网络暴政等现象，都是社会参与过程中令人担忧的“暗礁”。而理性的参与意味着：

尽可能全面而平衡地掌握相关的信息。人们的态度与意见的形成，往往是基于对某一事物所拥有的相关信息。在获得信息有缺失或信息不平衡的情况下，人们做出的判断也可能有偏颇。“兼听则明，偏听则暗”这一原则，对于由数字技术赋予了更多权利的普通公众来说，也是适用的。

尊重他人发言权利、包容多元价值观。自由、平等是所有人的权利。在数字社会，每个人既要维护自己的自由表达权利，也要尊重他人的自由表达权利，在这个基础上才能实现平等。而在数字媒体中，平等交流常常受到各种因素的干扰。很多人在充分行使自己的权利的同时，却忽略了对别人权利的尊重，对与自己不同的意见，往往出言不逊进行反击，甚至有时辅以人身攻击。只有当人们普遍将尊重他人的表达权、包容多元的价值观，作为一种信仰与原则来执行时，数字媒体中的和谐环境才有基本保障。

用建设性态度进行参与。公民的社会参与的目标是建设一个更加自由、民主同时也更有秩序的社会。只有本着建设的态度才能实现这一目标。由于种种原因，目前网民的反主流思维、质疑一切的思维、恶搞的思维占了上风，在我国尤其如此。但这些思维往往是基于破坏而不是建设的目标，尽管破坏有时是建设的前提，但是只有破坏没有建设，就不会有一个社会的真正进步。只有当建设性思维开始成为人们价值取向的主流时，才会使数字社会的公众参与对社会发展产生更强大而持续的推动力。

尊重法律制度，遵守法律规范。尽管目前网民在很大程度上还处于"匿名"发言状态，但如果因此而无视法律的约束，其破坏性后果是惊人的。因此，即使处于匿名状态，人们也应该具有"公民意识"、"法律意识"，而且要进一步强化。此外，简单地把网络民意等同于正义、合法，用民意去干扰法律的正常程序，也是不尊重法律的体现。民主社会的一个重要标志是"法治"而不是"人治"。试图用民意、舆论的力量来主宰一切，是另一种形式的"人治"。只有当公民的法治意识不断加强时，一个更加民主的社会才会有实现的希望。对此，未来数字社会的公民需要有更多的作为。

具备社会责任意识。社会参与的目的不是宣泄个人情绪，也不是谋求一己之私利。真正的社会参与，必须以履行社会责任为根本目标。要在数字社会参与中将社会责任意识转变成实际行动，就需要处理好自我与他者的关系，处理好个体与集体的关系，维护公共利益，尊重公共规则，尊重他人、宽容异己。可以说，社会责任既是公共参与的起点，也是其归宿，更是公共参与行动的原则与指南。

总体而言，数字媒体是全新的媒体，它们也正在演变为新的社会形态，数字媒体赋予普通公众更大的权利，而这意味着公众要担负更重的责任和具备更高的履行责任的能力。

作为数字社会的建设者，数字公民的素养不仅决定着网络信息传播的质量，更决定着未来数字文明的走向。因此，除了以上的几种主要素养外，数字公民的素养，还应表现为新的文明形态下的文化、知识、道德、法律等各方面的综合素养。

本章学习提示

数字媒体给社会带来的影响是全方位的，认识这些影响，不仅能进一步认识数字媒体自身，也能认识这个社会正在发生的变化甚至变革。而这些变化与变革，正是未来传播环境的一部分。

本章涉及的理论相对较多，因为想给读者打开更多的"窗户"，为读者进一步深入学习提供一些新线索。有兴趣的读者可以继续深入探寻。本章也提及了一些案例,但由于篇幅所限,书中没做展开,有兴趣的读者可以留心收集相关案例。

思考与练习

1. 你如何看待公民新闻实践给新闻业带来的影响?

2. 网络是否是一个理想的公共领域? 为什么?

3. 如果要你做网络舆情分析,会通过哪些渠道,运用什么手段?

4. 试分析一个网络舆论的具体案例,研究其形成、发展过程及其社会影响。

5. 试分析一个与手机媒体有关的舆论传播的具体案例,研究其形成、发展过程及其社会影响。

6. 数字社会的公民素养对于未来数字社会的建设有何意义?

后记

写网络传播方面的教材不是第一次了，但把视野放在数字媒体这样一个层面，还是第一次。

这本教材写作的根本动力，来自于我对数字时代新闻人才培养问题的思考。5年前，我获得“全国优秀博士学位论文奖”，得到了“全国优秀博士学位论文作者专项资金”的资助，在资金资助下，我将“数字时代新闻人才培养体系研究”作为我的探索方向。我觉得，作为一名新闻传播学科的教师，首先要做的，是对自己的教学领域及其背后的实践正在发生的变革做出回应。

之所以选择数字媒体这样一个视野，是因为这些年新技术的发展，使我越来越感觉到，对于数字时代的传媒业发展来说，网络不是唯一的影响因素，至少，手机这一新兴媒体是不可忽视的，网络与手机向彼此领地的扩展也使得我们在研究网络时不能忽视手机媒体。媒体融合的趋势，也带来了一些跨媒体的产品，它们同样在推动着媒体的发展与变革。而未来还有更多的数字媒体在等待着我们。

今天传媒业的变革，不是由任何单一的新媒体引发的，而是各种新技术共同作用的结果。孤立、封闭地研究某一种新媒体，会让我们的视野和思维都受到局限。只有对一个更广阔的数字媒体领域进行观察，才能使教学研究与实践接轨，才能为新闻传播专业的学生提供更前沿的指导。

当然，这必然意味着更为艰难的探寻过程。网络本身已是浩瀚无边，手机这个平台也是深不可测，要同时兼顾两者，其难度可想而知。因此，本书的目标，也许不在于给读者们某些“正确”的“答案”，而在于把一些思考的角度与认识的过程展示出来。

在数字媒体时代，教与学的关系也正在受到前所未有的挑战，在新技术的辅助下，今天的学子们视野开阔，思维活跃，在对新知识的追踪方面，常常会超过他们的老师。“弟子不必不如师，师不必贤于弟子”，在今天已是普遍事实。所以，即使是写作“教材”，我的出发点也不是要“教”给学生什么，而是向读者们提供某些思考的出发点。

如果能让新闻传播专业的同学们因为本教材而对数字媒体产生探究的兴

趣,甚至希望能在未来进入这个充满挑战的领域,那就是我最大的收获。

这本书的出版,也得益于高等教育出版社武黎女士的推动,在此要向她的敬业精神表示深深的谢意,同时也感谢其他各位编辑。

作为中国人民大学“新闻与社会发展研究中心”的研究员,这些年我的研究一直得到中心的支持,本书也是中心的研究成果之一。

数字媒体领域的实践是我们研究的源头。在此向所有在数字媒体中辛苦耕耘、不懈探索的从业者表示敬意。

谢谢所有关心、支持我的朋友们、同事们。

谢谢我的亲人们。

彭　兰

2011 年 1 月

[本教材为“全国优秀博士学位论文作者专项资金资助项目”(A Foundation for the Author of National Excellent Doctoral Dissertation of PR China)成果,项目批准号:200714]